烽火炼初心

抗日根据地的县委书记和县长

齐荣晋 著

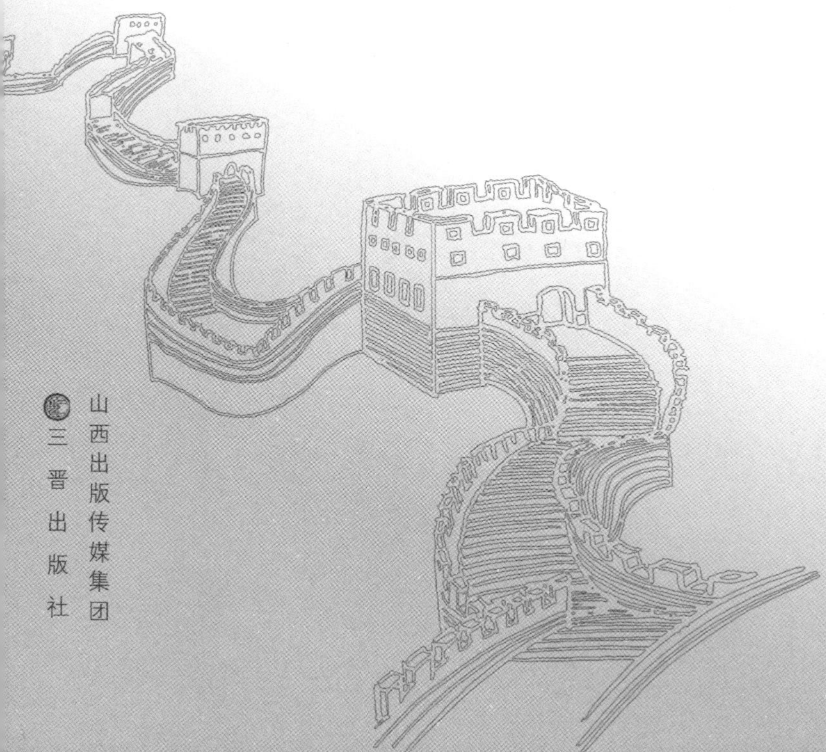

山西出版传媒集团
三晋出版社

引　言

七七事变，侵略者第一炮轰向县政府；炮火连天，旧县长仓皇而逃，老百姓失魂落魄；弹痕遍地，新县长走马上任，小地主纳头便拜；都是人间城郭，一方土地不同天，各色县长躏其间……

抗日战争是一幕恢弘壮丽的人间正剧，一县之长成了其中耀眼的角色。这是因为：县制是中国行政结构的基本单元，两千年多来一直稳定地存在着，它“麻雀虽小，五脏俱全”，构成了一方完整的社会。在波澜壮阔的剧情中，侵略者疯狂地进行分割封锁，使得每个县域都成为不可或缺的单元表演区，作为国家任命的“百里长”、百姓奉承的“父母官”，县长必然地成了单元表演区的主角。

一

一旦强虏寇边疆，慷慨悲歌奔战场。战争全面爆发，各路抗日队伍开赴前线，沿途到处是一派“箪食壶浆以迎王师”的热烈景象。虽是风雨寒天，青年学生们彻夜守候在铁路公路两旁迎送大军东进北上，沿途各县县长组织士绅民众引颈翘首于郊外，挥舞彩旗高呼口号，排着队伍夹道欢迎，慷慨激昂献辞壮行。

侵略者气焰正炽，锋头正劲，战局瞬变，情形陡然霄壤云泥：中国军队雪崩般地撤退下来，华北县政首当其冲倾圮倒塌，敌未犯县境，一县之长先裹金挟银弃城而逃，敌人北来，县长南窜，敌人东至，县长西遁。衙门塌台了，官也不知道跑到哪里去了。善良的人民遭受着敌寇的屠杀，土匪的劫掠。维持会到处挂牌了，汉奸们在替贼子奔走效劳，做着出卖民众的勾当。大批的县成了沦陷区，日本人开始扶植伪县长。很多濒敌区，县长随着国军和省政府撤退了，成了政权真空区。“国防大事定当先，临时决策事难全”，这是第二战区司令长官阎锡山的抗战诗，典型地反映出国民政府的彷徨失措。兵败如山倒，危机不是没有想到的，大战来临前，省政府曾电询各县县长的去留意向，大规模调整了县政，孰料仍是如此不堪。

洪水滔天，谁为中流砥柱？大厦将倾，谁做擎天柱石？共产党、八路军北上东进深入敌后，在收复的地区、在政权真空区、在沦陷区，当仁不让地派县委书记、选任县长，恢复和建产了政权；在更广泛的地区里，高举抗日民族统一战线的旗帜，大力动员和组织民众，改造基层政权，开辟建立适应全民族持久抗战的根据地。随着共产党、八路军集中以消灭敌人，分散以发动群众，独立自主的山地游击战的展开，华北的抗战形势发生着转变。1939 年，来自第二战区民族革命战争战地总动员委员会的报告称：“在抗战的第一期，敌人尚在县城的百里以外，县长走了，工作停顿了；可是在今天，就没有这种现象了。这个进步是从来没有见过的，不只是县长，就是区长甚至其他的行政人员，已经克服了张皇失措的心理，坚持着中国的抗日的政权，坚决为任务的完成而努力。”

毛泽东在总结抗战的防御阶段时指出：“老百姓进步甚快，加上有领导，有方针，一定可以实行民主政治。例如在华北，已经实行了民主政治。在那里，区长、乡长、保甲长，多是民选的。县长，有些也是民选的了，许多先进的人物和有为的青年，被选出来当县长了。”

二

共产党在全面抗战中发展壮大，英雄辈出。朱德高亢吟诵“北华收复赖群雄，猛士如云唱大风”。片面抗战正如阎锡山所喟叹的“急其所缓缓其急，何异补疮把肉剜”，国民党防不胜防，四处告急。

跑过黄河喘定气息，勒马回首，共产党已在河东河北搞得如火如荼，赤色县长风生水起。阎锡山自嘲道，共产党像盏电灯，二战区像支蜡烛，国民党只不过像根香火头。国民党无法接受这一现实，蒋介石阴鸷地在日记中写道，目前急患不在敌寇而在共产党之到处发展，实为内在之殷忧，应定切实对策以消弭殷忧也。随后，在国民党掀起的第一次反共高潮中，阎锡山宣布“散群”——撤销战地总动员委员会（战动总会）、停止牺牲救国同盟会（牺盟会）活动，要从共产党手里收复“失地”，重新派县长。县长之争，成了国共两党磨擦在华北大打出手的重要原因，鲜血染红了县大印。

共产党人争县长，绝非为党派集团的意气之争，而是坚守救中国、救民族的初心，团结进步，奋斗牺牲，勇担为人民谋幸福、为民族谋复兴的使命！敌寇将中国旧有的县域“格式化”了，利用交通线、碉堡据点编织出一张张“格子网”，采用“囚笼战术”，妄图困死抗日军民。而中国共产党领导的革命力量在敌后的“格子网”里扎根生发，突破囚笼，领导抗日军民发展壮大。党领导的八路军武装挺进一个地区，党的县委就在那里扎下根来，迅即发动群众，组织救国团体和游击队，铺摊子，搭架子，建立起民主政权。抗日民主政权不仅在“格子网”里锻造出自己的“造血功能”，而且在最短的时间内形成“输血功能”——向八路军输送人力物力。共产党的县委书记和县长就像斗战胜佛孙悟空的化身，挺立在每个“格子”里，坚定地行使着人民的权力。他们不倒，中国便不亡。敌寇对于这种以党为首脑、军政民一体无处不在的中国政权，抽刀断水水更流，哀叹自己成了飘浮在汪洋大海上的一串念珠。

县长之多莫过于抗战相持阶段，一方县域，敌友我各出“县长”来斗法。然而，只有中国共产党的县委书记和县长颠覆了历史上的“父母官”概念。作为根据地建设的一线指挥员，他们植根于人民，奉人民为父母，既是人民的学生，又是人民的教师，无私奉献，流血牺牲；他们扶犁摇耧，领着百姓一尺一丈地稼穑，一直耕种到敌人的碉堡旁；他们负谷担米，带着百姓一畦一垄地刈收，深入虎穴拔牙夺粮；他们掌印握枪，保卫着国家的土地一寸不能短，田野稼禾颗粒归仓；他们自带干粮工作在城乡僻壤，培养区村长个个成为百姓拥戴的“一里王”。他们是先锋战士、群众领袖、民族英雄，是中国真正屹立不倒的“百里长”。

三

一里王，百里长，麻雀作阵九百六十万平方公里广。“我们这个麻雀与别的麻雀不同，可以长大变成鹏鸟。”毛泽东讲：“我们要做好准备，由小麻雀变成大鹏鸟，一个翅膀扫遍全中国，让日本帝国主义滚蛋。”

抗日根据地就是新中国的雏形、民主中国的模型，建设抗日民主政权的过程就是建设人民民主政权的伟大演习。在根据地里，“办党，办政权，办人民武装，办群众组织，办工农业生产，办文化教育，办一切为一个地区独立生存所必需的事业。”中共的县委书记和县长在抗战的伟大实践中，全面地掌握了本地区对敌斗争、社会经济、阶级关系等方面的基本情况，积累了丰富的斗争经验，形成了优良的作风，为夺取全国的胜利练就了治国理政的本领。

麻雀变鲲鹏，是毛泽东在抗日战争中的立意和解读，实践却更雄辩地证明了它同“星星之火，可以燎原”一样，是革命的寓言，是胜利的预言。日本帝国主义滚蛋后，在两个中国之命运的决战中，根据地成建制的县委、县政府领导班子，随军源源不断地奔向祖国的四面八方，革命气势不可阻挡，恰像鲲鹏扫寰宇，玉宇澄清万里埃，新中国如一轮红日升起在东方。他们成为了建设中华人民共和国的一线指挥员。

今天，中华人民共和国诞生七十年了，鲲鹏展翅九万里，我们正飞奔在圆梦路上。然而，走得再远都不能忘记来时的路，在实现中华民族伟大复兴的鹏程中，最需要认清我们是谁，从哪里来，往哪里去。只有“不忘初心、牢记使命”才能够不畏浮云遮望眼，保持定力，行稳致远。

一个县与全中国，真有麻雀与鲲鹏之比。抗战时期我们党培养起来的县委书记和县长们，为着中国人民站起来、富起来、强起来做出了彪炳史册的贡献，他们的百年奋斗史最能解读新中国是怎样从麻雀变成鲲鹏的，因为他们赓续着一条历史红线，链接着不变的红色基因，传承着永恒的理想信念，用鲜血和生命诠释了中国共产党人为中国人民谋幸福、为中华民族谋复兴的一本经。

目　录

下　篇

上篇

第一章　炮轰县政府

1937 年 7 月 7 日夜，日本侵略军在中国宛平县卢沟桥附近，以军事演习为名，突然向当地中国守军发动进攻，中国守军第二十九军奋起抵抗。这一天，史称七七事变，又称卢沟桥事变，是日本帝国主义蓄谋已久的全面侵华战争的开始。

卢沟桥事变，日军开了第一枪第一炮，第一枪射向了中国第二十九军，第一炮轰向了中国宛平县政府。

县长的七夕

卢沟桥畔，夕阳辉映着大地，清风徐来，绿叶唰唰响，田野如碧波荡漾，正驱散着骄阳过后的暑气，北平城外，袅袅炊烟衬托着满天彩霞，又该展现一卷“卢沟晓月”的好景致了……

今夕何夕，阳历七七。风度翩翩的王冷斋和往常一样，在宛平县署批阅了一上午的公文，乘车回北平了。今夜纤云弄巧，柔情似水，夫人该画一幅佳作了，该唱一出昆曲了。他家住在北平城里的南长街，每当茶余饭后，他和夫人或吟诗泼墨，或绘画弹唱。夫人胡忠贤乃马相伯先生之高足，能诗会画，尤善词令昆曲。才子佳人，风流倜傥，曲声绕梁，四邻艳羡，王家在北平新闻界一时竟博得“极乐世界”之名。文人啧啧未免有些夸张，但比起在宛平县署处理糟心的公务，家里确是憩息身心的温柔乡。

佳期如梦，飞星传恨。王冷斋夫妇刚刚就寝，电话铃突然急促地响起。是老同学、北平市市长秦德纯。来不及打招呼，秦德纯在电话里要王冷斋立刻赶回宛平县，现场调查“日军失踪”事件。县长原本就是诗人，一首七律记下夜半惊魂：

一声刁斗动孤城，报道强邻夜弄兵。

月黑星辰烟雾起，时当七夕近三更。

惊夜的是，日本人诡称，他们夜间在卢沟桥附近举行军事演习，集合归队时发现失踪了一名士兵，要强行开进宛平县城搜索。宛平守城部队层层请示，第二十九军一一〇旅旅长何基沣命令：（一）不同意日军进城；（二）日军武力侵犯则坚决回击；（三）我军守土有责，决不退让，放弃阵地，军法从事。于是，日军开枪示威，大战一触即发！

十万火急，王冷斋连夜赶回宛平县署，和守军营长金振中满城搜索，并未发现所谓失踪日兵，但是日军仍坚持要进县城搜查。王冷斋坚决拒绝日方代表的无理要求，说：“夜间宛平城门已闭，日兵在城外演习，怎么能在城内失踪？就是退一步说，果有失落之事，也绝和我方无关，或者效当年南京日领使藏平自行隐匿的故伎，企图作要挟的借口。”

中国县长不仅不让进城，而且还揭了日本人的老丑底。日军联队长威胁道：“现在事机紧迫，应即迅速处理。阁下为地方行政长官，应负当地处理的全责，以免延误扩大。”日军辅佐官拿出一张地图说：“事态已十分严重，现已不及等待调查谈判，只有请你速令城内驻军向西门撤出，日军进至东门城内约数十米地带再商解决办法，以免冲突。”

王冷斋坚决地说：“本人只负调查使命，你们所提我军撤出、你军进城的无理要求，离题太远，更谈不到。”

日军军官又说：“平日日军演习都可穿城而过，何以今日不能进城？”

王冷斋驳斥道：“你接事的日子不久（寺平接滨田任不及三个月），或者尚未明了以前情形，我在这里从未允许你们演习部队穿城而过，你所谓先例在何月何日？请给我一个事实的证明。”

双方的调查谈判是在日军的进犯、射击、杀戮中进行的。“挟持左右尽弓刀”，日军以武力恫吓，绑票似地胁迫着王冷斋县长，走进日军军营又走到交战现场，走到城外又走进城内。双方欲再派代表出城与日军面商停火之事，迎来的却是日军以迫击炮攻城了，专署县府首当其冲成了炮轰目标，墙倒屋塌，连进城来谈判的日方代表都吓得缒城而逃了。

第一发炮弹，怎么就这么准地轰进了专署县府大厅？

半年前，王冷斋上任县长那一天，驻丰台的日军大队长一木清直，一向好骑高头大马耀武扬威于北平郊外，偏谦恭地徒步走了几里路赶到宛平来祝贺他履新。当时，县政府上下都纳闷——

直到七七事变才弄明白这点。七七之夜，日军第一炮就把专署大厅打垮，原来一木清直下马步行，是走步测量距离。

桥头堡

尴尬是从上任县长那一天开始的！

王冷斋当县长前，过的可谓是神仙般的自在生活。他是保定军官学校第二期毕业生，一出校门即担任过北洋政府陆军部咨议等，但在以后的十年间，弃武从文，创办通讯社，做起了总编辑和社长。后来，对世事意兴阑珊，给自己起个“冷公”的笔名，在沪上索性做寓公，红袖添香夜读书，潜心研习史学和诗学了。他善诗文，工书法，正书平稳谨严，清秀妩媚，行草笔划劲练，神情流畅，将星满军中的同学莫不认他是诗书大儒。1935年冬，同学秦德纯诚邀他担任北平市政府参事兼北平新闻检查所所长，国事殷忧，岂忍长做槛外人？于是，他举家北上了。越明年，能者多劳，北平市长秦德纯、河北省主席冯治安共荐他担任河北省第三区行政督察公署专员兼宛平县县长。“谁识书生胆气豪”，颇有文人气质的王冷斋竟成了一个分属北平河北两地、身兼四职的行政官员了。

署治县治合为一体设在卢沟桥东。来到这里，王冷斋才深切地体味到危城凶险，宛平县此时是全中国最要命的一个痛点！

卢沟桥，蹲踞在北平城西南约15公里的永定河上，处在北宁线、平汉线的交接点，是北平连接中原腹地的命门要道，行政区划上属河北省宛平县管辖。宛平县署设在卢沟桥畔，势如桥头堡。1937年，在日军势力的蚕食包围下，北平的形势已呈“尸”字型，左下那一撇就是宛平县和它的卢沟桥，一剑封喉切断它，偌大的北平就成了一座孤城，就成了断线的风筝。

势如垒卵的困境危局，完全是几年来日本帝国主义招招武力紧逼、国民政府中央步步妥协退让的结果。日本张鲸吞之心、采蚕食之法施行侵略，鲸吞之心是欲灭亡中国、称霸世界；蚕食之法是制造区域事变，步步为营攻城掠地。1931 年制造了九一八事变，侵占了中国东北三省，建立伪满洲国；继而占据热河，窥伺察哈尔、绥远和河北以及平津两市。通过《塘沽协定》《何梅协定》《秦土协定》等，逼迫国民政府撤销北平军事委员分会，中央大员调回南京，中央军调离平津，由非中央嫡系的原西北军第二十九军移防平津；成立冀察政务委员会后，正如秦德纯所述：“日方又肆其挑拨离间之手段，极尽威胁利诱之能事，以分化我中央与地方之团结，希望不费一兵一卒，造成华北特殊化之地位，使在形式上虽隶属中央，而实际则完全受日方之操纵指使。”

以小搏大蛇吞象，欲壑难填的日本按部就班地吞噬着中国，却又示形于假，屡称只是地方局部冲突，以此麻痹中国。然而，自觉没有完成国防准备的国民政府也想大事化小，将步步惊心的事变压缩在地方层面，期冀以局部的姑息苟且求得全局的长远准备。日本窃喜并高度利用这种“自觉”，将计就计，不断逼迫国民政府退缩就范，一件一件地把两国大事当作一时一域的偶发事件处理。直到 1937 年，日本侵略势力对北平形成包围态势：北面，制造出德王伪蒙疆自治政府；东面，扶植汉奸殷汝耕在通县成立“冀东防共自治政府”，控制冀东 22 个县，日驻屯军组建起伪军部队；南面，制造事端把中国军队从平绥、平汉、平奉铁路的枢纽地丰台赶跑，日军驻扎进了中国兵营。

宛平县何以成了日本的嘴边肉？

国民政府主席蒋介石在庐山，让第二十九军副军长秦德纯转告军长宋哲元（字明轩）：“我国统一未久，国防准备尚未完成，未便即与日本全面作战，因此拟将维持华北责任，交由宋明轩军长负责。务须忍辱负重，委曲求全，以便中央迅速完成国防。”宋哲元只好与敌虚与委蛇，两年忍辱负重，遂遭国人唾骂。

冀察政务委员会委员长宋哲元有苦难言，精神濒于崩溃，哀告下属秦德纯："日本种种无理要求，皆关系我国主权领土之完整，当然不能接受。而日方复无理取闹，滋扰不休，确实使我痛苦万分。日方系以我为交涉对象，如我暂离平津，由你负责与之周旋，尚有伸缩余地，我且相信你有适当应付办法。因此我想请假数月，暂回山东乐陵原籍，为先父修墓，你意见如何？"秦德纯当即回绝："中央把责任交给你，不论你是否在平，责任总在你身上，因此我决不赞成你离开北平。"宋哲元只好硬撑。日方压迫愈紧了，又过十余天，宋哲元实在撑不住了，决绝请假回乡，临别叮嘱："对日交涉，凡有妨害国家主权领土之完整者，一概不予接受；为避免双方冲突，亦不要谢绝"。

北平市市长秦德纯、河北省主席冯治安更无良方，依葫芦画瓢，在"不予接受"与"不要谢绝"自相矛盾的原则下，面对环环紧扣、步步勒索的日方，度日如年应付了四个月，针对日方具体的苛刻要求，疲惫不堪地把事情交由宛平县政府去应对。

谁来担当

国家大事竟层层转压，压到了县长的肩上！

1937 年，做好了全面战争准备的日本盯住了中国这个县这座桥——宛平县卢沟桥。此刻，中日矛盾狭路相逢挤压在一个小小县衙，县政府不仅署理外交，而且襄办国防，"芝麻官"扛起了经国大事。

日军不断增兵，北平城外中国军队原有的丰台营舍不够日军扎寨了，因此，要求在丰台、卢沟桥之间的大井村新建兵营和机场。王冷斋上任伊始，日方就夹着绘制好的地形图来宛平县署，按图索地，提出马上就要圈地打桩，逼他立刻签字画押。

王冷斋表示，首先，自己刚刚到任，前任县长对此没有任何卷宗移交，因此，需要向上级请示；其次，从图纸上看，被圈地面上有众多居民房屋、树木、河流、道路、桥梁、祖坟等等，涉及问题非常复杂，必须通盘研究后才能答复。然而，日方说，你们的上级是同意的。一看日方呈递的材料，王冷斋才知道问题是上峰压下来的：原来，冀察政务委员会的外交总署对此事不是认真从民族利益着想，而是采取推卸责任的办法，把它推到了宛平县，于是，日方就借口“业已得到同意”，来这里只是过个手续而已。

在一旁的县政府秘书洪大中忍无可忍，愤激地说：“叫中国农民出卖祖宗坟墓，肯定是办不到的（因为北方农村村外就是坟地），这事我们无权处理。”他是和王冷斋一起上任的，算是县政府的二把手，他们事先曾盟誓“不管遇到什么风险，决不能在我们任内发生出卖祖国一寸土地的事情，决不在中国历史上留下罪名”。这话原本是要申明大义，宣示“祖宗的土地是不能出卖的”，但是，慑于当时情景，他们把本该斩钉截铁的声明表达成有推脱之嫌的温吞话。豁刻的日本人一下子抓住了这句话的罅隙：你是说你们无权处理？你是说中国农民不愿卖地？

宛平县政府很快就尝到苦滋味。日方屡试不爽地验证出一条定律，即各级政府层层推诿，各类官僚不敢担当，深谙其道的日本人乐见其成，他们径直登门入户去找老百姓算账。没过几天工夫，大井村的农民三五成群拿着地契和申请书，跑来县政府要求办理土地过户手续。

无灾无祸，农民却要变更姓名、出卖自家的全部田产进行搬迁。县政府有责任心的科员发现，这些农民将土地都过户给同一姓氏的买家。一查，那买家就是日本特务机关。原来是日方买通了当地的汉奸和地痞流氓，秘密勾结串联，对老百姓个人软硬兼施、威逼利诱，以欺诈手段开始攫取大井村的土地。事情已到最后关头，宛平县政府急了，知道再无退路可走了，责任再推不下去了，于是，急令具体承办的科员将过户地契和申请书扣留不发，让老百姓等具体通知。县政府连夜派人进村入户调查，果然发现有汉奸在村里活动。县政府当即把为首的汉奸抓起来，同时组织人力向农民进行宣讲：出卖祖宗的庐墓是大逆不道的，要爱国家、爱民族，千万不要上当受骗。与此同时，县政府派人把当地农民组织起来实行联保制，彼此立约决不出卖祖宗的一寸土地。经过这样一番工作，日方的阴谋一时无法得逞。

国家大事从中央到地方，从省政府、市政府到县政府，最后摊到老百姓个人头上，老百姓是保命不要地。问题触底了！开始反弹了！日方下帖设宴要和中国县长交朋友，王冷斋、洪大中等4人本着“不予接受”“不要谢绝”的原则，抱着牺牲的决心去赴“鸿门宴”，来到北平东交民巷台基厂二条的日本特务机关部。特务机关长松井太久郎、大使馆武官今井武夫等在大门庭院列队相迎，稍事寒暄即入席举杯互祝友好。酒过三巡，日本人故伎重施，又拿出地图和“协议”逼王冷斋签字画押。

王冷斋站起来说：“松井大佐阁下设宴是为了中日友好，我们前来赴宴也是为了中日友好，我们希望宴席之间只能谈笑言欢，政事留待以后商议。如果现在谈判大井村土地，那就只有退席，即使因此而失去自由，也在所不惜。”讲到最后，情绪激动，“谈笑头颅拼一掷，余生早已付鸿毛”，拍了桌子。

中国县长不惧威胁，凛然悲壮。松井一时发怔，尴尬中突然变脸，故作掩饰地大喊大叫：“写条子、写条子的花姑娘的好！”立刻把北平城里著名的日本艺妓和当红的中国妓女接来，围满了一桌。艺妓们弹琴唱歌，日本人拉着王冷斋和妓女们跳舞，借以缓和紧张气氛。

日本人一出接一出地搞着威胁利诱的闹剧，直到1937年7月6日也没有达到目的，于是，图穷匕见。王冷斋县长回忆：

> 日方乃变计从民间着手，以重利诱惑这个地带居民自愿租卖。绝大多数居民都有爱国心，不肯为日方所诱惑，但有少数地主以为土地所有权可以随意买卖，也有为重利所动的；经剀切开导之后，由全体居民呈县府，加盖手印，切实声明不能将土地出租或出卖，如果日军强占，决以流血相抵抗，众志一致，非常坚决。日方见此项阴谋复不得逞，遂于一九三七年七月七日在卢沟桥发动事变。

挂印从军

战争爆发了！日本从其国内开始调大批师团侵华，在大批日军从关外开到卢沟桥附近、占领各重要路口的情形下，仍佯称卢沟桥事变属地方事件。1937年7月8日，日本驻华大使川越茂在青岛发表谈话强调："地方事件要由地方解决。"7月9日凌晨4时，王冷斋县长接到北平转来的电话消息，日方称失踪士兵找到了，可以和平解决了。但日军仍炮击不止，问询原因，日方又诡称"这次炮击是为掩护撤兵"。7月11日，日本政府在发布增兵华北的声明中还在假惺惺地说："政府为使今后局势不再扩大，不抛弃和平谈判的愿望"，过海后还在瞒天。

宛平县署遭炮轰后，王冷斋转移到了守城部队指挥所，县政府也撤进老百姓家里办公了。电话线已被日军切断，无法与北平市政府和第二十九军军部取得联系，县政府秘书洪大中潜伏跑到丰台，在当地商会里找到一部电话机，由公务员小刘与总机话务员昼夜值守，进行着宛平—丰台—北平中转联系。

7月10日晨，王冷斋、洪大中分别从宛平、丰台回到了北平。王冷斋因昼夜辛劳，惊恐悲伤，神经紧张，夜不能寐，住进了协和医院，遂以专员名义任命洪大中为宛平县代县长，全权处理一切事务。

洪大中受命于危难，从北平绕长辛店再回到宛平城。县政府需要处理的工作很多，特别是军需补给、民生安顿、社会治安等事，还有当地的田赋名册、行政档案、在押刑犯等等的管理都必须有人负责主持。由于城门封禁，宛平城内居民无米面、无煤柴，生活十分艰难，洪大中上任后的第一件事是访问不愿撤离的居民和维持秩序的警察，组织县政府工作人员发放赈粮。在放赈现场，突然，日军射来六七发迫击炮弹落在人群周围，洪大中一头栽入掩体内，掩体又被炮弹击中，夯土把他埋了，幸亏身边有警察将他及时刨救出来，大家继续冒着敌人的炮火继续工作。

在宛平县城坚持到7月27日，守军团长吉星文要洪大中在7月30日晨向部队提供至少30辆三套的骡马车。洪大中率领县政府科员到宛平南面的平原地区动员老百姓，按时如数征集到了骡马车驾，人畜集中在长辛店待命。然而，洪大中这时才知道第二十九军在前一天夜里，已从卢沟桥悄悄绕过长辛店向河北省会保定撤退了。空载待命的骡马车来不及疏散，在敌机轰炸中，30多辆骡马车和100多匹大牲口全部损失。危急中，洪大中跑回宛平城取出了专署关防、县政府铜印，在滂沱大雨中走了三天三夜撤到保定。到了保定，才得知县长王冷斋、市长秦德纯、委员长宋哲元等都已从北平撤到这里来了。洪大中和随行的科员埋怨上司和军队撤退时不通知县政府，造成巨大的损失。王冷斋倍加安慰部下，然而，科员坚决表示不干了。

尴尬是从当上县长那一天开始的，光荣也是从当县长那一天开始的！有人为能全身而退庆幸，王冷斋愤然地说："予则以为不能与城共存亡为不幸也！"赋诗道"十年我亦曾磨剑，安敢军前后健儿。"遂和洪大中将宛平县政府的关防大印交还河北省政府，双双挂印结束了"父母官"生涯，一道加入了第二十九军。虽然，王冷斋只做了二十七周县长，洪大中只做了三周代县长，但作为抗战全面爆发的见证人，他们的姓名却永留史册：

王冷斋（1892—1960），福建闽侯人。1937 年 8 月从军，1939 年到香港疗病，日军占领香港后，他回到桂林任大同银行监察等。抗战胜利后，到远东国际军事法庭，为审判日本战犯出庭作证。1946 年回北平定居。1951 年被政务院总理聘任为中央文史研究馆馆员，1952 年被聘任为北京市文史研究馆副馆长。

洪大中（1911—2005），出生于北京。1937 年 8 月从军，1948 年随何基沣、张克侠起义加入中国人民解放军，参加了淮海战役等。1950 年在上海转业，1954 年调至南京第 10 中学任副校长。1983 年离休，1993 年加入中国共产党。

战地激将

卢沟桥事变爆发后的第二天，即 1937 年 7 月 8 日，中共中央发出《中国共产党为日军进攻卢沟桥通电》，呼吁："全中国的同胞们，平津危急！华北危急！中华民族危急！只有全民族实行抗战，才是我们的出路！""全中国同胞、政府与军队团结起来，筑成民族统一战线的坚固长城，抵抗日寇的侵掠！"7 月 13 日即向国民政府提交了《中共中央为公布国共合作宣言》。

然而，国民政府似乎还未挣脱旧的思维惯式。在"地方事件要由地方解决"的障眼法下，日方"银汉迢迢暗度"，而国民政府从中央到平津地方政府，以致第二十九军领导层仍“忍顾鹊桥归路”，还抱有将卢沟桥事变以地方事件求得解决的幻想。日军的炮火愈攻愈烈，7 月 17 日，蒋介石在庐山发表谈话，称“如果战端一开，那就是地无分南北，年无分老幼，无论何人，皆有守土抗战之责任，皆应抱定牺牲一切之决心”，同时又指出“‘芦沟桥事件’能否不扩大为中日战争，全系日本政府的态度；和平希望绝续之关键，全系日本军队之行动。在和平根本绝望之前一秒钟，我们还是希望和平的；希望由和平的外交方法，求得‘芦事’的解决。”7 月 19 日，国民政府向日本使馆提议，双方停止军事行动，各自将部队撤回原地，然后由外交途径解决。当日，宋哲元从山东返回北平还要继续同华北日军进行谈判。该提议即刻遭到日本外务省的拒绝。几天后，宋哲元等被迫撤到了河北省会保定。

攻陷了平津的日军，调集重兵分四路长驱直入，开始对中国全面侵略了：一路由平汉线进攻河南；一路由平绥线进攻绥远；一路由津浦线、胶济线进攻山东；一路由平绥线、同蒲线进攻山西。

烽烟滚滚来天半，火光中闪现着中国县长的身影。

有的县长激将军队进攻。第二十九军第二二六团团长崔振伦回忆：

> 我们到安次县城关时，老百姓欢迎我们，并没责骂我们丢掉国土。但这个县的县长张汉权请旅长和我吃饭时，对我们说了不少刺激的话。张县长是军人出身，跟孙传芳当过师长，以后叛孙投卢（永祥）。他向我们说话的大意是：廊坊的情况，不管是在时间上、地点上和敌情上，都和卢沟桥不一样，如上级指示，虽没命令不得向敌人开火，可是也没命令撤出廊坊，如果为了一时的态势不利而撤出，应当伺机恢复廊坊，庶不致有过……我不知旅长内心如何，我当时心里很激动，认为我们虽属军人，守土有责，还不如人家一个县长有远见哩。当即和旅长决定今晚由我带领一个营七个连的兵力向廊坊进发，夜袭敌人，夺回阵地。

安次县政府人员帮助该部将一些非战斗员、医务所、伤兵进行了安顿，该部即由安次县城关出发，次日夜袭廊坊之敌。官兵们依仗对廊坊的地形、市街熟悉，士气也旺盛，以比敌人多两倍的兵力，将守敌全部歼灭，打了个主动胜仗。随后又奉令撤出，再次回到安次县城，受到民众的热烈欢迎和慰问。

有的县长动摇军心撤退。平绥线南的天镇县、阳高县并峙于山西东北角，是山西省最先遭日军入侵的县城。驻防在这里的是晋绥军第六十一军，军长李服膺。1937 年 9 月 3 日，日军侵入天镇、阳高县境，向县城守军发起攻击。日军配有大炮、坦克，且派来轰炸机向城内投下了烧夷弹和毒瓦斯弹，守城部队进行了顽强抵抗。

第六十一军独立第二〇〇旅第三九九团团附边普禾称：

天镇县长和公安局长，带着物品到团部慰劳，暗地里劝说张团长：为了老百姓不遭苦难，不要再守了！

张团长撤出了天镇县，李军长撤出了阳高县。9 月 12 日，日军攻占天镇县城。城内的保甲长敲锣集合了 200 多名居民搬开堵城门的沙土麻袋，象以前讨好军阀队伍一样，持小旗出城迎接日军，一些士绅、商人和富户还张罗着烧茶备饭要招待日军。然而，日军毫不客气地将欢迎的人们杀得一个不留，三日之内屠杀了天镇县城居民 2300 余人。那一天是农历八月初八，因此，史称天镇“八八惨案”。

四天后，日军占领山西北部重镇大同，致使第二战区司令长官阎锡山筹划的所谓“大同会战”“雁门会战”计划一水泡汤。10 月 3 日夜，宪兵把第六十一军军长李服膺押到山西省政府大堂，由阎锡山亲自审讯。长官部少校副官庞小侠回忆当时的情形：

阎锡山对李说：“从你当排长起，一直升到连长、营长、师长、军长，我没有对不起你的地方，但是你却对不起我。第一，你做的国防工事不好；第二，叫你死守天镇、阳高，你却退了下来。”说到这里，李服膺插嘴说：“我有电报。”阎说：“你胡说！”接着又说：“你的家，你的孩子，有我接济，你不要顾虑！”李服膺这时掉下了眼泪，没有再说什么。阎锡山向周围点了一下头，就走了。

李服膺即被推出大堂，当夜遭枪决。

此时，李服膺的女儿李刚加入了中国共产党，在太行山从事民众动员工作，曾担任中共偏城县委组织部部长等职。2005年，抗战胜利六十周年时，李刚写道：“在抗日战争的烽火岁月中，我在太行革命根据地工作了八年。这是我投身党的怀抱、改变人生道路的八年；也是我放下思想包袱、艰苦磨炼的八年；更是我与老区人民结下深情厚谊、终生难忘的八年。”

吓倒蓬间雀

> 敌人的炮火震撼大地，敌人的飞机在天空中傲笑着；中国军队零乱地撤退下来，无所属的部队，流为土匪，到处骚扰着无依的人民；衙门塌台了，官也不知道几时就跑了，跑到哪里去了；汉奸们在替他们的主子奔走效劳，做着出卖民众的勾当，维持会到处成立起来了；善良的人民，所遭受的是敌人的屠杀，土匪的劫掠、汉奸的虐待；愁云惨雾弥漫在雁北绥南的天空，悲观失望的情绪，笼罩在每个民众的心里，江山变色了，一切都改变了。
>
> 那些“为民父母”的行政官吏，都离开了他们的“子民”，闻风而逃了，建立起来的是汉奸政权。

这是摘自当年第二战区民族革命战争战地总动员委员会（简称“战动总会”或“动委会”）的报告内容，报道的是绥远南部、山西北部，也就是中国长城内外的情形。事实上，这也是华北乃至能听闻到日军炮火的各地情形。敌人尚离县境百里，县长就把工作扔了，携家带口跑了。风声鹤唳，草木皆兵，惊弓之鸟，杯弓蛇影的县长们洋相百出，然而，终不免殊途同归一个字“逃”。

五寨县——“那里的县长是个长睫毛的胖子，是个玩‘等因奉此’的老手，对于一切国家大事颇有‘天塌地陷’不关我事之慨”。敌人还没有进县境，他先跑得无影无踪了。（《战地总动员》）

和顺县——“县长把印也丢了，县长老婆是坐了月子了。腊月初八，那时候正是腊八，太阳刚发红，日本人把寒湖包围了。包围了以后，都跑了。犯了罪的人背上县长老婆跑了，我们也跟上瞎跑了，一下上了那边山上。”（宋昌喜，1925 年生，和顺县离休干部，2005 年回忆）

浮山县县长的儿子冯泰镇（1920 年生，山西平定人。2005 年回忆）：“父亲 1926 年毕业于山西大学，并赴南京参加了国民政府第一届全国县长考试，成为山西省唯一的考试合格者，被分回山西任静乐和浮山县县长。七七事变后，他把我与祖母留在老家，带着继母和弟妹逃难到西安，后来又到四川，在重庆国民政府考试院铨叙部任科长。”

这位当年考试唯一合格的县长有孝心，逃难时给老母留下了 12000 多块银圆。其子冯泰镇 1937 年加入了中国共产党，曾任昔（阳）西县委书记，晓以大义动员祖母，从地里将银圆挖出如数奉献给了人民政府。

樊金堂（1920 年生，山西定襄人。1937 年加入共产党，抗日战争时曾任定襄县基干游击大队大队长等职。1983 年回忆）：

国民党有七个军守忻口，大炮声全县都可听到，老老少少白天晚上坐到房子上听炮声，判断是退下来了，还是守住了。一个夜晚，突然炮声停止。群众知道败下来了，连夜扶老携幼，赶着牛车、抱着鸡，都逃往山上的村庄投亲靠友，全县的国民党政府人员都逃跑了。国民党军队都撤掉了，跑得满山遍野，班长叫士兵拉着衣襟，怕跑得太慢，过河将炮、重机枪扔在河里，马匹被打死，士兵将枪、手榴弹扔到田野，当官的把驮兵器的牲口拉来骑；营长找不见连长，连长也不管士兵。一夜之间兵将们各顾性命的跑得一个也没有了。村里再见不到国民党了。在当天夜里，蒋村小学内，集中了二百多人，这些人都是全县党领导下的革命同志、动委会成员和八路军留下的三位同志舒同、林极彪、王中槐。地方有张连魁、范儒生等人，我也随同他们撤退到大建安。

康瑞华（1908年生，1935年加入共产党，抗日战争时曾担任定襄县县长等职，1980年撰文）：

> 定襄县阎锡山的党、政、军机关人员都跑了。我当时跟定襄城一区区长住在一个院，人家黑夜逃跑，我们还不知道。连他们的区公所、公道团、县长及所属各机关都跑了。

定襄县县长名叫党德懋，是晋南芮城县人，天黑前还大言不惭地对县政府科员讲如何应对危局，半夜即不辞而别，逃之夭夭。他和县政府几个要员是拉帮结派分头逃跑的，而且是跑得最快的一伙儿。路远无轻物，逃跑路上，党德懋发现自己身上还装有县政府的铜大印，这个冰冷的铜疙瘩扔也不是，带也不是，随从们也嫌是个大累赘，没人接手。正好，路上遇到从绥远撤下来、准备去守太原城的傅作义的第三十五军，这支部队晋南老乡多，党德懋就把铜印交给这个部队的一个同乡，声称是在路上拣来的，请老乡转交给商会。

山西省政府派来了沁源县人李醉天接任定襄县县长一职，然而，李醉天和“同志会”特派员王梦周等又开始新一轮的逃跑。一路同行的“公道团”团长王新民回忆道：

> 当晚过南山，进入阳曲县境。同行人平时过惯安逸生活，吃不得苦，此时都已精疲力竭。我们想叫开老百姓的门，喝水休息，由于连日来退却部队的骚扰，群众一见军人便迅速躲藏，未能如愿。人民对腐败散乱、军纪败坏的旧军队，是何等的厌恶和害怕。
>
> 公路上，撤退部队和逃难群众掺杂在一起，军队拉夫、拉牲口等事不时发生。撤退前，路上及路旁都埋了地雷，爆炸事故不断发生，人畜均有死伤。我们踌躇不前，但北面火光冲天，枪炮之声不绝于耳，情况十分紧急，不得已继续南行。后来一位老兵主动领头，行人成单行鱼贯跟随，才避免了被自己的地雷炸死。
>
> 到离太原数十里处，李醉天决定回沁源老家。撤退部队绕城直奔太原城门而来。在小北门外兵工厂一带，看到防守部队还在赶筑水泥钢筋防御工事。这里除个别军人走动外，并无行人，满

地丢弃着脸盆、提包、自行车、纸烟等物。行到小北门，一位带班军官挡住我们。我们说明来意，他说：所有机关都已南迁，你们不必进城。他们都跑了，我们还来“汇报请示”，深感自己幼稚可笑。

王新民一行不进太原城了，随着人流过汾河，汾河上唯一的一座桥被压塌了。他们遇上了一位军中熟人，只好拽着军马的尾巴连拉带拖地过了汾河，看到许多人都在岸边躺着，他们疲惫得挤在其中睡了一夜，天亮时敌机又来轰炸了，炸醒后才发现昨夜是躺在死人堆里睡了一觉，那些人是昨天就被敌机炸死的。他们又南逃到清源县城，这里的县政府也是空无一人了。跑了百十里路，身上虽然有钱，但最大的困难是买不到饭，在清源县的一个村里才吃到一碗高粱面煮南瓜；接着又跑过文水县、平遥县、介休县，顺着同蒲铁路一路南下，到灵石县才正经吃到一顿饭，更重要的是探听到山西省政府已撤到隰县了。省政府的线路是对的，不能只沿着铁路线跑，于是，他们朝西去追省政府。途中，他们向一位老太太求食，老太太的家当已被逃兵抢掠一空，连锅也没有，只好从柴草中扒出一小罐面粉，用水壶给他们煮面疙瘩吃。追到吕梁山隰县城，才知第二战区司令长官阎锡山就住在城外的天主堂。阎锡山接见了他们：

阎穿黑布棉袍，头戴瓜壳小帽，立于窑门外台阶上，被召见者均立于台阶下。他对我们慰问说（大意）：一些职位较高的大官们，多已各自逃难，像你们这些职位较低的人，在此危急中，仍能排除困难，辛苦跋涉，跟踪来见，我很高兴。现在我指出三条路，由你们选择，我支持你们完成各自的意愿。第一回家。中国人的传统习惯，患难中求团聚。我拿盘缠，开护照，送你们回家。第二逃难。拿够路费，各自选择安全的后方。第三跟我继续从事抗战工作。给你们一天时间，冷静考虑，绝不勉强，明天向我书面表示，好按各人意愿安排。在场的人，颇受感动，一致表示，甘愿追随，继续抗战，阎表示欣慰。他又说了一些策勉的话，并叫我们年前住临时招待所休息。

望风而逃是国民党地方政权在抗战初期坍塌的主要方式，县长们是随着国军撤退的。1937 年 11 月 8 日，山西省会太原沦陷，第二战区司令长官阎锡山、山西省政府主席赵戴文率部南撤，其后尾随着一帮旧县长。

如此境况，国民党当局不是没有考虑到的，尤其是信奉“存在就是真理”的山西土皇帝阎锡山，更是未雨绸缪，为了能够存在，只提“守土”不提“抗日”，唯恐刺激了日本人。大战爆发前，阎锡山就知道这些旧县长仅年龄就先老了一大截，拖家带口，上有老下有小，难以适应战地工作，他曾电询各地县长的去留意向，大规模地调整了县政，给县长们下令“死守县城，存亡与共”。然而，日寇入晋，首当其冲的雁北十三县就有十二个县的县长逃跑了。只有朔县县长郭同仁（1892—1937），先将妻儿送回老家洪洞县，在日军围攻朔县城时，他与牺盟会特派员宋效先、东北军连长邵平章等死守县城抵抗，以身殉国。

县长逃跑，未必全是畏敌，也怕自家溃兵。时任五台县县长的宋劭文撰文道：“1937 年 8、9 月间，日军进逼绥远、雁北，阎锡山的军队和国民党的杂牌军不击而溃，阎锡山委任的县长，在溃军要钱、要大烟和沿路抢掠的威胁下，一个接一个地弃城逃走。”晋东北几十个县，县长都跑得差不多了，作为秘密共产党员的他还坚守在县长任上，然而，兵荒马乱，五台县政府也不能办公，县政府领导下的公安局哪能抵挡住决堤般的溃兵潮，宋劭文只好通过党组织，调来抗日决死纵队的一个中队，全副武装守住县政府门口，才把那些溃兵挡住了。

雪天彻夜走清凉，飞灯光耀遍山梁。
老人途中迟行进，徒步泥泞衣带霜。

诗中自谓“老人”的是第二战区司令长官、一级上将阎锡山，时年 54 岁，他从前线仓皇撤退下来，遇到家乡五台县“父母官”宋劭文，顾不得训话，即委任宋劭文为山西第一专署专员，留下了一摞子县长委任状就回太原了。十多天后，太原又失陷，宋劭文通过电台千方百计才和撤到临汾的山西省政府取得联系，请求明令指示，五台籍的山西省政府主席赵戴文回电道：“以后该管区一切事务均由执事全权处理，不必更番请求矣！”

华北要沦陷，山西要陆沉，就连晋东南大山丛中的一位乡塾先生，都对国共双方人员说："现在华北就如同将要断线的风筝，我们稍一松手这个风筝就跑了。所以，我们要以国家兴亡匹夫有责的高度革命精神，把这一风筝线拉紧、拉好，决不能让它丢失……"

炮火连天，弹痕遍地，吓倒蓬间雀！

洪水滔滔，狂澜既倒，谁是擎天柱？

第二章　中流砥柱

在中华民族生死存亡的关头，以国共两党合作为标志，中国社会各阶级、各政治派别组成了抗日民主统一战线，共御外侮，奋起救中国。根据国共两党的谈判结果，1937 年 8 月 25 日，主力红军改编为国民革命军第八路军，国民政府军事委员会勒令八路军隶属第二战区。

中共中央派周恩来等为代表，1937 年 9 月 3 日来到山西，与第二战区司令长官阎锡山等商定：（一）八路军入山西后以太行山脉及太行山北端为根据地进行独立自主的游击运动战；（二）在第二战区行营直接指挥下，成立有共产党、八路军代表参加领导的各级战地总动员委员会，以发动民众，组织游击战争，其工作纲领由中共拟出；（三）八路军在山西境内只动员群众，不干涉县政；（四）给八路军补充物品，兵站帮助运输。

然而，战争形势瞬息万变，无情的战火击碎了旧有的县政。

他们逃跑我们干

“莽莽神州，已倒之狂澜待挽；茫茫华夏，中流之砥柱伊谁？”

1937 年 11 月 9 日，周恩来来到汾阳县。据当地工作的秘密党员反映，阎锡山的县长们逃之夭夭了，周恩来对战动总会领导人南汉宸等说：“县长跑了，问阎锡山要去嘛。这个时候他是派不出来的，即使想派，也没人敢来。那么，你就问他，我们推选一个行不行？一个县没有县长，怎么抗日？”

程子华回忆道：

> 战动总会撤到汾阳时，周恩来同志对我指示说："阎锡山撤走他的干部，要拆台，我们不要上当。战地委员会的组织形式还需要，我们要继续坚持下去。战地委员会顾名思义，就要活动在敌人占领的'战地'开展游击战争。他们撤走干部也好，便于我们更好地发展，你们要放手发动群众，组织武装群众，扩大抗日武装，开展游击战争，创建抗日根据地。"

在汾阳期间，周恩来致电八路军领导人，就政权民主化的实施步骤提出建议：先从县、区做起，成立抗日的县、区、乡政委员会，由各团体推举代表，做到民选议会；再由各县的民主政权产生省、区的民主政权。周恩来同时指示邓小平统一指挥当地的战动总会和牺盟会工作。

邓小平指出，太原失守，这是战略转折点，当前形势可概括为"两进一退"，即日军继续向南进攻、八路军继续向日军侧后挺进，而国民党军队还在继续向南撤退。他号召大家："在兵荒马乱时期，要广泛发动抗日势力，大锣大鼓地打起来，造成一个声势浩大的抗日局面。"针对汾阳县长已经逃跑，县长一职需选新人，有同志不无忧虑地说，按统一战线组织的规定，汾阳还不属战地总会的工作区域。邓小平果断地说："我们要当仁不让，他们逃跑不干，我们干。""国民党扔掉国土，丢下老百姓，抗战的责任落在我们肩上。我们要当仁不让！鼓起最高的决心和勇气，站在最前线和日寇拼命，同山西人民一道抗战到底！"

邓小平具体指示道，太原失陷后，溃兵很快就会退到汾阳，你们要做好准备，尽量减少群众的损失；最好把群众组织起来，学生呀、商会呀，居民呀，都打着旗子上街示威游行；再就是组织纠察队维护秩序，保护群众财产。另外，还要组织群众家家蒸馒头、煮稀饭，在城门口挂上"欢迎从前线回来"的旗帜，使士兵们有吃有喝，但要尽量阻止他们进城。

第二战区副司令长官卫立煌率中央军撤到汾阳，找不到县长，军队无法解决粮食给养，拍桌子瞪眼睛。在混乱的无政府状态下，战动总会的同志们紧急行动起来，给国民党溃军划定了集合休整地，并迅速提供有效的粮草给养。战动总会汾阳办事处的共产党员武人骙等看到士兵饿急了，知道士兵一旦放抢，老百姓必遭大殃，当即组织青年去欢迎和慰问卫立煌部，并答应马上解决几百担面粉问题。卫立煌顿时眉开眼笑，表扬了汾阳抗日青年，说了一大堆好话，说罢，又把那些逃跑的县长臭骂了一顿。武人骙趁机提出：“县长擅自弃城离职，对战机军机贻误甚大。如果有县长坚持职守，出面接应，这次也不至于使贵军为粮食着急了。我们希望卫副司令转告阎长官，请他迅速派县长来；如果有困难，是否可以让抗日民众民主推选。”卫立煌立即满口答应。第二天，卫立煌便告诉战动总会，已和阎锡山联系好了，由战动总会自己推选出县长。

据武人骙回忆：“卫立煌对我们的要求表示支持。关于委任县长问题，他要我们推荐人选，由他临时委任。可是，当我们确定武人骙为汾阳县县长，找他任命时，他已在头天夜里撤走了。形势很明显，依靠国民党的片面抗战，是不行的。”

卫立煌率部走过了蒲县、大宁、隰县，走到哪里，敌机就追踪轰炸到哪里，而且是专拣他的司令部驻地炸。有人怀疑是卫立煌的司令部里有汉奸向日军通消息，但一直没有找出来。1938 年 3 月，卫立煌的大部队撤退到永和县，到达的前一天就有人说“明天日本人要轰炸永和城”。果然，卫立煌的司令部一到永和县城，敌机就来扔了两颗炸弹，炸坏了门窗，炸死不少士兵。卫立煌又匆匆率部开拔，从晋西辗转到了晋南，1939 年 1 月，调任第一战区司令长官，驻守河南洛阳。卫立煌是蒋介石的“五虎上将”之一，抗战时期与八路军长期保持良好关系，称赞八路军“是复兴民族的最精锐的部队，尤其是抗日的方法和经验都非常丰富，希望以后不要忘掉责任”，他本人曾要求加入中国共产党。

拦住人留下枪

1937 年 11 月，邓小平处理了两起国民党县长逃亡事件。

一起是孝义县县长逃亡事件。孝义县县长刘怀伟携带大量枪支、物资和公款逃到了下堡村，要追随跑到黄河边的阎锡山。按照邓小平的指示，孝义县牺盟会特派员曹诚去找刘怀伟谈话，劝他留下来坚持抗战，并告诉他如果执意要走，那就必须把所携之物全部留下。刘怀伟根本不听劝说，曹诚只好带人强行扣留其所携之物。刘怀伟为此致电阎锡山告状，阎锡山即扬言要派队伍向八路军问罪，形势顿时紧张起来。邓小平做了两手准备，一面布置八路军随营学校设警戒线，防止逃亡出来的县政府官员等继续逃跑，采取措施扣留他们带出来的枪支和物资等，一面让曹诚等以牺盟会特派员的身份去向阎锡山说明事实真相。曹诚出发不久，邓小平得知阎锡山已逃往吉县方向了，立即派骑兵通信员把曹诚追回来。邓小平代曹诚等人起草了给阎锡山的电报，揭露孝义等县县长擅离职守、弃地逃跑的丑行，电报中还表明了牺盟会的斗志：我们“有必死之决心，无逃跑之余地”。

一起是平遥县县长逃亡事件。平遥县县长程贵和率县政府一干人顺着阎锡山的撤退路线，向西南往吕梁山方向逃跑，名义是要到阎长官身边“听候指示”。从平遥城撤出时，程贵和带了十辆四套骡车的财产，由警察护卫，并要求自卫队一起护送。

牺盟会平遥县特派员李文炯回忆：

这次撤离平遥相当仓促，对敌人来了怎么办，事前没有来得及向省委请示。到了兑九峪后，也不知道省委在哪里。这时，听说八路军随营学校住在兑镇，我们几个人商量后，决定由我到随营学校校部，商量怎样打游击的问题。当时，随营学校的校长是韦国清同志。我向他说明来意后，他详细地向我询问了自卫队的人力、建制及组织等情况。正谈话间，邓小平同志来了。他匆忙地向韦国清同志说：老韦，赶快派人到街上找一下平遥县牺盟会特派员，他叫李文炯，要他马上来这里，我要见他。韦国清同志笑了起来，指着我说：真巧，这不就是吗？邓小平同志热情地同我握手，接着说：昨晚就听说你们离开平遥了，不知你们要到哪里。今天早晨才知道你们已经来到这里，我早饭还没有来得及吃，就赶来了。于是我向邓小平同志做了详细汇报，并请示怎么办。邓小平同志问我：县长是怎样打算的？接着问：你们带了些什么东西？我说：我们游击队只有人，枪仅十几支。此外县长程贵和把存的大烟全带上了。我们一起吃早饭，边吃边谈。邓小平同志要我们回平遥打游击，由程贵和当司令员，我当副司令员；并要我们给阎锡山写个报告，把大烟等物资暂时留在兑镇，作为打游击战的经费。我说：就怕程贵和不干，在我们撤离平遥时，阎锡山就有电报来不让他离开县境，留在平遥打游击，他就是不听。邓小平同志要我去说服，并说如果他坚持不回平遥，就把他请来，我亲自同他谈谈。

按照这样的部署，我把程贵和、公道团长找到一起商谈。我说：阎司令长官早就有电报，要我们不离开平遥县境，我们应该执行他的电令，回平遥打游击。至于阎司令长官那里，我们可以写个报告，派专人送去。我还对程贵和说："打游击，你当司令员，我当副的。听说，这里住的是八路军，他们擅长游击战，怎么个打法，我们还可以找他们请教。"谈了许久，程贵和总是听不进去。这时，邓小平同志派两个通讯员来了。他们问：哪两位是平遥县县长和牺盟会特派员，我们邓主任请。于是我们一起去见邓小平同志。尽管邓小平同志一再晓以大义，程贵和仍坚持不愿回平遥打游击。最后，邓小平同志提出了和平遥来的人一起商量的意见。

在返回营地的路上，我继续做程的工作。我说：邓主任讲的很有道理，同阎司令长官的电报也是意见相同的，我们是不是再研究一下？程贵和仍然不表态。我想，别的办法已经没有了，只有按照邓小平同志的最后意见，借助于群众的力量了。于是，我把自卫队的干部找在一起，开了一次干部会，统一了思想。决定召开大会，由群众提出回平遥打游击的要求；如果程贵和仍然不同意，就要求他把枪支、物资全部留下。商量之后，我又到了程贵和那里，对他说：我们那里愿意回平遥打游击的人多，请你到我们那里开大会商量看如何行动？他想了一下，认为可以，就同我一起来到营地。在大会上我先讲了几句：这次大会，是向大家征求如何行动的意见。现在有两种不同意见，一是按阎司令长官原先给我们的不离县境在平遥打游击的电报行事，马上返回平遥；一是把队伍开到阎司令长官那里，听候指示。究竟该怎么办？现在，请县长给我们讲讲。程贵和刚讲了几句，战士们就嚷着说：县长要去请示，请去好了。我们要回平遥打游击，把枪支、物资给我们留下，打游击用。战士们问我：县长要去请示，特派员，你是跟他去还是同我们一起回平遥打游击呢？我说：我当然应该带你们回平遥去打游击。我的答复，赢得了战士们的掌声。这时，县长要离开会场，战士们要他表态，他仍然坚持要把枪支、物资带走，并说不带走就无法向阎锡山交待。为了打破这种僵持局面，我说：为了坚持游击斗争，把枪支、物资留下是必要的，为了便于县长向阎长官交待，是不是大家选个代表，给县长打个收据。这样一说，程贵和立刻逼着问我：你签不签名？我说：要我签名，当然可以。他看见事态已经发展成这个样子，就说：只要你肯签名，枪支、物资就留给你！

这场关系到一大批枪支和物资的斗争，就这样顺利解决了。李文炯向邓小平做了汇报，邓小平随即从八路军部队中给他配备了一个教导员、两个连长。于是，李文炯等率领自卫队重返平遥打游击，不到两个月，队伍扩充到600多人，后编为八路军前方特务团第一营。

兵谏县政府

1938年1月，敌军未到，巨鹿县政府和民间抗日武装发生了冲突，县政府内有幻想维持战前养尊处优生活者，准备组织维持会事敌。八路军一二九师东进纵队党委决定迅速调停冲突，引导他们走共同抗日的道路。东进纵队干部张子衡是冀南人，又在巨鹿当过教师，纵队司令员陈再道派他作为八路军代表进城当调停人。1月25日，张子衡带一个骑兵班进了巨鹿城：

当天下午，我应邀到县府议事厅谈判。还是那一套：里三层外三层，卫兵密布，刀枪林立。这些人至今还不知道共产党是什么人，还妄想以刀枪吓软我们！进入议事厅，满座文武，向我们拱手鞠躬，连连让座。王益卿（教育局局长）特别跑到我面前来，胁肩谄笑，恭维一番。就是这个家伙，曾经在1935年亲手镇压了冀南人民的抗日暴动，并下令通缉过我。想不到今天却要和他同坐一堂。我止不住厌恶的情绪，略一点头便转过脸去。

首先是县长王淼笑呵呵地站起来，说了几句欢迎词。他原是北洋军阀的一个师长，已经老朽昏庸。掌握实权的是县府秘书刘建三，据地下党的同志介绍，这人极端反动，而且两面三刀，惯会见风使舵，但解决巨鹿问题关键都在他身上，必须好好对付。这时，刘建三也站起来说："张代表不辞劳苦，专程为调巨鹿之围一事而来，真令我辈感激。"他两只鼠眼闪烁有光，油嘴滑舌，振振有词。我听他净是一派应酬之话，便直截了当地说："我东进纵队是为了抗日而来。我们出面制止这场内讧，只是为了团结一切力量共同抗日。我们希望巨鹿当局，深明大义，协助我军领导抗日工作。"王淼、刘建三听我提出共同抗日的事，不约而同地倒抽了一口冷气。

调停者成了抗日工作的领导者，县政府成了协助者，巨鹿县政府的人自然是不愿意的。县政府二号人物刘建三随即说道："国家兴亡，匹夫有责。共产党提倡抗日，我们岂敢落后？请看巨鹿，都是济世之才，'自卫团'千余人马，也都能征善战。我们誓与巨鹿共存亡，请张代表放心！"他搬词弄句，巧妙地拒绝了八路军。这时，满座活跃，警察局局长、教育局局长、自卫团团长都交口称道："建三之言极是！守土抗战，责有攸归，岂敢烦劳共产党！"

八路军经过调查，发现了县政府正派人去和日军勾结，县政府人员的家属们正在赶做日本旗。第二天，张子衡再去县政府，县政府除了继续标榜抗日，又增添了武力威胁，不仅县署厅堂两侧排列着卫兵，一个个都手掂驳壳枪，满脸杀气，局长们也都挎上了双枪。在厅堂外，地下党组织群众拥到县府大厅前，高喊"枪口对外，打鬼子去！""我们不当亡国奴！"及时地配合谈判。张子衡义正词严地通知对方："本军准予明晨八时入城。"当天下午，张子衡陪同陈再道司令员进城，向县政府提出三点要求：服从我党领导，建立抗日政府，改编"自卫团"为抗日武装。面对八路军兵临城下，巨鹿县政府一干人面面相觑，不敢异动了。1938 年 1 月 28 日，东进纵队开进巨鹿城，立即成立了战地动员委员会，将“自卫团”改编为东进纵队第五游击大队。

争取原县长

1938 年 7 月，八路军一一五师组建了由萧华担任司令员兼政治委员的冀鲁边抗日挺进纵队。他们越过平汉路、津浦路，到达了鲁西北大平原，在乐陵县城组成了边区的领导机构——军政委员会。为了满足各地急需干部的需要，纵队在原有干部训练班的基础上，办起了抗日军政学校，第一期便培训了青年干部 500 多人。在很短的时间，建立了沧县、南皮、乐陵等八个县的抗日民主政权，一块新的抗日根据地在敌后建立起来了。萧华回忆道：

> 十月，正当我们边区根据地初具规模的时候，国民党山东省主席沈鸿烈来到了冀鲁边的惠民。
>
> 沈鸿烈原是青岛市市长。日军入侵山东，韩复榘南逃，这个颇善投机的政客便拉起了一个摊子，搭起省政府的招牌，开始了“流亡政府”的生活。他到达鲁西北以后，第一件事便是拉拢地方势力，积极恢复旧政权，以限制我军的发展。沈鸿烈的到来，使我们清楚地意识到，与顽固派更尖锐的斗争即将开始了。
>
> 十月中旬，沈鸿烈派人送来了信，与我会晤。为了坚持团结，我带着三个警卫员到了惠民。
>
> 来到惠民旧县政府门前，我们还没有下马，只听得一阵吆喝，拥出一大群人来。人群前面直竖着几面五颜六色的大旗，每面旗子的中央都有个大大的圆圈，里面写着粗黑的大字：“刘”“曹”“李”……各自旗子下面站着的人迎上前来，鞠躬点头的、欠身抱拳的，形形色色，不一而足。如果不是前头站着个时装打扮的沈鸿烈和后面那杀气腾腾的护兵们，真使人以为走到京戏的舞台上来了。

进了这个“流亡政府”的客厅，敬茶敬酒，寒暄了一阵，沈鸿烈佯作客套地说道：“萧司令长途跋涉，来到我们山东。远来是客，我们对客军帮助十分不周……

真是老奸巨猾，开口第一句话便射出了一支暗箭。对于这笑里藏刀的手段必须予以揭露，我当即义正词严地告诉他：“救民族危亡，坚持抗战，是每一支部队、每个抗日军人的责任，根本没有什么主客之分。”

接着，我借介绍情况之便，当着这些军阀土顽揭露了当地国民党军队和政府人员在日军到来前后贪生怕死、卖国求荣的种种丑行，讲述了我军抗日起义和挺纵东来之后的英勇战斗和辉煌战绩。

沈鸿烈看第一招没有奏效，接着又提出了一连串的问题，如“划分防区”“筹粮统一”等等。对于这些问题，我都在中央历来指示的坚持我军活动自由和自主的原则下,进行了严肃的谈判。

这次会晤，沈鸿烈妄想限制我军活动的阴谋没有得逞，而有些问题却为我们提供了可以利用的合法条件。我们决定利用一些可以利用的机会和借口，如“筹粮统一”等，进一步展开扩大巩固根据地的活动，并散发传单，张贴布告一直贴到了各个地方实力派的防区里去。

我们也预料到，沈鸿烈绝不会就此罢休的。果然，十多天后，我们接到乐陵县同志的报告，说沈鸿烈正积极地修筑从惠民到乐陵的公路，并不断派人到我区刺探消息。接着，沈鸿烈打算亲赴乐陵，将原乐陵县县长牟宜之调离乐陵去任省府的什么“副秘书长”。

沈鸿烈为什么对边区的交通事业如此热心？对乐陵、对牟宜之如此重视？其用心是不难窥见的。乐陵是冀鲁边区富庶的县，是我根据地的基点地区之一。开辟这一地区时，我们在大力发动群众的同时，曾以较大力量做了上层的统战工作，特别是争取原县长牟宜之的工作。牟宜之是鲁西北少数没有潜逃的县长之一。

此人有抗战热情，倾向进步，与我们建立了较好的合作关系，并愿意接受我们领导，贯彻进步的政策法令。这种情况当然引起了反动派的记恨和不满。沈鸿烈一到，便放出谣言，说什么“乐陵赤化了”，说这个政权“不得人心”等。现在竟要亲自出马，开始他夺取这个县政权的第一步——以“明升暗降”的手段，把牟宜之撤换掉。

这是顽固分子破坏抗战的行为，是我顽之间的一场政权争夺战。这个政治仗必须打胜，但又必须打得有理，打得巧妙。我们几个人商量，决定充分运用我们的政治优势——群众力量，以合法的形式，来进行这场争夺战。

萧华采取避而不见的方法，去部队了。第二后，沈鸿烈带着随员坐着汽车气势汹汹赶到乐陵“摘县印”了，他劝说牟宜之接受调动，马上跟他离开乐陵。此时，县署门外传来震天动地的口号声：“维护真心抗战的牟县长！”“反对破坏抗战的汉奸行为！”成千上万的群众包围了县署，要挽留县长。沈鸿烈让人把牟宜之推进汽车，想把县长抢走，但是汽车一出南门又被更多的群众堵住了，大家拿着彩旗，呼着口号，包围了汽车，有的干脆一屁股坐在路上，抗议沈鸿烈。沈鸿烈只好把牟宜之县长放下，自己灰溜溜地走了。

沈鸿烈走后，国民党杂牌军高树勋部又来了。高、沈两部之间虽然也有矛盾，但高部一进边区便立即建立第二政权，设置招兵站，反对共产党人支持的抗日县政府了，强行收编自卫队，没收民间抗日枪支，扣留八路军侦察人员，甚至派人造谣煽动军人叛变。八路军据理力争，采取了在斗争中求团结的方式。经过八路军一次救援高部突出日军包围圈的战斗，高部才经过谈判，承认了共产党建立的抗日民主政权是边区唯一合法的政权。

投放新县长

国破山河在，战区代替了行省，长官部、省政府驻无定所，苛求八路军“只动员群众，不干涉县政”的阎锡山，无可奈何地答应同八路军合作，同意共产党或八路军代表可以参加政府机关工作，并面许朱德、彭德怀：八路军驻区群众由八路军“独立负责，不好之县长允更换，组织之游击队允予发枪”，允许八路军在工作之区域可实行减租减息。

劝县长，留县长，夺县长，不如自己选县长、种县长。在国民党政权撤退后的“真空”地带、在从日军手里收复的地区，共产党、八路军当仁不让地开始铺摊子搭架子，“做窝下蛋”，大刀阔斧地建立抗日民主县政权了。共产党在山西不仅通过“合法”程序委任县长取得了县政权，而且在整个敌后广阔的区域开始像插秧播种、投放鱼苗一样开始“放县长”。时任战动总会人民武装部部长的程子华回忆，在晋东北，战动总会“组织了抗日义勇军配合八路军一一五师一部收复失地。部队收复一个县和区，就放一个县长和区长。”

1937 年 9 月底，八路军政治部组织部组织科科长、中共晋察冀临时省委军事部长王平以战动总会特派员的身份来到阜平，找到阜平县县长兼国民党县部主任张仲孚，要求立即成立动委会。然而，张仲孚称此县太穷，无经费成立动委会。王平提出将县里原先成立的“抗敌后援会”并入动委会发展。张仲孚无奈地只好由王平担任当动委会主任。王平成立动委会后，立即在全县大张旗鼓地开展了抗日动员工作，建立了区、村基层组织，成立了各种抗日救亡组织，厉行减租减息，减免 100 元以上的债务等，群众一下子发动起来了，全县形成了一切权力归动委会的抗日热潮。原来的区长、村长纷纷拱手交权，县长张仲孚的权力自然被架空了。10 月中旬，日军占领了石家庄，驻扎在阜平的国民党军九十四师朱怀冰部要向山西撤退。张仲孚县长兼保安队长，也要带着人和枪、公款一起跟随国军撤退。王平向罗荣桓汇报了张仲孚的动向，罗荣桓说：“这个人留在阜平，成抗战之事不足，败抗战之事有余。要是他单枪匹马地跑了，也就算了，钱可以不要，但是人和枪不能叫他带走！”张仲孚逃跑了。罗荣桓对王平说：“跑了就跑了吧，死狗总是扶不上墙头的。没有县长，我们派一个管保比他干得强。我看，就由你当县长好了！”第二天，罗荣桓派了七八个干部和一班的战士，以阎锡山的名义贴布告，宣布王平任阜平县县长兼保安队队长。

平型关大捷后，罗荣桓率八路军一一五师政治部机关和教导队、骑兵营等部队经山西五台龙泉关抵达冀西阜平一带山区，开始初创晋察冀抗日根据地。10月18日，骑兵营星夜奔袭，一举全歼守敌，解放了曲阳县城。这是八路军出师以来从日伪手中克复的第一座县城。原国民党曲阳县县长王佩金早在日军入侵前，西渡沙河逃跑了，县政府不摧自垮。有鉴于此，罗荣桓随即委任师政治部统战部长潘振武担任县长。

曲阳县开展党的工作历史较长，基础很好，1931年即成立了县委。在土地革命时期，当地共产党人积极宣传马克思主义，组织农民抗暴运动，虽经国民党两次大的搜捕洗劫，许多党员惨遭杀害，党的基层组织基本上处于瘫痪状态，但仍在坚持进行斗争。潘振武到达曲阳县城后，立即与当地党组织取得了联系。他回忆道：

> 为了加强党的领导，迅速展开工作，恢复、壮大党组织的任务，成为我们县政府刻不容缓的当务之急。1937年10月底，在曲阳县北部的党城镇恢复建立了第一个党小组，闫震同志任小组长。尔后，遵照罗荣桓同志和晋察冀临时省委的指示，我们很快成立了以曲阳县委为核心的“曲阳县民族革命战争战地总动员委员会”，县委书记荀昌五同志担任主任，下设锄奸科、民运科、优先军人家属委员会等机构。
>
> 县抗日政府和县动委会团结一致，密切协作，成为领导曲阳群众开展抗日工作的中坚力量。
>
> 民众是革命战争力量最深厚的根源。宣传群众，组织群众是建设根据地的最基本的任务。
>
> 随同我到曲阳的朱明、刘干益、孙晓风、刘文清、高鹏等十几位同志，公开的身份是县政府“秘书”，在宣传群众的工作中发挥了重要的作用。这些同志,大部分是原红一军团“战士剧社”成员，有的能歌善舞，有的能写会画。他们街头宣讲、书写标语、演出文艺节目，样样行家里手，充分施展了他们的才能。高鹏同志是我们的画家，在曲阳县城沿街墙壁上绘制了许多大幅漫画。
>
> 骑兵营的战士军纪严明，秋毫无犯。他们站岗巡逻，维护治

安，城内民心安定，秩序井然。

历经劫难的曲阳回到了人民的手中，马上就充满了生气。

“当年的红军回来啦！”

“平型关打了大胜仗！小日本是兔子尾巴长不了！”

“共产党派来了新县长！”

老百姓奔走相告，犹如黑暗的长夜盼来了光明和希望。

一天，县政府门口围了几位农民，指名求见新县长。我忙把他们迎到里边来。原来，国民党旧政府曾下过一道命令，说是为了保留青纱帐便于打游击，老百姓种的高粱只许砍穗，不准砍秆儿。农谚云：“白露早，寒露迟，秋分种麦正当时。”眼下已迫近霜降，季节不饶人，再不种麦就完啦！老百姓急得要命，但又不敢违抗政府命令，特来找新县长做主。我想：麦子种不上，这可是影响老百姓一年生计的大问题；没有粮食，根据地的建设也就丧失了物质基础。事不宜迟，我马上派人送信向罗荣桓同志请求。罗荣桓同志当即指示：马上砍掉高粱，抢种小麦。县政府贴出第一张布告，号召群众恢复生产，支持前线，并派出骑兵营帮助老百姓抢种。老百姓纷纷夸赞：“共产党的‘衙门’为咱老百姓着想，八路军是人民的子弟兵！”

新成立的曲阳县政府提出“抗战高于一切”的口号，对当地的土豪绅士采取了积极团结的态度，留任了旧县政府中拥护抗日的文书、教育局局长等。新的县政府宣布取消旧政府苛捐杂税，废除摊派制度，筹粮筹款实行“合理负担”，即由村民评议，“富者多出，贫者少出，无者不出”，大大减轻了基本群众的负担。曲阳县政府和动委会成立了县游击大队，大队长由县委书记、县动委会主任荀昌五兼任。从 10 月到 12 月底，潘振武在曲阳县担任县长两个多月时间，然后将县政府移交给地方干部，由李更涛接任第二任县长。

张苏是河北蔚县人，是 1927 年入党的老党员，在抗战初期，五个月内当过山西、河北两省 5 个县的县长。1937 年 9 月 3 日夜，他从西安来到太原。9 月 5 日，周恩来对他讲：“蔚县还没有丢，我已和有关当局联系了，你准备到蔚县去当县长吧。”张苏随军赴任途中得知蔚县已丢失，只好转进到河北阜平。因阜平县县长王平身兼数职实在忙不过来，罗荣桓要张苏就地当县长。在阜平当了一段时间的县长后，八路军杨成武、邓华的部队要开往蔚县，又将张苏带到蔚县当县长。张苏回忆说：“那时我做蔚县县长，主要是筹款筹粮。蔚县是粮仓，不愁没小米吃。杨成武一个师的队伍，不只粮食，就是肉食蔬菜，也是老乡们送的。老乡们一听是抗日部队，啥也支援。”1937 年 11 月，张苏等来到山西灵丘，成立了一个包括山西灵丘、广灵和河北蔚县、涞源、易县的五县行政委员会，他任主任。1938 年 1 月，杨成武部队进了涞源，又把张苏拉到涞源县去任县长了。

八路军宋时轮部的察绥游击军第一支队，由于组建时间不长，军需供应十分困难，为打开工作局面，支队在应县一带成立了地方工作团，由供给处主任杨勃成（1913—1940）为工作团团长。杨勃成即带领干部战士 30 余人，开始筹建应县抗日民主政府，任命郝继忠为县长，并决定了县政府所属各科各区的负责人。接着，杨勃成深入到山阴一带开展工作，组建成立了应（县）山（阴）联合县政府，进一步建立健全了县区组织领导机构，保证了部队的后勤供给。

在冀南，平汉铁路沿线城市很快沦陷，国民党军一撤再撤，政府官员畏敌潜逃，冀南一时陷入无政府状态。冀南地方党组织几次派人上太行山，请求八路军尽快派兵东进。八路军一二九师迅速派出挺进支队、东进纵队等进军冀南，消灭土匪，扶植战动总会。

所谓“放县长”，就是时任八路军东进纵队政委宋任穷讲的：“占领一座县城就召开群众大会，我们派一名干部当县长，当众宣布，请群众举手表决通过。那时八路军的威信相当高，又是战争时期，我们派的干部没有通不过的。当时急需干部，我们就开办训练班解决干部短缺问题。再道同志率东纵到冀南时，放的县长不多，还顾不上。我们到了后，逐渐多起来。”“骑兵团每到一地即摧毁维持会各种伪组织，宣传党的抗日主张和政策，协助地方党建立战委会和抗日政府，委派抗日县长。如习从真为曲周抗日县长，韩希葛为永年抗日县长，孙意远为肥乡抗日县长，肖一舟为广平抗日县长，李慕三为鸡泽抗日县长等，安定民心。”

抓好县团级

邓小平作为八路军政治部副主任,是1937年9月16日与朱德、任弼时、左权等同船从陕西东渡黄河入晋的。9月21日乘火车经同蒲线北上到达太原,下车伊始,邓小平即被周恩来安派,作为八路军代表参与战动总会工作。

邓小平身兼战动总会晋东北特派员，9月23日随朱德等率八路军总部抵达五台县。为了迅速组建起各级动委会，尽快发动和组织群众，建立地方武装，八路军政治部在五台南茹村召开会议。邓小平在会议上提出，第一步是要建立区、村两级的动委会，做好实际组织和武装群众的工作；第二步是成立县级动委会，既要吸收各界各阶层的代表人物参加，又要吸收能代表和维护群众利益的积极分子参加并成为骨干，为逐步改造旧政权、建立抗日民主政府准备条件。

层层组建动委会，需要大批的干部，邓小平参与指导在太原举办了游击干部训练班，他与程子华、南汉宸、彭雪枫等专门为训练班作专题报告，培训的学员除了山西本地人外，还有从东北三省及平津敌占区流亡来晋的学生。学员结业后都被分配到各地去发动群众，组织游击队。

不到一个月的时间，晋东北各县均建立起县、区两级动委会，各县动委会普遍建立了有一二百人的游击队和各种群众抗日团体，形成了轰轰烈烈的抗日救亡高潮。时任中共中央北方局副书记的杨尚昆后来回忆说，这使阎锡山和他那帮先生们都大吃一惊："八路军做事太快了！"

"游击战争主要应处于敌之翼侧及后方,在山西应分为晋西北、晋东北、晋东南、晋西南四区，向着进入中心城市及要道之敌人，取四面包围袭击之姿势，不宜集中于五台山脉一区，集中一区是难以立足的。"根据毛泽东这一电示，邓小平率八路军政治部宣传部、民运部的一些干部及八路军随营学校的三个连队，总人数五六百人，经过太原于1937年10月底进入汾阳、孝义一带。

在入晋一百多天的时间里，邓小平走过了晋西南、晋中、晋东北，对山西战地形势有了全面的认识和估价，数次致电毛泽东等，认为统一战线方面"我们还不是独立自主的工作环境"，"工作磨擦又多起来"，"我们工作仍大胆做，唯在方式上尽可能避免不必要之磨擦”，并写了《动员新兵及新兵政治工作》等分析总结文章。作为八路军政治部副主任，邓小平总揽全局的思考，又深入战地第一线细致工作，所到之处即把党政军干部的思想和行动高度统一到党中央、毛泽东的判断和决策上来。

1938 年 1 月 5 日，邓小平赶往辽县西河头村，接替张浩担任八路军一二九师政治委员。上任后的第三天，即与师长刘伯承、副师长徐向前致电毛泽东称，国民党鹿钟麟派人到枣强县贴出要把八路军、战动总会赶出城的标语，而且派来了新县长，进城要收权；2 月 22 日，他与徐向前致电朱德等称，最近召集县长及各部代表会议，讨论粮食问题，武乡县县长、襄垣县县长等常以阎锡山命令不准筹借军粮为借口，对粮食问题总是推诿，不愿执行屯集工作，对八路军处处设卡；3 月 23 日，他致电朱德等称，国民党张荫梧来到太行山组织游击总司令部，扶助豪绅打击进步县长，并在各县加委县长等。

邓小平实事求是、洞悉全局地发现问题，大刀阔斧、雷厉风行地解决问题，坚定不移地贯彻执行党中央的方针政策。从 1938 年 6 月 23 日开始，他与刘伯承电令各地党政军领导：“我们原则决定绝对把握各专员，不让一个给鹿钟麟和张荫梧。因此津浦东区、冀南区等区专员应即刻委任，请即考虑后决定。你们对各县亦须坚决迅速撤换不好的县长。”8 月 12 日，即与徐向前、宋任穷致电毛泽东等称：冀南县长已委就，包括平汉线、津浦路东党员县长 26 个，另有几个非党员可把握。四天后，即 8 月 16 日，与徐向前向毛泽东汇报：冀南行政主任公署已于 8 月 14 日在南宫县成立。

毛泽东回电，对冀南新政府提出具体要求，必须实行几件善政：（一）救济各地广大饥饿的群众，粮款向富人筹集及提出一部地方公款。（二）组织秋收运动。（三）规定二五减租办法。（四）发布在敌人进攻时人民自卫与避难办法及空舍清野办法。（五）发布人民防匪自卫办法。（六）组织廉洁政府，规定各级政府人员生活费及公费。

根据指示电的精神，邓小平和徐向前、杨秀峰、宋任穷、陈再道一起研究了冀南行政公署的工作，立即颁布了八项施政纲领，并实施了一系列具体措施和办法。冀南各县新政府即刻在本地区内开始颁布法令，动员一切人力、物力、智力、财力坚持华北抗战，广泛开展游击战争，以完全新的姿态出现在人民面前。

在山西和河北西北部，美国海军陆战队卡尔逊上尉历时三个月，广泛考察了敌后游击战，采访了八路军领导人邓小平等。1938 年 3 月，卡尔逊回到汉口对欧美记者谈话时称，《时代》杂志说日本人控制了以北平为中心的周围 700 英里以内的所有领土，“但是，我走到了距离北平 150 英里以内的地方，仍然属于中国人的领土。我穿过了日本人控制的同蒲、正太两条铁路线。我亲自看到，同蒲、正太、平汉、平绥四条铁路线以内的所有地盘也都在中国人的手里。除此以外，游击队还控制了平汉路以东河北省中部的 17 个县。”

在太行十年的领导工作中，邓小平一直重视抓县政工作，把县政工作当成党政军群工作的基点。直到晚年，邓小平都说：“当好一个县委书记并不容易，要有全面的领导经验，对东西南北中、党政军民学各方面的工作都能抓得起来。”“特别要抓好县委一级，建立一个强有力的县委可是重要啊！军队是团，地方是县，为什么总讲县、团级呀，就是这个道理。”

县委书记于斯为盛

在抗战干部的培养和使用上，共产党做好了充分准备。早在七七事变前的 1937 年 5 月 7 日，毛泽东就向全党发出了号召——为争取千百万群众进入抗日民族统一战线而斗争，“我们党的组织要向全国发展，要自觉地造就成万数的干部，要有几百个最好的群众领袖。这些干部和领袖懂得马克思列宁主义，有政治远见，有工作能力，富于牺牲精神，能独立解决问题，在困难中不动摇，忠心耿耿地为民族、为阶级、为党而工作。党依靠着这些人而联系党员和群众，依靠着这些人对于群众的坚强领导而达到打倒敌人之目的。”

为了迅速占领抗日战争主阵地，中共中央北方局书记刘少奇号召学生、知识分子脱下长衫子换上短布衣，回家乡，到农村，放手发动群众，扩大武装上山打游击。北方局大刀阔斧重新布局，组合加强了各级工作委员会（省委、特委等），广大党员深入基层做了大量艰苦细致的宣传、动员、组织工作，把发动群众、改造基层政权、建立地方武装作为头等任务来抓，各地抗日动员活动中涌现出一大批群众工作能手和骨干分子。

黄河东岸，长城内外，晋西北地区党组织的建立具有鲜明的时代特点。抗战初期，这里只有一些零星的秘密党员做地下工作，群众没有发动起来。党的工作者在民众调查中发现，当地老百姓甚至公开表示只要能保命当汉奸也愿意，以为抗战不过是多少年来司空见惯的军阀内战。为了扭转这种局面，必须迅速加强党的领导，建立党的基层组织，发动群众，组织群众。1937 年秋，中共中央北方局撤销了原山西省委，将干部分别充实到各地去开展工作，在晋西北成立了临时省委（1938 年上半年改为晋西北区党委）。晋西北党组织是自上而下建立起来的，是利用和通过统一战线性质的战动总会、牺盟会中的共产党员与八路军一二 0 师共同建立的。为了迅速打开工作局面，北方局委托贺龙、关向应负责筹建区党委，一二 0 师以教导团为主，并从师直属机关抽调干部，加上八路军驻太原办事处介绍来的各地大学生，建立了规模上千人的地方工作团。师政委关向应、师政治部主任甘泗淇等担任主讲教师，分期分批培训干部和学员，而后将地方工作团分成若干个分团，每个分团有二三十人，深入晋西北各县开展工作，支持区党委建立基层组织。延安也分批次地派来干部加强这一地区的工作。

1938 年春，一二 0 师民运部部长罗贵波奉贺龙、关向应的指示回延安向党中央汇报晋西北的工作情况，毛泽东为他分析了时局形势与目前任务，强调指出："要十分注意在晋西北发展党员，建立支部，可以先把县委建立起来，不一定等支部健全了再建县委。"当时，罗贵波既是战动总会特派员，更是晋西北区党委副书记。他在《革命回忆录》中追记当时：

> 主席精神很好，侃侃而谈，这些重要指示，使我豁然开朗。不知不觉就快一个小时了。我要告辞，但又想起一件重要事情。
>
> 我用期望的口气向主席提出："主席，给我们一些干部吧。"
>
> 主席爽快地说："你们是新开辟的地区，中央可以派点干部去。这样吧，你去找富春看能派多少。"主席又特别强调："你们可以大胆地使用'动委会'、'牺盟会'的干部，他们大都是进步

的青年知识分子，里面还有不少共产党员，将来都是很有前途的。这是干部的来源之一。你们还要采取多种形式办短期训练班来培训干部，特别注意培训当地的干部，这样才能扎下根。”

主席的时间异常宝贵，我不能再耽误主席更多的时间，我告辞了。主席紧紧地握着我的手把我送到门口。

晋西北地区党的建设生机勃勃地开展起来，并向绥蒙地区扩展起来。区党委充分利用统一战线组织“动委会”“牺盟会”和地方工作团中的共产党员，首先加快建立县委组织。许多优秀党员，他们对外是县动委会主任、县牺盟会特派员、八路军工作团团长，而实际上就是党的县委书记。如：朔县动委会主任康世恩就是朔县县委书记，临县动委会主任宋英就是临县县委书记，兴县牺盟会特派员张干丞就是兴县县委书记，以及黄恩明、李正亭、鱼得江、魏怀礼、赵仲池、马林、袁任远、慕纯家、胡全等都是各县内外有别的县委书记，甚至是党的特委、地委、中心县委书记，并且代行县长、专员的职权。

曾任战动总会主任续范亭将军秘书的段云回忆当年：

有一次中共区党委召开各县委书记会议，在座的县委书记们大多在右臂上佩带有战动总会的红色臂章。南汉宸同志笑着对大家说：“你们可以把‘战地动员’那个臂章暂时取下嘛！以免大家看到我们动委会的干部，原来都是共产党。”

党的建设体现在群众的实践运动中。1938年4月，战动总会召开会议，决定动员13800名新战士入伍，晋西北各县县委和“动委会”紧急行动起来，在不到一个月的时间就动员了两万多名新战士入伍，仅一二0师就补充了一万名新战士。据统计，在一年多的时间里，人口稀疏的晋西北就动员了七万余人参军，壮大了八路军等抗日武装力量。

党的县委组织的建立健全既有利于加强党对统一战线各级组织的领导，更有利于发展壮大党的力量，为建立抗日民主政权、实现全民总动员做好了前提准备工作。在群众工作中，共产党不仅就地及时发现和锻炼干部，而且注重干部的教育培养和提高。在山西敌后工作的许多党政干部都曾到延安经过了培训和学习，再回到前线开展工作。敌后工作的干部要回延安去学习，延安培养的干部要到前线去锻炼，从实践到认识，再从认识到实践，本土生长的、外来扎根的共产党员干部，很快都成了独当一面的人物。成千上万对党忠诚、英勇善战、不怕牺牲的干部源源不断输向前线，前赴后继，人才辈出，令一度在华北前线的国民党将领卫立煌、鹿钟麟、汤恩伯等叹服不已，以致向八路军将领反复求教："为什么你们的队伍总是打不散？"

洪水肆虐，天塌地陷，如何应对，形势很快就立判高下：国民党只靠正面被动的"兵来将挡，水来土掩"，单纯依靠军队和政府力量的片面抗战路线，使自己破绽百出，堵不胜堵，四处告急，用人之际"无材可去补苍天"。阎锡山拆了东墙补不了西墙，哀声喟叹写下"急其所缓缓其急，何异补疮把肉剜"，而深入敌后开展游击战争，动员组织人民全面抗战，使共产党、八路军力挽狂澜，遍地英雄，朱德高亢吟诵"北华收复赖群雄，猛士如云唱大风"。

第三章　当仁不让

逃跑的县长贻误抗战，留守的县长不能抗战，八路军赶走了敌人、收复了失地，形势稍缓，国民党、阎锡山又自食其言，认定抗日军民推选的新县长不合法，许多逃跑的旧县长又要官复原职或易地做官，继续施行旧县政，限制、阻挠和破坏民众抗战。

这时的山西县政权有三类：一类是共产党、八路军直接建立起来的抗日民主政权；一类是名义上属于阎锡山任命的政权，但实际上由共产党员和进步人士担任领导，执行共产党的各项抗日政策；另一类也是阎锡山任命的政权，领导权掌握在压制民众、消极抗日、积极反共的人手中，广大群众强烈要求赶走和撤换他们。

为了维护统一战线的大局，共产党既不能罢免那些旧县长，也不能派人去替代，只好对旧政权进行改造。各边区党委在山西境内建立起 18 个地委（特委），在 131 个县（含半边县）建立起了党的县委（工委），在发展党员、调整党组织的同时，指示各地加快改造旧政权，建立县、区、村新政权。1938 年 6 月后，一个以扩大民主，改善民生，改造政权为中心的群众运动在各地逐步展开。

谁敢当县长

1937 年 11 月 8 日，山西省会太原的失陷，标志着“在华北，以国民党为主体的正规战争已经结束，以共产党为主体的游击战争进入主要地位。”中国共产党高举抗日民族统一战线大旗，坚持独立自主的方针，大力推进敌后抗日根据地民主政权的建设。

随着战事的发展，山西省半数的县域成了交战区或敌后区，于是各地牺盟会、动委会纷驰急电阎锡山当局请求派遣县长。山西省政府电询各县长：“愿当游击县长的留任，不愿者即另派人接替”。结果山西全省105个县中，竟有78个县的县长呈请辞职“自行告退”，仅有五寨县县长吕尊周、新绛县县长李凯朋、永济县县长王志彬等表示愿意留任。为了补齐缺额的县长，牺盟会、战地总会的共产党人以先请示后派遣、先派遣后补报，或不请示不补报的形式派出了几十个县长。从1937年10月到1938年年底，由牺盟会、战动总会主持县政的县长逐渐占到全省县总数的70%以上，总控了山西县政发展的大局。

共产党员宋劭文在五台县，从阎锡山那里获得了一批县长委任状，晋东北空缺县长的18个县的大印都握在他的手里。据此，共产党从牺盟会和战动总会中选择干部，迅速开始向各县委派县长。新县长甫一上任后即贴出“红告”：“自即日起，全县各界人等均要遵照民族革命十大纲领，团结起来，一致抗敌，如有不法之徒胆敢破坏抗敌救亡，本县长言出法随，决不姑宽。”

有了抗日的县政权，就掌握了一方天地的人力和物力，抗日的武装才能发展壮大，更好地消灭敌人保护人民。五台县县长宋劭文手中掌握有现金，其现金的来源是：一部分是阎锡山送来的几万两大烟土（抗战时阎锡山以此充经费）换了几万元，一部分是由五台县的田赋税收中来的，另一部分是从阎锡山的管家那里骗到的万把元，共约十来万元全部支援了八路军。接着，以五台山为依托，由晋东北滥觞，1938年1月，晋察冀边区政府在河北阜平成立，管辖了晋察冀39个县政府，宋劭文当选为晋察冀边区行政委员会主任委员。晋察冀边区初期的各县抗日民主政府的成立，到边区政府的成立，都是履行“合法”程序，取得了第二战区长官部同意，委任的县长也是阎锡山认可的，但绝大多数县长都是共产党员。

穆欣回忆1938年2月的晋西南地区形势：

> 这个时候，国民党军队纷纷退向晋南和黄河西岸，唯有八路军第一一五师主力和诞生未久的山西新军痛击敌寇；同蒲沿线以及隰县、蒲县、大宁等山区各县县长，大都闻敌丧胆，望风而逃，旧政权机构陷于分崩瓦解，只有共产党员、洪洞县县长高希敏和介休县县长张德舍同志坚守岗位，并率游击队与敌周旋。在共产党人领导的第六行政区，凡遇旧县长擅离职守者，即由专员公署任命县牺盟会特派员（多为共产党员）取而代之。

晋西南地区属阎锡山的第六专署，全区10个县长竟有9人是共产党员。在山西其他专署，各县的政权也基本掌握在了共产党人手中。

领到委任状

1937年11月，在夏县担任牺盟会特派员的张天珩，接到牺盟总会的通知，要他参加县长训练班。参加县长训练班的多是年轻的共产党员，他们集中在临汾一起受训。几天后，他们又接到命令，第二战区司令长官阎锡山要给他们训话。

阎锡山的行营驻扎在离临汾城很远的土门镇。11月20日左右，张天珩等匆匆赶往土门镇。土门镇位于临汾盆地进入吕梁山脉的山口处，沿着伸进山谷的路，可以直抵黄河岸边。

行营只有几孔窑洞，窑洞逼仄，张天珩等人进去后挤得转不过身来。阎锡山从里间窑洞走了出来，他身穿灰色布军服，披着一件没有袖子的皮大氅，脚蹬一双圆口布鞋，开始训话。训话简短，大意是：“现在敌军深入，形势吃紧，牺盟总会推荐你们出任县长，希望大家要牺牲救国，守土抗战，尽职尽责。”

听完训话，张天珩、李涛、邓辰西、郭钦安、李安心、陈捷第等16位牺盟会特派员各自领到一张委任状。一群20岁出头的年轻人领到了当县长的委任状，大家都很兴奋地议论着：

> 县政权这个刀把子拿到人民手里了，这个胜利使我们高兴万分。但是，拿到委任状后，这个县长如何当呢？拿到县长委任状

> 的牺盟会的同志们，谁也没有经验。有的同志说：旧县长们是靠士绅、靠当地有钱有势的人支持，我们去了靠群众，靠工人、农民；也有的同志说：那些旧县官们做官，一个秘书，一个会计，是他的心腹，上任时和他一块去，离任时他会带走的。这两个人我们必须要找革命的同志才行。

张天珩被派到猗氏县当县长，他带着党组织认可的五个人风尘仆仆上任了。猗氏县党的地下组织为了扩大影响，发动各阶层群众列队欢迎他来上任。“坚决抗日的人来当县长了！”这消息一下子传遍了猗氏县。21岁的张天珩，个子瘦小，一到县城就被手持小彩旗欢迎的学生和群众簇拥着。县里的士绅、商会会长和各界的头面人物都忙着递上各自的名片。年轻气盛的张天珩带着成见，只是忙着和群众打招呼，与群众一同呼口号，不屑和那些旧派人物去寒暄，这使县里的那些绅士和头面人物大为扫兴。于是，第二天猗氏县城便传出许多流言蜚语，说什么“牺盟县长来要遭殃了！”“要共产了！”有的还骂“阎锡山是胡来！派了一个娃娃来当县长，他懂个屁！要坏事了。”

各种各样的谣言，搅得人心浮动。县委与张天珩等研究，决定从三个方面稳定人心，开展工作。首先，接收政权。第一天，张天珩等进驻县政府，把委任状给原任县长陈琦看过后，宣布要他移交政权。第二天，举行交接政府大印仪式，陈琦端着一个铜盘，铜盘里铺着红纸，红纸上面端端正正地放着猗氏县政府的大铜印，毕恭毕敬和盘托举交给张天珩。完成了交印仪式后，还须移交县府各种账簿。“三年清知府，十万雪花银”，陈琦在猗氏当了几年县长，临走时账目交代不清，负责接收财金的同志不签字，不放他走。陈琦很是着急，说好话，讲人情，恳求新县长高抬贵手放他一马。最后，直到山西省政府秘书长打来电话说情保释，新政府才将陈琦放走了。新县长这一手，给猗氏县的旧势力不啻当头一棒。其次，组建班子。按惯例，新县长到任，原政府的全体人员都要写辞职呈请。所以，陈琦交印后，旧政府的人员便集体辞职。为了坚持抗日统一战线政策，张天珩等经过了解，对凡没有大恶迹的人都重新给予任命。其三，宣布纲领。召开群众大会，宣布新政府施政纲领，安定全县人心，动员群众抗日，并广泛听取各界意见，进行民主协商。

群众大会结束后，新政府不仅要有新面貌、新气象，更重要的是要有新举措、新作风，开创适应抗战的新局面。改革旧县制，张天珩先从自身和县政府“开刀”。按照旧制，县长和科长、科员们每月都能领到固定的薪金；当时还有明文规定，县政府每月有500元办公费，节余款项全归县长所有；另外，当时阎锡山还以售“戒烟药饼”和“戒烟药丸”为名，要各县替他卖大烟土，每月各县都能卖掉上万两大烟土，仅此一项，县长及科员们都有数百元至数千元不等的提成。张天珩就从这里改起，宣布：县长、科长、科员除月薪外，一律不得有其他收入。

旧政府盘剥百姓、视民如草芥，新政府不谋私利、关心民瘼，两相对比，群众发自内心地拥护抗日民主政权，拥护新县长。县政府颁布几项法令后，广大群众对政府实行合理负担、组建武装自卫队、武装参加抗战等决定，非常拥护。人们便又传出：“这县长，别看是娃娃，还成熟。”“这年轻人，还让人放心！”还说，“几千年来，这是头一次代表老百姓利益的人掌了权，刀把子握在人民的手上了，天地变了，日本侵略者要遭殃了。”

1938年3月6日，日军攻占了猗氏县城。动员民众坚壁清野后，县政府决定带领公安局和自卫队转移进山区抗战。这时，祖辈安土重迁的人们骚动不安了。公安局是县政府掌握的“正规武装”，班底是由领饷的警察组成的，大约有百余人，每人都有一支步枪，总共配有三挺手提机关枪，但是，他们听到远处日军的炮声，有些人害怕了，要求分金发饷、解散回家。自卫队人数多，则只有大刀、红缨枪和十几支破旧的毛瑟枪，但是，他们都是响应动员，组织起来的有抗日觉悟的青年农民。自卫队员们看到昔日耀武扬威、叱咤百姓的官府武装人员如今成了这般畏敌如虎、胆小如鼠的样子，开始愤怒地骂这些警察们是“怕死鬼”“民族败类”了。本应是同仇敌忾的两支武装力量，现在却是矛盾加剧了。

行走到第三天，矛盾终于公开了。3月8日，当县政府率队行军到万泉县漫峪口村时，天空飘起了雪花，百余人的公安局武装警察包围了县指挥机关驻扎的一座古庙，高喊着：“给我们发饷！我们要求回家，不去打游击！”更有少数人图谋不轨，在背后煽动说：“县政府带着几千块钱，应该分给大家呀！不给，咱们就自己动手！”警察们蠢蠢欲动准备武装抢劫了。自卫队员们气愤地紧握着大刀、红缨枪，保卫着县政府，准备与警察们展开斗争。

眼看着一场火拼就要爆发了。这时，公安局的老巡官幸灾乐祸地对张天珩说：“这真是带兵如带虎呀！”老巡官是要看新县长的“洋相”。张天珩判断出这老巡官是个有煽动力的动摇分子，于是，敲山震虎地厉声批驳道：“什么虎？是一些狗熊、怕死鬼！听到敌人打炮，就吓成这个样子，你们看自卫队，听着敌人打到家乡，争着要同敌人拼！古人说，养兵千日，用兵一时。现在日本侵略军打来了，不是勇敢地上前线，消灭敌人，而要回家当逃兵，简直是国家民族的罪人！你去同他们好好谈谈，有什么正当要求，可以提出来，不许胡闹……”

张天珩坚定的态度，暂时刹住了哗变的气焰。这时，传来了日军的炮声，形势更加危急。老巡官到警察队伍转了一圈儿，跑回来汇报说：“他们不愿上山打游击，要求每个人发两个月饷。放他们回家。”

张天珩同县委的几位同志紧急磋商研究后认为，把这支没有经过改造的公安局武装带去抗日打游击是不行的，如能把他们的武器交给自卫队，倒是一件大好事。塞翁失马，安知非福。于是，张天珩出面对警察们宣布：“现在是国难期间，发两个月饷，不行！每人发一个月饷，把武器放下。”警察们只好照办放下枪支、领饷走人。县政府把这一百多支枪分发给了三个自卫中队。自卫队员们有了正规的武器如获至宝，欢声雷动，兴高采烈地跟随着县政府上了稷王山。

有了自己的队伍，但如何带领部队行军打仗，县政府领导没有经验。再加上部队没有后勤部门，没有事务管理人员，连烧水做饭的锅也没有一口，想象不到的困难全冒出来了。张天珩是县长兼猗氏县抗日游击支队长，朱佩瑄是汾南办事处主任兼猗氏县抗日游击支队政治部主任，大家都来找他俩要饭吃。县委决定，张天珩和朱佩瑄向当地群众借锅借灶，给同志们烧开水，县政府工作人员每人拿一个大筐，到各户人家去要馒头。真个队伍如同乞丐讨饭一样，直到半夜，大家才对付着吃了一顿饭。大家饿一天肚子，于是又有了满腹的怪话。

“打起招兵旗，就有吃粮人”，县委、县政府一班人这时才意识到“吃粮”问题的严重性，形势逼着他们必须迅速建立根据地，健全游击支队的后勤保障工作。十几天后，他们重整队伍返回猗氏县。由于日军占据了县城，到处烧杀抢掠，当地群众纷纷要求武装抗日，不到一个月时间，游击支队就又增加了千余人。县政府将之扩编为三个大队，另外还成立了训练干部的教导队，连队建立起了党支部。经过三个月的锻炼，游击支队主力被抽走改编成山西新军二一二旅五十五团。

在县委的领导下，县政府机关、武装力量和群众组织进行重新整顿，开始在猗氏县与万泉县交界的焦家营建立起抗日根据地，在平原和山区之间灵活进出，机动地打击敌人。

县政府虽然设在两县交界的偏僻小山村里，但它却是猗氏全县人民的主心骨。县政府当时的主要任务是领导群众坚持抗日斗争，镇压日特汉奸，实行合理负担，支援抗日军队，受理诉讼，解决抗日人民内部的各种矛盾。全县各村人民为了解决互相间发生的土地、房屋、婚姻和家庭纠纷，以及刑事案件，纷纷跑到焦家营来找县政府解决问题。司法部门每天应接不暇。各区区政府也都能在自己的管辖地区内，坚持斗争，进行工作。一区区长贺晋桐将抗日县政府的合理负担布告，送进城里，在敌人统治的县城里，居然能够完成任务。原来的商会会长阎正路躲在城外的村子里，被日军搜查到并抓进了县城，日军要他出面当伪商会会长。阎正路在狱中派人出来，请示县抗日政府同意后，才答应了敌人。还有一个叫董聘之的科员被日军俘虏了，也是派人出来向县长请示后，才决定自己的行动。县政府在敌人占领的县城里建立了许多可靠的情报关系，驻扎在小山村的县政府及时掌握着敌人的动态。

说理斗争

1937 年冬，中共晋西北临时省委书记赵林、组织部部长刘俊秀等从陕甘宁边区分批次带着地方干部队伍，来到山西开展工作。他们顶风冒雪，一路北上，看到的是“国民党的军队溃退、政权垮台、官吏逃亡、一塌糊涂”。经过调查了解，情况远比想象的还要混乱不堪且十分复杂，溃军如蚁，社会不宁，抗日民众团体很不健全，群众还没有很好地发动起来，许多老百姓无关国家存亡，想的是“谁来坐天下都要完粮纳税”。

在晋西北地区，旧县长跑得最多，八路军在收复的地区成立的县政府、委派的县长也最多。局势刚稳定，阎锡山政府就又派来了县长，恢复了旧政权，并上演敛国难财、“给老岳丈庆诞”等新闹剧。在山西各地，此种旧县长“返岗”现象屡见不鲜。阎锡山派来的县长发出的命令，常有悖于全民抗战形势的要求，有的甚至打压抗日。于是，共产党与之展开了有理、有利、有节的斗争，采取了自上而下或自下而上的方法，结合旧县长、架空旧县长、赶走旧县长、调换旧县长，以建立抗日民主县政权。

1938 年夏，日军开始围剿左云县，山西省政府委任的县长常嗣温将县政府搬到马头山一带办公，继而退到潘家窑一带活动。这时，常嗣温看到县政府人员人心涣散，难以维系，遂于 9 月间带数名卫士到岢岚县第二行政公署请辞离任。常走后由他的同学、左云县动委会主任周彦庭接任县长职务。周彦庭多次配合八路军作战，想学习八路军游击战术，八路军一二〇师支队司令员宋时轮介绍他到延安抗大学习。学习归来后，周彦庭在左云县推行了一系列民主改革，减租减息，消灭土匪，深得人心。

浑源县来了个名叫董闲愁的县长，上任伊始就排除异己，结党营私，处处与共产党领导的区村抗日政权过不去。在董闲愁召开的县政府会议上，共产党员、二区区长李子清联合其他区长一道，与董闲愁展开了说理斗争，斗得董闲愁理屈词穷，辞职离去。

岚县交通偏僻，县区政权都掌握在官僚豪绅手中，封建统治十分顽固，但被阎锡山政权视为模范县。县牺盟会开办军政训练班，将 40 多名积极分子通过培训后分配到各编村，成为掌握村政权的主力军。牺盟会倾听群众呼声，因势利导，组织和发动了对反动顽固势力的斗争，开始对旧政权进行改造。1938 年 2 月 6 日，近千名群众在牺盟会干部的率领下，齐集县政府门口，愤怒声讨县长钟英贪污受贿、敲诈勒索的罪行。因事实确凿，证据充分，钟英被免了职。第二战区又派来王明信当县长，王明信倚仗有突击团的保驾，依然反动。牺盟会则借助保安七团赶走了突击团，使王明信受到监督。

汾城县县长黄甲、公道团长郭汝槐是当地顽固势力的总代表，他们对牺盟会的工作总是设障阻挠，极大地影响了全县各项抗日工作的开展。根据这一情况，中共晋西南区党委通过牺盟会出面争取，由阎锡山委任共产党人胡锡安（原任决死三纵队政治部秘书）为汾城县县长。在决死三纵队政委戎子和的支持下，胡锡安带领部队来汾城开展工作，打开了抗日工作的局面。

襄陵县县长张福炳属顽固势力，但牺盟会仍对他采取了争取的方针。然而，随着时间的推移，张福炳完全站到了牺盟会的对立面，不断制造磨擦。在说理斗争中，张福炳落荒而逃。1939 年初，中共襄陵县委报请地委、区党委，以牺盟会的名义向阎锡山提出："襄陵形势险恶，县长缺任，纪锦章在襄陵担任过牺盟特派员和自卫总队队长，与襄陵人民和干部有着密切的联系，是襄陵县长最合适的人选。"纪锦章上任后，首先委派共产党员分别担任县公安局局长和政治指导员，又派出党员分别担任区长、办事处主任，从而迅速地改造了襄陵县政权。

曲沃县县长姚绍光曾在国民党军队当过营长，参加过特务组织"蓝衣社"，来到曲沃后处处和牺盟会作对，破坏抗日民族统一战线。牺盟会搜集和掌握了姚绍光贪污腐化的大量事实证据，阎锡山当局不得不撤掉姚绍光的县长职务。

耿起昌，山西昔阳县人，出身于雇农家庭，自幼给地主放牛牧羊，由于革命坚决，抗日积极，被当地群众推选当了村自卫队副队长，他回忆抗战初期：

> 阎锡山政权还在与我们联合抗战，县长、编村长都是阎锡山的人，也有咱们的人参加。那时，村里组织了自卫队，反对投降主义、卖国主义，要求坚持抗战，坚持民族统一战线。我是村自卫队副队长，队长是阎锡山的人，由地主、富农占据了领导地位，他们继续压迫老百姓、欺负老百姓，我反对！就发动自卫队的队员和村子的老百姓反对他们，开群众大会罢免了反动队长。那个队长不服气，把我告到区政府（在郝家庄），区政府领导人许某

某把我弄去打了几板子，说我破坏统一战线，要把我送到县里（县政府当时在皋落村），让县长枪毙我。周围十几个村子的老百姓都去保我，他们跪在山沟里，呼啦啦一大片，他们知道我是穷苦出身，革命坚决，抗日坚决，又反对压迫，都了解我。结果人多势众，把我保了下来。

耿起昌加入了中国共产党，在战地锻炼成长为抗日民主政府县长。

榆社县牺盟会特派员、共产党员马定夫搜集枪支武装民众，并向县长樊亮提出要解决人民生活问题，樊亮不仅不予解决，而且采取种种卑劣手段设法破坏，反对武装民众，引起了广大群众的义愤。樊亮成了当地开展抗日工作的绊脚石，为了搬掉这块绊脚石，马定夫发动牺盟会员将其撵走，通过党组织请来了著名作家、共产党员高沐鸿来当榆社县县长。

1937 年冬，中共翼城县委建立，1923 年入党的阎紫琴担任县委书记。随着抗日救亡运动的深入，以翼城县县长、县公道团团长为代表的顽固势力，对牺盟会的工作横加干涉，百般刁难，先扣压经费，后停供粮饷，破坏抗日工作。阎紫琴经过细致调查，掌握了顽固势力的大量罪恶事实，由牺盟会出面在县城召开声讨大会。在群众的强大压力下，县长与公道团团长连夜弃职而逃。阎紫琴请来了牺盟会特派员李丙辰为翼城抗日民主政府县长，自己担任县民运科长。

忻口战役时，忻县县长逃跑了。随后，阎锡山为忻县派了两任县长，两任县长都是倒行逆施破坏抗日民族统一战线，遭到了当地军民的反对。经过中共忻县县委的工作活动，县牺盟会特派员马孔智担任了县长。阎锡山政府知晓后，下令调走马孔智，又派来个刘县长。刘县长变本加厉地反共，公开杀害了牺盟会干部。县委召开群众大会，先后三次组成团请愿，开展“挽马”运动，与刘县长进行说理斗争。由于民怨沸腾，证据确凿，阎锡山政府只好重新委任马孔智为县长，但又不免去刘县长，在当地造成了“双县长”执政的局面。由于阎锡山在当地没有驻军，县委书记张雪轩带领游击队，经过斗争，使全县各级政权全部为共产党员和进步人士所掌握。

霍县县长洪逸民畏敌而逃，县牺盟会即将此情况报告牺盟会中心区委，要求火速派任新县长。山西第六专署主任张文昂（秘密共产党员）经过慎重考虑和挑选，在征得阎锡山同意后，任命共产党员、牺盟会洪赵中心区武装部长徐荣（唐方雷）为霍县县长。当地的土豪劣绅借口徐荣是外地人，掀起了“霍县人自治”活动，他们串联全县24个编村村长，邀集地方豪绅的代表人物召开大会，酝酿组织非法的霍县自治政府和维持会，抵制新县长上任。中共霍县县委察觉此事，针锋相对地对各编村村长进行了分化瓦解，在大会上，安排牺盟会员登台揭露“自治”活动的阴谋和破坏抗日的罪行，并让一些村长交代了受骗经过，把一个抵制新县长上任的大会开成了欢迎新县长就职的大会。会后，县政府令公安局拘留了带头抵制新县长的组织者，沉重地打击了地富劣绅的不法活动。然而，这只是一个回合的斗争。阎锡山政府免掉了徐荣县长的职务，又派来一个顽固县长；中共派出了孙新人上任县长，阎锡山政府又派来梁建栋上任县长；霍县县委再组织群众与梁建栋的顽固势力展开斗争，赶走了梁建栋，夺回了领导权。这种说理斗争在霍县一直持续了两年多。

平川的牺牲

太原失陷前，山西的报纸曾多次报道太谷县的工作，称它是动员民众抗日的模范县。太谷县轰轰烈烈的抗日局面是共产党人一手操办的。阎锡山任命的太谷县长杜任之、牺盟会太谷县特派员阴杰等，都是秘密共产党员，他们来到太谷即与活跃在当地的杜润生、侯维煜、吴德凯等秘密党员取得联系，密切配合，组建起太谷县总动员实施委员会，驱走了阎锡山的公道团团长等人，动员组织起了太谷妇女救国会、青年救国会、工人救国会、太谷人民武装自卫队及铭贤学校抗敌后援会等组织，使全县的抗日工作轰轰烈烈地开展起来。

1937年10月底，县长杜任之被告发帮助共产党组织队伍，阎锡山着即下令免去其县长职务，委任刘钰为太谷县长。然而，几天后忻口失陷，刘钰携带巨款仓皇逃窜，国民党溃军涌入县城，全县社会秩序大乱。

日军占领太谷县城后，县委书记、牺盟会特派员阴杰带领游击队撤向东山，在郝家庄成立太谷县抗日民主政府，武光大被推选为县长，阴杰担任县政府总务科长，他们为保证八路军的供给，广泛筹集粮款、武器、被服、药品等物资，并将游击队员充实到八路军支队。

中共太谷县委对外先后称“牺盟会工作团”“八路军工作团”等，县委书记对外与之相对应地称特派员、政委，利用牺盟会的合法地位，团结各界人士，结成广泛的统一战线，开展了基层抗日政权和党组织的建设工作。

1938 年 8 月，局势稍有安定，阎锡山又派人接管了太谷县抗日民主政府，乔季五、张贯一等先后担任太谷县县长。共产党员武光大按照县委的指示，顾全大局，忍辱负重，将政权移交。阎系县长在太谷消极抗日，蓄意制造磨擦。太谷县委坚持统一战线和独立自主的方针，对阎锡山的势力采取了既团结又斗争的策略，维护了大局，同时为扩充革命力量，应对顽固势力的挑衅，在东曲河举办了半个多月的县区干部群众训练班。

1939 年底，阎锡山开始发动了反共的“十二月事变”，疯狂屠杀共产党干部。以阴杰为书记的太谷县委领导游击队，在八路军的支持下进行了有力的反击，彻底端掉了阎系县政府。县长张贯一等逃进太谷城投靠了日军，从阎系县长成了日伪县长，当了铁杆汉奸，在不到一个月的时间内，先后带领日伪军 15 次包围袭击太谷抗日根据地，所到之处烧杀抢掠，无恶不作。

阎锡山顽固分子的公开投敌，使太谷人民群众彻底认清了阎系政府假抗日、真反共的面目，更加拥护中共太谷县委。太谷县委开始整顿区村抗日政权组织，彻底清除阎锡山顽固势力残余及贪污堕落分子，在枫子岭村重建太谷县抗日民主政府，全县工人、农民、青年、妇女等代表选举王秉天为县长，使太谷县抗日民主政府成为党领导下的政权机构。

黄河边的坚守

黄河边的永和县是个小县，抗战时只有 3 万多人，但因为县内有于家咀、铁罗关、永和关与陕西的清水关、延水关隔河相望，成了晋西出入陕甘宁边区的一个门户。永和县原先虽然也有各界抗日救国的组织，但这些组织中缺乏核心力量，经历了敌人的一次“扫荡”，人员组织便四散了。

1938年4月中旬，在决死队工作的共产党员梅杉持牺盟会的介绍信，翻山越岭，风餐露宿来到了永和县。虽说是阳春三月，大地解冻，万物生长，正是春耕时节，然而，沿途一片凄凉，到处都是遭日寇洗劫的痕迹，竟找不到一处食宿地。走了三天，梅杉进了永和县城，县政府和两级小学校都被日寇烧为灰烬了。阎锡山任命的县政府驻在一家逃亡富户的院子里，门上不敢挂牌子，县政府文书称这是为了保密，怕汉奸晓得了报告给日本人。社会上谣言四起，有说“日本人打过了黄河”“延安被日本人飞机给炸光了”“八路军是过去的土匪”等等，社会秩序极不稳定。谣言起源于汉奸：当初日军从临汾出发进犯永和时，跟随敌人当汉奸的就有永和当地人，有的是给敌人带路的，有的是给敌人在永和城干“维持会”的。敌人走后，“维持会”虽然倒闭了，但是汉奸却隐蔽下来了。负责当地动员工作的牺盟会特派员也去向不明了。

中共晋西南区党委决定建立永和县工作委员会，发展党员，开展工作，在建立基层支部后正式成立了永和县委。呼延文（后为苏明）任书记，杨毅任组织部部长，梅杉任宣传部部长。

县委书记呼延文的公开身份是八路军兵站工作人员，白天在街头摆书摊，晚上住兵站。梅杉的合法身份是牺盟会县分会宣传部部长。杨毅的父亲是阎锡山任命的沁县县长，杨毅通过私人关系找到永和县县长，博得县长赏识而被提拔为县公安局指导员。

永和县驻有国民党第十九军，设有国民党县党部，活跃着阎锡山政权派出的公道团、精神建国会等。八路军设的兵站只有站长兼指导员1人、炊事员2人和几个通信兵。八路军兵站所需要的粮食，必须得到阎锡山政府和第二战区大本营的发拨命令，否则，永和县政府是颗粒不给的。

设在八路军兵站里的永和县委，根据上级的指示开展了工作：

第一步，发展党员，控制县政府。县委研究分析了县政府的情况，认为要控制政府，必须掌握县长，把县长周围的人逐步吸收入党。对县长身边的几个工作人员的情况逐个进行了分析，第一个发展了县政府文书，第二个发展了县长的勤务员，然后发展了县秘书。这样，县委既便于了解、掌握县长的动向，又可以左右和影响其行动，有针对性地采取措施。同时，在公安局中发展党员，建立支部，掌握武装；在教员中发展党员，便于搞宣传工作，使党的号召能广泛地传播到群众中去；在牺盟会员中发现、培养、发展党员，借助牺盟会的合法身份把工作搞得活跃起来。

第二步，利用合法形式实施党的领导。主要是通过军政民联席会议的形式搞统一战线工作，参加联席会议的人员有县长、区长、牺盟会特派员和秘书、公道团长、公安局、妇救会等，在这种会议中赢得发言权，把动员与组织群众等具体内容充实到联席会议中去讨论贯彻执行，发挥领导作用。

第三步，发展进步势力，挤垮反动势力。充分利用阎锡山某些进步主张，加大减租减息政策执行力度，实行真正的合理负担，调动民众积极性。加强武装自卫队的领导和训练，打击汉奸破坏活动。县委与八路军兵站互通情报，抽调县公安局警卫连中的可靠战士做向导，保护我重要人员、物资通过黄河渡口，组织青救会、妇救会、农救会、儿救会、流动工作团、剧社等，援助由敌后经永和投奔延安的青年。

永和县委紧紧围绕中心工作，在确保陕北与敌后根据地往来的交通安全、协助与支援八路军兵站筹粮等方面做出了贡献。

太行山走马灯

抗日的烽火燃烧在太行山上，气焰千万丈——抗战歌曲《在太行山上》诞生于山西陵川县。

1937 年初，经过培训的牺盟会村政协助员一行 10 余人来到太行山上的陵川县开展抗日救亡活动，发展了薛佑之（1942 年在县长任上牺牲）等一批人参加了牺盟会。1937 年 6 月至 1940 年 3 月，共产党员卫逢祺等受党组织派遣，以牺盟会特派员身份轮替来陵川开创新局面。每一次轮替来的特派员都以更积极的方式，展开更广泛深入的工作，同阎锡山的旧县政权及地方豪绅的阻挠展开了说理斗争，依次在全县建立了牺盟会 4 个区分会和3个办事处，在54个编村300多个自然村建立了牺盟组织，牺盟会员总数达到15000人，建立了12000人的抗日自卫队。

在两年多的时间里，为推动抗日民主进步法令在陵川县的贯彻执行，牺盟会先后开展了三次大的反磨擦斗争和两次改造县政权的工作，县长频换如“走马灯”。

1938年1月，反共的张荫梧带着大批河北民军退居到陵川，县长李郁文配合张荫梧将储存的几千石粮食进行走私倒卖，中饱私囊，并以此同八路军抢夺兵源进行扩军。在此情况下，中共陵川县委以牺盟会名义围绕粮食供应同张荫梧、李郁文展开了斗争。牺盟会上告阎锡山军政组织，公开揭露张荫梧“在河北领饷不抗日、在山西吃粮不出钱、真拉势力假抗日”等罪行，迫使张荫梧退出县城，县长李郁文被山西第五专署撤职。

共产党员王耿人走马上任成为陵川县县长后，大力推行“合理负担”政策。这时，张荫梧又与居家在乡的第二战区长官部的中将参谋等勾结，捏造罪名，企图发动政变加害王耿人，山西第五专署又任命从屯留县县长位上逃跑的师人凤来陵川当县长。师人凤在屯留县就因贪污政府经费、搜刮民脂民膏而声名狼藉，被当地的共产党人轰下了台，而今易地上任，又兼靠张荫梧等的势力，变本加厉开始报复，改组机构，安插亲信，收编土匪，扩张个人势力，并同封建会道门组织、国民党军统局晋东南工作站等联手，全部推翻王耿人推行的政策。

陵川县牺盟会在中共太南特委和陵川县委的领导下，立即出面组织和领导了“反师”大会和请愿游行。师人凤强行逮捕几十名请愿代表，自己组织了两次“拥师”大会。牺盟会联络各县抗日力量，在多方的强力声援下，第五专署撤销了师人凤的县长职务。在“反师”斗争中，陵川县牺盟会还组织了反对国民党军统局晋东南工作站、阎锡山的山西省精建会、张荫梧的河北民军后方留守处等的斗争，配合八路军消灭了土匪武装，使抗日政权掌握在了抗日人士的手里。

1939年1月，山西第五专署委任原决死三纵队一团政委张维汉为陵川县县长。这一委任，进一步促进了陵川县、区、村三级政权的改造和抗日政策法令的执行。全县坚决推行合理负担政策,实行了“二五减租”和“分半减息”。与此同时，通过不断发动群众清租清债、开仓济贫，极大地激发了广大农民的抗日救国热情。

陵川县委经过三次反磨擦斗争和两次改造旧政权,推行抗日进步法令,发动组织全县各阶层人民团结起来共同抗日，有 3500 余名牺盟会员参加了八路军及党领导的其他抗日武装，为开辟太行抗日根据地做出了贡献。

在太行山的另一侧河北武安县，共产党人与旧县长经历了三次斗争。1937 年 10 月中旬，日军侵占保定，国民党武安县县长吴明龙即弃城携款逃跑，全县陷于恐怖和混乱状态，盗贼蜂起，全县树帜成王者有 18 个“司令”，多方轮番对百姓抢劫勒索。八路军一二九师派出游击支队挺进武安，维护地方秩序，打击扰民的溃军和土匪，八路军良好的军风军纪很快赢得了武安人民的信赖和拥护。

八路军成立了武安地方工作团，代行县政府工作，中共冀豫特委成立了武安县委。在县委的领导下，1938 年底，武安县成立了农救会，在全县大力施行“二五减租”政策，使广大的贫苦农民从中得到实惠，群众拥护抗日的积极性一下子就调动起来了。

武安县长吴明龙逃跑后，国民党杂牌军孙殿英部在武安县先后委任了赵子明、王锦章、李国保等三任县长，但这些县长不是与日伪军相勾结，就是内部倾轧争斗，无一例外都在压榨百姓，一旦无利便溜之大吉。在一任又一任县长逃跑的情形下，武安县委、八路军武安地方工作团召开了各界人士和各救亡团体会议，酝酿民主选举县长，经过充分讨论，一致同意冀豫区农救会秘书贾云标为武安县抗日民主政府县长人选。

1939 年 11 月 5 日清晨，武安县召开了有史以来最大规模的会议——民众选举县长大会，全县民众代表排队进入尖山会场，出席会议的五千余人一致选举共产党员贾云标为武安县抗日民主政府县长。上任的贾云标当众宣布抗日民主政府的六条施政纲领和七项具体工作，得到了全体与会代表的拥护，会后举行了盛大的示威游行。

抗日战争时期担任武安县委书记的刘韵回忆道：

民主选出县长贾云标，成立了武安抗日民主政府。紧接着废除保甲制，创建区、村抗日民主政府，同时建立了县武装大队、区干队及不脱产的民兵组织及各种群众抗日团体，形成新型的抗日民主根据地。老百姓兴高采烈地高唱“青天哟，蓝天，这样蓝蓝的天，这是什么人的队伍上了前线？叫声哟，老乡，听个分明，这是英勇抗战的八路军……”

第四章　争夺大印

敌人挫锋，时局稍缓，跑到黄河边，喘定呼吸的阎锡山，蓦然回首，三晋大地上搞得风生水起的县长多是赤色的。他曾就共产党、国民党和他领导的第二战区做了一番比较，说：“共产党在山西像盏电灯，二战区像支蜡烛。”有人问蒋介石的国民党又像个甚，阎锡山说：“只不过像个香火头。”阎锡山惊叹“共产党人才太多！”蒋介石更是忧心忡忡，在其日记中多次表示：“共党乘机扩张势力，实为内在之殷忧。”“目前急患不在敌寇”，而在“共产党之到处企图发展”，“应定切实对策，方足以消弭殷忧也”。

原想通过抗战削弱共产党、八路军，但是，共产党、八路军坚持独立自主的游击战，依托山地创建根据地，水银泻地般穿透到敌后，向平原发展，动员组织起人民建立起“人造山”，在抗战中越抗越大、越斗越强。这种情形是国民党所不愿接受的，国民党制定了“溶共”“防共”“限共”的方针，开始在各地制造磨擦，要从共产党手里收复“失地”了。

于是，在抗日战争的主战场，谁来当县长，成了国民党第一次反共高潮中的重头戏。阎锡山制造了“十二月事变”，国共两党在华北大打出手，上演了史上从未有过的“县长争夺战”。

双县长的磨擦

共产党建立的冀南抗日根据地初具规模，国民党即委任鹿钟麟来当河北省政府主席了。鹿钟麟也深知坚守此地抗战的是共产党，因此，一见到当地八路军的领导人就赧然地表示，自己一无枪炮、二无军队，今后的抗战要靠八路军。为了维护统一战线的大局，八路军还特意给了鹿钟麟一些人马，并根据他的要求给他划定几个县的“吃粮地”。然而，蒋介石给鹿钟麟的使命是从八路军手中“收复失地”，鹿钟麟便开始四处搜罗反共武装，怂恿反共力量“撤换县长、驱逐八路军”。日军大“扫荡”时，冀南行政主任公署暂时撤出南宫县城，鹿钟麟借此大肆宣扬冀南行政主任公署“不知去向”“莫知所踪”，公然宣布取消冀南、冀中的抗日政府，同时开始在各地重新任命专员、县长，和共产党抢地盘。于是，所涉地区都出现了每个专署都是双专员、每个县都是双县长，以致双税局、双区长、双村长，甚至一所小学校也是双校长的怪象。因此，国共双方的磨擦不断升级，国民党顽固军袭击、杀害八路军和地方政府工作人员及抗日军属事件层出不穷。在忍无可忍的情形下，共产党、八路军开始了反击，击退了国民党反共高潮。鹿钟麟未能完成“收复失地”任务，不得不辞去河北省政府主席一职；接着，与日军暧昧的国民党石友三部又从鲁南来了，再次开始委派他们的县长了。

“双县长”“两政府”的对峙局面，给当地的抗日工作带来困难，顽固派的县政府依仗武力横征暴敛，为非作歹，仅半年时间，就从南宫及周围各县勒索粮食几百万斤，搜刮货币和布匹不计其数，人民苦不堪言。石友三部还经常假冒八路军，四出抢劫、绑票、奸污妇女等，蓄意败坏八路军的声誉，并且还用日军送给他们的印刷机私印假钞，妄图从经济上打败共产党。宋任穷回忆道：“那时部队吃饭也限量。吃饭时司务长经常说的一句话就是‘管了不管饱’。我们有的县长饿得竟昏倒在地上。”经过几次大的反顽斗争,冀南抗日根据地才摆脱了“前门拒虎,后门进狼”的严重局面。

比起鹿钟麟、石友三等，阎锡山可就气壮多了。他对倒行逆施的反共政策最能心领神会。太原失陷后，第二战区长官部逐步退缩到晋西南黄河边一隅，能控制的地区仅剩 22 个县，其中完整的县份只有 7 个，其他 15 个县是与八路军控制区相交错的，个别县与沦陷区交错。即便八路军控制区仍以牺盟会、战动总会、决死队等名义承认阎锡山的领导，但阎锡山仍感自身力量地蹙人少，异己力量扩张势强，无法接受这一现实。他翻脸不认账，重新把山西划定行署（下设专署），开始任命专员、县长，不仅否认从前颁发的委任状，甚至要抓捕民众拥戴的县长。于是，从共产党手里收复“失地”的阎锡山成了国民党第一次反共高潮的急先锋。

首鼠两端的县政

阎锡山自辛亥革命一举而成山西督都，治地方千里，自诩晋文公，对“百里长”的县长格外重视，亲自主持考试，面试遴选县长，在县长任免上绝不放权，甚至在反对民国“统一”后蒋介石制定编遣方案时，还矫情地说自己就愿当个县长。纵观阎锡山的抗战县长政策，乃至在整个抗日战争中的施政，他是个首鼠两端、自相矛盾的人物。

七七事变前夕，阎锡山深感其旧的县政难以应对危机，遂用共产党人之长，改组牺盟会，开始动员民众，允许牺盟会培训并给各县加派特派员，宣传“守土抗战”，辅佐并监督县长工作。这样，也埋伏下县长与牺盟会特派员之间的矛盾隐患。

抗战全面爆发后，阎锡山要求县长与军队守城，与所在县共存亡。日军长驱直入，雁门关外各县县长随军撤退，只有朔县县长郭同仁遵令死守，城陷后被日军剥光衣服投入火中。崞县位于雁门关内第一县，是牵制敌人的重要据点，省政府严令必须死守，而县长王允文于日军进攻前夕弃城而逃。省政府下令通缉弃城县长的同时，也感到强令死守县城不是上策。于是，阎锡山决定：县长不必守城，改为游击，以不出县境为原则；遇到日军侵犯县境，即配合军队，打击敌人。放宽了政策，然而县长们仍是弃职而逃。这时，阎锡山无奈地采纳了牺盟会、战动总会举荐的县长人选，甚至面许朱德、彭德怀，八路军可以更换“不好之县长”。

“面许”更换县长是开明的，但必须经省政府批准才能上任。阎锡山为防省县联系被隔断，临时按三至五个毗连县份划区，指定一个中心县长，负责联系召集其他县长做上传下达工作；不久，又怕县长各自为政，难于掌控，因此，再把全省按自然地理形势划为 7 个大行政区，每区设一行政主任公署。然而，他没有想到，他任命的7个公署主任中竟有4人是秘密共产党员。这些行政主任都代行省政府职权，可以直接委派县长，于是，一批生龙活虎的共产党人成了县长。

阎锡山如此网开一面的县长政策，实在出于自身能力不逮。正如他是在《弃雁绥二事》一诗中所写的“国防大事定当先，临时决策事难全。”阎锡山没有料到自己的决策如此不周全，更没有料到共产党、八路军把他的政策运用得恁般神通。国民政府及阎锡山当局委任的大量县长是秘密共产党员，这是他们在知或不知中的无奈选择，因为战争中的干部首先是要不怕牺牲、坚持斗争、英勇善战的人。

共产党的力量在敌后得到迅猛发展，而自己控制的空间却越来越小，权力也越来越小，战事稍缓，阎锡山就要收回自己“急就章”的决策了。开始要他的县长返回县里去，或者重新委派自己信得过的人去当县长。阎锡山在吉县古贤村召开了“抗敌行政工作检讨会”，对县政工作做了检讨，并制定了工作纲领，要求地方政权应当努力整理、健全自身，收复民心，要求他的县长当好“父母官”，要“父母其心，公仆其身”，“把做继母的假爱民”变成“亲父母的真爱民”。

1939年3月25日至4月22日，阎锡山把山西省的各县县长都召集在陕西宜川县秋林镇，举行了第二战区“军政民高级干部会议”（史称“秋林会议”）。会议决定：

一、削减专署、县政府的权力。规定“县长、公安局长由省政府训练、任免。遇情况紧急，不易到达时，也要就合格人员中荐请省政府委用。专员对县长、公安局局长只准列举事实，呈请省政府撤换。各县秘书、科长、区长、巡官的撤换，专、县只能派员暂代，请省政府核委。”

二、监视专员、县长。向各专、县派出视察员，监视专员、县长的活动。

三、解散战动总会，撤换其荐任的县长，由阎锡山成立的“民族革命同志会”成员接充县长。

会议决定解散有八路军代表参加的战动总会，阎锡山手谕“牺盟暂停发展，各行政专员权力予以缩小，不准再自由委派县长，各行政区派保安司令，可遴选正规军团长充任，减少各专员之军权。”同时，派出视察员到各地滋事生非以便撤换战动总会、牺盟会派出的县长；达不到目的，就指示军队进行捕杀，叫嚣要“收复失地，撤换县长”，“改造决死队，取消牺盟会，三个月内将牺盟县长撤换干净。”

1939 年 9 月，阎锡山在雁北灵丘一带成立了第十专员公署，委派亲信白志沂带了三个团的保安队和七八个县长，要从抗日军民手中“收复失地”“夺取政权”。白志沂一到晋东北，倒行逆施就想恢复旧衙门，勾结反动势力公开散布谣言，制造分裂，自行派粮要草，殴打村干部，遭到抗日民主团体的坚决抵制。他们没有接收到一个县政府，只好另立政府相对抗，然而仍征不到粮、征不到税、征不到兵。10 月 21 日，气急败坏的白志沂部县长李国才率兵 200 余人，包围了设在张家湾的灵丘县抗日民主政府，强夺县大印，并把抗日县长高钦及县政府人员全部扣押。当地党组织闻讯立即组织力量前往营救，八路军要白志沂“悬崖勒马”，立即释放高钦等人，但白部一意孤行，非但不理，还开枪射击。忍无可忍的八路军发起攻击，一举解决了白志沂部。

深谙“理凭力伸”的阎锡山，决定依靠军人来巩固其统治地位，实行以军人为主的“领导一元化”“军政一元化”“组织一元化”，说到底就是以军代政，在二战区所辖范围内实行政权转变，由文人专职的专员、县长，向着军长兼专员、师长兼县长的方向发展，就连阎系的弃职县长也满腹牢骚地叫喊：“文人们快让铁军组织吃喝完了”“二战区成了军人的天下了”。

天要下雨

抗日战争进入相持阶段，国际上，英美正在加紧策划“东方慕尼黑”，日本也加强了对国民党的诱降活动，日本公开扬言如阎锡山停止抗日，可以发还阎锡山集团资产的 49%。蒋介石表示支持阎锡山反共，阎锡山则让在山西停止活动七年多的国民党省党部重新挂出了牌子。为了维持自身的利益，阎锡山开始从与共产党合作抗日的立场上倒退，公然散布说：不能抬着棺材抗战，仗总要有个了结，汪先生（汪精卫）走的路，未尝不可取。一再向旧军官们说：“天快下雨了，我们快准备雨伞。”

1939年秋，阎锡山把当年亲自任命的县长们召集到黄河西岸集训。时任猗氏县县长的张天珩回忆：

在这期间，山西省政府安排了一次县长汇报会，参加的有万泉县县长朱一民、新绛县县长李凯鹏和我。阎锡山坐在会议室的一端主持会议，左右两边坐着他的四大总司令和省政府的要员。这是又一次在很近的距离内观察阎锡山的机会。我发现他比在土门时发胖了，神气了。在汇报时，他那两只眼睛，不像在土门时，老是看着地下，而是老在端详你、品评着你。我认真地汇报了我们如何在焦家营、在孤山脚下这个小山村里，建立和坚持了抗日根据地；如何把山西抗日政权的政令，推行到全县各个村庄，推行到日军统治的县城里面；如何把县公安局武装与各村自卫队结合起来；如何成立了锄奸队，打击消灭汉奸匪特活动；如何进行了武装宣传，振奋民心；以及如何坚持民族革命统一战线，和西北军坚守猗氏县城，等等。对于我的汇报，当时到二战区采访的《大公报》《扫荡报》和《中央日报》的许多记者，大感兴趣，他们约我再详细谈谈。省政府的职员反映也很好，异口同声说：牺盟县长就是行。但阎锡山却不感兴趣，一言不发。我汇报完后，由新绛县县长李凯鹏汇报。李凯鹏是阎锡山委派的旧县长，是一个刮了多年地皮、吸了多年民脂民膏的老官僚。他在新绛县纠集一伙反动势力，专门压制牺盟会，和新军、八路军闹磨擦。抗战期间，仍然千方百计盘剥人民。这些他不好说，便大讲特讲，他如何保护、转移和高价出售阎锡山的“戒烟药饼”；日本人如何到处侦察搜索，他如何巧妙地转移；为高价卖鸦片烟，他为司令长官赚了多少钱等等，胡拉乱扯。引得新闻记者们哄堂大笑。尽管如此，阎锡山听了却露出非常赞赏的样子。他正是这些蠹贼和败类。

在集训中，阎锡山通过种种手段对这些县长进行测试摸底，以便找出他“开刀”的对象。识破了阎锡山准备反共的阴谋，参加集训的抗日干部纷纷借机逃离秋林。获悉阎锡山即将发动反共事变，张天珩等人连夜偷渡黄河返回山西战地，一天一夜骑马狂奔360里，跑回到猗氏县政府所在地。此时，反共事变已经开始了。张天珩不仅被免去了县长职务，而且被列为第二战区通缉捕杀的对象了。作为抗战的山西新军二一二旅的党团书记，张天珩与旅长孙定国粉碎了日伪军和阎锡山军队的围追堵截，率领猗氏县公开暴露了的革命力量全部随军转移，跋涉七百余里胜利到达了沁源县，为太岳抗日根据地输送了一批经过严峻考验的抗日干部。中共猗氏县委则将没有暴露的党员更深入地隐蔽在猗氏县境内，继续坚持抗日斗争。

血染的县大印

在敌后，抗日县长与还乡旧县长开始斗争了。阎锡山的县长政策自然遭到牺盟会、决死队等抗日组织的抵制和反对，因为抗日的县长已经熟悉了当地的工作，并受到当地抗日军民的欢迎和信任，还乡的旧县长无法立足。阎锡山随之便将不服从调动者定性为“叛军”，加以讨伐。1939年12月3日，阎锡山调集四个军又一个师、一个旅的兵力，向驻守在晋西地区的抗日决死队第二纵队及晋西独立支队发起进攻；12月8日，阎锡山指使孙楚部联合国民党中央军向活动在晋东南的抗日决死队第一、第三纵队发动进攻。这次事件即史称晋西事变，由于它波及山西各地，又称山西“十二月事变”。

面对国民党掀起的反共浪潮，中共中央号召全党“在一切地方准备对付局部的突然事变”，“凡遇军事进攻，准备在有理又有利的条件坚决反抗之，极大地发挥自己的顽强性，绝不轻言退让。”

阳城县地处晋豫间，周遭环峙着太行山、太岳山、中条山、王屋山，是片气候温润的地方，聚集着国民党中央军、阎锡山的晋绥军等近20个团，同时驻有八路军及决死队等少数部队。各方于此对县政权展开了激烈的争夺。

抗战初期，经牺盟会推荐，阎锡山政府委任李敏之（共产党员）出任阳城县县长，李敏之接管了以曹海参为首的封建衙门式的旧县政府。中共阳城县委以牺盟会名义积极配合李敏之对县政府进行改组、调整，撤换了一批反动官吏，安排共产党人担任政府成员。李敏之从事武装斗争后，经阎锡山政府认可的新任县长陈发贵仍是秘密共产党员。为了协调各方利益，阳城县政府由各方代表组成了总动员实施委员会，11名成员中有县长陈发贵、牺盟特派员魏永生、公道团团长赵树理、农会主席崔松林、工会负责人胡晓琴等。其中多数是秘密共产党员，胡晓琴是阳城县委书记。

阎锡山派来了第八集团总司令孙楚担任第三行署主任，孙楚带着一个警卫团的兵力来到阳城，要强行撤销陈发贵的县长职务，派国民党第八十三师政训处主任李英樵兼任县长。

在县委的领导下，阳城县抗日民主政府与国民党军展开了斗争。国民党军组织各种“地下工作队”在县城召开“民众大会”，企图打倒牺盟会，推翻县政府。得知消息后，县委书记胡晓琴召集县委委员紧急磋商，将计就计，要将这次反共大会开成一个动员群众进行抗日反顽的斗争大会，决定：一是要让群众有组织、有纪律地进入会场，以免顽固派借故抓捕群众；二是要想方设法在大会上代表牺盟会发言，把共产党的主张讲明白，表达全民抗日的坚定立场。会议当天，国民党中央军的代表老调重弹谈“一个领袖”后，牺盟特派员魏永生趁自由发言之机，按照县委的部署，抢先登台发言。中央军和顽固分子们立即起哄，跺足打口哨，以流氓举动干扰魏永生发言。魏永生突然大喝一声：“立正！首先向领导我们抗战到底的蒋委员长致敬！”这一声制止了台下骚乱。这时，魏永生慷慨陈词，从牺盟会的历史使命，讲到积极贯彻民族革命十大纲领；从坚持团结，反对分裂，讲到顽固派不断制造磨擦、攻击、诬陷并砸抄牺盟会的一系列破坏活动；从牺盟会过去领导群众抗日，讲到今后仍要继续同人民群众一起，坚持抗战到底的决心。魏永生慷慨激昂的演讲，使群众大受鼓舞。这时，在县委书记胡晓琴的暗示下，台下顿时一片“讲得好！讲得好！”的呼喊声、鼓掌声。县公安局指导员带头高呼“拥护牺盟会！打倒日本帝国主义！”台下群众不约而同地振臂响应，使反共大会变成了揭露顽固派搞分裂倒退的大会，变成了宣传教育群众、牺牲救国、抗战到底的动员大会。

图穷匕见。1939年12月4日，孙楚以捣毁阳城《新生报》社为发端，在晋东南全面发动了反革命政变，开始查抄阳城县抗日民主政府了。县长陈发贵立即到长治去调援军，临行时将县政府大印转交给县委书记胡晓琴。然而，五专署派来的援军在团长（原系阎锡山的旧军官）的带领下却加入了叛军，包围封锁了县委、县政府所驻的寨子。生死存亡关头，胡晓琴下令“同志们，坚决冲出去！冲出去就是胜利！”胡晓琴、魏永生等人趁着夜色，操起石块砸开被反锁的寨门，喋血杀出一条生路。

突围中，负责殿后的县委书记胡晓琴怀揣大印，吩咐工作人员一定要找到并保护好县长。说话间，路边的岩土坍塌下来，胡晓琴等人便被掩埋了。口吐鲜血的胡晓琴，挣扎到拂晓才从土石方里爬出来。天亮后，顽军到处搜捕县政府、牺盟会的工作人员，胡晓琴把县大印埋在煤窑里，机智地躲过了顽军的搜捕。

七十多年过去后，当年通过兵变当上阳城县县长的国民党八十三师政训处主任李英樵，从台湾回到了阳城县，笑嘻嘻地对众人解释，十二月事变杀害了许多共产党员：“当时是一场误会”，试图“相逢一笑泯恩仇”。抗战中的县长争夺，绝不是一个职位的争夺，用阎锡山的话说，就是要讨复“吃粮地”，是人力物力、生存空间、前途命运的争夺！

在“十二月事变”中，晋西地区隰县、永和、石楼、洪洞等6个县，晋东南地区沁水、阳城等7个县，合计13个县抗日民主政权和群众组织被摧毁，李玉波、高希敏、李从文等抗日县长惨遭杀害，1000余人被捕，700多名共产党员、抗日干部、八路军伤病员及群众惨遭屠杀。

“十二月事变”蔓延到山西全境，各地共产党人与国民党、阎锡山势力展开了殊死搏斗。

曾任平遥县抗日民主政府县长的赵力之，2004年12月回忆：

12月7号打开，我当时在介休的铁北（铁路北边）。12月9号，阎锡山派到介休的“精建会”“同志会”组织的领导人是共产党员，是区党委派到阎锡山那边工作的。县委给我打招呼说，为了工作方便，这几个人是同志。可他们党的关系不在介休，在汾阳、孝义，他们也怕脱离党的组织，所以就经常住到介休的铁北，跟我们在一块。9号，这些同志就对我讲“老赵，做准备吧，动了手了！”他们就回汾阳、孝义县委了。我在铁北，介休县县委是张白汉，老共产党员，我回县里汇报工作，张也知道阎锡山要变了，跟我说“老赵，要做准备，介休铁北是咱介休的门户，你给咱们把住。”所以，在介休在我管的铁北没有损失。胜利地度过了“十二月事变”。7号打开以后，阎锡山的军官就跑下来了，跑到铁北，我把这些人妥善地安置处理，送到咱们的游击队，愿意参加的就到游击队，不愿意的就发给路费，让他们回家了。“十二月事变”在介休就算顺利地过去了。

曾任祁县抗日民主政府县长、牺盟会沁源县特派员的韩洪宾，2004年12月回忆：

1939年12月，阎锡山发动了“十二月事变”，斗争已经白炽化，在沁源县的斗争就更残酷了，双方大打出手。阎锡山说“天要下雨了，准备雨伞”，我们也说“天要下雨了，准备雨伞”。所以，“十二月事变”的时候，我们就把他们派来的人抓住，对外说欢送敌工团到敌区去，路上就把他们都杀了。他们都是阎锡山的旧军官。说：“敌工团你不到敌区去哪里？”在沁源，不是他们杀我们，是我们杀了他们。“十二月事变”以前是通过阎锡山的旧政权来开展工作，事变以后就完全由咱们了。

阎锡山对山西新军和各地抗日民主政权的大打出手，使得共产党、八路军向阎锡山亮明了“人不犯我，我不犯人；人若犯我，我必犯人”自卫口号和立场，毛泽东致电前方八路军将领，“阎系人员，凡真正通敌实行反动者你们应坚决解决之，凡尚能合作者则仍应联络，不应解决。”对于晋西北，则须要立即建立新的政权，“各县之反动县长、专员迅速全部扫荡，委任新的，以速为妙。”为维护抗日民族统一战线大局，将阎锡山留在抗日阵营里，中国共产党最终妥善地处理了与阎锡山当局的关系，双方划分出经略区域，各自在自己的“吃粮地”地上任命县长了。

“十二月事变”的结局使阎锡山“搬起石头砸自己的脚”，自食苦果，原来加委各县的“牺盟县长”不再受他的牵制，完全直接地在共产党的领导下放开手脚，坚决有力地贯彻党中央制定的“发展进步势力，争取中间势力，孤立顽固势力”的总方针，独立自主地走上了抗日民主政权建设的新阶段，赢得了新天地。

穷蹙于晋西南黄河边一隅的阎锡山，不甘寂寞，自诩“一角山城万里心”。为了伸展一下身子，为了插一脚、占地盘，他暗中与日军达成了“让渡”默契，即日军有意识地将沦陷区的部分政权转让给阎方，阎方则派出军政人员投降日军充任伪县长。阎锡山对派往沦陷区出任伪职的干部讲：“五台、交城是日共交错区，共产党势力很大，基础很深，派你们去那里，是要你们起个脚趾的作用。”他先后派出了三批“脚趾”，担任了 14 个县的伪县长。而这些伪县长，多是从原来的旧县长中遴选出来的。

诚笃君子避无计

璩象咸是抗战前山西有影响的旧县长，他在抗战期间走过了一条别样的人生道路。

璩象咸（1901—1970），字星汉，山西阳城人。出生于穷苦之家，父辈开始经商，家境渐趋好转，使他得以立志求学，毕业于山西大学冶金系。1928 年参加国民党，1932 年后任山西省政府民政厅秘书、科长。1934 年 12 月，出任黄河边地瘠民贫的吉县县长。当上了“县太爷”的他，举贤不避亲，从老家阳城呼亲唤友来帮他整饬县政，越明年初见成效。

此时，经过两万五千里长征，刚刚到达陕北的中共中央确立了抗日民族统一战线策略的总路线，决定以山西和绥远为红军行动、发展苏区的主要方向，准备“同日本军队进行直接的有力的游击战争”。为打通抗日通道，1936 年 2 月 20 日至 5 月 5 日，毛泽东率红军东渡黄河入晋，在历时 75 天的东征中，红军转战晋西吕梁、临汾、运城等地 50 余县，横扫大半个山西，宣传了中国共产党的抗日主张，扩大了中国共产党的政治影响，推动了抗日民族统一战线的开展。

红军东征斩获颇丰，璩象咸也算是红军收入囊中的一颗不大不小的“果子”。这“果子”当时内心是极度酸楚的，红军攻打吉县，城内少兵无援，县衙官吏一片惶恐，各自抱头逃窜，身为一县之长的璩象咸困在城内，不能守不能逃，极端恐惧中只得听天由命。红军破城后，他束手就擒，低头认罪，将藏匿了的县府大印及6000块现大洋挖出来交给红军。红军开仓放粮，打开监牢释放犯人，并召开了民众大会。人们围着璩象咸要清算他，犯人们用手铐打他，在红军的劝阻下，保住了他的性命。被擒的璩象咸仍觉得自己这样的“朝廷命官”终究不免一死，何必苟延残喘？于是，他给红军写了一张请求速死的条子。红军政卫队队长向他宣布：“经过了解，你在吉县还没有做过太多的坏事，决定对你宽大处理。”红军在返回陕北的路上，对他的生活处处照顾，一路上既不要他负物，还又让他骑驴，曾使璩象咸感激涕零。

为早日结成广泛的抗日民族统一战线，毛泽东1936年5月25日致信阎锡山，劝他与共产党合作抗日，同时还在信中特别提到“吉县县长暂留此间，稍缓亦当令其返晋。”

璩象咸被红军带到中共中央所在地、陕甘宁边区首府保安（今志丹）县，被安排到教育部学习改造，时任教育部长的徐特立及谢觉哉等对这位特殊学员格外关照。璩象咸在这里看到，一些著名的红军将领和战士们一样同吃同住同学，丝毫没有半点特殊，而对他这个俘虏却照顾得无微不至。他还看到解放区和阎锡山统治区不同的社会生活，这里没有军阀习气，没有等级森严的官僚习气，人们在自由平等地劳动工作着，渐渐明白了红军为什么打不垮，共产党为什么能赢得民众的道理。

短暂的学习结束后，璩象咸自愿留在教育部工作。他用自己熟知的拉丁文为解放区儿童编写小学课本，并将中国共产党发表的《为抗日救国告全体同胞书》（即“八一宣言”）译成对外宣传的拉丁文，受到领导和同志们的表扬，他也为自己能做一点有益的事情感到高兴。

“西安事变”后的一天，党组织突然召见璩象咸谈话，告诉准备派他返晋回太原，参与协商陕北与山西开放黄河渡口贸易的事宜。璩象咸面带难色，担心自己做过共产党的俘虏，阎锡山不会放过他。党组织早已考虑到这一点，给他讲解了当前时局的变化及阎锡山不敢加害的理由，璩象咸欣然接受了充当信使的任务。

1936年12月20日，毛泽东给派往山西做统一战线工作的代表彭雪枫写信，叮嘱：“璩象咸县长如得阎许可，最好往来彼我之间，因他情形已熟悉。”12月22日，毛泽东又在致阎锡山的信中写道：“吉县县长璩象咸先生今春随军来陕，屈在敝处教育部工作数月。璩先生诚笃君子，对敝方抗日统一战线政策知之颇悉，倘得随时往来，甚为欢迎。”

璩象咸与红军干部宋绍林揣着毛泽东的信渡过黄河，几天后来到太原，找到了山西省政府秘书长贾景德，并被引见到阎锡山处，当面转交了毛泽东的信件。阎锡山同意先解决开放渡口运粮的事情。此后一段时间内，贾景德不断召璩象咸来家中，一起办理运粮、发送电文事情。

1937年春，陕北红军对外贸易局代表钱之光，秘密渡河到太原筹集粮食和军需物资。钱之光回忆道：

> 到后不久，阎锡山的秘书长贾景德会见了我们，又专门派了他们的前吉县县长璩象咸负责同我们联系，协助我们的工作。这个县长在红军东征时，曾被我军俘虏，后来被释放。因此，他对我军的政策和抗日的主张是有所了解的。他先把我们安排在太原的一个大旅馆里住了两天，为了工作方便，后来他又特意把我们换到一个单独的四合院里去住。这所四合院虽然不大，但很别致，古色古香，所处位置也比较僻静。我们在太原住了一个多月，这所住处实际上就成为我们在太原的临时办事处。阎锡山虽然是山西的土皇帝，有一定的自主权，但毕竟有限，因为蒋介石的控制也相当厉害。对于我们的到来以及双方之间达成的协议和某些合作，对于外界，尤其对蒋介石方面来说，是秘而不宣的。这样，我们住的四合院，虽然人来人往，但却是秩序井然，严而不露。采购粮食等物资需要现金，因此，我们先要筹好所需现款。我们到太原住下后，就按照双方事先的协议，即刻设法通知我党驻上海机关，把款子汇到太原指定地点，由吉县县长璩象咸他们出具证明，并派人取出转交给我。上海方面前后分三批给我汇来了三万元法币，每次一万元。

用三万元采购了几十万斤粮食和陕北根据地急需的其他物资，钱之光圆满地完成了任务。“毛泽东同志诙谐地说，你们看，我们的统战工作已经统到阎锡山那里去了，现在黄河东西两岸实际上已经通航，蒋介石要是知道了，不知要怎样恼火哩！主席还说，你们这次去山西，不只是买到了粮食，买到了东西，对黄河那边的影响也是大得很哩！”

璩象咸成了共产党与阎锡山政府之间的一个信使，他曾向阎锡山、赵戴文等面陈中共愿与晋绥当局密切合作抗日的五点意见，为促成山西最早形成抗日民族统一战线的局面做出了贡献。

县长当信使，不免心有余悸，何况身边的一些好友也劝要小心蒋介石、阎锡山的特务，1937 年 2 月初，璩象咸回阳城老家看望老母了。

璩象咸与共产党“失联”了。红军干部宋绍林往返于河西河东，颇费周折地找到了璩象咸，向他传达了毛泽东的指示，说中央考虑到他在太原工作的处境，叫他可以兼办一些阎锡山的差事。毛泽东给山西当局有关人物的书信妥善地处理了璩象咸的安全问题，很快，璩象咸就在山西省政府当上了统计室主任。

七七事变爆发后，璩象咸又跑回阳城老家养病，想过侍母的隐居生活。1938 年 2 月，日机轰炸阳城，璩象咸家中三代人经营的老店铺被毁，亲属多被炸死炸伤，璩象咸又跑回当过县长的吉县，因为第二战区司令长官部、山西省政府都搬迁到那里了。1940 年秋，战事僵持，璩象咸再次从吉县潜回沦陷区老家探母，母亲去世后，他隐居在阳城乡下。

自当过信使以来，璩象咸这次算是第三次有意过隐居生活了。然而，占领阳城县城的日军探得消息，找到了他，强行要他出任伪县长。他称病不出门，日本人将他用担架抬进县城，新民会会长岛田对他软硬兼施，逼他当县长。璩象咸装病神志不清，呻吟不止，三天三夜不饮不食。日本人无奈，只得让他在软禁中养病。

为了摆脱日军的纠缠，璩象咸声称自己不想在本地做事、想去太原做些儿大事，拿出昔日同僚、时任伪上党道尹张景灏的一封信，交给岛田看，取得了岛田的信任。1943 年，璩象咸逃出了沦陷区，再次辗转跑回驻扎在吉县克难坡的山西省政府，担任了省政府参事工作，躲避政治，专事经济业务。璩象咸虽有“臣心一片磁针石，不指南方不肯休”之慨，但阎锡山阵营并容不下他。抗战胜利后，与共产党斗争的失利，恼羞成怒的阎锡山开始追究与共产党有染人员的责任了，把沾红人员统统编入“雪耻团”要洗个清白。璩象咸逃得快，一下子浪迹到海边。

全国解放后，璩象咸从上海给在陕北时就已熟悉了的徐特立、谢觉哉写信，进京得以相见，二老劝他留京工作。璩象咸自愧无功，不敢高图，恰又遇其妻在太原病重需要照料，便要求回山西。为了安排这位当年信使县长，时任中央宣传部副部长的徐特立、内务部部长的谢觉哉分别致信山西省人民政府主席裴丽生，徐特立在信中写道“璩象咸先生保安时期在教育部工作时，表现出了负责任，有计划、有节省的作风，他诚实可靠，和我党是靠近的。我素认为有计划不浪费的人适于经济工作”；谢觉哉在信中写道“璩先生是学工的，虽然学了未用，我与他谈，仍以到工业上服务为好。”

凭着中共元老的书信，1950 年 4 月，璩象咸被安排在山西省重工业厅人事处工作，也算他大学冶金专业毕业近 30 年终于专业对口了。在新的工作岗位上，璩象咸忠于职守，严于律己，兢兢业业，直到退休回家，享年古稀。

第五章　谁家天下

全面抗战初期，在敌后，版图一色、政令统一的完整县域是不存在的。日军所谓占领只能在县城、乡镇建立据点，控制交通干线，广大的县域即成为共产党活动的区域，即是日军占领的平津和省会城市的郊县也是如此。因此，在一个县域内，有共产党的抗日民主政府县长、国民党委任的县长、日军扶植的伪县长，一县三种县长的情形是普遍存在的，甚至出现有一县四长五长等的特殊局面。

一个县域内多种县长的情形既反映出战争的形态，也反映出斗争各方应对现实本领手段的高下。

策马相逢

> 今日为了对付我们共同的敌人——日本帝国主义，结成全民族的联合战线，暂时将它（红星帽）收藏一个时期，换上一顶青天白日的白帽子。但我们永远是党军，红军永远是红军，任他换个什么名义，戴上什么帽子，我们始终为了共产党的光荣而奋斗。

这是陈赓大将写于 1937 年 9 月 6 日的日记。这一天，中国工农红军一部在陕西云阳举行换帽宣誓仪式，陈赓担任由红三十一军改编的八路军一二九师三八六旅旅长。

陈赓，1903 年出生于湖南湘乡，自祖父始，家中三代从戎。他 14 岁从军，

1922年加入中国共产党，是黄埔军校第一期毕业生，是战功卓著的红军名将。1937年抗战全面爆发时，陈赓戎马生涯已二十载。

陈赓率部从陕西东渡黄河，奔赴华北抗日前线，记下当时的情形："此时敌沿同蒲南下，友军纷纷西退，状甚狼狈，不战而逃，弃大好河山、有利地形，置人民于万劫不复之境。华北局势非常混乱，我则在我集总及师领导之下，沉着应战，从未脱离敌人，不断寻找与创造敌之弱点，以求一战。几月来，几无日不战，无夜不袭敌人，使敌南下大受威胁。"

在最初的一年多时间里，陈赓率部纵横驰骋于同蒲线、平汉线、津浦线，转战于晋冀鲁豫广阔的战场，戎马倥偬，在风霜雨雪的行军路上，在炮火连天的战斗间隙，陈赓断续写下战地策马日记。然而，就在这些残存断简中，依然能清晰地看到战略防御阶段，秦、晋、冀、鲁、豫各地各色的县长和中共县委书记的身影——

> 1937年10月3日：到时，澄城县县长及一科长求见，并为我们设宴，颇能尽其官场逢迎之能事。再道、聚奎不惯应酬，均"开小差"，仅留我一个人对付，真苦事也。
>
> 1937年10月6日：下午连电韩城及河津县县长催船，大约今夜可来六七十只。全旅及骑兵营，决于明早开始过河。
>
> 1937年10月8日：沿途群众均对我们表示热烈欢迎。经荣河镇时，有数百群众集队欢迎，歌声、口号声不绝于耳，非常热烈。县长强邀我们赴宴，不得已只好敷衍一次。经通化镇时，群众夹道欢迎。

——三八六旅要东渡黄河，途经陕西省澄城县。澄城县县长尽地主之谊宴请军队长官，红军出身的八路军将领颇不习惯此礼，副旅长陈再道、参谋长李聚奎索性不顾"礼貌"地避席，旅长陈赓作为一号首长只好硬着头皮应酬一次；部队东渡黄河，涉及秦晋两岸的对接，河西渡口属陕西省韩城县，河东渡口属山西省河津县，由于两岸舟楫准备不足，八路军只好迭电催促两县县长；渡过黄河，到了河津县内境内，群众夹道欢迎。河东、河西的县长一样，也是尽官场礼仪"强邀"八路军将领赴宴。

1937 年 11 月 16 日：赖际发同志率工人游击队及教导 5 连在榆次附近之坑西，夜袭汉奸集团，即所谓“榆次治安维持会”，除旧太谷县县长及另一汉奸在逃外，全部捉获，无一漏网。计参加这一伪组织的有晋华纱厂厂长，铁路银行行长，当铺掌柜，公道团团长等。

——八天前，即 1937 年 11 月 8 日，山西省会太原失陷，日军已进犯到晋中榆次、太谷一带，当地的官僚与资本家等都已投降事敌。八路军一二九师独立支队政委赖际发组织抗日武装力量开始扫奸除恶。

1938 年 3 月 5 日：到韩壁村宿营，遇见武乡县县长在此。县长出乡工作，当为进步的现象。

——武乡县长不知是阎锡山任命的，还是牺盟会任命的。十多天前即 2 月 22 日，八路军一二九师政委邓小平与副师长徐向前致电朱德，称：武乡县县长对粮食问题总是推诿，襄垣县县长亦然，并常以阎锡山命令不准筹借军粮为借口，不愿执行屯集工作。陈赓记载的武乡县县长是新换的县长，抑或是旧县长有了新作风?

1938 年 5 月 27 日：上午维刚、纪德贵等由彭城来，关于磁县敌情及工作状况谈之颇详。

1938 年 6 月 3 日：到达峰峰后，根据维刚报告：“滏河流域，河渠水涨，居民到处掘堤，水成泛滥，以阻土匪及日寇。”

——陈赓率部进入河北省，中共磁县中心县委书记王维纲、矿工抗日游击支队队长纪德贵来交谈工作，并及时为军队通报敌情。陈赓即指挥部队于 5 月 29 日开进彭城，遂解除了该县的汉奸武装、当场枪决伪军首领，有力地支持了地方党组织工作的开展。

1938 年 6 月 12 日：林县第 5 区区长常文化，公开破坏八路军，解散我新兵，缴去我枪支、文件、马匹，决定一面以纪支队名义去函县政府严厉交涉，一面派队给以惩戒。

1938年6月12日：晚，林县县长派科长为5区长解释，申明将该区长撤职查办，并向我们道歉。

1938年6月19日：又据林县县长报告，敌又一部由磊石出东西台庄、科泉，已进到横水。当令主力转向东西台庄消灭此敌。侦察的1连已先时出发，据其报告敌人已全部退回水冶。部队即在西曲阳一带宿营，并作袭观台准备。

1938年6月23日：由于我们的积极动作，群众对我们的信仰更加提高，吃粮食完全不成问题。群众说："供给八路军粮食，我们不吃都应该供给，供给'吃队'（群众称吃饭不战之友军），实在不愿意。"各处派有代表来慰问我们——如汤阴、安阳等处。今日收到的慰劳品约4起。林县县长来见，表示很诚恳，并向我们致敬意。

1938年7月10日：我们的积极动作，更吸引了群众对我们的拥护。林县县长送2000余双布鞋，全部作为慰劳品。上层分子对我们观感大有改变。我们现在组织群众团体，在林县、汤阴已取得合法地位。

1938年7月12日：汤阴县长介绍浚县先进分子常、齐2人来部，辗转追随我军凡10余日，要求我们派人到浚县领导游击战争，并愿接受我们的领导。

——在整整一个月的时间内，陈赓率部跋山涉水转战于平汉线两侧，捕捉战机，在冀南、豫北与敌伪作战数次，连战连捷，赢得广大人民群众的衷心爱戴。当地政府和上层分子由不配合、甚至破坏我军，逐渐转变态度，发展到主动慰劳八路军，并主动要求八路军来领导他们抗战。抗战的领导权是共产党、八路军靠忠勇爱国、关爱百姓赢得的，也是当地政府、群众通过与国民党军（吃队）相比较得出的结论，选择拥护八路军。

1938年7月22日：我由高庄直回南村，经大佛岭，遇辉县县长及民军一部，谈约1小时。

1938年7月24日：辉县关县长来访。此人确能艰苦地工作，民族意识很强，为河南省政府委任的合法政府。此间土匪文起亮部（受第一战区委任为游击司令）借抗日名义，到处诬人为汉奸，掳人勒索，以至当中截抢，无所不为，并自委县长，到处设立税收机关，专门搜刮民财，群众怨声载道，并企图暗杀关县长，阻碍其县政的推行。我决定帮助这一合法政权的建立，采取协商调解的办法，统一政权。

1938年7月25日：规定两天工作计划。派平汉支队长赴文起亮处。

1938年7月27日：第一战区游击队派其政训处副主任来联络，我谈到关于统一政权问题，未得结果。

1938年7月30日：辉县县长来部，并招待伪军代表，彼等表示反正诚意。

1938年8月7日：函关县长来此处理此间县政。

1938年8月8日：关县长在此召集乡绅集会，组织区署，我参加做报告。

1938年8月10日：翟河伪军有悔过意，可以争取，决定不干，并赞成关县长收编。

——在不到20天内，陈赓处理了国民党一县多委县长的矛盾纠纷。在关县长来访的第二天，陈赓即派八路军干部去文起亮部做协调工作；第四天，文起亮的上司部门派人来与陈赓联络，对方未能听从陈赓关于统一政权的主张。根据陈赓的全部日记分析，文起亮部已被他定性为破坏抗战的“土匪”，应属“伪军”之列，当应以武力“干”之。在八路军武装的威慑下，“伪军”代表有了反正诚意，陈赓赞成关县长收编“伪军”。

1938年10月21日：涉县郭县长来访。善言谈，表面上对八路军简直同共产党员爱护八路军一样，实际对我们是另外一回事。据说搜刮甚富。这样的人是抗战中的败类。

——郭县长显然不是共产党员。当然，党派所属不是衡量县长能否抗日的标准，但是，对抗日队伍采取阳奉阴违、发国难财的人绝对是民族的败类。

> 1938年12月7日：奉命赴鲁西，过彭城，夜宿县政府。田县长招待甚周，并在彭城市设宴款余，席甚丰富。
>
> 磁县工作大有开展，确实今非昔比。群众无论大小男女，均已组织放哨，戒甚严。据说汉奸很少漏网，即毒品犯亦时常被儿童团拘捕送县。交通路不分大小，均被破坏，这未免破得太过分了一些。小路被破，连村与村的交通均发生问题。据县长说，因为道路破坏，牛马车甚至驮骡均发生问题，以致促使煤价高涨，县长亦觉得太过了一些。
>
> 彭城街正值庙会，满街生意，夹道设卖，红男绿女，人山人海，大有太平景象。但12时许，敌机5架过空，轧轧之声，不绝于耳。但街道人民，仍甚拥挤不通，视若无睹，因已习惯敌机下的生活矣！
>
> 1938年12月8日：下午进到临漳城。城内生意颇热闹。县政府不在此地。据说因此地离磁县敌人太近，恐遭其不意袭击，故此政府成为游击性质，驻地不一定。黄昏前到城东南风岭城宿营。
>
> 1938年12月9日：吴专员派一县长来接收临漳县。临漳政权为八路军与群众在日寇、汉奸、土匪手中用血换来，赵县长颇得群众信仰，政治正在进步中，若一旦落入顽固分子之手，则又将重入黑暗，妨碍抗日根据地的创造，我坚决主张不让。

——这是陈赓重返冀南，看到县委、县政府领导当地人民群众建立起根据地，抗日形势一派大好，发出了感慨。半年前，他率部经过这里，磁县中心县委书记王维纲等曾来汇报工作，并及时为军队通报敌情，八路军三八六旅从敌伪手中收复失地，有力地支持了地方党组织工作和抗日民主政权的建设。然而，国民党政府官吏却派来县长，要顶替人民拥戴的赵县长，从人民的手中“收复失地”了，这是共产党、陈赓决不允许的事情。

1938年12月11日：经南乐县，遇魏县长，前呼后拥，不可一世，这是抗战中的怪现象。到韩张，街上满布欢迎八路军标语，群众对我甚表好感，我偶然与群众谈几句话，即被群众层层包围，几至街上断绝交通，我借机向群众讲演，大家都是倾耳而听。

晚有本地共产党员数人来访，我对他们解释了一般的政治情形及当时任务。

1939年1月3日：我博平党组织之部队约1400余人，有被顽固分子解决的危险。决以津支、688团之一部，青纵之一部，向博平推进，掩护其集结，并以此意电告师部。

1939年1月5日：晚应县长宴，并与此间国民党员交换意见。

1939年1月7日：今日688团、补团、津支、青3团均会合于魏家湾，附近东南西北十余里村庄均为占驻。晚与博平党同志商谈32支问题，决定明日在此休息一天，以便进行侦察。

——有党组织及其领导下人民团体、武装力量，未必就能建立起抗日政权，南乐县、博平县均是如此。这既关系到民族统一战线政策的执行，也取决于敌友我力量的对比。中共博平县委虽组织有1400余人的地方部队（32支队），然而，却面临被顽固派军队解除的危险。因为国民党山东省政府主席兼鲁苏战区副总司令沈鸿烈，正指挥国民党军队不断制造排共磨擦，阻止群众给八路军提供给养，并试图消灭共产党人组织的地方武装力量。幸亏八路军三八六旅及时出手，使得博平地方武装力量得以集结保存。

1939年1月26日：我补团钳制平乡、鸡泽之敌，并袭击鸡泽，当冲入城内，与敌反复冲锋数次巷战。据说敌退出城外。我将伪县政府全部捣毁，汉奸大部被我击毙。

——全面抗战初期，在敌后、在与敌交锋区，出现了共产党建立的抗日民主政府、国民党派系的县政府，另外还有日军扶植起来的敌伪政权。陈赓率部转战数省，大军所向，拥政爱民，保卫抗日民主政府，团结协调国民党派系的县政府，坚决地摧毁敌伪政权，充分彰显出八路军是高举民族统一战线大旗的威武正义之师，中国共产党是抗日战争的中流砥柱。

需要指出的是，此处仅摘录了陈赓在抗日战争防御阶段的日记片段，但它真实地记录了抗战初期五色杂陈的县长众生相，反映出抗日政权建设的纷繁复杂，印证着“没有一个人民的军队，便没有人民的一切”的真理。抗日战争进入到相持阶段，陈赓则有更翔实生动的文字记载，尤其是他在太岳军区司令员任内，为巩固发展建设太岳革命根据地，与山西沁源县人民同甘共苦，留下了许多珍贵的战地笔记，那又是另当别述的专题。

国字头县长

国民党强调政令统一，然而，它最不能统一县政。一县内，国民党系统委任的县长多是由省政府正式委任的，是合法的“国”字头县长，但是又不免委出多门，县长们是重叠关系，主次轻重取决于中央与地方、军队派系之间的势力博弈，明火执仗凭实力上位，争一地之名、图一时之利，战事激变即悬崖撒手，作鸟兽散。

1937 年 9 月，作为阎锡山精心挑选的 40 名战时县长之一，杨贞吉到平定县走马上任。不久，太原失守，第二战区长官部南撤临汾。于是，杨贞吉便以“老总前行，贞吉尾随”为托词跟进到临汾。杨贞吉私自南下，有擅离职守之嫌，但因有应县同乡、阎锡山的亲信王尊光出面求情，阎锡山不但未予追究，反而发表新的任命。这样，杨贞吉又改任解县县长。在解县县长任上，杨贞吉因为竭力扩充军政实力，引发了与地方保安势力的矛盾而遭受打击，不得不于 1938 年 7 月辞职离任，回到二战区驻地吉县。时隔不久，杨贞吉又被任命为临时组建的第二战区长官部警卫司令部政治主任。

国民党自身解决不了一县多长的矛盾，以致求到了共产党、八路军的门下。1938 年，率部转战于晋豫边的八路军一二九师三八六旅旅长陈赓，就处理了这样一桩纠纷。他在 7 月 24 日的日记里记到，在河南辉县，省政府委任的县长和第一战区自委的县长双方欲火拼，其中一方求到八路军门下，希望陈赓能出手相援，统一政权。

十二月事变后，阎锡山使牺盟会、决死队受到一定的摧残，这除了对日军有利之外，还给山西境内的国民党中央军及其派系扩张势力提供了可乘之机。晋升为第一战区司令长官的卫立煌以调停者的身份，借势排挤走了阎锡山手下的第八集团军总司令兼第三行署主任孙楚，开始在晋东南分封县长了。第二战区司令长官阎锡山不甘心失掉在晋东南的政权，派出傅海云率领一支 60 多人的县长后备队由陕西宜川绕道河南渑池，要渡过黄河到晋东南重建政权，但驻洛阳的卫立煌以十二月事变为借口，反说阎部内有共产党嫌疑，不让阎部过河入晋。县长后备队只好在河南滞留了半年，几经交涉才渡河到了垣曲县。垣曲当时是晋东南的交通枢纽和后方，特别是第一战区中央军的后勤供应都要通过这里，所以两个战区商定，双方都不能在垣曲招兵。然而，第二战区县长后备队却在大路上以拦截逃兵名义进行招兵，引起了双方矛盾纠纷。各县都有中央军派的县长、阎锡山派的县长，“发生矛盾后，中央军便把第二战区派的县长撵了回来。傅海云走投无路，于一九四一年春被调回吉县担任了狙击队的总队长”。

国民党第十七军高桂滋部在正面战场作战失败后，南下撤到平遥县，看到这样的情形：“阎锡山派去平遥党政人员很多，与各军的游击队、采购员以及各单位谍报员，还有一些散兵游勇，都集中在平遥城关，彼此磨擦，常出事故，那种混杂现象，真是一言难尽，弄得地方行政人员，大伤脑筋，无法维持。”全军上下为此悲观丧气，只能凭枪杆子办理粮草。

1938 年 3 月，第十七军驻沁源县，临时归八路军指挥，八路军领导人朱德、左权等给他们讲游击战术，要求他们知道游击战的关键就在于知己知彼，保存自己，消灭敌人，这就要求军队必须同地方群众打成一片，同广大的农民打成一片。该军第二五一旅的游击作战区域在霍县、赵城、洪洞一带，当地的共产党县长使国民党官兵见识到了怎样才能做到军、政、民三位一体共同抗日。第二五一旅旅长高建白写道：

在霍县、赵城、洪洞一带领导牺盟会的裴丽生先生，经常驻在霍县东乡石门峪与我旅联系，也常看到他们的刊物，他在我旅的威望很高，因为他一贯主张军政民三位一体共同抗日。他总是让各县县长协助军队，解决抗日军事中困难问题。霍县县长孙新人，年轻能干，对我旅帮助很大。例如配合第五战区台儿庄作战，第二战区命令靠近同蒲铁路的驻军彻底破坏同蒲路，阻止日军抽调晋南日军援应台儿庄，我县得到霍县孙县长的协助，配合军队作了七天彻底破坏铁路，每晚派农民多则一千人，少则六百，不唯做得彻底又快又好，而且干得特别起劲，使同蒲路二十一天没有通车。虽然每晚与敌激战，终于完成任务，炸毁桥梁涵洞二十余处，焚烧和抛弃枕木五百余根，收回电线三万余斤，铁轨螺丝钉结合板九千多斤，其余东西，因战事关系，被埋荒野，所带回的东西，给了参加的农民，制造农具。在每次战役胜利之后，县政府、社会团体以及人民群众，携带大批慰劳物品，巡回赴各军队驻扎地区进行慰问，表演救亡话剧。军队在农忙阶段和空室清野时间，协助地方，以全部驮骡和士兵，做两星期的秋收和搬运掩藏。军、政、民之间，相处颇洽。一般官兵深感游击战比较灵活，收效大，比绑在山头阵地，遭受大炮和飞机轰炸好得多。在太岳山区这个期间，所有官兵精神振奋，干得特别起劲。

第十七军在太岳山区与八路军配合默契，搞好了军政民关系，学会了打游击战，并取得了沙窝里、杨家庄等战役的胜利。然而，其军内国民党政工人员对上峰报告说第十七军内部“思想不纯，接近异党”，国民党当局即来电不许该军成立政治宣传性质的战地服务团，并勒命撤销之。1939年3月5日，第十七军奉令离开太岳山区，由第一战区总部直辖指挥，改任中条山的防务。高建白写道：“我旅从霍县老根据地杨家庄、宽坪一带出发，人民群众都因同我们相处一年，有些感情，老老少少都来送行，一旦分别，非常难过。但军人以服从为天职，只有向中条山迈进。”

日伪双黄蛋

日军 1937 年 11 月 8 日攻陷山西省会太原城，直到次年 6 月 27 日才炮制拼凑出伪山西省公署。伪省长苏体仁，山西朔县贾庄人，日本东京高等工业学校毕业，抗战爆发前任山西省政府参事等职，战前就为日方积极搜购山西各县县志，与日本驻太原特务机关长打得火热。阎锡山早在太原退却时就给过苏体仁密函，让他伺机从北平回晋主政，苏体仁在请示阎后，便公开投入日军怀抱，扮演起一仆二主的角色。

在拼凑省公署前，日军以临时政府筹备会名义，先召开“县政会议”，命令各县维持会改组成县公署、维持会长为县知事、各县悬挂五色旗，成立警察队、皇协军等。伪县公署是构成伪政权的基本单元，比省、道、市各级伪政权拼凑得都早。它胚胎于县维持会，最初主要为日军干些找房、支差、供粮、送情报的勾当。伪县长名曰“县知事”，大多数是由县维持会会长摇身而变为“一县之长”的，其人选有三：一、投敌叛变的官员，当地的商会会长、地主豪绅或大小资本家中的汉奸，如平定县的陆耕礼等；二、留日归国后在国民党政权取得一定社会地位的亲日分子，如霍县的董振带等；三、前清科举登第或在北洋军阀统治时期曾任职，对民国政府不满者，如平遥县的宋梦槐等。日军任用伪县长的标准是，先前具有一定的从政经验，是既反共产党也反国民党的分子。

伪县长并不受伪省长领导，其只认一个主子，即驻当地的日军特务机关长。号称“三晋第一县”的阳曲县县署设在太原市内，其伪县长是这样孵化出壳的：

日军攻陷太原后，几天来遍城搜索，只见到一个穿兰湖绉皮袍、外套黑色毛葛马褂的中国人。此人很有几分绅士风度，装束模样像官员又像知识分子。这正是特务机关长谷萩叮嘱要物色的人物表征。日军宣抚班将此人带到特务机关，经审讯，才知他名叫么伯璋，系亨得利钟表行修表工，他是山海关人，孤身一人在山西生活。然而，此人斗大的字不识一口袋，并不是日军预想的人选，但他却是全城能找到的唯一穿长袍马褂的人。于是，么伯璋成了阳曲县知事了。么伯璋找了女人成了家，请日本宪兵队题了一块“阳曲县县长住宅”的牌匾挂在家门口，牌匾下方还写有“御用许可，任何人不得骚乱”一行小字，特务机关长谷萩成其宅中的座上客。么伯璋从山海关召来了其兄及一帮哥儿们，都任命成县公署秘书和科（局）长。伪省长苏体仁上台后，第一眼就瞧不上这个“三晋第一县”县长，认为彼不堪其任，但又不敢得罪日本人，于是，下令将么伯璋调回省政府，要另派新县长。然而，日本特务机关长谷萩得知后，大光其火，吓得苏体仁赶忙收回成命，谷萩安作“三晋第一县”的太上皇。

日军在一个县扶植的伪县长多是“双黄蛋”，由日本人、汉奸中各植一枚，二者是主奴关系，形影不离却猜忌莫深，傀儡枯坐于孤城，随军淫威于“清乡”。

日本华北方面军司令部的《河北省内治安状况调查报告》称，在1939年2月末，冀南道全部55个县，县长、联络员均已进入的县有15个，然而，“由于匪占地区范围较广，实际上即使在已经肃清的县份，我方威令也只能达到县城附近。”“特别是县政府的行政，并未能执行临时政府的统一指令。实际上是以日军兵团长及其政务幕僚担任的特务机关长，承担县政的领导。当然县政的直接领导，是由驻扎该地的部队长担任，并由特务机关派遣县联络员予以辅助。”

河北正定县城是1937年10月失陷的，这里是伪河北省省长吴赞周（日本士官学校毕业生、前东北军中将）的家乡。日军进入后，汉奸们成立了维持会，与日军宣抚班结成一体，到次年2月拼凑建起了伪县政府。然而，“全县的240个村庄中，能够执行县政威令的村庄，只不过94个，就连这94个村庄，在夜间也有很多靠不住的。”因为，正定县的东南部有国民党的县政府，西北部有共产党的县政府。日本华北方面军只能喟叹：“当然，在县城驻扎警备的日军，如能进一步对乡村的各个要地实行分散驻兵，问题将会得到解决。但是，这在兵力上是无理的要求。”

日军攻占了保定地区17个县，能派遣驻扎县长和联络员的仅有10个县。位于保定东南约32公里处的高阳县，成立了伪县政府，但却难以立足。

1937 年 9 月，日军开始轰炸高阳县城，国民党县政府撤出，八路军吕正操部反而进了县城。经过两次大的轰炸后，日军在当年 12 月进入该县县城，成立了伪县政府。百日后，日军大部队撤退，伪县政府即遭到八路军攻击，伪县政府只好撤回到保定。当日，吕正操部再次入城。于是，日军又开始对县城进行第三番、第四番的轰炸。1939 年 1 月 28 日，日军再次进占高阳城，然而，县城里仅有 100 多名极贫困的居民，到第二个月日军再次设立伪县公署。日军在报告中称："该县的政治工作是由驻扎部队、县政府、宣抚班、宪兵队协力推进的。由于八路军吕正操的势力强大，只有县城周围的治安能够确保"，"然而，租税收入分文无有，保卫团等组织也未能建立。"

日军分析其扶植的伪政府无法立足的原因是："吕正操军队自 1937 年 11 月起的 1 个月及 1938 年 4 月起的 10 个月，前后于高阳县两度施政。第一次入城时，军政负责人颇有威望，施政仅一个月，深得民心。其善政之一，就是宣布全部豁免田赋。第二次入城后，其政治工作与第一次军政治部成员的政治工作不同，将该县隶属于 1938 年 1 月成立的晋察冀边区行政委员会之下，调整了县的行政机构，施行了带有深厚共产主义色彩的正规行政工作。"

共产党的县政一次比一次进步成熟，日本人抽刀断水水更流，使得伪县政一次比一次难以运作。日本驻河北的特务机关对 1940 年 2 月日管区内的治安状况是这样概述的：中共的"县政权、征收机构等为了加强抗日战线而奔走不息"，"共产党八路军所取得的地盘，则占有保定道的全部、河北省 80% 的地区。如今，河北省成为中共独占的活跃舞台，这给扶植、建立新中央政权，带来致命的打击。"

粪土之墙不可圬，死狗扶不上墙。伪政府、伪县长的失败是必然的，侵略者只能怨天尤人找枝节。在山东，日军第十二军高级参谋（兼政务主任）折田正男说是"由于中国方面县长以下官吏的活动很不理想，加以指导县公署、新民会、合作社的日本人及朝鲜翻译的无能，工作没有成效。"在河南，新乡的日本特务机关长河野又四郎在中国活动了十五年，算个"中国通"，称：日本人在占领区想从当地找到一位适合当"县长"的人物非常困难，在他负责的24个县中，“有20个县的县知事是事变后从满洲来的。这些外来的知事虽然有工作热情和办事能力，但与民众不能融洽。当地出身的知事虽然熟悉地方情况并与居民有联系，但多缺乏工作能力。这是特务机关长进行幕后指导最感困难的事。”

1944年春，日本华北方面军对其扶植的伪政权做出了总体判断：“由于我方县、乡政权的无力，不能改变这种局面，村公所难免陷入敌人操纵之中。”“新政权的腐化堕落和政治上的无能，已达到严重的地步。就连从未受过中共任何影响的我方民众，最近以来，也已暗怀第三种（第一重庆、第二延安）抗日思想。何况受中共的思想策动，或在其政策下生活的民众，他们对新政权的失望，完全被中共的宣传策略所击中。对此，应当重新认识其严重后果。由于新政权的腐化堕落，一方面使民众的思想转向抗日，产生了有利于敌人的效果，另一方面是直接或间接地对中共进行援助，有不少公开通敌供给敌人物资武器的情况。其言论和行动在中共和民众中间造成日本必败的信念，这是一个最大的问题。”

由此，华北日军在《剿共指南》中规定了“敌政权机关是歼灭战的主要目标”，因为“政权机关是支配游击地区的居民和支援游击队的根本。因此，消灭政权机关远较消灭游击队的效果为大。据此，应认清歼灭的目标是各个政权，对此不可轻视。”

南郭举人的见证

太原城南设有太原县，太原县有一赤桥村，因传说战国时“士为知己者死”的豫让伏身此地桥下行刺过赵襄子，故又称国士村。号称“梦醒子”的刘大鹏，从清光绪年间开始在这里著书修志。

刘大鹏（1857 — 1942），清光绪十年（1884年）中举，清末被选为山西省谘议局议员，民初任太原县议会议长等，沦陷后充职伪县政府保存古物委员会，但一直生活在赤桥村。“义高一乡，世称善人”的刘大鹏，在当地备受尊崇，是县署公推的头一名绅士。他一生著述甚多，而其生命中最后五年的日记正反映出沦陷区的景象和他的感受。

刘大鹏对民国是不满的，对山西当政人物更是心怀芥蒂。他在 1936 年 12 月 12 日曾写道：“现在民国之政令多托空言，实行者寥寥。以故禁毒一事概无效验，报虽宣传，人皆不畏，则民国实不成国也。”从西安事变到七七事变，半年的时间里，他在日记里记下太原县换了冯汉三、李登雍、马振安三任县长，了了记名不予置评。

1937 年 11 月 8 日，太原县和省城一起失陷。失陷前，刘大鹏全家四代人都躲进山中避难了，只他一人留在村里照护自家住所和赁铺。他在 11 月 9 日写道：“本县大小官吏全行逃遁，不知到于何处。惟管狱员在晋祠，与伊商量迎降日人之方法，命我拟一迎降表文，予已应承……”进了县城与几个遗老商量组织临时维持会。直到五天后，有两个日本人从东门进了县城，“四街长招待送了二捆藕根一辆足踏车而去。”当天下午，四街长召开了维持地方会议。看来，他们与日本人挂勾了。

沦陷区生活模式开启了。他即时记下：“县城中驻日军数百名，除本城供给外，向南城角村要十数口猪，又向小站营要藕根数百包，限期送入城中”；“日军在村驻农民宅，将各家之木器捣毁为火，以造其饭。予之赁铺中桌椅板凳烧毁几尽，村丧失物件甚多，日出以后，方才起行，向南而去”；“天阴一日，世界黑暗，令人闷闷不乐，扰乱益甚也。因日军妄行毙人性命，众皆奋恨日军之大败，都死于中国，不得回其东洋耳。”……

一个多月后，1938 年元旦，伪政府拼凑成立，刘大鹏进城与会了。出任伪县长的是武克恭（字敬亭，山西孝义人）。伪县长上任的头一桩事就是发征税布告。“县民见此布告莫不怨恨武克恭之不仁”，刘大鹏写道：“今朝无米为炊，乃谋筹措度此乱日，非仅吾一家受此困穷，群黎百姓无一家不受艰难，无一处不经穷迫。而我太原县城之官吏，并不悯恤民瘼，在城中三官庙演戏四日，得意行乐，天良丧尽，只求一己快活而已。”

作为全县的头名绅士，刘大鹏憎恨日本人，但对伪县长是心存期冀的。1938 年 4 月 22 日，82 岁的刘大鹏不顾雨后道路泥泞湿滑，从赤桥村徒步赶进县城，倚老卖老、苦口婆心地劝谏 57 岁的伪县长，要施仁政，不可为虎作伥：

入县公署，进谒武敬亭县长，予劝县长释放管押罪轻之犯，以罪疑为轻，以功疑为重，与其杀不辜宁失不经之古训言之。武县长不以予言为重，概不着意，予遂告辞而去。

倭贼不通人性难以言谏，孰料读书识经的“县长”也听不得人劝。此后，刘大鹏便在日记中断续写下：

晋人男女老少痛恨日军，盼日军之败，且有“日本鬼子快快走，只留娘子关一口，若要不走，都教喂了中国的狗”之童谣。可见晋人痛恨日人之甚矣。

此亦人民盼望日军败亡之恨言也。日军将来必败。

汽路上今日行人寥寥无几，莫不怨恨日军。

老先生在诅咒日军的同时，开始品评归纳伪政府组成人员及其运作特点：首先，伪政府是彻头彻尾的亡国奴政府。“人民均成亡国奴而不以为耻，则临时政府所用之官吏无一不是亡国奴”。其次，伪政府是由一群道德败坏者组成的统治机关。正人君子均隐而不现，人们都在浑浑噩噩中度日，“玩在浩劫之中，胡不觉悟乎？”“弹冠而庆者不是劣绅，即是痞棍。”小人当道致世风日下，“人心益坏，习俗益乖，较大乱以前加于倍蓰耳。”其三，日伪勾结各售其奸，伪政府自上而下穷凶极恶。“临时政府犹且胡闹，山西省公署已于上月成立，统辖各县，所有县公署多各自为政，不知其它县所行之，吾太原县公署武知事克恭所用之属员，君子少而小人多，由是横征厚敛。”“本县公署催纳钱粮，紧急不缓，每两钱粮纳洋三元，解省二元、留县一元。县公署之催纳钱粮职此之故，县署官吏天良丧尽，不恤民瘼，宜乎上天怒降灾于下也。”“本村鸣锣示众完纳钱粮，太原县公署之官何其聩聩，若此不恤遭乱之小民耶？”在太原县，伪县长武克恭过生日、“新民会”会长渡边娱神拜鬼等等一举一动，都要老百姓掏份子钱；“赤桥村公所自乱伊始，起灶吃饭，所中吃饭常有三四十人”，差役们不计时日蹲守在村公所花天酒地，只为勒索老百姓几枚救命钱。从省到县，从县到村，从日本主子到跑腿走狗，横征暴敛层层盘剥，敲诈勒索个个仇民。

刘大鹏记下了他最后的生活年轮——

“吾晋被日军攻陷，殆将一年，三晋人民死亡无数，虽有孑遗之众，十室九空，十村九困，无米之炊，无衣蔽体者，触目皆是”，“众皆盼望日军战败，均死于中国，不得回其东洋也。”

“日军侵占殆将二年，名曰日本得了山西，只是汉奸为利，出仕作官，而群黎百姓非但不心悦诚服，抑且奋恨日人骚扰闾阎。”

殆将三年，“恨日军不败，盼红军攻击日军，将日军全部打死，不容回其日本。”

殆将四年，“日人畏神畏鬼，乃于昨日在旧县公署演剧酬谢神鬼，第二天唱戏，由阖县赴费，每一主村派费十五元。通共八十五主村，赴费一千二百余元。”

殆将五年，“斯世为日军占据，行统制之政，以致民穷财尽，日不聊生。上月晋省政公署召集全省各县官吏开一大会，议决封锁经济，人皆不得自由，一切事件皆归于联合会办理。由此实行，自本月为始，则人民生路全行杜塞，逼迫人民均入死地而后已焉，并不虑民铤而走险发生意外之事。”“日军害我华民，罪恶重大，宜乎人人盼日军之败亡也。”

1942 年 8 月 19 日，他写下：“此日军行其暴虐之政，日甚一日，而华民之生路所以充塞不通也。上月并垣议决实行封锁经济，是欲人民悉入於死路耳，人皆在迷魂阵中，冥然不悟焉，良可哀已。”带着深深的哀痛，十天后告别了人世。这一年，他念兹在兹的太原县也被日本人改称“晋泉县”了。

刘大鹏有撰拟降表之失节，也受到日伪少许的“敬老”之馈，但综其一生不失民族心、爱国心。他以“与予心大相反”的态度划清媚敌的界线，在日记里径称日军是倭贼、汉奸是倭奴，毫不掩饰对日伪的憎恶。当看到日伪《山西新民报》载阎锡山、赵戴文要降日的消息，他“寸心忿忿不平，真欲唾壶欲碎吐此老气耳”，骂他们是“失陷山西不以为恨，降于日不以为耻”的二魔。

生活在沦陷区的耄耋举人，绝非“两耳不闻窗外事”的冬烘先生，从刘大鹏的日记里可以看出，他是时时谛听着世间的响动，亦有于无声处听惊雷的意味。在县城失陷的第三天，刘大鹏就记下了抗日政府的活动：“王之臣由其朱环村下山而来，言窑头村现有红军一二百名，驻扎已半月也。红军分区，第一区在风峪龙王头所驻，柳子峪、窑头村之红军属第二区，开会之期必到风峪，且听其令而行。”

“红军”的字眼儿不时地闪现在刘大鹏沦陷区生活的日记里，有着电光石火划破夜空的作用：

山西虽被日人侵占，而群黎百姓之心概不悦服，只是盼日军之败，并不盼其胜。谓新民报所登日军之胜，多属不实。一闻红军打死日军，莫不欣喜，众口同音。谓日军将来必定死在中国，不得回其东洋也。（1938 年 7 月 11 日记）

世局混乱，无一日之安，日军虽陷我晋，侵占地方，乃有红军遍地与之抵抗，且常邀截其运输军需之汽车，击毙其兵，而日军亦无如之何。昨日在风峪口北，红军截了汽车一辆，打死两个日兵。（1938 年 8 月 12 日记）

日军虽云陷晋，而有红军布满山中，寻常挑衅，令日人不得安坐，每日使其飞机出发查看红军之形势，又使其军队夙夜防御红军下山劫夺其饷需。日军在晋名曰得了山西，实则枉费辛苦，恐其一败涂地也。以现在晋人之情形，无论男女老少咸盼日军之败，且谣言日人都死在中国无一人能回其本国也。（1938 年 11 月 9 日记）

昨日大雨，有十八路之红军自东山出来，竟冒大雨向西而行，为数甚多，到夜间仍走，盖乘日军避雨之际，自东而西以备攻击日军也。（1939 年 7 月 22 日记）

其中所述“十八路之红军”有夸大之嫌，或许指由红军改编的十八集团军（八路军），但老先生是见过“红军”的。赤桥村村后就是天龙山，四月初八他去那里赶庙会，在寺庙里看到“有红军二十来名”。

谁在救国救民，谁在祸国殃民，试看未来之域中竟是谁家天下，在刘大鹏所记的事例里是彰明较著的。1938 年 7 月 27 日，他记下伪县政府“往往没收村民财物，惹怒红军，乃于上月下峪、风峪中之红军将警务局长张继德在古寨村捆绑上山，抵押于卫家店村五六日矣，县公署及在县常驻日军亦无法挽救。”战前，他曾以禁毒无果判民国实不成国，但在 1940 年春夏的日记里写道，日伪蛊惑农民种植罂粟，“红军之县公署在阎家峪召集各村长付开会，决定严行禁种罂粟，如违定按军法治罪。”抗日民主政府派人到各村公所严令必须自铲烟田，各村各家都毁掉了烟苗。而新来的伪县长崔仲峤“于午刻到赤桥村公所，谓村人自毁罂粟之非，令带村付王秉忠到县治罪。”仅在禁毒一事上两相对比，抗日民主政府令行禁止，就胜过了战前的民国政府。

刘大鹏的沦陷区生活日记，依稀勾勒出敌后斗争的形势图，生动地见证了即使在省城近郊，日本侵略者也日夜不得安身，只能维持在城市和交通干线上，而共产党则活跃在广阔的天地间，顽强地领导着中国人民的抗战。对于沦陷区的老百姓来说，活的中国从未离开他们，并且是那样地跃跃欲试，令人们有所憧憬和祈盼。

真伪县长较量

1937 年 10 初，山西崞县县长带着县政府一干人随国民党十九军军长王靖国一起撤退了。日军占领崞县城，三天内屠杀百姓 2000 余人。日军占领了公路和铁路线，将崞县劈成东西两半。然而，两半县都是共产党活动的地盘，路西归晋绥边区六专署领导，路东归晋察冀边区二专署领导，东西各有一个抗日民主政府。如此，原崞县的地盘上这时有了三个县长，两个抗日县长、一个日伪县长。

崞县日伪县长樊文华，其子被日本人所杀害，他却为虎作伥，日本人把他扶为县知事，吹嘘他是华北的“模范县长”，组织他去日本观光旅游了一趟。于是，樊文华就想在主子面前逞能一把，邀功请赏。

崞县路东的抗日县长程子圣（原名程毅民），1981 年回忆道：

> 樊文华嘱咐伪军大队长张汉英，挑选几百精干伪军，为他们的主子“皇军”开路。并一再叮嘱，路上要昂头挺胸，步伐整齐，要像个样子。他深知那些大烟鬼猴眉鼠眼，七零八落的丑态。如果在知事面前对上“皇军”出丑变怪，那知事就有点失体面。几百日伪军浩浩荡荡地出城了。樊文华的脸上虽有点愧色，但又觉得这里已经是“皇军”的天下，就又神气起来。敌人经过白石、

野庄绕道东冶、北沟，向北同川而来。

樊文华到了王北尧，就召集群众开会。这个汉奸站在高台子上，指手画脚地说："程毅民骂我是汉奸，你们看，现在是谁的天下，是'皇军'的天下，你们不要受他们的骗，上他们的当，要当'皇军'的良民……"，他边说边看日本小队长的脸色，当他看到敌人并无怒色时，就又提高嗓门说："程毅民就是程子圣，他还叫程啸空，是你们的县长。我了解他，在城隍庙小学时，我是校长，他还是我的教员哩。你们如果告给我他在哪里，我见到他，一定会给他好处的。"待了一会，见没有人应声，樊文华便死劲挤出几缕笑容，向日军小队长咧了咧嘴，然后又向群众说："皇军是帮助咱们来了，要中日亲善，皇军大大的好。"说完，樊文华跳下台子，又带上他那伙伪军、汉奸领着日军窜到王南尧、东山底一带村庄，唱着同样的调子，演着同样的戏文。群众亲眼看到大汉奸的可耻嘴脸，恶心地吐着唾沫。

其实，当樊文华在王北尧讲话的时候，我们正在王南尧，并没有离开北同川一步。当敌人来到了王南尧，我们又去了王北尧。总之，我们就在敌人的旁边，跟他们捉着迷藏，一直坚守着抗日阵地。敌人的活动，我们十分清楚，而我们的行踪，敌人却是无法捉摸的。

大汉奸樊文华来同川，想搞垮我们的政权，诱骗人民归顺"皇军"，当亡国奴，却没有达到目的，很有点扫兴。他的主子对这个知事也很失望。他们折腾了大半天之后，只好灰溜溜地滚回了县城。

敌人用一套又一套的伎俩对付我们，但却无济于事，党政机关、干部群众照样在敌人面前坚持不屈不挠的斗争。我们这块抗日游击根据地依然屹立于滹沱河东岸，一直到抗战胜利。

抗战期间，中共崞县县委就在距敌人据点二华里的沟里村，县政府就在离上庄、福寿山两据点之间的薛家庄，无论敌人如何"清剿""扫荡"，程子圣和他的战友们始终没有离开过崞县。因为城外便是抗日游击队的天地，伪县长樊文华只能龟缩在县城里。城外抗日政权的存在，抗日力量的壮大，对日伪是很大的威胁，然而，日军想摧垮抗日政权却又找不到它。无能为力的樊文华住在县城里,终日受到“皇军”的呵斥,常常是唉声叹气，捶胸击额。日军大队长滕井带着他一次次招摇过市出城清乡，他便一次次成了老百姓戳脊梁骨骂的跳梁小丑。最终，樊文华被抗日政权活捉，遭到处决。

退思堂上说敬畏

日本宣布投降，而日军拒绝向共产党领导的抗日武装投降，于是，根据地抗日军民发起了总攻。1945 年 9 月 2 日凌晨，八路军一二九师全歼山西襄垣守敌，胜利夺回了襄垣县城。盘踞在县城里的日伪县长张公度、国民党县长闻家严以及阎锡山军队的少将参事、“襄垣解救军”总指挥翟大昌等统统被活捉。

战斗结束后的第二天，即 9 月 3 日早晨，中共襄垣县委书记兼县大队政委李刚、县长兼县大队队长崔维庭接到通知：刘伯承师长要求他们速到旧县衙的“寅畏堂”参加紧急会议！李刚、崔维庭赶到会场时，“寅畏堂”已经坐满了部队干部。看到当地的县委书记、县长来了，部队干部纷纷给他们让座。二十年后，崔维庭撰文回忆当时的情形：

> 刘伯承师长笑嘻嘻地说：“别客气！都是自己人，随便找个地方坐下就行了。”我和政委找好位置刚坐下,李达参谋长说:“同志们坐好不讲话啦，现在由刘伯承同志给大家谈几件事。”全场鸦雀无声。刘师长喝了几口水从座位上站起来笑嘻嘻地说：“昨天三点钟，日伪县长和阎军县长还在这里争权夺利。现在我们占了他们的位置，而他们被押进了我们的看守所。”刘师长稍停了片刻又说：“咱们在坐的这个地方，你们知道，旧县长是干什么用的？”当时没有人吭声，刘师长接着说：“每个县城的衙门里，都修有这样一个地方，统一都叫退思堂。它的意思是县长办完公事不回卧室，先退到这里休息一会儿，思考一下今天办的事对不

对，有没有差错，能不能补救，所以叫退思堂。咱们今天在这里开会，也是要让大家回忆总结一下我们的部队和地方配合这次攻打襄垣城的经验教训，所以才在这个地方开会。”这时靠近刘师长身边的两个同志低声议论说：“明明写的是寅畏堂，怎么又说成退思堂呢？”他俩的低声议论，被刘师长听见了。刘师长笑了笑风趣地说：“你们不要偷着讲话，有意见就大声提嘛！我讲的退思堂一点也不错。全国衙门都有个退思堂，它的意思是思善补过，唯有襄垣叫寅畏堂。我一看到这个名词，就感到奇怪。昨晚我翻了一下襄垣县志，发现是乾隆四十七年李庭芳县长把退思堂改为寅畏堂的。他说退思堂有十大弊病，思过不如清心，清心不如寅畏，总之思善补过不如一开始就秉公执法思考完善，免得草菅人命。事已定案、人头落地，退思是无用的。李庭芳县长改退思为寅畏就是这个意思。今天在这里开会，就是要让大家很好地、周密细致地商量一下当前襄垣城几项主要工作：一、研究一下如何广泛深入地向群众宣传党的各项方针、政策、法令、主张，把所有群众发动起来，和根据地人民一道积极参加全国大反攻运动。二、全面系统地回顾总结一下咱们这次军民联合攻打襄垣城的经验教训。因为襄垣战役攻城胜利，是揭开解放全上党的序幕，是为整个上党战役打开了新路，创造了条件。我们军民必须认真细致地进行全面系统总结。在总结经验的基础上，我们再进行一次军事大演习。三、掩埋伪军尸体，处理现有俘虏，整顿襄垣市容，开张营业。四、拆毁碉堡城墙，以防阎军再次侵入固守。五、没收汉奸财物，放粮济贫，解决贫苦市民的温饱。”

散会后，我们根据刘师长的五项指示，一一落实进行解决，特别是系统总结了民兵和部队配合作战、民工参战和广大群众支前的经验。在上党战役打完之后，我才心领神会了刘伯承师长让我们办好五项工作的深远意义。

注：“寅畏”出自《书经·无逸》“严恭寅畏，天命自度”，意为恭敬戒惧。

第六章　拓荒扎根

坚持抗日游击战的经验是："军队打击敌人保卫家乡土地；政府进行普遍战争动员，筹集给养军需，维系民心；民众拆墙破路、空舍清野、带路、送信、报告消息等。三者密切相关，相互配合至关重要。除军政民三位一体，还有正规军、游击队和民众武装三位一体有机配合，也是至关重要的。通俗讲：正规军是骨，游击队是筋，自卫军是肉。这种血肉不可分割的关系，是我们克敌制胜的保证。"

然而，这一切只有在中国共产党的组织领导下才能实现。兵民是胜利之本，党是头脑和心脏，军政是双臂，党有着必胜的坚定信心，运用强大的真理感召力、非凡的组织发动力，拓荒改造，带领抗日军民前进。

书记与县长

1937 年底，在太行山摩天岭的一处农家院里，失陷后的河北省内丘县，同一天有了党政"一把手"：冀西民训处指导特派员杨秀峰教授宣布，委任陈紫洲为内丘县抗日民主政府县长；中共冀西特委委员赵德尊主任宣布，李友九担任中共内丘县委书记。

李友九回忆道：

> 当时我印象很深刻的一件事是杨秀峰找陈紫洲到摩天岭谈话，让他当县长。在东屋把委任状交给他，陈到西屋，房东（名

字忘了，是小地主，当时服丧）马上扶他坐在椅子上向他跪下要磕头，陈劝止，头未到地。此事使我懂得政府在老百姓心目中是有很大权威的，而战乱之际，老百姓也迫切希望有政府来建立秩序。因此，我们抓紧时机建立政权是很正确的，有利于支持抗日战争的。

共产党干部的任职不是简单的一纸委任状、一枚朱色大印，它是和民心紧紧联结在一体。内丘县委虽然只有书记李友九、组织委员刘振邦、宣传委员李介民三人，没有机关人员和固定驻地，时而相聚时而分散，但他们扎根基层，串连群众，发展党员建立党的支部，组织民众建立各种救国会，改造基层政权，使县政府工作得以高效运行。

晋东南的沁县连接着太行、太岳二山，战略地位十分重要，同时也决定了它是敌我双方必争之地。当时沁县驻有八路军总部、决死一纵队，还有国民党冯钦哉、武士敏的部队，粮草供应十分紧张。1938 年，党组织决定派辽县县委书记史怀璧到沁县去当县长，因为他有辽县牺盟中心区秘书的公开身份，但他不愿意去当县长。党组织领导人强调，阎锡山委派的旧县长不能保证军队在战争时的供应，又不能发动群众抗日，因此，必须改造旧县政权，派共产党员去任县长和公安局局长。当选新县长条件是：必须是共产党员；有工作能力，能打开局面；在战争中能坚持工作，解决好八路军、决死队的供应问题。党组织领导人在做说服工作时，谈到马列主义原则，说列宁讲过“革命的目的就是为了夺取政权。”

经过上级领导一番动员谈话，史怀璧骑着马、挎着枪和公安局局长一起走马上任。奉上级指示，他先逮捕了旧县长李醉天，李醉天的罪行是在八路军、决死队粉碎日军九路围攻时擅离职守，没有为军队解决粮草问题。写好了布告，准备枪决李醉天，但在执行的前一夜，李醉天买通法警逃跑了（注：时任中共沁县县委宣传部部长的李荫蓬回忆称，旧县长李仲甫在日军九路围攻时已逃）。

史怀璧上任后，首先要解决军队的供应问题。任务清楚明确，但如何具体组织实施，他是没有经验的。他去八路军总部见到朱德总司令和左权副参谋长，朱德、左权说，目前部队亟待解决的问题是吃饭问题，这问题必须用政府权力解决，办法是采取合理负担，有钱出钱，有人出人，有粮出粮。左权还说，这里有八路军的医院，要特殊供应，如军鞋、面粉、羊肉、鸡蛋，这需要发动群众来解决。你这个青年县长，要坚决完成。左权把医院院长叫来，告诉他说，这就是抗日县长，以后有什么困难可直接请示县长解决。

史怀璧接受的第一项任务是至少解决一万石粮食。他找来县政府了解地方财主存粮情况的同志，开列出名单，然后召集地方士绅和地主座谈，传达过军政领导人的指示和命令后，即请大家主动报份额。“开始只报了六千多石，我说不够，大家再开明一些。在会上，存粮的人互相了解，他们说某某人还有粮可以多出。这种自报公议办法，结果报了一万多石粮食。这就是沁县有名的解决‘万石粮’的经过。”

史怀璧又接受指示，必须解决八路军联络处的财政供应问题。他即把阎锡山发给县政府充作薪金的大块烟土蒸开，一两一包，每两二十五元，用县政府大印纸包装出售，加上他本人的工资三百多元，每月能给军队供给千元左右。

与史怀璧搭档的中共沁县县委书记是高扬文。高扬文晚年回忆道：

> 1938年12月，我随同特委书记安子文同志来到太岳特委（沁县乌苏村）。特委同志们向我介绍了一些太岳区的情况。子文同志领我见了薄一波同志，听取了他对沁县工作的意见。然后到沁县城和县长史怀璧见面。子文同志嘱咐我们两个人要很好合作，指出：“县长要服从县委的领导，县委要尊重县长，充分发挥抗日政权的作用。”我们二人从沁县合作开始，到他任专员，我任地委书记，一直合作无间，从未闹过党政关系的问题。

与县长不同的是，书记上任后的第一件事是要让党员和党组织在农村扎下根。经过全面调查沁县的情况，高扬文发现前任县委书记在短短一年多的时间里，在群众运动和党的建设上已打下了很好的基础，但同时发现党在农村还没有扎下根，群众运动表现出举行活动多，解决群众切身利益较少；干部队伍虽然初步形成了，但缺乏思想上、组织上的训练；还没有为迎接战争组织起人民武装。他首先以中央六届六中全会的思想精神训练县区两级党委和群众组织的干部，使他们对党的路线、方针、政策有所了解，便于领导工作；其次，在农村开展借粮斗争，解决农村中最贫穷、饿肚皮的一部分群众生活，并通过这一斗争，继续改造农村政权和发展党的组织，使党的工作在农村扎深根；第三，建立县游击大队，准备一旦敌人到来，就能开展游击战争。半年时间内，沁县农村党员已发展到一千多人，在主要村庄，特别是在敌人可能占领的县城附近和交通要道上的村庄，都建立了党的支部和游击小组，做好了应对敌人占领的准备。

沁县县委在统一战线内开展了公开与秘密的两种斗争。当时沁县南部还驻有国民党军，他们要粮、要钱，经常捆绑我方抗战干部。国民党组织了县党部，在农村以地主、富农为对象发展国民党员，要把地主、富农组织起来与县政府作对。高扬文凭着八路军工作人员的身份，和他们面对面地讲理，申明抗战必须依靠人民大众，要求国民党军队必须释放被扣押人员。为了争夺群众，共产党县委、国民党县党部都在发展各自的党员，扩大自己的力量。共产党县委的办法是在国民党军队驻地积极发展共产党员，通过党员做群众和地主、富农的工作，摆事实讲道理，有针对性地说明国民党军队在敌后长不了，敌后将来是八路军的天下，加入国民党是没有前途的。“再加上阎锡山也害怕国民党在山西扎根，也不支持。所以，国民党的县党部只是在他们的驻地公开过，没有活动起来。”

宣传是手段，更重要的是事实真相。1939年7月，敌人大举进攻晋东南，占领沁县城，国民党的军队全跑了，国民党县党部也随之而去了。有个别不舍离乡的国民党员也独木难支，暗中活动也起不了什么作用。而共产党县委开始转移县城人民到乡下，转移到离城十里的村子里领导群众进行对敌斗争，发动群众打游击、反维持，使得沁县广大的地区成了共产党的天下。

在动员群众参加八路军、决死队的工作中，中共沁县县委首先从党内动员，教育党员起模范作用，带头参军，号召每个参军的党员至少带领一个群众入伍。在党员的带动下，在人民群众中进行广泛动员，表扬自觉自愿送夫参军、送子参军的典型，树立参军光荣的模范。为了不断向军队输送战士，县委的游击大队改为八路军三八六旅独立营，由县委书记兼任营长。每当独立营发展到300人左右，就整体补充给八路军，使八路军不断得到新的“血液”补充。

县委书记、县长分工合作，使党组织和政府机构均能在各自的岗位上发挥作用，沁县成为当时太岳抗日根据地的模范县。

党政一心

粉碎了国民党发动的反共高潮，1940年后，抗日根据地的政权已经逐渐地掌握在了党的手中，根据地的建设与发展的任务已经完全落在了党的肩上。太岳区党委专门举行“县书县长联席会议”，号召“全党同志研究政权工作，研究各种政治经济政策，了解政府法令，使党不但能领导群众而且能经营国家”。根据地建设中的党政关系发生着新的变化，区党委及时做出了明确的规定：

一、政府工作必须贯彻执行党的方针、路线和政策。必须重新认识政府的各项政策和措施，必须把党的政策作为政府工作和措施来实施，在一切政府的政治和经济的设施上实现党的政策。尊重党的领导，不能敷衍塞责，或自搞一套。党员、民众及军队都必须纠正仇恨政府政策、轻视政府法令的已经陈腐了的观点，尊重政府政策与设施，并且领导群众实行之，不能破坏和敌视，因为它是党的政策的实施。

二、尊重政府工作的相对独立性。停止党军民对政权工作的包办代替，避免紊乱政府的行政系统。这是因为：第一，这是人民政权；第二，根据地已经建立了新的社会秩序；第三，各级政权建设步入正轨，各自的系统制度、相互关系、职权范围已经确立。

三、正确改善县委书记和县长的关系。县委对政权工作应保证其行政系统的统一，充分执行其上级给予县长的指示；县长应尊重县委的领导，对上级政府的指示的具体实施，对该县地方上的设施及计划，应接受县委意见，配合县委整个工作；县委应加强对政权的领导，经常检查政权工作，根据上级政府指示和地方情况给以指示和帮助，县长应定期向县委做报告，使党政一体，反对分歧错杂，自乱步调。

四、培养干部的民主作风。必须反对政权工作上的官僚习气，使自己成为新的大众的民主主义的行政官吏，依靠群众，辅助群众运动的发展。政府的政策只有受到广大群众拥护，成为群众运动的时候，才能真正成为伟大的力量。没有群众基础的政府，是没有任何力量的。

脱下长衫

知识青年参加革命，适应斗争的要求，不是来一个“投笔从戎”就能完成的事情。直到当了县委书记以后，范铭才真正开始克服知识分子身上的“书卷气”。

范铭20岁时第一次担任县委书记。1917年，他出生于山西省大宁县道教村一个农民家庭，自幼入村塾诵四书五经，然后进县城读高级小学，再入师范学校学习，开始接受新文化、新思想。1934年考入省城太原友仁中学，受左翼作家作品的影响，参加了左翼社会科学家联盟（简称社联），创作出长诗《洋车夫》、小说《夜，静悄悄》等，意在揭露和批判社会不公，为穷苦劳动大众呐喊不平。1935年加入共青团，任学校团支部组织委员。1937年1月加入中国共产党，任民先队山西总交通、组织部部长，从事学生运动。1937年8月，受党组织安排到延安，在抗日军政大学学习，再转入陕北公学任学生一大队副大队长等。

1937年底，范铭率陕北公学毕业的50多名学员，从延安东渡黄河来到山西离石县，到程子华所领导的战动总会人民武装部报到。这一次，他到了前线，可以遂愿在红军名将麾下冲锋陷阵了。然而，没想到的是，程子华把全部学员都留下了，偏挑出个范铭，要他脱下军装去中阳县当县委书记。范铭回忆说：“我当时多么想去前方，和大家一起去参加游击战争，但程子华同志说服了我：地方工作、党的建设更重要，要在地方上扎下根，要迅速地建立地方党的组织。我又做过白区地下工作、群众工作，所以只留我一个去中阳县。”

范铭极不情愿地脱下军装，穿了一件长袍，独自去中阳县开展党的工作。

来到人生地不熟的中阳县城，与几个秘密党员见了面，但他们都以公开的社会身份各自忙碌着，基层组织还没有建立。工作从哪儿入手呢？范铭在县城住了两天，思来想去，决定出城到山庄走一趟，因为那里住有陕北籍的老乡，他们对红军时期的土地革命或许有些了解，便于开展组织动员工作。范铭在山庄和贫苦农民一块儿住了几天，搞了动员宣传。他发现，尽管山庄离县城并不远，但老乡们对外面的形势并不了解，对国家大事也不怎么关心，对他这个“穿长袍的先生”很尊重，相处也不错，然而在思想感情上总有隔阂。范铭感到无所收获，又看到人心惶惶，只好独自回到了县城。

一个月的时间就过去了，工作还没有搞出个眉眼，范铭正在焦灼不安中，上级派人来督查工作了。中共晋西特委特派员马佩勋来到中阳县，范铭条分缕析、全面细致地把自己的工作活动一一做了汇报，然而，工农出身的老党员马佩勋听汇报，只是一味要“干货”，直截了当、穷追不舍地问：你到底发展了多少党员？

范铭讲起自己从前在太原搞地下工作，每发展一个社联成员和民先队员都要考察了解发展对象的家庭、个人、思想等等，现在发展党员更应谨慎……

马佩勋严肃地批评道：“你不看什么形势，还是做白区工作？小手小脚的作风。我进到中阳县地面，路上问老百姓，国民党好共产党好？中央军好八路军好？都说是共产党好！八路军好！你不发展党员，日本人打来，依靠谁？谁领导？”马佩勋帮助范铭分析了形势：

一、平型关大捷后，我党我军威名大振；

二、两年前，红军东渡黄河是从中阳县首先东渡的，一直到东征结束西渡回陕北，党和红军在这里战斗、工作，影响很大；

三、几个月来，八路军经过这里，陆续往前线开，所过之处纪律严明，宣传发动群众、组织游击队、维持地方治安和社会秩序，深入人心。

一番摆事实讲道理，马佩勋使范铭初步认识到自己的思想和工作方法跟不上形势发展的要求了。范铭也承认，这里确实人人都说共产党好，连

“富户”也说八路军好，但他还是在犯嘀咕：说个共产党好就能发展？

带着疑问，范铭出城要去两年前红军东征时建立过苏维埃政权的三交镇，准备在沿黄河一带发展党员。范铭意识到了“在当时的混乱情况下，穿着长袍当牺盟会干部，要取得群众的信任是很不容易的，老百姓并不知道你到底是干什么的，更不了解你是共产党。”这一回，他脱去长袍，背了个包袱进了坪上村，“这个村较大，有牺盟会会员，人们确实都说从红军到八路军，共产党里真有人才。民情很好。”于是，他找来了一些贫苦农民、乡间知识分子，给他们宣传抗日救国的道理，提出发展牺盟会会员，大家都说对，但又很冷淡。范铭从那些人的面部表情上看，发现这些人对他还是不太信任。

苦恼的范铭决定干脆旗帜鲜明地亮出政治身份试试。第二天，他又把发展对象请来了，他掏出了证件——陕北公学毕业证，上面贴着自己戴着红星帽子的照片，打开天窗说亮话——我是刚从延安派来的共产党。这一下子真灵，大家情绪马上热烈起来了，把对阎锡山政府的愤恨、对国民党溃军的怨气、对共产党八路军的热爱，一下子都向他倾诉出来了。他们一谈就是半宿，心心相印，水乳交融。“我告诉他们，我就是中阳县党的工委书记，是来建立地方党的组织的，你们如果愿意参加共产党，我可以介绍。这几位同志异口同声都愿意。这就是中阳县第一批在农村发展的党员。”几个月后，中阳县发展了400余名党员，县委成为领导全县人民的坚强核心，广大党员成为坚持抗日斗争的骨干。

女生上任记

仝玉一和范铭是同龄人，革命经历大致相同，不过，仝玉一是出身于省城富商大户家庭的女学生。她是在抗战进入相持阶段，被党组织就地提拔为县委书记的，然而，一经提拔任命，竟使她风雪太行七昼夜，转战两省三县才落地。

那是1940年1月，河北省元氏县国民党顽固军侯如墉部与日寇勾结，横行霸道，欺压百姓，扣押我抗日干部，使党的基层支部工作处于瘫痪状态。

在此情形下，八路军三八五旅七六九团来到元氏，消灭了侯如墉部。战斗胜利后，八路军主力撤出，留下部分官兵打扫战场；地方干部开始到遭敌破坏严重的村庄去慰问群众，进行善后工作。中共冀西特委宣传部部长王一伦率队带来物资慰问救济群众，太行区党委组织科科长陶鲁笳带巡视组来帮助县委整顿恢复党组织。1 月 14 日深夜，上级党委领导召集元氏县党政干部大会。会议指出，元氏县广大党员干部要乘大好形势做好发动群众和恢复生产的工作。大会结束时，特委宣布：县委书记宋国藩另有任用，由县委组织部部长、22 岁的女同志仝玉一任县委书记。

这一突然的任命，不容仝玉一思考，只能接受，她顿时感到千斤重担压在了自己身上，一夜难眠。

1 月 15 日，仝玉一迎来了她担任县委书记的第一个黎明。一夜未眠的她，起床一开门，通讯员裹着一身风雪迎面撞怀扑来，神色慌张地说："敌人来了！"仝玉一一把抓住他，要他别慌、慢点儿说。原来，敌人开始"扫荡"了，昨天夜里就驻扎在距此十几里的村子里。仝玉一大吃一惊，马上呼喊同志们："快起来，敌人来了！赶快起来！集合！"同志们迅速向西往山上撤。腊月天，风搅雪，冰覆地，路滑难行，大家奋力向山上攀爬。这时，仝玉一滑倒在地，右手腕当下骨折了，她急急扯下围巾将右手腕吊在胸前，忍着剧痛努力跟上大家。走到青槽峪岭，遇到了山西平定、河北井陉两县的同志们，才知道此次日军"扫荡"是分九路向根据地进攻。天黑时，转到元氏、平定两县交界处，三个县的干部加上原来在元氏打扫战场的干部战士共三百多人，吃了一锅稠米饭，有的人没有吃上，各自就地势歇了下来。

第二天，军分区张政委派出的侦察战士回来报告，方圆十多里都有敌人，我们正处在包围圈内。张政委决定必须尽快突围，沿河滩向山西昔阳县撤退。凌晨二时开始突围，出发时，县委书记仝玉一走在最前头带队。拂晓时分，仝玉一抬头望见山脊线上有人影，是敌人。于是，队伍调头往回走，仝玉一又成了全队的殿后者。天大亮时，一行人进入河北赞皇县尖山岭的山沟里。仝玉一和区党委组织科科长陶鲁笳商量应急对策，从挎包里挑出秘密文件拿到山根下，掀起石头用沙土掩埋，决定上山。正在上山，山上突然跑下一个砍柴的老乡，边跑边喊："鬼子正在山背后爬哩！就到山顶了！”情况十分危急，要立即跳出沟底，干部战士一齐向北面山头冲去。由于坡陡土松，只能四肢并用往上爬。因手腕骨折无法攀援，仝玉一只能用左手揪着马尾巴上了山。登上山顶，才发现这条山脉地形奇特，浓雾中，隐现着一道道山梁一道道沟，一座座山峰耸立像迷宫。由于敌人占领了先前的山头，仝玉一等人就转移到另一个山头。敌人虽然有机枪和掷弹筒，但是浓雾弥漫，他们找不到射击目标。仝玉一等人就和敌人“玩”起了抢山头、转山头，在冰天雪地的山谷间来回奔跑，数不清绕开了敌人多少次围追堵截，就这样牵着敌人兜圈子。与敌周旋中，同志们冲散再团聚，汇合又分离。敌人被牵着鼻子雾里拱，满山转。几次听到敌人从山头上呜里哇啦地下来了，仝玉一等人就赶紧向另一个山头转移。有一次，正准备从山头下山沟，突然听到沟里有敌人正向上进攻，仝玉一和战友们就相互搂抱着，坐在山坡的雪地上与敌人反向而行地滑下去，来不及喘气又拼命往另一个山头上爬。到了山顶，发现有敌人刚刚扔下的罐头筒、饼干纸、烟盒、烟头。

这一天，是在与敌人“捉迷藏”中度过去的。数九寒天，同志们两天一夜没有吃一口饭，渴了就往嘴里塞一把雪，脚上的鞋袜和裤腿都冻成了冰块，没有一个叫苦的，没有一个掉队的。黄昏时大家席地而坐，准备趁敌人吃饭休息时冲出包围圈。拴紧鞋带，系好搪瓷碗以防碰出响声，用嘴咬住衣领不要咳嗽，由砍柴的老乡带路，沿着崖壁上的羊肠坂急速前进。天黑后，大家走到了一处较为平坦的地带，望见远处有座低矮的小屋，但不知屋里是否有敌人。先将队伍整理好，有战斗力的排在前面，地方干部排在中间，最后是收容队。派出的侦察战士报告，未发现敌情。大家高兴地跑到小屋前，推门一看，屋里有一位老妈妈和一个青年，家里仅有一点小米和几颗山药蛋。大家不忍心吃老百姓仅有的一点东西，只喝了些水。终于算是突围出来了，大家都在炕上、地下、屋外柴堆里倒下睡着了。仝玉一回忆说：“大家照顾我是女同志排在中间，我已当了两三天县委书记，自己一直起不了指挥作用，反而受大家关照，深感内疚。”

第三天，天一亮，喝了老妈妈烧的开水，仝玉一背起背包，再三向老妈妈表示感谢，又开始上路了。中午到达了山西昔阳县阎家庄，遇到了八路军秦基伟的部队。秦基伟听到河北元氏县的同志已经两天两夜没有吃过东西了，马上下令：“快给他们做饭！”大家高兴地吃上了小米饭。全玉一坐在热炕上狼吞虎咽地吃着饭，精神一松，手里的饭碗丢了，身不由己地倒头睡着了。知道她还没有吃饱饭，大家要叫醒她，秦基伟拦住说：“别叫她，她太累了，恢复一下也好。”

第四天，从昨天下午一觉睡到今天天大亮。辞别了部队，在地方工作的干部们集合上路，向河北省方向出发了。

第五天，再次分手的时候到了，太行区党委的干部们要到赞皇县工作，全玉一则率县委的同志们要返回元氏工作了。

第六天，遇到得胜归来的八路军三八五旅的队伍。三八五旅的指挥员看见全玉一，高声地喊着：“把鬼子打跑了，你们快回去吧！”三八五旅一周内往返两次在元氏作战，他们是根据地的脊梁。

第七天，翻越尖山岭，站在高高的岭上，风雪后的天空异常晴朗，雪后的元氏乡村却是一片焦黑，全玉一率领县委走到近处才看清根据地的房屋大部分已被敌人烧毁，到处是残垣断壁、破砖烂瓦，连做饭的铁锅都被敌人捣成两半了。

此时，全玉一感慨道：“苦难的乡亲们，寒冬腊月怎么度过？我这个刚上任的县委书记和县委一班人感到担子十分沉重。对日本帝国主义的无比仇恨，激励我下定决心克服一切困难，同元氏人民重建家园！”正式开始了县委书记工作。

落地生根

县委书记和县长，属于党的地方干部，在敌后选任这一级干部，意义重大。因为是在被敌人四面包围的地区，直接与敌斗争，既需要迅速为当地民众所熟悉信服，又需要机动灵活地开展工作。如在敌占区动员筹措粮秣款项、分化和瓦解伪军反正，都需要与打入敌人内部的关系联络。战动总会在抗战初期特别强调了选任当地干部的重要性：“如要派一个外来的干部去做,这简直是件不可能的事。因为在这个据点里边,没有固定的关系，人情不谙，地理不熟，口语不同，恐怕还没有进得敌人的据点，已为敌人发现而被杀戮了。”

本乡人故乡人，不认也有三分亲，只能说明对地方人情风俗的熟悉。本地干部利于开展当地工作，这是问题的一个方面，实际情形要远比此复杂得多。1940 年，晋西北的岚县抗日民主政府在 3 名县长候选人中，选出本地共产党员袁进恩为县长。袁进恩前脚上任，后脚即被日伪军探清他是草子寨村人。日伪军深夜包围了草子寨村，用枪杀刀劈、火烧狗撕等极其残忍的手段，杀死该村老幼 149 人，连通风报信汉奸的儿女也在劫难逃。

要奋斗就会有牺牲。从国家公布的县委书记、县长英烈名单中看，三分之二的干部是牺牲于原籍地的。开创工作局面，关键是要选任敢于斗争、善于斗争的干部，看他是否能同当地的群众结合起来，带领人民求生存谋发展，真正做到“我们共产党人好比种子，人民好比土地。我们到了一个地方，就要同那里的人民结合起来，在人民中间生根、开花。”

在创建抗日根据地初期，党组织就明确强调，要依托自然山，创造“人造山”，“人造山”就是动员组织人民筑成抗战的铜墙铁壁。越是外来的干部就越要强调与当地群众紧密结合起来，争取到的群众越多，鱼在水鸟在林，自身才能越安全，工作才能越顺利，否则，就会无水可饮、无枝可依。

忠实积极的态度，艰苦朴素的作风，最易接近群众。山西阳城县委书记胡晓琴，祖籍广东，生长在太原，凭着当铁路工人的生活经验，用南腔北调的方言应对了各种险遇。在战地生活中，他带着裹小脚的老母亲。老母亲为战士们做饭缝洗衣服，天寒地冻与小战士同盖一床被褥宿营，数次掩护儿子和战士们成功躲避敌人的盘查。由于中央军溃不成军，散兵游勇到处抢劫，当地群众一听说有军队来了即四处逃散，而胡晓琴带领同蒲铁路工人自卫队来到阳城，纪律严明，主动给群众扫院担水，时刻注意维护群众利益，群众便和他们接近了。尤其是作为队长的他，母慈子孝的行为对周围的人有着巨大的感召力。

山西文水县县长顾永田是江苏铜山人，早年在南方参加学生爱国运动，1937 年初加入中国共产党，同年受党组织派遣到延安学习，后到山西参加牺盟会工作，任牺盟会执行委员。1938年2月14日，日军侵占了文水县城，当地的军政官员闻风而逃，旧政权土崩瓦解。征得阎锡山的同意后，时任山西工卫旅四大队教导员的顾永田被派往文水县担任县长，组织抗日政府，开展敌后游击战争。顾永田担任县长，面临的首要问题是如何除暴安民，迅速结束全县混乱局面。为此，他张贴布告，告示全县："誓率全县人民与全国爱国同胞一道，坚决抗战，战胜万恶的日寇，为建立独立、自由、幸福的新中国而奋斗！"宣布了施政纲领：认真执行《抗日救国十大纲领》；实行减租减息，废除苛捐杂税，实现合理负担；改革水利机构，实行贫富同等的新水规；改革教育，统一发行课本，禁止奴化教育；严禁吸毒、卖毒和赌博，维护社会治安。顾永田亲自率队到各村巡视，收编散兵游勇、地主武装及各种私人武装，依法惩处各类流氓、地痞、土匪、恶霸，建立各级民主政权和抗日救亡团体，使全县的社会秩序迅速稳定，人民群众的生产、生活得到了安全保证，树立起抗日民主政府的威望。

作为战地县长，催粮派款、组织支前"战时急就章"式的工作是常有的事，但是，顾永田善于统筹处理当前中心工作和长远建设发展的关系。他一手抓武装斗争，组织民众英勇地开展游击战，一手抓经济生产，敢破敢立开拓新局面，促进社会生产力的发展。抗战初期，文水县人民最难忘的是顾永田发行的"金融流通券"和领导当地群众兴修水利工程"永丰渠"。

1938年，金融货币大乱，阎锡山政权更是滥发钞票，使战争中的人民生活雪上加霜。为了稳定市场，发展生产，活跃经济，保证军需供给，经过一番调查研究，顾永田决定以土地担保，在全县发行使用"文水金融流通券"：流通券上印有"每亩农田担保一元"的字样，流通券和银圆同用，一元流通券与一块银圆等值。由于流通券以全县农田作后盾，保证了币值稳定，深受各界的拥护。县政府以流通券作为资金，无息贷给农民清欠、还债、赎地、购置农具，帮助他们解决生产和生活困难。后来又根据情况减免了部分贫困农民的贷款，调动了全县广大贫苦农民生产劳动的积极性，战争条件下，1938年全县粮食增产20万石。县政府以流通券作为资金，不仅筹备了军需军饷，而且在全县普及学龄前儿童小学教育，帮助群众发展种植业生产和手工业加工等等，促进了全县各行各业的恢复和发展。

文水县农业生产条件比较优越，是晋中平川盛产粮棉的地方。但是，由于封建地主霸占大量土地，多少年来土豪劣绅们霸河霸水，对农民进行残酷剥削，使许多农民过着极为贫困的生活，严重地阻碍着生产力的发展。顾永田领导抗日民主政府在全县实行减租减息、合理负担的同时，破旧立新改革不合理的水规，更以流通券作为资金，动员和组织群众兴修水利工程“永丰渠”，利用自然改造自然，以永久解决边山旱坡地区的灌溉困难。这项“功在当代，利在后代”的水利工程的兴建，深受当地人民的欢迎，当地百姓夸奖顾永田是“为民谋生的好县长”。

1940 年 1 月，在晋西北八专署召开的军政民代表大会上，顾永田被推选为八专署专员。同年 2 月 21 日，顾永田在率队伏击日军的战斗中，壮烈牺牲，时年 24 岁。当地各界群众为他举行了隆重的追悼大会，并以大会的名义为他撰写了仿楚辞古风的碑文：

巨星殒落兮，震惊西北；传来噩耗兮，大地哀伤。
君为民族自由而战死，君为祖国生存而残伤。
革命阵营丧失了青年领袖，日本军阀夺去我社会栋梁。
此仇必报兮，誓除日寇；君之大业兮，吾等承担。
祝君安息兮，吕梁山畔；一抔黄土兮，万古馨香。
史册留芳兮，忠贤宇宙；牺牲壮烈兮，为我民族之荣光。

文水人民为纪念好县长顾永田，特将“永丰渠”更名为“永田渠”。

格子里的生发

敌人占领了城镇控制了交通线，建立了据点构筑了封锁线，试图以“囚笼战术”“铁壁合围”困死抗日军民。共产党根据割据斗争的需要，打破原县域划界建立抗日民主政府，在敌人占领点线形成的“格子网”里扎根布阵，又反包围着敌人。

敌后的抗日民主政权，是应天时、地利、人和的建制构造，正如孙悟空是可以复制其化身的。被敌占铁路线、公路线贯穿的县一分为二成两个新县，两条线相交则分成四个新县，“鸡鸣三县”的偏僻地方倒常常成了一个县的中心，实行党的“一元化”领导，开展根据地建设。原来的一个县分属于不同的地区，甚至分属于不同的战略区。如：同蒲铁路、汾河穿境而过，将平遥县、介休县、灵石县一分为二，日军占领了县城且控制了交通线，于是共产党就跨县域成立了平介、介灵、汾河、绵上等县，建立根据地和游击区开展对敌斗争。战前的旧县裂拼成数个新县，分属晋绥边区、晋察冀边区、太行区、太岳区的情况屡见不鲜，它们县自为战，互为掎角，呼应配合，东边日出西边雨，使敌人“按下葫芦起来瓢”顾此失彼，陷入人民战争的汪洋大海不能自拔。

为了搞清共产党在农村是如何渗透扎根、建立政权的，1939 年 5 月，日本华北方面军派专人蹲在山西和顺县，经过一个月的实地调查，调查员三崎良一精心撰写出了报告。他追根溯源地写起，认为，共产党深谋远虑，早在“七七事变”前就开始经营华北、在山西实施建立抗日根据地的战略了：

> 1936 年 2 月，共产党大举渡过结冰的黄河，侵入山西省内。一方面，以一部从离石向太原方面进发，转移阎锡山军的注意。另一方面，使前年潜入的党的工作人员，开始积极活动，采取所谓“声东击西”的战法。工作人员经过沁县、辽县进入和顺，选定该处为宣传据点，对民众积极进行抗日救国宣传，向阎锡山军展开了攻心战。
>
> 这一战法收到了良好效果，阎锡山不得不哀叹：“共产党已侵入山西全境。……搞不清哪些地方是由共产党支配的。”

该报告同情和理解阎锡山，认为，阎锡山组织牺盟会的目的是为了防止共产党的地下活动，但中共渗透和利用该组织，把牺盟会改造成了激发山西青年抗日激情的组织。共产党抢占先机、主动作为，在“七七事变”时就已经开始了第二期的工作，在日军击溃国民党和阎锡山军队后，共产党经过一年多的开拓垦殖，有条不紊地改造了旧县政，建立起施政统一、坚固完整的抗日政权。报告是这样划分时期，并列出共产党的工作步骤的：

地下工作时期（1937 年 7 月事变爆发至 1938 年 4 月日军占领前）

> 事变爆发后，进入和顺县的共军是第一二九师的一个营，一

面派遣政治工作人员秘密发展新党员进行地下工作，一面公开进行抗日宣传和开展民众运动，广泛深入地进行公开与秘密的活动，努力渗透赤色势力。

其公开的工作，首先是宣扬抗日救国十大纲领，高唱抗日统一战线，注意避免与阎锡山势力的对立和磨擦。另一方面，其政治工作，则是努力推动发展党员的地下工作与扶植抗日容共势力的半公开工作。

改造旧政府时期（1938 年 5 月日军撤退至 1938 年 11 月）

1938 年 5 月，日军刚由和顺撤走，共军迅速回到和顺县，本想立即掌握和顺县的政权，但因仓促返回，未能做好准备，只得暂且放弃政权工作，集中力量争取民众及加强组织工作。首先分散安置牺盟会的中坚干部，同时利用麦、谷收割的大好时机，动员八路军驻扎部队、政治工作人员和牺盟会干部义务帮助农民割麦。这种做法，是学习中共早先进行秋收暴动时的成功经验。这种平凡手段在收揽民心上取得了极大效果。以此为第一步，以后按照工作指导大纲，进行了减租减息的宣传（收割、收获后暂时停止农民纳税、交租）。此外进一步引用国共合作公认的口号“为民族救亡抗战，有力出力有钱出钱”，在青年阶层中结合抗战政策的观念宣传减租减息，使贫农大众领会经济利益的观念及救国抗战的义务，以获得他们的支持。对少数富农则不准他们乱说乱动，使之完全屈服于群众压力之下。

此外，并结合阎锡山时代公布的合理负担，宣传向富农征收高率累进税，用以救济贫农，及提供抗战财源。随着宣传及民众团体内的赤色组织的扩大，进而从事掌握县政权的工作。其方法是，使民众团体提出县政府及各区、村行政机关与民众之间需要有一个协商机关的主张。同时，在阎锡山按照中央命令成立的公开机关“总动员委员会”的委员中，任命各种抗日救国团体的代表，使之在该委员会内部逐渐进行赤化，以确立政治的立足点。这样，对阎锡山系的县长张雨帆从内外施加压力，逐步使之执行赤色政策。例如，1938年7月，以抗战时期合理负担办法，对富户摊派了等于掠夺的过重负担。对特别富户则以紧急费用借款的名义，实际进行没收。对不服从者，以汉奸行为论，由民众团体没收其财物，并予以社会制裁。终于迫使张雨帆县长辞职。后由阎聚宝继任，但在职不到一个月，于11月由邓肇祥（共产党员）接替。邓就任县长后，对县政府加以改革，亲自领导全部工作，积极推行各项施策。

推行中共新政时期（1938年11月以后）

共军从11月前后即获悉日军对中共地方据点展开“粉碎作战”。为此，采取了分散部署，以和顺县作为提供人力、物力的兵站基地。县政府首先号召加强行政工作，实现自给自足。在12月下旬前后，判断日军即将进攻，于是全力以赴加强政治工作及武装民众工作。以各新编村长、秘书、副村长为中心，进行政治训练。对于民众，则由所属村常设文化联络员（直属县长领导）进行训练。为了加强各村自卫队的训练，由共军派出正规士兵担任指导。

在政治方面，根据过去半年的经验，确立了财政、税收、通货、一般经济政策的体系，开始整顿了游击队与兵站财政的统一体制。此时的县政府，被称为打倒日本拯救中国，保卫家乡保护自己，代表全体人民的意志和利益的政府。其所负使命为动员全体人民，武装起来，肃清汉奸，加强抗日根据地，进行抗日斗争。

这份煞费苦心的报告需要补注的地方很多。至少应将任职县长不满月的阎聚宝注释一下：阎聚宝原是阎锡山任命的昔阳县县长，1937年11月初，日军进犯昔阳县境，阎聚宝一干人携带银洋闻风而逃，逃到和顺县紫罗村私分公款，要就此散伙，结果被共产党组织的昔阳县游击队拦截。游击队一面与阎聚宝展开说理斗争，一面向八路军求援。八路军劝说阎聚宝等人返回昔阳县，使游击队保住了公款。然而，阎聚宝不肯留在昔阳县，又被阎锡山任命为和顺县县长。怎奈此公无心恋栈，履新不满月又弃职而去，最后不知所终。

1939 年 5 月，日军又一次占领了和顺县城，控制了和顺县交通干线。于是，共产党成立了和（顺）东县、和（顺）西县，有些乡村又与邻县乡村组成一个新的县，一个或数个“格子”组成新县，继续与敌展开斗争。敌人分身乏术难以应对，而共产党的县委、县政府变成了多个能收能放的“孙大圣”。一个格子一个长，抗日民主县政府打不倒打不散，实在是因为有县委这个靠山，党的基层组织在人民群众中扎下了根。

日本防卫厅战史室编的《华北治安战》里有这样的总结：中共因情况而异，在乡村构成组织网，扩充发展党的组织，对处女地，一般则是由宣传开始进行地下工作，随后或者同时，派遣工作人员建立基层组织，逐渐扩大“点”的工作，然后向“面”发展；在不易建立基层组织的地区，则采取等待军队进入时，在一定地区内组织多数支部，逐次集结起来再行扩大的方法。“中共的组织特色是具有党、政、军三位一体的密切关系。军和政是党的两臂。党挥动两臂以推动革命。即军是党以武力推动革命的组织，政是党掌握政权领导，以推动革命的组织。”最后承认：中共掌握民众的方法极为巧妙，此点，日本望尘莫及，即使同为抗日的中国国民党也望尘莫及。

他们就是中国

抗日民主政权区别于国民党原有的政权，也区别于共产党土地革命时期的苏维埃政权，是一切赞成抗日又赞成民主的人们的政权，是几个革命阶级联合起来对于汉奸和反动派实行专政的民族统一战线的政权。

> 代县是边区最落后的县份，现在因为大家的努力，边区的每一个角落都热烈地开展着民主运动。代县县议员、区代表、区长都选出来了。谁说老百姓不懂得民主？谁说老百姓不能管理国家大事？叫他来晋察冀看一看，这里的区代表、县议员不都是老百

姓选的吗？顽固的家伙们让他们顽固吧！恐怕再顽固就完了。我们在开辟代县工作中得出一个最大的经验就是：改善人民生活是调动群众抗日积极性的有力武器。

——这是来自雁门关的报告，是中共代县县委宣传部部长兼城关区委书记金方昌，从晋察冀边区写给在晋绥边区工作的哥哥金默生的一封家信。金方昌（1920—1940），山东聊城人，大学毕业，1938 年 2 月入党，在晋察冀边区工作。此信发出后不久，金方昌在与日军战斗中被俘，他拒绝敌人的劝降，敌人打断他一只手，挖掉他一只眼睛，他宁死不屈，1940 年 12 月 3 日壮烈牺牲在长城脚下。

“投身革命即为家，血雨腥风应有涯。取义成仁今日事，人间遍种自由花。”

敌后抗日民主政权的建设，开辟出一方方独立自由的新天地，给当时许多“走马观花”到边区访问的外国记者和作家留下了深刻的印象：

“第一步他们改组了县政府。当战争在 9 月份打到晋东北时，许多县长都逃跑了。另一些县长，年纪太大，没有效率，不适应战地工作。他们都被新的、进步的人士取代了。”

“在以后的几个月，随着边区发展壮大为永久性的政治、军事抗日根据地，各县县政府先后根据战争的需要进行了改组。凡是县长坚守岗位，继续斗争的，他们的职权得到认可。凡是县长已被赶走，或擅自逃走的，则任命新的县长。新县长都是年轻、进步的人士，受到群众的信赖，他们有能力唤醒群众，组织群众。”

“新的县长被选举出来了。人民第一次有权决定管理他们事务的领导人。他们开始懂得了民主的含义，今后他们的公共事务要由他们自己来安排。他们思考着，担心着，最后极其认真地投了一票，认识到这种权利的重要性。”

“以前，县政府、村政府前的布告栏上总是张贴关于新税收的命令和失踪人员的通告，从前没有人去读它们。但是，现在布告栏前围了许多人，有的亲自读着，有的听人群中识字的人读着布告栏上的内容，那里有关于如何改善自己生活的建议、军队作战的新闻和动员会议的通知。晋东北人民第一次说‘我们的政府’‘我们的军队’和‘我们的地区’”。

救国会七君子之一的李公朴，1937 年 8 月出狱不久即从上海来到山西，9 月上旬从太原乘车到大同，在傅作义的城防指挥部里了解了战况。敌机轰炸大同后，整个雁北地区笼罩在悲观绝望的气氛中。有一件事情让李公朴难受，并让他对时局有了更多的担忧，这就是当地老百姓将捉到的汉奸押送来了，县政府、公安局、戒严司令部居然无人接收审理。同时，李公朴发现了共产党主持的战动总会在雁北十分活跃地动员着民众，他敏锐地意识到“它很可能在这抗战中，养育自己，发展自己，使自己突破一切限制，转而变为真正代表大众意志的民众运动。”两个月后，李公朴再次来到山西，太原已失陷，他应阎锡山之邀到临汾参与第二战区民族革命大学的创办工作。李公朴根据自己在延安、山西战地接触共产党动员民众抗战的情况，制订出一套教学大纲，然而，临汾又失陷了，阎锡山继续西撤，李公朴与第二战区的合作告一段落。这时，李公朴的随从人员包括秘书周巍峙等都参加了八路军，加入了共产党。

在抗战的防御阶段，李公朴作为自由民主人士的代表，三进三出山西，辗转奔波于上海、国民政府所在地、二战区长官部驻地、延安和山西敌后根据地，先后撰文结集出版了《民众动员论》《抗战教育的理论与实践》《走上胜利之路的山西》等著作，在多方比较中，愈来愈辨清了谁在真正抗战、谁是中国人民的中流砥柱。

1939 年夏，李公朴第四次来山西。他在晋察冀边区半年多的时间里，走访了 15 个县 500 多个村庄，遍访军政民各界人士，称，给他印象最深刻的有两点：第一是，中共领袖们对任何细微的工作缺点，洞悉之后马上想办法去纠正，尤其是教育工作，中共中央肯拿出最大的力量和最好的干部去做教育工作；第二是，晋察冀边区能无数次粉碎敌人的进攻，最主要的原因就在于军政民的统一。1940 年 9 月，太行文化出版社出版了李公朴的著作《华北敌后——晋察冀》，他写到了七十八县的边区政府，大加赞颂中共领导的晋察冀边区是敌后民主的模范根据地，断定：晋察冀边区就是“新中国的雏形”！

合众社记者爱泼斯坦走访了延安和华北敌后抗日根据地，1944 年，他给在重庆的妻子邱茉莉写信道：“这个边区遭到包围封锁，但并不是一个可怜的地区，而是一个小型的国家，是许多地区的后方，把这些地区都加在一起，那就大了许多倍，成为一个伟大的国家，根本不是什么小型的了。此地的活动五彩纷呈，比中国其他所有地区都要活跃得多，差不多可以肯定地说，此地的人民也真是积极得多。而且这里的人民充分相信，他们就是中国，他们就是中国的未来。”

第七章　群众路线

一切为了群众，一切依靠群众，从群众中来，到群众中去，把党的正确主张变为群众的自觉行为。——这就是群众路线，它是中国共产党的生命线和根本工作路线，也是中国共产党发展壮大的重要原因。群众路线是党的性质和宗旨的体现，是由党的工作出发点所决定的。毛泽东在《论联合政府》中讲道："全心全意地为人民服务，一刻也不脱离群众；一切从人民的利益出发，而不是从个人或小集团的利益出发；向人民负责和向党的领导机关负责的一致性；这些就是我们的出发点。"

到敌后根据地访问的外国记者是这样报道中共的县委书记和县长们的："工作、工作、再工作。组织者们逐村召开会议，发表演说，劝说、动员农民，鼓励他们站起来，说出自己心里的话。"美国驻华使馆的外交官戴维斯、谢伟思在写给美国国务院的报告中也说："共产党的政府和军队，是中国近代史中第一次受有积极的广大人民支持的政府和军队。它们得到这种支持，是因为这个政府和军队真正是属于人民的。"

新政权是由时代的、民族的、阶级的先锋战士组织起人民建立的，中共的县委书记和县长受命于危难之际，接受着战争的洗礼，勇挑重担，坚定自信，坚持群众路线体现在各级干部勇于实践的每个环节中。

任前谈话

任前谈话是郑重的组织工作程序，是上级领导人代表组织对干部担使命、下任务、明责任的谈心活动。它必须理论联系实际，将中心工作任务与干部的实践经验结合起来，让干部学习和掌握政策，明确工作任务和目的，树立必胜信心。同时，它又是一堂不拘一格、因人而异、灵活生动的党课教育。

1941 年，34 岁的中共太行区党委书记李雪峰对干部进行任前谈话，明确告诉他们履新的地方是游击区，对敌斗争形势要更残酷，干部们精神上要有充分的准备。同时鼓励他们，要坚持同志们已经熟练掌握的“武装保卫生产”“生产为了武装斗争”的工作原则，对付敌人的突袭和频繁“扫荡”，减少群众的生命财产损失，保护群众适时耕种收藏，在具体做法上的“全民武装”“全民戒严”“全民空室清野”等方法。“要坚持持久的游击战争，还需要注意把社会各阶级的团结和生产工作搞好才行。这就是说，还得要把党在现阶段的调整社会各阶级利益的各项政策执行好才行。边区政府成立后，将要施行一系列政策，如人权保障政策、三三制、民主政权政策、精兵简政政策、累进制税收政策和减租减息、交租缴息政策等。这些政策都是解决所谓生产力与生产关系、上层建筑与经济基础的理论问题的具体运用，都是为了调整社会各阶级间的团结和促进社会生产力发展的重大举措……”李雪峰对青年干部讲清了太行区的总体形势，明确了新区的工作重点和任务，最后对他们进行了一番嘉勉鼓励。

那一年，辽西（辽县西部）县委宣传部部长李修仁 19 岁，中共太行区党委要提拔他到和（顺）西担任县委书记。李修仁回忆区党委书记李雪峰对他的任前谈话结束后：

> 雪峰同志说：“你们明天要走了，一起吃顿早餐，我请客。”那次与我一同调二地委地区工作的还有梁居高同志。记得那顿早餐是在桐峪镇的一个卖油条、卖豆浆的小饭铺吃的饭，只有雪峰和老梁我们 3 人。当早餐送到我们面前时，雪峰同志说：“快吃吧，

只有皇帝才能吃得起啊，你们听说过这个故事吗？”我们说：“没听说过。”他继续说：“武乡县农民问，皇帝老儿天天吃好饭，不知吃的是什么好饭？有一农民说，那还用问吗，当然是天天吃油条了，因为香莫过油条嘛！”我们听了，笑得差点喷了饭。战争时期上下级之间的关系就是如此亲密无间，雪峰同志就是这样的榜样！

用餐过程中，梁居高同志不无动情地说：“这一去就离你远了，有困难也不能当面请示了。”雪峰同志说：“困难不论在什么时候、什么地方都是会有的。有困难向上级请示是对的，但更主要的是要学会向群众请教；凡事和群众商量才是最重要的。历史是群众创造的，群众才是真正的英雄。”

工作的嘱咐

抓中心工作是一种领导艺术，就是“领导人员依照每一具体地区的历史条件和环境条件，统筹全局，正确地决定每一时期的工作重点和工作秩序，并把这种决定坚持地贯彻下去，务必得到一定的结果”。检查督导是与之相配套的工作，即明确当前地区、当下时间工作进度的情况和当任干部应负的主要责任而进行的领导，它体现着一般号召和个别指导相结合、领导和群众相结合的工作原则。

1942 年 3 月，为了贯彻执行中央关于精兵简政的指示，太岳区党委和太岳行署决定将介休、灵石两县合并成立介灵联合县，任命 21 岁的周力为新的县委书记。周力回忆区党委组织部部长郭钦安对他的任前谈话：

当时，我即请求留高功叔同志任介灵联合县委书记，我可做他的助手。钦安同志说：区党委已经决定，你们灵石县委的三个同志（指我与县委组织部部长郭鹏龙、县委宣传部部长戴彦）原来都在介休县工作过，对介休县的工作情况、干部情况、人情地理都比较了解，这些方面的问题，你就不要有什么顾虑了，三地委的同志都考虑过了；当前要注意的问题是：晋西事变后，干部思想中的“左”右两种情绪，对工作都不利。“左”的情绪认为什么人也不可靠，只有自己可靠，统一战线也不要了，不注意团结多数。发布了保障人权法令，经过一段工作，情况有所好转，但绝不能掉以轻心。另一种是右的思想情绪，少数干部思想动摇，悲观失望，对抗战、对革命失去信心，要耐心地进行形势教育、革命前途教育，提高干部和群众的胜利信心。这个问题是非常重要的，一定要认真对待，千万不可小看。

张天乙和郭钦安早期都是牺盟会特派员，二人曾在雁北前线枪林弹雨中出生入死地工作，同吃一碗饭，共住一盘炕，比亲兄弟还亲。后来，他们又一同拿到阎锡山颁发的委任状当了县长，如今郭钦安成为太岳区党委组织部部长，二人变成了上下级关系。张天乙回忆他的任前谈话：

还是在 1943 年，我从北方局党校学习回来，区党委决定我下放到冀氏县担任县长，我愉快地接受了。临走时，我请钦安同志给我提些意见（钦安同志正做别的事），他对我说：“你先走吧，过后我给你写信。”我当时不大满意，我们之间向来是开门见山，直言快语，今天怎么推托起来，当面不谈，还说什么写信！可是出乎我的意料，我到冀氏县不久，就接到钦安同志的来信，他对我提出了中肯的意见。我让妻子黄林生看了这封信，她说：“钦安同志对同志真负责啊！”这封信我长期作为我的座右铭保存着。

1943 年夏，区委干部李德昌要下到村里当民兵队长了，临行前，沁源县委书记刘开基对他进行谈话。当时，民兵缺乏对敌斗争经验，在与敌作战时，常是没能消灭敌人，反而把敌人引进了村，给群众造成更大的损失，群众讥讽民兵就是“引火柴”。针对群众的意见，刘开基对李德昌说：

村里的担子不比区里担子轻，你是前沿阵地小指挥官，要多动脑子，多想办法，不能鲁莽。为了战斗取胜，第一件要事是保卫群众的安全。敌人最凶狠的一手，是夜间出来袭击包围。保卫了群众的安全，就有了和敌人做斗争的群众基础。第二件事是武装保卫生产，让老百姓能种地，收上粮食，这样我们就能坚持长期和敌人斗下去。民兵就是群众的兵，有利于群众的仗打，不利于群众的仗不打。

要用武装保卫生产，用生产支援战斗，一定要把民兵由“引火柴”训练成“打狗棍”，农忙时抽空打击敌人，农闲时主动打击敌人，这样群众就会拥护我们。良田都在鬼子的交通线上，靠村子北面的地，敌人的碉堡能看见，做到抢种、抢收是很不容易的，要千方百计把地种上，把麦子收回，有了粮食，一切事情就好办了。仗打好了，敌人缩在碉堡里不敢出来，夏收就有保障了。离敌人近的地方，要组织强劳力一块一块地抢收，抢收回来的粮食，做到抢收的群众和麦地主人各得其所，这样才能把所有人的积极性调动起来。

汇报的学问

向上级党组织汇报工作，是一个总结经验教训，接受监督检查，进行学习教育，提高思想认识和工作能力的过程。汇报和接受汇报，不是简单的文字材料和照本宣科的座谈，而是从实践到认识、再从认识到实践的调查研究、总结提高的过程。

作为县委书记向党中央汇报工作，是赵鹏飞思想升华的过程。五台县委书记赵鹏飞自 1939 年 2 月至 1941 年 5 月，经过长途跋涉，两次通过敌人的封锁线，到延安向党中央汇报工作，同时还在中央党校学习了一年多。“尽管是短短的两年时间，在我的一生中是最难忘的也是非常幸福的。特别是中央领导同志的革命精神、优良作风以及一系列的熏染启迪，都是我几十年革命生涯中的基础和依托。”赵鹏飞回忆：

到了延安之后，就开始给党中央汇报工作了。接受我们汇报的是以王若飞同志为首的华北、华中委员会。他们工作很忙，只能是根据他们的安排插空子进行汇报。有时在白天，有时在晚上，遇到开饭的时候就边吃边说。我向中央领导汇报的内容是：抗日战争前和抗日战争开始后五台县、五台四区的政治、经济情况；我党在五台县组织发动人民群众，坚持抗战的情况；还有托派分子、顽固分子王国忠等人破坏抗战、陷害我抗日区长情况。王若飞同志一边听汇报，一边提一些问题，我都根据我知道的情况予以回答。整个的汇报过程，实际是我接受教育受到启发的过程，使我逐步地认识到共产党要革命、要抗日、要建设抗日根据地，就得依靠广大的人民群众；团结坚持抗战的进步知识分子；要有明确的政策观念，严肃认真地贯彻执行党的各项政策。经过了多次的汇报之后，我把汇报的情况整理成书面材料，送交王若飞同志处，我向党中央的汇报就告一段落。

汇报工作过程持续有半年多的时间。期间，赵鹏飞被安排参加了有中央领导陈云在内的学习小组的读书讨论，到中央马列学院听中央领导讲党课做报告，几次聆听了毛泽东的演讲。汇报工作告一段落后，赵鹏飞又被安排进中央党校学习。学习前，中央党校要他们每个人把自己所读过的书目列出来，然后，根据每个学员的文化水平再分班授课施教。

1941 年春夏时节，赵鹏飞从延安回到晋察冀边区，再次担任五台县委书记，群众路线的观点更加明确了。根据地的生活依然是艰苦的，没有房住，没有饭吃，他率领全县干部深入各村领导群众劳武结合，生产自救，重建家园。在极端艰苦的情况下，党员干部与广大人民群众患难与共、团结一致、共同对敌。

那时，我们县委除集中开会研究工作外，大部分时间都分散在各区村和区村干部一起工作。我在 1942 底前下乡时多在一、二、三区，1943 年后多在五区下乡。每到一个地方都受到当地人民群众的保护，我们开会有民兵在外边放哨，我们行动有人带路，并且在事先都把路上的情况侦探清楚。那时在敌人严密封锁的情况下，没有人民群众的支持是寸步难行的，没有人民群众的保护是不能存在的。我永远忘不了那一段艰苦的斗争，也永远忘不了

> 和我同甘共苦的五台县广大人民群众。在五十年代末和六十年代初，三年困难时期，五台县的广大人民也饱受饥荒之苦，有位同志告我说，五台八区人民讲“老赵把咱们忘了”。我知道这并不是思念我个人，而是代表了广大的人民群众对共产党的愿望。

赵鹏飞当五台县委书记时，李力安担任县委宣传部部长。李力安也有一次难忘的汇报工作经历。李力安1920年生，1935年加入中国共产党，以优异成绩考入了太原高中学习，抗战期间，他相继担任过盂县县委副书记、盂（县）平（定）县委书记等职。1948年1月，时任井陉县委书记的李力安准备了一个书面报告，和地委书记及平山、建屏、获鹿等县的县委书记一块儿到刘少奇那里汇报土改工作。

李力安汇报后，刘少奇站起来走到李力安面前和蔼地问，这个材料是谁写的？李力安说是自己写的。刘少奇看看大家，又回到座位上微笑地说，实际工作做得很深入、认真，汇报有材料，掌握情况也很多、很具体，但是缺乏分析，没有讲观点，没有提出意见，没有说今后怎么办，只是报告过程，材料堆砌，这就叫作文牍主义……

正是在听取这次汇报之后，刘少奇1月18日给中共中央主席毛泽东写了一封长信，信中对新区、老区、半老区的几种情况，以及在土改中应采取的不同方针等做了说明，为伟大的土地改革运动提供了政策依据。

李力安回忆，虽然刘少奇在这次听取基层工作汇报会上的态度一直很和蔼，但李力安自己却感到很惭愧，当时心想：自己当了县委书记，又当地委组织部部长，工作也十多年了，下去搞土改，怎么只掌握材料就不知道作分析，没有观点、意见，就是材料加减法，没有乘除法，今后一定要记住。这次汇报，刘少奇对李力安耳提面命的一席话，使他终生不忘，受用无穷。新中国成立后，李力安历任中央组织部副部长、黑龙江省委书记、中央整党指导委员会办公室主任、中央顾问委员会秘书长、当代中国研究所所长等职，主编了《中华人民共和国地方简史》《中华人民共和国年鉴》等丛书，撰写出版了《李力安新时期党建论稿》等著作。

机关生活

在敌后的斗争生活中，干部的官僚化、衙门化行为最易招来杀身之祸，县委、县政府必须采取适应战争需要的工作方法，建立起秘密高效的交通站、交通网，建立“堡垒村”“堡垒户”，依此作为指挥中心和行动网络。“总之，工作人员掩藏在群众中，像鱼生活在大海里，是不容易被敌人发现的”，使干部真正与群众血肉相连，深入群众开展工作。

但是，分散式的工作方法，又容易造成一部分工作人员散漫、消极、脱队和私自行动等现象。为此，敌后的县委、县政府建立了严格的工作制度、会议制度、交通制度、巡视检查制度，以增强组织纪律、工作纪律，保持和加强上下级的密切联系与指挥关系。县委书记、县长要随游击队到处开展活动，召开各种会议与巡视督促各区工作。除必要的干部留守县委、县政府外，其余的干部组织起来到各区直接领导、督促和检查工作，县委、县政府的形象体现在领导人的面孔上，体现在干部的工作作风上。

机关牌子

房居平（抗战时期任大宁县委书记）：

战争年代，县委机关没有固定场所，更没有什么牌子可挂，只要利于落地生根开展工作，就达到目的了。1940 年以前，就是吃的阎锡山的饭，穿的阎锡山的衣，做的可是共产党的事。阎锡山有什么组织，就参加什么组织。当时牺盟会、公道团，敌人都控制不了，阎锡山又搞了同志会。他有什么样子，我们就带头抢先在牺盟会的墙上挂起什么牌子。牺盟会会员和农会会员名义上也变成了同志会员。

郭纶（1942 年神池县大严备行政村的民兵中队长）：

神池县抗日民主政府就是在打游击，没有固定的村，就在和偏关交界的山沟里转，神池义井、八角、利民还有七八个鬼子据点，就在山沟沟里来回转，哪有个正式地方？

郭庆忠（1924年生，河北平山人）：

1937年随父亲、哥哥一起参加八路军，先后到晋冀特委、平定县委当勤务员，因当时只有13岁，工作之一就是负责为特委（地委）、县委挂牌子。挂的牌子是牺盟会，实为特委机关。那时我还是个孩子，个子很瘦小，低头打扫炕洞灰时就全被挡住了，经常是走到炕边还看不到我。后来又调到平定县委，机关门口挂一个牌子，记得那时我的工作之一就是翻牌子。牌子两面写着不同的名称，平时挂牺盟会工作团牌子，阎锡山的部队来了，就把牌子翻过来，是八路军工作团。在县委的工作就是发展党组织，教育民众，搞物资，军队行军打仗、吃饭、穿衣全靠地方供应，有时还要从敌占区搞物资。那时没有运输队，搞来的钱粮就靠人扛、骡子拉。

工作经费

1938年的永和县委的经费来源是：组织部部长杨毅的月薪20元、宣传部部长梅杉的月薪16元、书记呼延文摆书摊卖书所得的钱，三人将收入全部交公后，再分给每人月伙食费3—4元、零花钱1—2元；县委机关的经费在县委成员中完全公开；除县委每月经费开支外，剩余部分加上其他党员的党费，全部上缴特委。

赵力之（抗战时期任平遥县县长）：

抗战初期的县委是隐蔽的，开展工作的经费由在政府工作的党员干部资助。我在铁北办事处工作时，一年资助县委活动经费400元（当时币值），通过做党内工作的康石同志上缴县委。我调离铁北办事处时，他接替了我的工作。后来他被敌人抓捕后在平遥遭杀害，牺牲得很壮烈。

饮食问题

杨稚葳（抗战时期曾任平西县委书记）：

平顺县地处太行山南端，土地贫瘠，资源匮乏，干旱少雨，水源奇缺，人们终年饮用的是贮存的雨水雪水。不要说洗衣服，连刷牙、洗脸都很困难。我们每天早上常常只有一杯水，先漱口，再洗脸，剩下的还要保留起来用来洗脚。

并月（1940 年曾任平顺县武委会主任）：

当时平顺县生活相当困难，那是大山区，又连年旱灾，县委机关每人每天半斤小米，还要节省下来救济老百姓，每月只有三钱油、二钱盐，哪有什么菜！稠稀饭里放些野菜就是不错的伙食了。我们三年才发一套衣服，平顺县雨水少，也打不出井水，根本没有水洗衣服，也不敢洗，怕洗破了没有衣服穿。因此，在机关里无论男女，衣服上总是油光发亮。生病后因无医无药，只能自己扛着。老百姓生活更苦，我常看到他们躺在门外的地上晒太阳，一点力气也没有，腿肿得很粗，也饿死了不少人。山区出产花椒、核桃和柿子，但运不出去，也无法换回粮食。柿子可千万不能当饭吃，我一开始不知道，吃了以后，好几天拉不下屎来，肚子胀得老大，是其他同志帮助我一点一点用手抠出来，才解决了痛苦。

深查细究

1938 年始，刘同方先后担任中共边西县委书记、垂杨县抗日民主政府县长、漳河县抗日民主政府县长。在担任县长期间，刘同方特别注重对案件的处理工作。经常和同志们说："过去的官多是积案如山，清官最大的特点是不存案件。旧社会清官尚且如此，何况我们是民主政府呢。"经常教育大家说："现在打官司的多是贫苦群众，这些人过去是告不起状的，也是不敢告状的，有冤无处申。现在有了民主政府，群众相信我们，敢来告状，我们应该认真受理。”他严以律己，以身作则，体贴群众告状难的疾苦，逢案必审，因此，群众有难事都来找他解决。他平易近人，态度和蔼，每到一村，群众都乐意和他谈话。工作再忙，他总是耐心询问，和气解答。他对同志们说：“清官难断家务事，不能草率决断，否则很容易出错。”

刘同方善于做农村工作。他设计发放调查表，要求县政府工作人员无论住到哪个村都要调查一番，称这样“不仅可以帮助我们了解情况，还可以随时发现问题就地进行工作。”当时县政府流动办公，哪村有问题就搬到哪村去住。每到一村，他必与村干部或老百姓谈话，了解村里的情况和群众对政府、军队的反应，掌握实情。他领导全县干部、群众战胜了敌人的多次“扫荡”，广大干部和群众都非常钦佩他的工作作风和才干。

刘韵（抗战时期曾任武安县委书记）：

> 1942年到1943年，太行山根据地连年旱灾，军民生活非常艰难，但是对于武安县来说，已经是连续四年的灾荒了。由于极度营养不良，小冶陶村150户534口人两年未生一个小孩。县长李承文去村里了解灾情，到老百姓家里揭开锅盖一看，一锅绿汤（煮槐树叶）；到厕所一看，一坑绿水。没有吃的，哪有粪便呀！当时野菜、花生壳、玉米芯，甚至观音土都吃了。群众面无血色，骨瘦如柴。太行《新华日报》连续发表了有关生产救灾的社论。记得基本精神是军民兼顾，公私兼顾，大家动手，丰衣足食。县委干部制订了生产节约计划，每人要生产一月的粮食、全年的菜。生产成果八成归己，上缴二成，每人每日节约小米8两，自留12两（一斤为16两），救济群众。并要参加手工业生产，如纺线、织布、织毛衣毛袜等，由贸易公司收购。我身为县委书记，个人生产计划是：一、生产一月粮，全年菜（可与他人换工完成）；二、交菜200斤，挖野菜200斤；三、尽量参加手工业生产，织毛袜；四、节约鞋三双，毛巾一条；五、纸用两面，每月节约两大张纸。当时县委机关每天都吃野菜煮稀饭，有一种野菜叫干刺叶，根本煮不烂，吃时把嘴唇都扎肿了。

上党课整风

在实际斗争锻炼中发现和培养党员干部。搞好党的建设，严格党的纪律，提高党的战斗力，首先是要加强对党员干部的思想教育，党组织创造一切条件、利用一切形式组织干部读书学习，牢固树立理想信念，提高实际工作本领和水平。因为党组织和党员身份尚不能公开，根据地、游击区和敌占区的党员教育方法各不相同，因人而异，因材施教，有的只能把党员召唤到野地里或山沟里上党课。区党委办党校，每期为时一至三个月；地委办培训班，每期为时半个月左右；县委办训练班一般为一周左右。支部则是通过支部会、生活会和对敌斗争的工作对党员进行思想教育。

昔（阳）东中心县委书记陶鲁笳回忆干部培训教育的中心内容是：

第一，形势教育。国际国内形势；第二次世界大战中苏联红军的胜利；对敌斗争的大好形势；反“扫荡”斗争的胜利等。

第二，现实教育。是以抗战中模范党支部和模范党员的生动事迹为主，对党员进行教育。

第三，立场教育。教育共产党员不丧失立场，不自私自利，不贪污腐化；在敌人面前要保持革命气节，宁死不屈；为革命光荣牺牲时，要高呼“共产党万岁！”等口号。

第四，组织纪律教育。一切服从组织分配，按时交纳党费；积极宣传党的政策，严守党的机密；个人服从组织，少数服从多数，下级服从上级，全党服从中央。

第五，党的基本知识教育。明确党的纲领、任务、性质、权利、义务以及组织原则等。

张建民 2003 年回忆：

1940 年 2 月我任临城县委书记，虽然年轻，经验不多，但我认准一条：坚决开展对敌斗争。是毛主席的《论持久战》给了我们战胜敌人的信心和力量。在屯留县寺底镇住晋冀豫区党委党校高级班时，重点学习毛主席著作和游击战争。这期学校，为我们讲课的有：徐子荣同志讲《联共党史》，赖若愚同志讲党的建设，彭涛同志讲民运工作，李雪峰同志讲解毛主席的《论持久战》，左权副参谋长讲游击战争，朱总司令、彭德怀副总司令都来讲过话。李雪峰书记给我们讲课印象最深的是深入浅出，联系实际，举出很多实例，分析问题透彻，很有说服力，在批判"速胜论"和"亡国论"时，在中日力量对比方面，举出很多实例和数据，同时又举了古今中外弱势变优势、以弱制强、以少胜多的战例。从楚汉之争、赤壁之战，一直到平型关、长生口、神头岭战斗，深入浅出地、直观形象地讲出兵民是胜利之本。在统战方面，讲山西特殊的统战形式，以及我们同友军合作、粉碎敌人九路围攻。也讲到统战工作中出现的一些问题，以及我们在统战工作中独立自主，有团结、有斗争的方针和正确解决这一问题的办法和实例。大家听后很受教育。特别是教给我们怎样从实际出发，发动群众开展工作。

李修仁（2005年接受孙丽萍、李卫民采访）：

作为一个县委书记、一个干部，这套理论不懂，跟别人一样，那根本不行。所以，当时根据地里，学习气氛很浓。

我那时除了党的文件、毛主席的抗日战略以外，当时我学的《大众哲学》，印象很深；第二个就是《社会发展简史》，那么厚一本儿，是讲历史唯物主义的。还有《政治经济学浅说》《共产党宣言》《列宁论国家》等。

我当时就是给他们做形势报告，形势报告是很重要的呀，了解形势很要紧，究竟这是有望还是无望，你不给他讲这一套不行。报纸？他又不识字，你只能给他讲，而且，要通俗易懂。

1942年，我当时到党校参加整风学习，真是终生难忘。目标很清楚，三个反对：反对教条主义，反对宗派主义，反对党八股。我们就是学这些。再搞，就是学路线了。当时我21岁，以前我参加党校学习，就是游击战、党建、统一战线。一般讲一讲就回来了，不深，也有用，但不像反“三风”这样深刻。反“三风”，那是要结合自己的实践，一边读书，一边反省自己的实践经验，自己教育自己，加深对马克思主义的理解。

反对教条主义，什么叫教条主义？教条主义就是迷信书本，真理就是书上的，恨不得看书看得越多越好。教条主义者说马恩列斯的书才叫理论，毛主席的书不是理论，中央的文件不是理论。反教条主义，就是要搞清什么是理论、什么是知识、理论与实践的关系是什么。理论来源于实践，没有实践哪有理论？所以，以后我们就重视调查研究。以前，看见别人在台上讲，引经据典，“啊呀，真有知识！”整风以后明白了，这些呀，不一定有用，关键的是要看能不能解决实际问题。

反宗派主义，这里最重要的就是从“我”自己着手。宗派主义就是闹这些团团伙伙。我印象最深的，就是毛主席讲的，要处理好几个关系：老干部和新干部发生矛盾，谁负责？老干部负责，因为你老么；军队干部与地方干部发生矛盾，谁负责？军队干部负责，因为你拿着枪么；本地干部与外来干部发生矛盾，谁负责？外来干部负责，因为你见识广么，本地干部他土生土长；上级和下级闹不团结，谁负责？领导先负责。出了问题，你不先负责，就光怪下边儿？主要领导人和其他领导发生矛盾，谁负责？主要领导，你这“班长”就要负责么！班子带得不好，书记不行么。反宗派主义怎么个反法？就是要反对山头主义。反山头主义，首先就要自我批评。你延安的，就先管住你延安的；太行的，就先管住你的太行的；你太行的，你先检查你自己，不要责备人家太岳的。这样，个人知道个人的责任，宗派主义就下去了。两个眼睛看着对方，管不好自己，光想管别人，这能行？这能有个团结么？

这方面，再一个给我印象最深的，就是一个关于“服从”的讨论。当时，有些人这样认识：“我参加革命，服从真理，不服从组织，我不是来当‘长工’和‘奴隶’的。什么下级服从上级、个人服从组织、全党服从中央？”他们在思想上还有很多问题，公开地说：“我只服从对的，不服从错误的。”当时辩得也很厉害。为了整风，太行区开大会辩论。最后就是说，共产党是战斗组织，不是公开的俱乐部，意见不一致，肯定是有的，但你得战斗呀，你自己就在这里讨论不休，怎么也拿不定个主意，敌人都把刀子架到你脖子上了，你还在那儿讨论呢，你没有组织的一致性，就保证不了行动的一致性，你总得行动了吧；你有意见，可以保留，真理这东西，那也得经过实践检验，你可能对，也可能不对，不要太狂了；大多数情况下，多数人的意见还是对的，关键是要赶紧行动，一些不同认识，让实践去检验吧。你入党的时候，不是已经接受了这个组织了么？党的组织原则，在党纲里都明确写着么。

整风以后，党在思想、行动上的一致性，那真是空前的。那时候，学习了以后，主要是对照检查自己，唯恐挖得不深。大家都能这样，还互相善意地提意见。你自己揭发了，改了就完了，也不抓辫子。当时，有的同志揭发自己有享乐主义、生活作风上不太检点。承认了，以后改了就行了。惩前毖后，治病救人，改了就不追究了。当时，大家都是主动地深挖自己的毛病，也都知道，这是要去迎接一个新的大形势，让党的实力更强一些，自己的能力也更强一些，为人民服务的工作做得更好一些。

再下来，就是反对党八股了。你看毛主席的文章就能明白，关键就是发现实际中的问题，分析问题，解决问题。你一上来就是大帽子、一大堆空概念，那能顶什么用？一定要通俗易懂。你给群众讲，是想让人家听懂，还是不想让人家听懂？

这一段整风，三个月集中学习，让我终身受益。

群众大讨论

县委书记李修仁刚到和（顺）西县，即遇到敌人的一次大“扫荡”。

日军聚集了四周的兵力，对和西县实行了大规模的合击围剿。敌人在长达40余天的反复“清剿”中，疯狂地实行了“三光”政策，使和西人民群众的生命财产受到了极大的损失。和西县干部群众中产生了悲观情绪，他这个县委书记发愁了。如何扭转这种沮丧局面？李修仁在全县干部和群众中开展了一次大讨论，即同大家一起总结这次反“扫荡”斗争中的经验教训。在群众大讨论中，大家发现，和西县的中心横岭沟村是鬼子“扫荡”来回都要经过的地方，可是这个村除了房屋被烧外，全村人员、牲畜和粮食都没有受到损失，连猪和羊都没少一只，简直是个奇迹。

经详细了解，原来是一个区委书记回家养病住在横岭沟，人熟地熟的他把全村老幼都按结构组织起来了。粮食，平时就掩埋了；牲口，预先指定专人负责往何处牵；“消息树”，布置科学合理，距离适当，能准确地报道敌人来去的方向；瞭望哨，报信方式传情达意……发现鬼子出动，全村人就按预先的编组合理转移。鬼子不熟悉地形，占了前占不了后，占了东占不了西，他不可能把所有的地方都占了。敌人的“扫荡”不可怕，关键就是一条“不要乱跑”，只要组织老百姓不碰见它就行了。分组的精干民兵灵活机动，趁机袭扰鬼子几下，按预设的方向调动和转移它的注意力。老百姓在转移时，每次只带一点儿吃的，够吃就行了，鬼子不可能在一个地方久待的……

李修仁抓住这一典型，帮助横岭沟总结出经验，归纳出了敌我优劣特点，找出了现实应对的办法，要求干部敢于担当，工作扎实，实实在在地把全民动员组织起来了。李修仁让横岭沟的村干部现身说教，让他们到各村去宣讲，各村干部和群众听了经验介绍后为之一振，感到对敌斗争找到了新的办法，信心恢复了，愁云驱散了。在随后的两次大的反“扫荡”斗争中，全县群众的损失较之上次反“扫荡”减少到了最小限度（没有死人）。通过这次反“扫荡”斗争经验的总结，李修仁自身也提高了许多，称：更加深刻地领会了“有困难要善于请教群众”的教诲，把党的群众路线与“耕当问奴，织当问婢”的古训一样视为金玉之言，铭记于心。

遇事多求教群众，善于坚持“个别与一般相结合”工作方法，使李修仁在县委书记岗位上胜任愉快，从此在工作上“就没觉得困难”。他善于抓住典型、剖析问题、解决困难，写下了许多工作报告，太行区党委将他的《一年来和西马坊区对敌斗争的总结》下发全区，认为这篇报告对全区工作有着典型意义。

抗战中，毛泽东在《关于领导方法的若干问题》中强调“只有领导骨干的积极性，而无广大群众的积极性相结合，便将成为少数人的空忙。但如果只有广大群众的积极性，而无有力的领导去恰当地组织群众的积极性，则群众积极性既不可能持久，也不可能走向正确的方向和提到高级的程度。”

敌人利用交通线封锁我们，我们则用人民战争的汪洋大海包围敌人。抗战进入相持阶段，敌后的斗争完全呈现出《论持久战》中所预言的包围与反包围态势。数次“扫荡”无效,1942 年冬,日军开始在沁源县建立“山岳剿共实验区”。中共沁源县委动员全县的老百姓坚壁清野全部撤进了山里，在天寒地冻的季节过起了天当房地当床的生活。县委各级干部用血淋淋的事实教育启发群众，在山沟发动组织全县的老百姓展开大讨论，讨论的题目是：怎样围困敌人，同鬼子斗争到底！

大讨论中，县委书记兼县游击大队政委刘开基是这样解答群众的提问的：

鬼子是处处主动的——鬼子杀人放火是主动的，但他这样做又是被动的，说明他是无能的，只能杀人放火，结果赶走了群众！

老百姓都害怕死——鬼子不怕死？为什么出来戴钢盔、回去钻碉堡里？问题是看谁能杀死谁。谁勇敢就能杀死对方！

对敌斗争少办法——山是我们的山，路是我们的路，群众是我们的群众，我们为什么会没办法？

鬼子赖着不走怎么办——鬼子厉害，顶多是块石头，它没有根，不能生长。我们弱些，是根草，但有根，能生长！

打仗就是去送死——不是的。我们只有消灭了敌人，才能保住自己活命。

敌人扎下那么多据点，咋个打——挤！一点一点地挤，一个一个地挤。把这里的敌人挤走了，那里的敌人动摇了。再一挤，他就逃跑了！

要把党的正确主张变为群众的自觉行为，就必须深入群众，引导群众。在群众大讨论中，沁源县委时刻关心解决群众面临的现实问题，从劳武结合，到老人孩子的柴米油盐问题，一切关系群众疾苦的事情都列入了必须解决的工作范围内，县委书记深入到每条山沟、每个山洞访贫问苦，检查工作落实情况，使广大群众认识到党是为他们利益着想的，是和他们同呼吸共命运的。沁源漫山遍野的乡亲们都知道“哪里有群众，哪里有问题，哪里就能找到刘开基”。有了这样不离不弃、同甘共苦的领头人做主心骨，全县大讨论得出了结论：“啃石头，喝泉水，也决不回去维持敌人，誓死不当亡国奴！”

沁源人民想出许多对付侵略者的办法。在县委的领导下，沁源军民开始了艰苦卓绝的“沁源围困战”。县委组成基干民兵，分成战斗、训练、生产三个梯队，轮番上阵，劳动生产、武装斗争两不误。他们春夏秋冬日日夜夜用地雷战、麻雀战、伏击战打击敌人，水井里撒下毛发和粪便——不让鬼子喝上一口干净水，河滩的蛤蟆嘴里被塞了辣椒——日夜聒噪不让鬼子睡个安稳觉……日军在沁源软硬兼施，然而，全县没有一个人通敌当汉奸，在百里之内就是建立不起维持会，占领了一个“没有人民的世界”。经过两年多的持久围困战，日军全面崩溃地滚出了沁源。为此，《新华日报》（太岳版）盛赞沁源军民创造了军事斗争的奇迹，更“创造了党与群众血肉相依的模范典型”。中共中央机关报《解放日报》1944 年 1 月 17 日发表了《向沁源军民致敬》的社论，称“模范的沁源，坚强不屈的沁源，是太岳抗日民主根据地的一面旗帜，是敌后抗战中的模范典型之一”。刘开基作为抗日模范县委书记，出席了党的第七次全国代表大会。

离任履新

小学教员出身的马志远，1938 年 1 月被晋察冀边区任命为崞县抗日民主政府县长。1939 年夏，马志远年逾古稀的母亲被日军抓进忻县的监狱里，日军以死相逼老人招儿子归顺投降。马母视死如归，大义凛然地说：“我只有一个好儿子，他参加抗日工作，不知在哪里，我年老了，由你们吧！”日军无可奈何。边区政府要调马志远担任边区银行办事处主任了，按当时规定，像他这样级别的领导是享有马骑和警卫员护卫的，但马志远调任履新时，一不骑马、二不要警卫随从，而是自己买了一条扁担，一头挑着书箧、一头挑着铺盖，独自一人挑着扁担跋山涉水，颠簸数日到边区去报到。其“名士”风度一时在边区干部群众中传为美谈。

第八章　遍地英雄

侵略者只能占领“点”和“线”，抗战的烽火燃烧在山川和平原。平遥古城的陷落是在 1937 年 11 月 9 日，日本侵略者占据了城镇和交通线，建立起许多据点，残酷蹂躏平遥百姓。在长达八年的殊死搏杀中，平遥人民前仆后继流血牺牲，城池外围殊死抗争，野火春风遍地英雄，英雄儿女气贯长虹。

书生操刀枪

激烈残酷的战争，前仆后继的牺牲，敌后根据地一个县的县委书记和县长，有时一年内更换数任。然而，八年抗战中，赵力之一直战斗在平遥城外，在抗日民主政府县长任上五年整，坚持到最后胜利。解放战争时期，赵力之又在平遥城外任县委书记，直到解放全县，收复古城。

抗战爆发前，赵力之是一介书生。他出生于山西介休县板峪村一个贫农家庭，父亲为人当雇工、做短工，冬天下煤窑挖煤卖苦力，是方圆几十里有名的好苦力，还是个好石匠；母亲含辛茹苦养育了七个儿女，赵力之是四个男儿中年龄最小的，也是父母最宠爱的孩子。家里很穷，赵力之直到 16 岁才正式入学读书。他学习刻苦，在全县四所高小会考中，取得第二名的成绩，又经过四处筹学费上了初中。1937 年，初中毕业后，赵力之刚刚考上省城太原的学校，七七事变爆发，打碎了他的读书梦。

残酷的战争，哪里能过平静的耕读生活？1938年元宵节里，不顾父亲的阻拦，赵力之借口送新婚妻子回娘家，于正月十六和同学一起找到中共介休县委书记李志敏，要求参加人民武装自卫总队。从此，他抛家舍业，操起刀枪开始了他的革命生涯。

赵力之参加了自卫军，勇敢坚定，不怕牺牲，冲在第一线，经过战斗考验，几个月后加入了中国共产党，相继担任了介休县三区牺盟会秘书、县政府铁北（铁路北边）办事处主任、中共介休县铁北中心区委书记兼游击队长、县公安局局长等职。1940年，他被地委调派到平遥县担任抗日民主政府县长。

共产党的县长都是年轻人，25岁当县长的赵力之已经不算年轻了，然而，在平遥乡绅眼里，他仍算个娃娃。赵力之回忆当年说：

> 我们为了开展工作，就开了一次区民主人士会议。参加会议的人都是在平遥有点地位的人，争取他们支持抗日。开了会以后，这些人回去了，人们说，走了个老县长来了个新县长，他是个什么人？都说是个小孩子！这就传出来了，我也知道了。我说："小孩子？"就憋足了劲儿，一年都不笑一回。

平遥的形势不容乐观，十分严峻。赵力之和将调回太岳行署工作的县长严亦峻进行了工作交接，而县委书记王炯也是一个月前才来到平遥工作的。这时，同蒲铁路穿境而过的平遥被敌人切割成几块地区，日寇对抗日根据地进行频繁的"奔袭""扫荡"；平遥五区区委书记、八区区长等相继叛变投敌，使县委、县政府的处境更加困难。叛徒们不仅向敌人交出了党员干部的名单和县区委机关的驻地，而且带领日伪军在一个早晨将各区的30多名共产党员抓捕，仅在梁家坡底村就抓捕和杀害了县青救会下乡干部张启元和本村的共产党员梁凤仪、武光耀、耿通光、王步旭、王希东和群众张日光等7人。党的基层组织遭到严重破坏，党的地下交通联络全部中断。敌人制造白色恐怖，强迫各村给他们提供情报，在此情形下，就连抗日政府驻地的孔家庄、魏家庄，都有人开始给敌人递送情报了。

针对这种形势，县委、县政府遵照地委领导的指示，一方面大力开展政治宣传攻势，另一方面狠抓武装建设，大力发动群众，进行反"维持"

斗争，开始以宝塔山为核心，由东上店子村起，向西南延伸到艾豪坪村，以孔家庄、魏家庄、二郎堂、南沟庄等 4 个村为依托，发动群众减租减息，组织青年参军参战，发展抗日武装力量，重建抗日根据地。

武装力量是建设根据地的支柱，武装斗争是对敌斗争的主要形式，也是夺取胜利的关键手段。平遥县委、县政府成立了 70 多人的游击大队，由县委书记王炯兼任大队政委，县长赵力之兼任大队长。与此同时，各区也相继成立了脱产的游击分队，由区委书记兼指导员、区长兼分队长，形成了在县委一元化领导下的党政军民抗击敌人的合力。

游击队组建起来后，根据地的重建工作进展很快，到 1940 年底，根据地由 4 个村发展到上庄、千庄、花沟、仁义、山岔沟等 12 个村，成为平遥重新建立的一块抗日根据地。接着，又在石城、路牛、果子沟等 14 个村庄，建立村政权，组建发展民兵队伍，建立起第二块根据地。这样就把平遥山区、丘陵地带的三四十个村庄连成了一片，使游击根据地得到了扩大。

根据地重新建立起来之后，村政权逐渐恢复，武装力量不断扩大，然而，最主要的问题是游击队缺乏枪支弹药。虽然，游击队经常进入敌占区开展打击活动，但敌人从枪声中就能判断出这是"土八路"，构不成威胁。如何装备自己，这是赵力之最焦急的事。1941 年春，得到情报站的报告，平遥和武乡县交界处山上有一股土匪，他们有一挺机关枪。赵力之闻讯带领游击队员包围了土匪占据的山头，开展政治攻势，告诉他们"中国人不打中国人，只要放下武器，保证人身安全，愿回家的发给路费，愿参军的编入我们的部队。"经过一番软硬兼施的政治攻势,几十个土匪缴械投降了，赵力之得到了一挺机关枪和十几支步枪。在返回根据地的途中，恰好遭遇到侯壁据点的敌人，赵力之先让战士打两枪，敌人说是"土八路"继续大摇大摆地往前走；接着，赵力之要战士用机关枪打过去一梭子子弹，敌人顿时惊恐地喊着"老八路，老八路"，夹着尾巴仓皇跑回碉堡里了。自从有了机关枪，一年不笑的赵力之笑了。

2005 年，回忆起六十多年前的往事，赵力之还忍不住地笑：

游击队有了这挺机关枪，如虎添翼，神气多了。那时候我们游击队打仗就是有利就干，没利就走，也就是毛主席说的“打得赢就打，打不赢就走”。由于各村都建立了情报站，有外线、内线的报告，敌人的大部分行动我们都能及时掌握，我们的游击队也就能够主动地打击敌人。

一天傍晚，赵力之带领几个游击队员摸黑进入普洞村，将该村的伪村长押回到根据地。赵力之质问伪村长：日本人住到你们村，你就认他是爹了？你就死心塌地为他们卖命吗？有志的中国人不能当亡国奴！经过教训开导，伪村长表示愿意反正了。为了避免被日本人发觉，利于伪村长为抗日政府做事，游击队连夜又将伪村长放回村里。从此，伪村长不仅本人给游击队送情报，还动员段村、军寨等几个村的伪村长也给游击队提供情报，为县政府送来布匹、钱物等。伪村长白天应付日本鬼子，黑夜为抗日政府做工作，这种“两面政权”的形式在平遥乡村普遍出现了。赵力之回忆道：

有一次我到石城村活动，正碰上几个村的伪村长在一起吃肉喝酒猜拳。他们见我进来就赶紧让座，我看了一眼便说：“你们吃的是老百姓的肉，喝的是老百姓的血！”说完便扬长而去。吓得这几个伪村长到处托人捎话，说他们再不吃喝老百姓的血汗了，愿为抗日政府出力效劳。这本来是件小事，但在群众中影响很大。老百姓纷纷议论说：“共产党、八路军是真正抗日的力量，赵县长是真抗日来了。”从此抗日政府的威信提高了，各村政权发展很快，涌现出许多模范党员、模范村长。诸如，二区小坡村的陈丕基、五区彭坡头的石艮儿、麦交沟的丑儿、北岭底的穆桂英等，他们既是抗日政府依靠的骨干，又是群众积极开展生产的带头人，成为我们建设抗日根据地的中坚力量。

劳武结合

1940 年 8 月 20 日至 1941 年 1 月下旬，八路军发动了“百团大战”。“百团大战”期间，平遥县以游击大队和民兵为骨干，动员农民群众千余人，对同蒲线、白晋线等交通要道开展大破击，破铁路 10 余公里，割电线 20

余公里，有力地配合了主力部队作战。平遥县游击大队破路、割线的经验越来越丰富，对敌人的打击也越来越大。平遥县通往岳北地委、专署和军分区的电话，完全是利用割来的敌人的电话线架通的。平遥县每年还要完成规定的上交电话线的任务。这种破袭战，常常使敌人成为“瞎子”“聋子”“瘸子”，最终变成了“疯子”。

把老百姓变成有组织有觉悟的人民群众，首先要有高度自觉的组织者。1941 年，党中央发出了实行精兵简政的号召，平遥县是太岳抗日根据地的边沿区，控制的地区基本上是属于游击根据地，因此不存在精兵的问题，而是需要扩军，简政的任务也小，但是，县委坚持从大局出发，认为精兵简政是党的战略决策，是切合时宜的，既能提高工作效率，又能减轻群众负担，把有限的人力、物力、财力用到抗日前线，还能扩大党和抗日政府在群众中的影响，锻炼考验党员干部。为了使被精简的同志不要背上思想包袱，县委开始做耐心细致的思想政治工作。县委书记王炯找来任占彪谈话，任占彪说道：“无非是咱们现在困难，缺粮食吃，我回家就是了。”任占彪回到家里，让妻子给他炒杂和面，自己背上干粮又回到原来工作的地区继续坚持抗日活动。就这样，任占彪工作了三个月，县委决定让他归队，任占彪说：“政府有困难，我背上炒面抗日还能再顶一段。”平遥县出现了这样一批自带干粮干革命的好干部。

“百团大战”后，日伪在华北连续实施了 5 次“治安强化”运动，对游击区和根据地进行空前残酷的“蚕食”“扫荡”“清剿”。为配合太岳根据地腹心地区的反“扫荡”斗争，平遥县委、县政府统一部署，1941 年春发起“五月宣传攻势”，县委书记、县长亲自带领大家张贴抗日标语，从接敌区一直贴到敌人的炮楼下，仅在 5 月 5 日一夜就在 64 个村庄书写、张贴标语 600 余条，并带领游击队、民兵沿同蒲线割掉敌人电线达 123 斤，扒掉电线杆 101 根，毁坏铁轨 8 条；在“八月政治攻势”中，平遥与介休、灵石、霍县民兵游击队在交通线上开展了一个月的交通大破袭，战斗 30 余次，破击敌人铁路电线 50 次，破坏铁路 8 公里、公路 11 条，割回电线 2.7 万斤，毁坏桥梁 4 座，毙伤俘日伪军近百人，散发宣传品 3.2 万余份。

同年冬，平遥游击队向洪善车站附近的郝家堡敌人据点发起突然袭击，捣毁伪区公所、合作社，缴获步枪 6 支、手枪 1 支，俘虏日伪人员 10 余名，并缴获了一批布匹物资；在攻打洪善车站时，平遥游击队配合八路军，活捉了伪军中队长等，缴获步枪 20 余支、指挥刀两把和大量的物资。战斗后，县委、县政府在雷家庄召开了祝捷大会，对全县群众鼓舞很大。敌人要在东堡村南山头上修筑碉堡，建立据点，企图切断游击根据地与二、三区的联系，县委组织民兵在敌人的必经之路埋设地雷，开展“冷枪”战术，打击来往敌人，就这样与敌人持续斗争了 22 天，粉碎了敌人建立据点的阴谋。在敌人对太岳革命根据地实行“扫荡”的前夕，平遥县游击队以突袭的方式攻入了平遥县城附近的敌人据点黎基，有力地打击了敌人的“扫荡”阴谋。

为了冲破敌人封锁形成的“格子网”，县委、县政府要常常到敌占区开展工作。有一次，听到邢村有鬼子活动，赵力之便带着警卫员进村去侦察，一进村口就和日军哨兵碰了个照面。日军哨兵一面对他进行搜身，一面问“金票子大大的有？”赵力之假装从口袋里掏钱，顺手掏出手枪对准日军哨兵的脑袋就是一枪。敌人摸不清赵力之带来了多少人，慌忙趴下应战。待敌人醒悟过来时，赵力之和警卫员早已跑得无影无踪了。多少年后，平遥人还说“赵力之太厉害了！”2004 年，赵力之在接受记者采访时解释说：

> 活动时经常披着个棉被，晚上出去方便。我就在敌人据点附近，碰见一个敌人出来侦察，就问我：“听说赵力之下来了，你知道在哪儿？”我一下子就卡住他的脖子，然后拿石头砸他，几下就砸死了。说我厉害，就是说的这些事。

在艰苦的条件下，平遥县委、县政府紧紧依靠群众，组织群众，在敌人四面封锁的“格子网”里进行着不屈不挠的斗争，取得了一个又一个胜利。当时敌伪人员中流传着这样一句话：“白天是日本人的世道，晚上是八路军的天下，谁知谁的命运咋样？”除少数顽固不化的汉奸分子外，大部分日伪人员对抗日游击队的活动采取“睁一只眼、闭一只眼”的态度。有一次，敌人根据汉奸的告密，将赵力之的父亲从介休县板峪村押解到平遥县的普洞村据点，普洞村的伪村长知道后，慌忙联络了几个伪村长联名将赵力之的父亲保释出来。

县长赵力之孤胆英雄闯敌窝，敌人恨得要死、怕得要命。有一天，得到情报，敌人次日要包围黄仓坡底村，而赵力之坚持独自留住在游击区内开展工作。晚年他检讨自己也有粗心大意的时候：

我当时没有在意，心想：“一个人怎么还跑不了？”便没有跟部队走。次日拂晓，敌人真的化装成“八路军”进了村，抢老乡的东西。老乡跑来告诉我：“日本人进村了。”多亏那时我们晚上睡觉从来不脱衣服和鞋子，在炕上头朝里睡，一听到动静，一个猛子爬起来就往外跑。这时敌人已站在了房顶上，叽里呱啦地乱叫：“抓活的！抓活的！”我凭借地形熟悉的优势，一口气从村里跑到了村对面的山坡上，敌人的子弹从我身边呼啸而过，我下意识地躺在水渠里，以为自己挂彩了，用手从头摸到脚，发现没有血，爬起来又跑到对面的山顶上。敌人喊叫着：“没打死，又跑了。”我赶紧跑到乱树里村，回到了沁源根据地。地委书记见我回来了，惊奇地说：“都说你被俘了，怎么跑回来了？”我说：“要是被俘了，还能回来？”王旭同志紧紧抱住我，高兴的连声说：“没被抓住回来就好，回来就好了！”

在县委的统一领导下，平遥县抗日军民广泛开展游击战争，灵活机动地打击敌人，发展壮大了人民武装力量，就连敌占区的老百姓都觉悟到牺牲“小我”为“大我”的道理了。在平遥敌占区，日军逼迫老百姓在同蒲路两侧及据点附近种罂粟，全县1500多亩良田成了烟田。为了打击敌人毁粮种烟的阴谋，平遥县委除了向群众宣传抵制种烟外，每年到罂粟开花结果时，就带领游击队和民兵趁月色用棍棒、枪托把已经开花的罂粟打得落花流水，使其毫无收成。每到种粮的关键时刻，敌占区里的老百姓主动设法联系县政府派人毁掉罂粟，及时种些晚秋作物。

平遥县在“全民皆兵”运动中正确处理了农会和武委会的关系。各有各的任务，自然也就各有各的考虑，武委会干部不愿让民兵参加农会，怕减弱斗争力量；农会不愿让会员当民兵，怕耽误生产。县委强调，民兵不脱产，参加了民兵，才知道流血牺牲和供应保障的重要；参加了农会，才知道生产的艰辛，保卫劳动成果的重要。只有劳武结合，才能够使农民提高思想觉悟，提高劳动的积极性，强化保卫劳动成果的斗争意志。平遥县涌现出一批劳武结合的模范人物，如以裴德富为首的飞行爆炸队，每炸必中，6 次杀敌 29 名，成了全县乃至太岳区的一面旗帜，全县民兵争着要当第二个、第三个裴德富，一个学英雄杀敌立功的群众运动在全县蓬勃开展起来了。

经过了艰难的斗争，1944 年底，平遥民兵配合八路军基本拔除了鬼子的据点。日伪的力量只能龟缩回平遥城，顽守境内的同蒲铁路。在战略反攻阶段，县委书记张健和县长赵力之带领民兵 6000 多人，在城西南杜村附近破袭铁路 10 多公里，在洪善东北破袭铁路 3 公里，使平遥县城完全暴露在抗日军民的攻击之下。

赵力之清楚地记着日本人投降那一天："那时，我正患疟疾发高烧，住在东泉镇老乡家里。当有人向我报告说，日本人投降了，我们胜利了，我高兴得猛然爬起来，内心的喜悦难于言表，一场重病，从此却好了。"

平遥人民经过八年艰苦抗战，付出了巨大的牺牲，终于取得了胜利，然而，平遥城却并未回到人民手中。因为在抗战后期，阎锡山政权暗中与日军达成"让渡"默契，平遥城就是一个"让渡"点，由阎锡山派出的军政人员担任了伪县长等职。日本投降之日，平遥城摇身变成了阎锡山的占领据点。听到日本投降的消息，阎锡山即从孝义车站乘专列要赶回太原，行至义安镇就发现铁路道钉和螺丝被拔，无法通行。日军只能派汽车把阎锡山接到平遥车站。此时，日本山西派遣军参谋长山冈道武等在这里迎接阎锡山，日军樱部队（司令部直辖特务队）列队为他警戒。樱部队是由日军中体格健壮、富有作战经验的老兵组成的特别部队。阎锡山在检阅中，急不可耐地问日酋："这个部队能否给我？"

这就有了日军在山西"寄存武力于中国"的状况。用阎锡山对日本华北方面军参谋长高桥的讲话解释：

寄存武力的办法，就是日本可把武力寄存在中国。日军投降前，穿上中国军队的服装，改成中国军队的番号，武器仍然拿在日本兵手里，帮同中国军队进行剿共，那不就可以避免投降了吗？！我是中国最前线的战区长官，无论在日本投降之前或投降之后，都有权力与责任处理在我管辖区域内或临近地区的日本军，并且也有改编他们的权力。因此，最好你们把华北的日本军队，都向我表示投降，我以战区长官的名义，分别给以改编成中国军队的番号，然后呈报重庆政府备案。我想蒋先生也不至不同意吧！

于是，日军又披挂上阎锡山军队的头戴服饰继续盘踞在平遥城。平遥人民再与阎日反动势力展开决战，直到解放全县，1948 年 7 月 12 日古城终于回到了人民手中！

同志和战友

八年抗战中，平遥儿女前赴后继，浴血奋战，演出了一幕幕悲壮的活剧，为抗日战争的胜利做出了贡献。当时，平遥县曾被一分为三，划分为平遥、平介、汾河三个县，据不完全统计，在这块土地上被敌人杀害者达 1800 多人。有许多牺牲在外地的平遥籍烈士，也有许多牺牲在平遥的外地籍烈士。据《贺庆积回忆录》记述，直至抗战胜利前夕，1945 年 7 月 8 日，从延安出发的八路军南下支队第二梯队突破同蒲路封锁线时，在平遥丰盛村与敌交战，在这次战斗，八路军牺牲了 100 多人。其中就有老红军桂干生、廖纲绍、邹开胜等一批县团级以上的干部。

2005 年在抗战胜利六十周年时，赵力之在自述中深情地写道：如果没有人民群众的支持，没有同志们的忘我工作、流血牺牲，我是不可能当好这个县长、县委书记的，也是不可能完成党和人民赋予的使命的。他回忆了在抗日战争中的同志和战友们的英雄事迹，仅平遥县委、县政府机关就有 46 名党员干部壮烈牺牲，从容就义的民政科长康石、宁死不屈的女机要员梁奔前就是他们中的杰出代表。

康石，山西介休人。1938 年加入中国共产党，曾任介休县中心区委组织部部长、介休县委铁北办事处主任、汾河县政府民政科长等职。1941 年被日军抓捕到平遥城内，在日军宪兵队，康石受尽严刑拷打，但他始终严守党的秘密，大义凛然，坚贞不屈。临刑前，康石正与狱友下棋，日本宪兵要押他出牢，他狠狠地瞪着敌人，说："急什么，不就是砍头吗？有什么了不起，你们没有看见我们还没下完这盘棋吗？”难友噙泪和他下完棋后，他从容地站起来，整理了一下衣服，微笑着与难友们一一告别，挥了挥手，大步走向了刑场。

梁奔前，女，原名梁竞一，1925 生，平遥县襄垣村人。父亲梁元茂是一位思想进步的小学教员，抗战前曾任国民党平遥县党部秘书；姐姐梁竞新在抗战初参加革命奔赴延安。梁奔前自幼入学，聪慧勤奋，1936 年考入平遥县第二高小。在校学习期间，她参加了宣传队，与进步同学走出校园宣传抗日救国的道理。1938 年 4 月，平遥县抗日民主政府成立后，梁家成了县政府工作的一个联络点，梁奔前与妹妹也参与了放哨联络工作。1942 年春，经过军政训练班学习后，梁奔前担任了根据地抗日小学教员，为抗战教书育人，带领学生到群众中进行宣传，组织孩子们站岗放哨查路条，安排一些机智的孩子到敌人据点附近的亲戚家为游击队刺探情报。同时，梁奔前作为区干部，组织读书班进行识字扫盲，发动群众交公粮、做军鞋等。由于工作积极，表现突出，1943 年，梁奔前加入了中国共产党。1944 年 6 月，梁奔前与八路军干部张永亮结为革命伴侣，梁父赠送他们怀表、钢笔、手电筒、孙子兵法等四件礼物，勉励他们相亲相爱能文能武。然而，成婚不到两个月，张永亮在浮山县的战斗中牺牲。同年冬，梁奔前调往县政府交通局做机要交通员，家仇国恨铭刻心头，她化悲痛为力量，为工作日夜奔波在山庄之间。

1945 年 2 月 14 日（农历大年初一），天刚拂晓，日军纠集驻在偏城、原家庄的日伪军共 300 余人，对抗日县政府驻地三岔口等村实行偷袭，顿时，节日的三岔口变成了人间地狱，驻在相隔二里地宋家庄的县政府工作人员闻讯掩护群众转移，梁奔前跑到山沟里将文件藏匿后，不幸被日军抓住。日军从梁奔前身上搜出了钢笔，即断定她是共产党干部，将她捆绑起来，一路上用枪托击、皮靴踹，把她押送到三岔口村。三岔口村，房屋在烈火中倒塌，妇女儿童横尸道路，村民们被日伪军围在村口，日军队长举着刀逼问村民说出梁奔前的身份。一个鬼子用刺刀戳着村民郝春英的胸口，称若不招认即刀穿胸膛。见此情形，梁奔前泰然自若道：“要共产党，我就是！要八路军，我知道！一切情况向我要，不准残害老百姓，你们早点枪毙我好了！”郝春英脱险了，鬼子开始向梁奔前追问八路军的情况。鬼子不仅没能从梁奔前嘴里得到想要的东西，反而遭到了她的怒斥：“你们日本侵略者失败的命运已定，你们的末日已经来临，还敢在这里屠杀中国人民……”日军队长恼羞成怒地下令将梁奔前推进燃烧中的房屋，梁奔前高喊道：“你们只能把我烧死，伟大的中华民族是杀不绝的，中国共产党人是烧不尽的，胜利只能属于中国人民……”日军翻译官渡边龟二郎，被梁奔前铁骨铮铮的气节所慑服，“以有事要向她进行调查为由”，建议队长中止死刑。当晚，渡边龟二郎在审讯中劝梁奔前改变信仰、放弃共产主义，以免一死，而梁奔前却始终坚持“无论如何不能说共产主义是错误的，哪怕是一时的胡说。”同时，她继续揭露和批判日本帝国主义的罪恶。日军队长对翻译官失败的审讯大动肝火，下令将梁奔前剥光衣服绑在屋顶上冻死。由于渡边龟二郎半夜暗中用谷草覆盖了梁奔前的头部，梁奔前在摄氏零下30度的露天屋顶上冻了整整一夜，居然顽强地活到了天亮。接着，鬼子故伎重施，经过两夜三天的火烤、冰冻、绳绑、鞭打，日军没有从梁奔前的口里得到任何情报。宁死不屈的梁奔前不仅没有说出一句愿意改变信仰的话，反而对渡边龟二郎做起了宣传工作，讲起日本反战同盟领导人、日本共产党领袖冈野进在解放区与中国人民并肩战斗的事情，说服渡边龟二郎不要再为法西斯卖力，表示要带他一起到解放区去。在日军惨无人道的折磨下，绝食绝饮的梁奔前竟大无畏地高唱起抗战歌曲。

1945年2月16日（农历大年初三），日军为引诱群众回村，将梁奔前绑架到屋顶，再一次要她向山里喊话，而梁奔前面对山野高呼：“打倒日本帝国主义！中国共产党万岁！”日本军官当即砍下了她的头颅。

县长赵力之是这样评价女英雄的：“梁奔前出生在襄垣村一个比较富裕的家庭，从小就受到父辈进步思想的影响，年仅16岁舍弃了优裕的家庭生活，投身到革命队伍中来，在离家70多华里的偏僻山村，甘愿当一名抗日救国的小学教师。她自己烧水、做饭，柴米油盐都是自理。既要教孩子们上课，又要带领孩子们担负抗日宣传，查路条，向抗日游击队通风报信的任务；既要帮助抗日根据地组织生产，又要帮助发动群众开展埋地雷、坚壁清野等活动；还要挤出时间给抗日战士做军鞋……她为抗日战争的胜利献出了年仅19岁的宝贵生命。梁奔前同志是壮烈牺牲的抗日革命烈士中的一位杰出代表，不愧是我们党的好女儿。”

日军翻译官的信

1957年12月，中国红十字会代表团访问日本，期间，收到了一封来自北海道的信，写信者署名渡边龟二郎。渡边龟二郎在信中记述了日军屠杀梁奔前的经过，表示了对梁奔前的钦佩，也对自己的行为作了道歉。

信的全文如下——

中国红十字会访日代表团：

欢迎中国红十字会代表团访日。闻贵代表团是为追悼战时在日本牺牲的中国烈士，故突如其来的给贵代表团写了这封信。我过去参加了侵华战争，犯了各种罪行，需要把我亲自做过的事情，通过贵代表团转告烈士的家属，以追悼烈士和向烈士的家属道歉。下面所谈的是有关一位伟大而英雄的烈士牺牲时的情况，虽离现在十多年了，但记忆犹新，难于忘怀。

烈士的名字是梁奔前，是当时山西省平遥县妇女会会长。

事情发生于1945年2月14日（春节）那一天，天未拂晓，平遥县第三区三岔口的村民们还在睡着。这时，我所在的日军“派遣北支第1461部队”在沿着太岳山脉静静地向三岔口扑过来。

1945年2月，日本投降的局势已定，但日本军阀政府为了做最后的挣扎，下令日军派遣军突然袭击各地进行反攻。我所在部队参加了这一反攻，袭击了三岔口。三岔口位于汾河一支流上，是三面被险峻的山岭所包围的天然要塞，中国共产党太岳军区平遥县政府设在这里。我以翻译员的身份参加了这次袭击。

天刚亮，日本军包围了三岔口，顿时，三岔口变成了一个活地狱，共产党来不及做抵抗，退到后山里，战斗不久就结束了。路上和河边老百姓、妇女、儿童的死尸累累，日军把来不及逃跑的村民集中在一起，烧光了房屋。追到深山里的日军俘虏了一个妇女。

我作为翻译员参加了对她的审讯。站在我面前的是一个穿黑衣服、身材不高、体态较胖的妇女，浅黑色的脸，愤怒的眼睛凝视着被焚烧的村庄，虽两手被绑在背后，但毫不屈服。对日军的皮鞭拷问，她坚决表示说自己是共产党员，你们早点枪毙好了。我们叫她说出共产党的情况，她不但不说，反而大声谴责日本帝国主义，说帝国主义的侵略战争已告失败，再这样欺压中国人民是不能允许的罪恶。队长为之感到恼火，下令把她投到烈火熊熊的房屋中，她那不怕死的态度使我深深感动，我以有事向她进行调查为由，建议队长中止死刑，使她当场免于被处死。

当晚，我们的队伍住在该村，我把她带进了我的宿舍，解开绳子慢慢地和她谈话，她拒绝饮食，我问她所信奉的主义，她开始说话。她出生于山西省运城县，姓名梁奔前，19岁，平遥县妇女会会长，她给我讲了解放运动的目的，帝国主义是战争的罪恶。我被应征入伍时对帝国主义是有批判的，为了使她能够逃生，我劝她向队长承认共产党是错误的，表示愿意改变思想，并可以胡说共产军的编制等。因为军人的思想是单纯的，我可以从中周旋，使她免于被处死，以后怎么办由她自己决定。她听完话后表示无论如何不能说共产主义是错误的，哪怕是一时的胡说。到了夜晚，队长急于知道共产军的编制和退却的方向，我没有从她嘴里得到任何有关的消息，使他发了火，队长下令把她绑在屋顶上冻死。山西省的二月份气候，白天是零下几度，夜间可以达到零下30度以上。当晚很冷，我已入睡了，但想起梁先生我无法入睡，便起来抱草上屋顶把草盖在她的头上，抱了几次稻草，并叫监视兵注意不使她冻死，因为需要继续审讯。第三天清早，我先起床，到屋顶上把稻草取下来，队长发现她没有冻死很惊奇，这一天整整花了一天的工夫，也没有从她嘴里听到任何有关共产军的情况，梁先生也没有说出一句愿意改变思想的话，当天晚上又把她绑在屋顶上，我以同样的方法使她没有冻死。我深深为她的信念所感动，尽一切办法想把她从死里救出来，我做了最后的一次说服工作，劝她暂时声明改变主义，和我们一起到平遥县城进一步进行讨论，但她不但不声明，并且表示不愿意到敌人占领的县城去，宁愿死在自己工作过的这个村庄。她还说我也是被迫参加军队的，和她是兄弟，她劝我和她一起逃往解放区，她同时告诉我有关冈野进在解放区与中国人民并肩作战的事情，对我进行了说服工作。

我对她的说服工作没有获得成功。作为一个普通兵，力量是有限的，她被两名持有上了刺刀的枪的监视兵监视着，军队里上级的权力极大，我再无法可施了，我筋疲力尽回到了自己的房间无法入睡，明朝队长将离开村庄，回县城途中需进行战斗，在这样的情况下则不可能带走不服从日军的任何俘虏。她一人在房间内唱革命歌曲，她在死前以战胜者的姿态高唱凯旋歌。我再也忍受不住了，在部队出发之前先离开了她，也没有勇气回头去看她。正因为我是这样的胆小者，才没有能够拯救梁先生，我以空虚的心情，在行军途中又防止不了兵士们的言论，他们得意洋洋地谈论着梁先生在那屋顶上被剥光衣服砍了头。

战争是何等的残酷和悲惨，梁先生的年龄和我的女儿差不多，梁先生那临死不屈的坚定信念和不怕烈火烧死不怕冻死的爱国精神，使我深受感动。我对梁先生起了尊敬的心情。很不幸，我却看到了梁先生被残酷的方法处死的情况。现在，我对没有足够的勇气感到可耻和后悔，我深深地向梁先生表示道歉。我把梁先生牺牲的情况告诉贵国人民，并请贵红十字代表团各位先生大力协助，使这种悲剧不再重演。

日本北海道枝幸郡滨顿别町 159 番地

渡边龟二郎

1957 年 12 月 15 日

第九章　干部出山来

伟大的抗日战争中，中国共产党高举抗日民族统一战线的大旗，前赴后继，英勇奋斗，做中国人民的中流砥柱，敌后战场成为抗日战争的主战场。共产党和及其领导的八路军、新四军等人民武装对敌作战 12.5 万余次，以巨大的牺牲，钳制和歼灭了日军大量兵力（其中：毙伤 520463 人、俘虏 6213 人、投降反正 746 人），歼灭了大部分伪军。中国共产党在斗争中壮大成长，从 1937 年全面抗战爆发到 1945 年抗战结束时，党员由 4 万名发展到 121 万名；党领导的人民军队由 5.6 万人发展到约 130 万人，民兵发展到 260 余万人；收复国土面积达到 100 多万平方公里,解放人口近 1.2 亿，以陕甘宁边区为首，在华北、华东、华中、华南等拥有了 19 块解放区。

抗日战争结束时，党在华北的组织有北方局和 4 个中央分局（晋绥、晋察冀、平原、山东），17 个区党委（省委），74 个地委，6 个市委，577 个县委。与此相对应，抗日民主政权机构有晋绥边区行政公署、晋察冀边区行政委员会、晋冀鲁豫边区政府、山东省政府和 16 个行政公署（省级），74 个专员公署，6 个市政府，577 个县政府。党在各抗日根据地完全处于执政地位，积累了建设新民主主义社会的丰富经验。山西在各区党委的领导下，建立起 20 个地委、111 个县委。

然而，在抗战胜利的前夜，1945 年 5 月，蒋介石在国民党第六次全代会上叫嚣：“今天的中心工作，在于消灭共产党！”制定出了内战方略。日本投降后，国民党违背全国人民意志，顽固拒绝建立包括共产党在内的民主联合政府，公然撕毁和平协定，悍然发动了剿灭共产党、解放区的内战，妄图使中国重新回到抗战前的老样子，即继续维持其独裁统治，实行大地主大资产阶级专政的国家体制。

是建立一个独立、自由、民主、统一、富强的新中国，还是恢复到从前半殖民地半封建、分裂、贫弱的旧中国，两种前途、两种命运摆在全国人民面前。两个中国之命运的决战开始了，根据地成为解放全中国的前进阵地、兵源基地、物资保障基地，也成为干部人才的输出基地。

麻雀变鲲鹏

在中国共产党第七次全国代表大会上，毛泽东将靠“麻雀战”“游击战”发展壮大起来的人民革命力量，形象地比喻为麻雀。他对全党是这样演绎的：“满天的麻雀就是种子，可以发很多芽。有了这个种子之后，党建立了，政权建立了，根据地有了，老百姓有了，饭也有得吃了，干部也锻炼出来了。”“我们要做好准备，由小麻雀变成大鹏鸟，一个翅膀扫遍全中国，让日本帝国主义滚蛋。”

打败日本帝国主义，在两个中国之命运的决战中，从革命根据地出发的人民革命力量真有如“大鹏一日同风起，扶摇直上九万里”，开始了在九百六十万平方公里国土上的伟大进军。

粉碎了国民党的全面进攻，1947 年 6 月 30 日夜，以太行山为依托的刘邓大军一举突破黄河天险，揭开了中国人民解放战争大反攻的序幕。翌日，中共太行区党委给各级党组织和党员发出《通知》，宣布：“从今以后，我们党在全区六百万人民的眼睛前公开了”，“我们每个组织、每个党员的一言一行，都将直接接受人民监督和批评”！

在战略大反攻中，刘（伯承）邓（小平）率晋冀鲁豫野战军主力 12 万人为中路，实施中央突破，千里跃进大别山；陈（毅）粟（裕）率华东野战军主力为东路，挺进苏鲁豫皖地区；陈（赓）谢（富治）率晋冀鲁豫野战军两个纵队、一个军共 8 万人为西路，挺进豫西。三路大军在江淮河汉之间形成“品”字形掎角之势，逐鹿中原。

挺进豫西的陈赓写道：

> 太岳区、太行区的人民，在我们出动前，多方面鼓舞部队的士气，帮助进行各项准备。太行区人民送给九纵队的锦旗上写着“太行子弟结长缨，渡河南征缚苍龙”的豪迈词句。两区的人民还组织了三万多民兵、民工随军作战，并在渡河以后仍继续以大量物资支援部队。

邓小平晚年感慨道：太行山人民对中国革命的贡献是要粮给粮，要人给人！

大军所向，人民支援，干部跟进，解放区抽调大批地方干部组成“工作团”，源源不断地开向新区。1947 年，刘邓大军挺进中原，仅从太行区就抽调了 1600 多名地方党政干部，新搭建了 4 个地委、20 个县委的工作班子随军前进，开辟新区。此时，率队随军前进的太行区党委书记李雪峰非常激动：

> 想想 10 年前和李菁玉率平汉线省委从石家庄撤出进入太行山中创建太行根据地时仅有几个人的情景，看看今日千军万马渡河南征，向国民党统治区大举进攻，开辟中原新解放区的历史使命，心中非常激动。太行人民哺育我们，我们随太行根据地的发展壮大而逐步走向成熟。在太行的 10 年里，我从一个幼稚的党的干部成长锻炼成党的高级干部，奠定了我一生为党为人民工作的基础。

在挺进中原四个月的时间里，刘邓大军以太行区党政干部为主，建立起 33 个县的民主政权，初步打开了大别山地区的局面；陈谢大军以太岳区党政干部为主，建立起 39 个县的民主政权，完成在豫陕边地区的战略展开。

1948 年 10 月 10 日，毛泽东又指示：“夺取全国政权的任务，要求我党迅速地有计划地训练大批能够管理军事、政治、经济、党务、文化教育等项工作的干部。战争的第三年内，必须准备好三万至四万下级、中级和高级干部，以便第四年内军队前进的时候，这些干部能够随军前进，能够有秩序地管理大约五千万至一万万人口的新开辟的解放区。”10 月 28 日，中共中央做出了《关于夺取全国政权所需的全部干部的决议》。

据不完全统计，在解放全国的进军中，1948年11月至1949年6月，山西各解放区派出了数万名地方党政干部奔赴全国各地开辟新区工作：

晋绥解放区，调往中共中央和华北局分配工作的地级干部32人；拨归绥蒙区的县区级干部906人；全区党政干部加上警卫团共约15000人分梯队西进南下，西出阳关深入祁连山和天山南北开展工作，南逾秦岭组成“中国人民解放军西北入川工作团”，配齐了川西（包括成都）、川北和西康3个省委及其各地县的领导班子，在巴山蜀水和康藏地区展开工作。

晋冀鲁豫解放区，太行区组建了3个地委、15个县委、109个区委成建制的干部队伍，太岳区组建了3个地委、15个县委、90个区委成建制的干部队伍，两区共4618名党政干部组成“中国人民解放军长江支队”，浩浩荡荡越过高山越过平原，跨过奔腾的黄河长江，远征6400里到达大海边，接管政权和建设政权，遍布八闽大地。

晋察冀解放区，党政干部随军组团北上东进，接管和建设平津冀地区政权。由晋绥、晋冀鲁豫、晋察冀三大解放区的部分县合并不到一年的晋中区，1949年夏即抽调并配备了6个地委、36个县委、216个区委成建制的干部队伍，合计3070人组成“南下工作团”，随军进入湖南等地，遍洒三湘四水。

……

一个县与全中国，真有麻雀与鲲鹏之比。

然而，正如毛泽东所讲的：“我们这个麻雀与别的麻雀不同，可以长大变成鹏鸟。从前中国神话中说：有一个大鹏鸟，从北方的大海飞到南方的大海，翅膀一扫，就把中国扫得差不多了。我们也准备那样，准备发展到三百万、五百万，这个过程就要从小麻雀变成大麻雀，变成一个翅膀可以扫尽全中国的大鹏鸟。”

麻雀变鲲鹏，是毛泽东在抗战胜利的前夜将它和“愚公移山”一起解读的，历史雄辩地证明了它同“星星之火，可以燎原”一样，是革命的寓言，是胜利的预言——根据地发展壮大的革命大军正如鲲鹏展翅扫尽全中国，新中国如一轮红日升起在世界的东方。

是什么力量让解放区走出的“父母官”，能在解放全中国、建设新中国的伟大事业中发挥出鼎定江山的栋梁作用？是什么精神让解放区走出的“父母官”，能在中国人民站起来、富起来、强起来的伟大征程中产生光前裕后的深远影响？这是因为，他们是一枪一弹打出来的，是一步一个脚印走出来的，是一砖一瓦干出来的，他们掌握了革命胜利的法宝，练就了治国理政的本领，形成了优良的工作作风。

建政三阶段

战地“父母官”在敌后抗日民主政权建设中（主要以华北地区为例），大致经过了改造创建、三三制建设和一元化领导三个阶段。

改造创立阶段（1937—1940）

这一阶段，对于县政建设是分改造、创立两种方式进行的，二者在时间上大致重叠。

改造，是指将原有的国民党及其地方实力派治下的县政府改造成为适应抗战需要的政权机构，工作始于 1937 年初。由于红军东征入晋等因素，抗战全面爆发前，山西在全国最早形成了抗日民族统一战线的特殊局面，表现在阎锡山当局允许共产党、红军在省会太原设立办事处，黄河两岸通航通商，阎锡山请共产党人帮助他改造牺盟会。抗战全面爆发后，阎锡山又同意在其任司令长官的第二战区与八路军合作建立战动总会。牺盟会、战动总会是共产党与国民党地方实力派合作的产物，正如时任中共中央北方局书记刘少奇所概述的“是战争动员机关，是团结群众参加与援助抗战的机关,也是游击战争的准备机关、组织机关和领导机关。”取得了“官方”身份的共产党人，为迅速贯彻执行党的全面抗战的政治主张，结合山西实际，采取了灵活的现实可行的斗争方式改造旧的县政权。

改造旧县政府是在阎锡山当局的允许下进行的。由于大战来临，许多旧县长因种种理由纷纷请辞，因此，当局委任了牺盟会、战动总会推荐的一大批奋勇当先的干部为新县长，山西全省 105 个县中竟有 78 个县换了新县长。这些新县长是受过军政训练的勇于担当、年富力强的抗日干部，更重要的他们多是秘密共产党员。新县长服从党组织的领导，对基层政权开始了自上而下的改造；对于留任的旧县长和阎锡山的亲信县长，由于牺盟会特派员、动委会主任执有当地民众组织动员权，则开始对基层政权进行了自下而上的改造。这一时期，秘密共产党员渗透县政府，县委书记常以县政府组成人员等公开身份进行活动，实际成为领导当地抗日工作的灵魂人物。

一批共产党员或抗日积极分子出任县长，运用政权的力量推行全面抗战的法令和政策，对于旧政府的人员则采取愿抗日者继续留任、不抗日者加以清洗的办法，真正的政权民主化尚未实行；对于区村政权，只是通过算账、反贪污、反摊派不公，换了一些旧村长。从上层来说，对旧政权进行初步改造之后，多数采用了行政会议制度，即吸收各阶层代表人物参加决定大政方针，进行战争动员，而这些人物又不一定能够真正代表民意，还拥护国民党的片面抗战路线。整体看，政权的职能机构改造既不普遍，也不彻底，特别是区村一级的政权还未掌握在共产党人和抗日进步分子手中。

创立，是指日军入侵后，国民党县长弃职而逃，政权自行崩溃，八路军收复失地后建立抗日县政权，工作起始于1937年秋。八路军入晋后在华北实施战略展开，主力部队以游击运动战在战役上配合友军作战，以少部兵力进行发动群众和建立群众武装的工作，收复失地和穿插敌后，在旧政权败退的“真空”地带，为整顿社会秩序，恢复和发展党的组织，配合保障服务军队作战，自己开始任命县长，搭架子、铺摊子，建立抗日民主政权。

这一时期处于从片面抗战到全面抗战的过渡中，但是，党在改造和创立抗日县政府的目的是明确而坚定的，就是要求贯彻执行党的全面抗战的主张，为开展并坚持持久广泛的游击战争开辟建立根据地。其显明的特点是，在改造旧政权中，实行了抗日民族统一战线中的既联合又斗争，新旧人员围绕着是坚持全民动员的全面抗战、还是保守的片面抗战展开路线斗争，且斗争渐趋紧张；而在创立的抗日政权中，党和军队实际上包办代替了一切。

三三制建设阶段（1940—1942）

抗战进入了相持阶段，国民党顽固派掀起反共逆流，在山西境内集中表现为阎锡山发动了“十二月事变”，不容许共产党人对其县政权进行改造也是原因之一。打退国民党的第一次反共高潮后，晋东南、晋西北地区旧政权的因素已基本清除，抗日根据地的政权脱离了阎锡山行政体制的羁绊，具有了相对的独立性，实施全面抗战、加强根据地政权建设的时机已经成熟。毛泽东于 1940 年 3 月 6 日为党中央起草了《抗日根据地的政权问题》的党内指示，对根据地政权的性质、构成、组织原则等问题，均做了具体而详尽的论述，从而为各抗日根据地的政权建设提供了理论指导、政策依据和行动方针。因此，从 1940 年春天开始，山西各抗日根据地的政权建设，进入了一个新的阶段。

共产党人开始独立自主的创建抗日民主政权了。革命的目的是建立政权，党组织在政权建设中的领导作用凸现出来，但包办代替的倾向也出现了。对于原有改造过的县政权，“有一些同志对现在的政权还存在一种憎恨，认为这是压迫者的官僚机关；还存在一种轻视，认为这依然是山西旧的行政组织，他只能对党起一种掩护辅助的作用，或仅是党的一个供给部。”中共中央及时地提出，在根据地政权组织建设上必须坚决贯彻“三三制”（即共产党员、党外进步人士、中间派各占三分之一）原则，建立抗日民主政府，切忌党包办一切。强调：党对政权系统的领导“应该是原则的、政策的、大政方针的领导，而不是事事干涉、代替包办”；我们所要的是活泼的、有组织有能力的、适应战争环境的、受群众拥护的政权机关；任何一个大党，不应以绝对多数去压倒人家，而要容纳多方；在政府中，共产党员只要占三分之一，并在质量上具有优越的条件，就可以保证党的领导权；党的领导地位和优势，是靠真理，靠政策的正确性，靠组织的有力量、党员的模范工作以及人民的拥护来实现的。

“三三制”政权是区别于国民党、阎锡山原有的政权，也区别于土地革命时期的苏维埃政权，是“一切赞成抗日又赞成民主的人民的政权，是整个革命阶级联合起来反对敌寇汉奸投降派顽固派的民主政权”，是实施民主、打击投降、武装人民三位一体的政权。其突出特点是：第一，从基层政权民选入手，充分发扬民主，实施民主政治；第二，按照“三三制”的原则，建立共产党领导下的各个革命阶级联合专政的政权机构，成立县参议会，民选参议员，团结最广泛的人士，敌占区的士绅代表也参加会议；第三，把各地的政权联合起来，建立统一的政权机构；第四，有计划、有领导地制定施政纲领和统一的政策、法令、法规。

一元化领导阶段（1942—1945）

在破旧立新的建设中，既要克服战时应急的、无序的紊乱状态，又要防止党包办一切的倾向，在敌人的分割、封锁和破坏的条件下，加强军事斗争、政权建设、经济建设、文化建设等，只有实行党的统一领导，才能使党政军民四位一体的工作配合一致，才能使多头复杂工作有所依归和遵循。

加强党的一元化领导是在精兵简政运动中实施的。1942 年 9 月 1 日，中共中央做出《关于统一抗日根据地党的领导及调整各组织间关系的决定》，指出：“根据地领导的统一与一元化，应当表现在每个根据地有一个统一的领导一切的党的委员会。”这里所说的统一领导，是指党从政治上对政权、军队、民众团体等一切其他组织的领导，是指大政方针的领导，而不是领导一切具体事务，更不是包办代替一切。决定规定：中央代表机关（中央局、分局）及各级党委（区党委、地委）为各地区的最高领导机关，统一对各地区党政军民工作的领导，同级政府的党团在党组织内执行党的民主集中制原则和纪律。

实行精兵简政、加强党的一元化领导，并不是削弱“三三制”原则，而是要在党的集中领导下更好地贯彻执行“三三制”原则。党的统一领导，明晰了军队、政府、地方武装、人民团体组织等的权力边界，根据地政权制度建设趋于完善，扭转了各地政权不统一、各自为政、政出多门的局面，制定了总的建设方针与计划，使抗日根据地党政军民配合一致，形成了强大合力。

在党的坚强领导下，华北各抗日根据地发展到 1945 年春，经过扩大解放区战役，晋冀鲁豫、晋察冀、晋绥三大根据地逐步连成一片，形成了完整的战略区，正如毛泽东在《论联合政府》中所指出的那样：“中国解放区在强敌压迫之下，在国民党军队的封锁和进攻的情况之下，在毫无外援的情况之下，能够屹立不摇，并且一天一天发展，缩小敌占区，扩大自己的区域，成为民主中国的模型，成为配合同盟国作战、驱逐日本侵略者、解放中国人民的主要力量。”

掌握了法宝

革命的三大法宝，是中国共产党在抗日战争时期总结出的战胜内外敌人的基本经验，根据地的“父母官”掌握并灵活运用了统一战线、武装斗争、党的建设这三大法宝。

抗日战争的伟大胜利，其决定因素是以爱国主义为核心的伟大民族精神，其关键是中国共产党的中流砥柱作用。中国共产党在建立、巩固和扩大抗日民族统一战线中，采取了发展进步力量，争取中间力量，打击顽固力量的策略，所谓“打击”也是在有理有利有节的原则下进行的，目的是追求团结、抗日、进步。

在山西，党成功地运用了统一战线的法宝，动员和组织起人民群众，争取了地方实力派，利用牺盟会、战动总会等团体和组织开创了全民抗战的崭新而特殊的局面，为创建敌后抗日根据地奠定了基础。在创建根据地的政权斗争中，党组织没有简单地采取打碎旧的国家机器的方式，而是用逐步改造、平稳过渡的办法，建立起党领导的抗日民主政权，实施了新民主主义的政治制度。根据地党组织特别重视“争取中间力量”这一环节的工作，如 1940 年 5 月，太岳区党委召开党政联席会议，特别告诫县委书记、县长“必须把争取中间力量认为是党在抗日民族统一战线时期中巩固抗日民主同盟者的重大政策，不能把他看作是急救一时的手段，更不能别有企图，认为争取他就是为了利用他、溶解他、转化他；而是为了巩固抗日民主的同盟者，为了共同争取抗日战争的胜利”。

争取中间力量即团结中等资产阶级、中小地主、开明士绅、地方实力派等，是“三三制”政权建设的组织原则和基本施政方针。因为中间力量的感受最能检验出统一战线的工作水平和施政的正确与偏误，对于完善民主监督机制有着巨大的促进作用。因此，抗战中的县委书记是领导全县统一战线工作的“当家里手”，而县长则是县政府的“内阁揆要”。

战地“父母官”一刻也不能脱离武装斗争，枪杆子里面出政权，放弃了武装斗争，民主政权即不复存在。“离开了武装斗争，就没有无产阶级和共产党的地位，就不能完成任何的革命任务。”武装斗争既是党的政治路线的重要组成部分，又是实现党的政治路线的重要手段和途径。八路军武装进军一个地区，党的组织就要迅即打开一个工作局面，铺摊子、搭架子，以建立政权；发动群众，组织工农青妇等抗日救国团体，组建民兵、游击队、独立营等地方武装，以巩固政权。新政权不仅要在较短的时间内生成自身的“造血功能”，而且要同时生成“输血功能”——向八路军提供输送人力物力。在党组织尚未公开的情况下，敌后抗日根据地的县委书记、县长都是以“政委”和“大队长”身份工作的，他们都是挎枪带兵、能文能武的人，也依此成为当地群众的主心骨、带路人。

统一战线、武装斗争是战胜敌人的两个基本武器，而党的组织则是掌握这两个武器以实行对敌冲锋陷阵的英勇战士。提高党的战斗力是党的建设的根本任务，具体到一个县，党的战斗力主要表现在发挥县委的核心领导作用、基层党组织的战斗堡垒作用和党员干部的先锋模范作用。

党的建设是一项伟大工程，首先是思想建设。抗日根据地中的整风运动是加强党的建设的一大创造，战地“父母官”在整风运动中普遍地、系统地、深刻地接受了马克思主义的教育。1942 年春开始的整风运动，内容是反对主观主义以整顿学风、反对宗派主义以整顿党风、反对党八股以整顿文风，教育全党学会运用马克思主义的立场、观点和方法，研究和解决中国革命的实际问题。敌后抗日根据地由于战事频繁，整风运动只能在战役战斗的间隙进行，持续了 4 年左右的时间。整风运动分为党的高级干部、一般党员干部两个层次进行，前者的内容和重点是以讨论党的政治路线为主，后者是以整顿思想方法和思想作风为主。“父母官”承上启下处在两个层次之间，“各县的县级干部 5 人中（县书、县组、县长、公安局局长、武委会主任）”都是参加整风的重点对象，其所受教育的深入性、持续性非同一般。在整风运动中，各根据地在整顿共性问题的同时，结合实际查找自身问题的特殊性，如太岳区党政组织是在牺盟会兴旺时期发展起来，一些党员是以牺盟会特派员身份走上“父母官”岗位的，然而，牺盟会作为抗日进步团体“不是一个政党，它的斗争纲领、组织原则、工作作风，与工人阶级先锋队——中国共产党，是截然不同的两套东西”，一些同志混淆了二者的区别。太岳区党委以此作为干部作风不正的一大根源，深刻剖析，消除错误思想和作风的影响，对干部系统地强化党性教育，以正学风、党风、文风。他们经过了学习文件，联系实际，对照检查，系统反省，清算历史，展开严肃的批评与自我批评，在正确认识自己的基础上，写出个人思想小传和历史小传，彻底地进行革命的洗礼。

在抗日根据地的建设中，“父母官”把马克思主义普遍真理和党中央的路线、方针、政策与当地的具体斗争实际相结合，广泛发动群众，壮大人民武装，建立民主政权，进行了新民主主义的政治、经济、文化建设，经受了严峻考验与锻炼，取得了丰富的经验，成为领导当地人民完成新民主主义革命任务的坚强核心，成长为经营一方天地的群众领袖。

练就了本领

抗日民主根据地是“新中国的雏形”“民主中国的模型”，战地“父母官”在开辟、巩固和建设根据地中练就了文韬武略、治国理政的工作本领。

独当一面，开辟一方，完成急难险重的任务就是锻炼提高战地“父母官”本领的大熔炉。“父母官”的赴任都是受命于危难之际，临难不苟、忠于职守，从敌人的虎口里拔牙、魔爪下夺地，哪里开辟新区，哪里最艰苦、最危险，哪里也就最容易赴任履职，因为至少能避免统一战线内部的磨擦斗争。新老干部都是在这样的环境中锻炼成长，或武装斗争，或政治动员，或结连组织，常以一技之长为利器，披荆斩棘突破局面，在斗争中提高工作本领。

战地“父母官”具有文武全行当的本事和作为。“在根据地里，我们办党，办政权，办人民武装，办群众组织，办工农业生产，办文化教育，办一切为一个地区独立生存所必需的事业。我们的根据地，实际上就是国家的雏形。”（《人民战争胜利万岁》）在全县老百姓眼里，县委书记就是全县的“军师”，县长就是“总指挥”，能文能武，勇毅刚强，深谋远虑，擘画经营一切事务，既有各种应急本领和手段，又有顾全局谋长远的运作，如在战斗中谋划军工生产，在筹款中制定货币政策，在救灾中兴修水利设施，追本逐末统筹一切事情、事必躬亲把好每个环节。

这种本领是在破旧立新、开拓进取中练就的。战地“父母官”的权力在一方天地至高至大，但不是任性的、无边界的，是在总结了经验教训，遵循组织纪律、法律制度下发挥创造才能，是在依法行政中干事创业。

抗战初期，在改造旧政权和创立新政权中曾有过“无法无天”的阶段。敌人利用交通线和碉堡据点，将所控区域变成大小不一的“格子”，采用所谓“囚笼战术”妄图将抗日军民困死在“格子”内，然而，“父母官”就是要在这“格子”里行使政权。客观形势下，格子里的“父母官”权力有着较大的独立性、自主性。阎锡山在任命“游击县长”时就赋予极权，认为战地动员有三种方式：王道——宣传说服，觉悟思想，但是太慢；霸道——组织动员，有些粗暴，却能应急；恐怖——虽是下招，亦可使用，杀一些逃跑者可唤起更多的人守土，横征暴敛也可将资敌的物资用于抗敌。在国民党、阎锡山军队撤退的地区，敌后的“父母官”虽说是由共产党任命或领导群众选举产生的，但是在被敌封锁隔离的区域内，权力运作和空间一样存在着独立性，县自为战带来县自为政的情形是普遍的。这种情形下，“父母官”的权力是极大的，而又加上土地革命时期的一些“左”的做法，兼挟个人私欲贪婪等，“有些人俨然以封疆大吏独霸一方的小诸侯自居，草菅人命，无法无天。”如平（定）西县县长黄晟耀当政二年，杀“汉奸”不下200人，致使当地“富有者附敌容身，穷困者颠沛流离”，其恶果则是为渊驱鱼、为丛驱雀，给敌寇留下实施欺骗的空隙，极大地破坏了抗战，他本人最终叛变投敌。

抗战进入相持阶段，中共中央及时提出了保障人权的意见，要求各地立即执行。为贯彻实施《保障人民权利暂行条例》，太行区、太岳区等给各地发出指示，明确规定“县政府仅有依照法律规定之逮捕权及处罚权，无直接处决权。”特别强调“县政府无杀人权。如果发现违法拘捕与杀人情形，要严办村、区、县长。”在党的一元化领导下，根据地大力进行法制建设，建立民意、立法机构县参议会，建立司法机关，县政府只能是行政机构。据《革命根据地法律文献整理汇编》统计，抗战时期，根据地形成的法律文献计有：陕甘宁边区 2046 件，晋冀鲁豫边区 1046 件，晋察冀边区 895 件，晋绥边区 465 件，山东抗日根据地 652 件，华中抗日根据地 568 件，等等。这些法律文献是服务战时需要与保障民生并重，民族性、阶级性、民主性与人民性并重，中央立法与区域立法并重，司法为民与走群众路线相结合并重的。它们的制定和实施，在时间上纵贯各根据地发展的全过程，在类别上对国家法、行政法、刑法、民法、经济法、司法制度、司法文献、法理文献等进行了全覆盖，足以证明抗日根据地的建设自始至终是于法有据的，战地“父母官”是受法纪制约依法行使权力的。

躲捕奔张北，抗日上辽州；
民兵月夜张网，待敌葬山头。
正是芬菲岁月，一片丹心千里，
斤米几钱油？国运何往去，寻遍乱石沟。

这是阮章竞描写妻子赵迪之担任县委书记，在乱石沟里将斤米钱油联系到国运的战地工作诗句。

抗战与建国一体，民族救亡与民族复兴相继。战地“父母官”的本领是在立足现实、踏实工作、胸怀全局、放眼未来的奋斗中练就的。他们善于调查研究，总结提高，全面地掌握了各自地区对敌斗争、社会经济、阶级关系等方面的基本情况，在抗战建国的实践中积累了丰富的执政经验，成为治理一方天地的行家里手。1944 年 8 月初，毛泽东致电邓小平，就十项重大问题（包括“三三制”政府组织原则、减租减息、拥政爱民与拥军优抗、民兵工作、沦陷区接敌区工作、军队轮番训练、城市工作、人民负担、大生产运动、民众团体工作）询问太行区的工作，8 月 24 日，太行区党委根据各县提供的材料，写出了有实证、有统计、有分析、有观点的答复。毛泽东收到电报后批示道：“十个问题答复，内容极好。转各地参考。同意你们的路线，望坚持贯彻。告知太行区党委十分感谢，答复给今年生产指导有了依据，是非常有用的总结报告。”

毛泽东在《新民主主义论》等重要著作里教导全党：中国共产党领导的革命运动，是包括民主主义革命和社会主义革命两个阶段在内的全部革命运动；现时社会决定了中国革命必须分两步走，第一步改变殖民地、半殖民地、半封建的社会形态，使之变成一个独立的新民主主义社会，第二步使革命向前发展，建立一个社会主义的社会。“格子”网里建立的县政权在空间是相对独立的，但实质上都是党直接领导的，在行政上隶属于跨省的边区政府统一领导，是抗日根据地的组成部分，有着统一的法律体系。太岳区党委强调：即使拥有众多县域的太岳区也不是独立的，也只是全国领土的一部分，因此，县委书记、县长们要从建设军事基点、革命阵地、建国基础来认识建设根据地的意义，要求“全党同志研究政权工作，研究各种政治经济政策，了解政府法令，使党不但能领导群众而且能经营国家。”“必须高瞻远瞩，放大眼光，发挥同志们治国才能，努力长期建设”，“必须要求每个人具有雄伟的胸怀与气魄，长远的眼光和谋略，必须要有长期建设的精神和意志，经营国家（的）知识和才能，来担当今后的重任。”

党把建设抗日民主政权的过程当作是建设新中国人民民主政权的伟大演习，也是为夺取全国胜利而培养锻炼干部执政能力的过程。党对战地“父母官”的教育培养、锻炼使用，从来都是在阶段论与使命论相结合中进行的，使“父母官”脚踏实地担负起救国救民、复兴民族的使命，练就定国安邦、治国理政的本领。

形成了作风

三大优良作风，是毛泽东在抗日战争时期总结概括的中国共产党区别于其他政党的显著标志，根据地的“父母官”牢记全心全意为人民服务的宗旨，发扬了理论联系实际、密切联系群众、批评与自我批评这三大优良作风。

在抗日战争的壮阔进程中，中国人民向世界展示了天下兴亡、匹夫有责的爱国情怀，视死如归、宁死不屈的民族气节，不畏强暴、血战到底的英雄气概，百折不挠、坚忍不拔的必胜信念，形成了伟大的抗战精神，而以马列主义、毛泽东思想武装起来的中国共产党人，作为民族的和阶级的先锋战士，在长期的革命实践中形成了新的工作作风。

强化干部作风首先是要提高马克思主义理论素养，在实践中加强党性锤炼。在抗战初期的大发展中，中国共产党增加了近20倍的新党员，多数战地“父母官”就是在这一时期入党并迅速担负起领导职务的干部，他们工作斗争在第一线，联系着更多的党员和广大的人民群众，同时，由于环境的复杂、工作的特殊等原因，加强党性修养刻不容缓。党把这批领导干部的培养教育作为一个重点，必须使他们严格遵守党的纪律，坚决杜绝个人主义、无组织状态、分散主义等错误倾向，牢记个人必须服从于组织、局部利益必须服从整体利益、暂时利益必须服从长远利益。

党组织对“父母官”任前、任中、离任进行了多种培训和考核评审，严格要求学习和掌握马克思主义的基本原理，提高和增强贯彻执行党的方针、路线、政策的自觉性，坚持实事求是的思想路线，同时，要求他们举行培训班对广大党员和群众积极分子进行宣传教育，实践——认识——再实践——再认识，不断提高思想认识水平，不断增强工作实践能力。

理论联系实际就必须密切联系群众，因为人民群众是社会实践的主体，是创造历史的主人，只有保持与人民群众的血肉联系，才能反映他们的迫切要求，解决他们的切身困难，代表他们的根本利益，赢得人民群众的真心拥护。在敌强我弱的工作环境中，脱离人民群众，就必然陷于无以立身、寸步难行的绝境；在执政领导的工作情况下，脱离人民群众，就必然陷于束之高阁、流于形式的窘境。只有动员群众、组织群众，才能在工作中形成巨大的合力，克服困难；只有相信群众、依靠群众，才能充分发挥人民群众的积极性和创造力，取得胜利。

战地“父母官”多数是知识青年出身，能不能在人民大众的革命中干成一番事业，“只有一个标准，这就是看他愿意不愿意、并且实行不实行和广大的工农群众结合在一块。”这是干事创业的分水岭、试金石，事实证明：不愿或不能与群众相结合的干部最终都弄得一事无成或走投无路，甚至丢掉性命。

密切联系群众，不是随波逐流把自己混同为一般的老百姓，当“老好人”；和群众打成一片，更不是当群众的“尾巴”。作为一方天地的“主心骨”“带路人”，“父母官”既不能脱离群众、超越现实，个人英雄主义当冒险家，又不能崇拜群众运动的自发性，放任自流。群众运动必须有党的坚强领导，必须与党政专门机关的工作相结合、相促进，才能避免出现“一阵风”“一哄起”的无序混乱和力量抵消，才能不挫伤群众的积极性，使各项工作有所遵循有所建树持久健康地进行。“父母官”们坚持从群众来到群众中去的工作路线，用党的路线、方针、政策教育群众，引导群众，是在善于当好“学生”又善于当好“先生”中形成密切联系群众的作风的。

八路军，决死队，老百姓，
生活在一起，劳动在一起，
公祭在一起，公葬在一起……

——这是战地县委书记王玉堂（冈夫）在“百团大战”烈士公祭公葬大会上写的悼歌，生动概括地表达了密切联系群众就是与工农兵结成生死与共的血肉关系。

开展批评与自我批评是党内民主生活的重要内容，是解决党内矛盾、保持党的肌体健康、巩固党的团结、振奋革命精神、提高党的战斗力的有效武器，就是要求每个党员按照党员标准对标一流、对表节奏、对照检查，严格要求自己，从我做起，从现在做起，从每件事做起，发挥党员干部先锋模范作用。

干部作风关系到党的形象和事业的成败，发扬党的优良作风由党的宗旨所决定的，是党性、党纪、党规的要求，应该是党员干部的自觉追求。对于丧失了党性原则和违反党的纪律的干部，那就不是能用批评与自我批评所能解决的了，那是要受到铁的纪律约束与处分的。正如太岳区党委组织部长郭钦安是这样教育“父母官”的——

该同志拒绝接受组织的分配。根据区党委的决定，郭钦安同志当即在南下干部动员大会上宣布开除其党籍。当时有同去的沁源籍干部找到郭钦安，意欲看在老乡面上，刀下留情，保留该同志的党籍。郭钦安回答：“他不服从组织调配，不遵守党的组织纪律，开除他的党籍是组织决定，必须按照组织原则办事。”同一时期，郭钦安同志的亲姨兄弟，在左权县担任县长，因不堪工作重负，中途脱离革命队伍。全国解放后，他找到郭钦安，要组织照顾安排工作，郭钦安同志给予了严厉的批评：“你在革命斗争的关键时刻，脱离革命阵营，现在又要组织照顾，哪有这等好事？你回去老老实实参加劳动吧！”

党的三大优良作风是中国共产党人在伟大革命实践中形成的精神品格，也是在继承和弘扬中华民族优良传统的基础上生成的中国作风、中国气派的精神品格。它是历史的，又是实践的，尤其是它与艰苦奋斗、将革命进行到底的精神结合起来，就成为中国共产党人不忘初心、牢记使命的座右铭和工作法则。

下篇

第一章　成长本纪

敌后根据地活跃着一批年轻的县委书记、县长，构成了一道齐齐的风景线：他们几乎是同学历、同经历、同党龄、同级别，都是知识青年，都有城乡求学生活经验，革命启蒙教育和成长经历大致相同。这是因为他们是同龄人，都是出生于十月革命胜利的那一年——1917 年。

抗战时期，干部初次担任县委书记、县长时的年龄，是高度年轻化的，绝大多数在20岁至30岁之间。如本书提到的马兴元、王谦、王立中、仝玉一、刘杰、刘萍、李友九、李文杰、池必卿、余志远、杨辛克、范铭、赵乃康、赵雨亭、胡光、贾俊、高尔华、高扬文、夏庆贤、郭修真、陶鲁笳（按姓氏笔画为序）等都是 1917 年生人，个人年龄是这一层级干部队伍的平均年龄数。他们不仅是同年，而且许多是自小熟悉的同乡、同学，参加革命后作为同志和战友，为了申明有着共同成长的经历，表达共同的理想和信念，他们彼此以“十月革命生人”自励共勉。

“十月革命生人”的经历，很有典型意义，集中地反映了抗战县委书记、县长的成长过程。他们百折不挠，矢志不渝，用革命的一生诠释着不忘初心，牢记使命，为中华民族的伟大复兴而奋斗的精神。

十月革命生人

“十月革命生人”是这样一群高度的政治自觉自信者：他们把自己的出

生年月与社会主义革命的开端结合在一起，将个人生命融入革命事业，以生而衔有真理的自信表达天将降大任于斯人的使命担当。

他们是时代的同行者。1917 年十月革命一声炮响，给中国送来了马克思列宁主义；1921 年以实现共产主义为奋斗理想的中国共产党的成立，使中国革命的面貌焕然一新。在此时代背景下，他们经历了这样的成长路径：童蒙入学，耳濡目染了“打倒列强、打倒军阀”的大革命运动，受到熏陶；高小毕业，1931 年发生了“九一八”事变，民族灾难日益加重，开始意识到亡国灭种的危机；中学岁月，深切感受并认清了对内专制、对外妥协的国民党统治的腐败无能，热切向往以革命斗争改变社会现实；1935 年，18 岁的他们风华正茂，血气方刚地成为“一二·九”学生爱国运动中的主力军。

他们是同龄人中的佼佼者。“十月革命生人”多出身于生活条件相对优裕的家庭，或至少也是贫苦人家选定的“读书苗子”。如，仝玉一是太原富商的千金小姐，以优异的成绩考入赫赫有名的铭贤中学。这是国民政府大财阀、山西人孔祥熙办的一所财税专科学校，时有孔祥熙任人唯“贤”之说——即铭贤毕业生都能安排到国家财政金融部门工作。仝玉一毅然决然地抛弃了父亲为她设计的富贵前程，选择了革命的人生道路。赵雨亭出生于贫寒农家，六岁丧母，十四岁丧父，在兄弟姐妹六人中排行第五。他回忆：“因父有遗言，要让我们兄弟一人读书，将来在社会上干事，免被有势者欺侮。父言不得违，这便成了我在旧社会，在一个农民家庭里，能够高小毕业后，继续读初中，后又升入高中的一个重要原因。”总之，无论贫富，青少年时，他们都得以在领风气之先的大中城市上学读书见世面，多数从高专学校毕业，有着远高于同龄人平均的基础学历。在剧烈的社会斗争和深重的民族灾难中，他们接受了科学和民主思想，在世界观、人生观、价值观形成时期，关注到“苏区”红色革命，读书中受到左翼思想影响。其“十月革命生人”的称谓，就隐现出他们受到苏俄经典作家推崇的“十二月党人”的精神影响，自觉地要做反叛贵族出身的革命者。

他们是民族革命战争中的先锋战士。他们是以饱满的爱国主义热情中投身于革命洪流的一群知识青年，在学生时代，普遍加入了“中华民族解放先锋队”（简称民先队），开始接受共产主义思想，继而加入共青团、共产党，从民族的先锋队员而成为无产阶级的先锋队员。1937 年抗日战争全面爆发，正值弱冠之年的他们脱下知识分子的长衫，从城市走向了广阔的农村，投笔从戎与最广大的人民群众结合在一起，开始了敌后抗日民主根据地的建设，锻炼成长为民族的也是阶级的先锋战士。

抗日战争是革命的大熔炉，“十月革命生人”又是这样一群同生共长、同甘共苦、不离不弃的一代英雄。他们战斗在敌后，成为活跃一域、联动四方的战友，一起锻炼成长为“父母官”。经过革命根据地的工作和学习，而立之年的他们已经成为文武兼备，能够独当一面、镇守一方的领导人，在解放全中国的进军中，他们奔向祖国各地，又组成经略一方的党政领导班子。如上世纪五六十年代的中共山西省委书记处成员中，陶鲁笳、王谦、池必卿、王大任、赵雨亭、贾俊、袁振等都是 1917 年生人。

历经磨难，或建功立业，或牺牲成仁，“十月革命生人”作为一个自命群体，成为中国社会主义革命、建设和改革的胜利者，为着中国人民站起来、富起来、强起来建立了不朽功勋。了解和研究“十月革命生人”怎样选择自己的人生道路、树立共产主义理想信念，怎样走上县委书记、县长工作岗位的心路历程，对于研究党政干部成长史有着典型意义。在为实现中华民族伟大复兴而奋斗的征程中，记取他们百年殷切嘱托，对于我们不忘初心，牢记使命，高举旗帜，砥砺奋进，有着极大的教益和勉励作用。

红土地的理工男

来自红土地的李友九（1917—2005），是这样选择自己的政治信仰和人生道路的——

李友九出生于福建厦门，那是当时国际化程度很高的一座海滨城市。父亲在丹麦人开办的大北电报公司当高级职员，不菲的薪金足以维持家庭的小康生活，使得李友九兄弟姐妹都能早早入学读书，并且在生活和学习中接触到各式各样的洋人。第一次叩击他心灵的社会事件是“五卅运动”的爆发。1925 年，8 岁的李友九在上学的路上，看到了抗议日本工头枪杀中国工人顾正红的宣传画，人们纷纷走上街头举行声势浩大的反帝爱国示威游行。那激动人心的一幕，令他终生难忘，直到晚年都记忆犹新："大孩子们关于中国人每人尿一泡都可以淹没日本的教育、抵制日货，也有很深的印象。不过，我对于普通的日本人民，并没有什么恶感。"

11 岁小学毕业的李友九考入了英华中学，在英国人的教会学校里读书六年。他喜欢读新小说和古书等课外书，但更钟爱数学、物理、化学等课程，信奉"学好数理化，走遍天下都不怕"的世训。他读到了哥哥姐姐们传阅的有关无政府主义、社会主义等的小册子，其中关于大同社会的各式各样描述，给他留下了很深的印象。随着年龄的增长，又读到了《莫斯科印象记》《社会主义论战》等书籍，加之以左翼文学作品的影响，李友九朦胧中感觉到共产主义可以实现世界大同，那是人类最好的理想社会。

1930 年前后，尽管厦门发生了共产党劫狱等震动全国的大事件，近距离地见识到了为着主义而英勇献身的共产党人形象，李友九思想上受到很大的触动，但是，这时的他基本上还是赞成孙中山的三民主义，希望国民党政府能够励精图治给人民办点好事。"但是看来看去，国民党并没有做半点事情，对帝国主义还是照旧的奴颜婢膝，日本人和台湾人在厦门甚至比过去更加横行霸道了；在国内只打内战，毫无一点建设。记得上了中学头一次看报，头一条消息就是蒋介石和张发奎打仗。"

李友九回忆："九一八事变以后国民党的不抵抗，使我对国民党从失望转为愤恨，而把中国的希望完全寄托在共产党身上。""记得父亲曾经和朋友说，红军来了并不可怕，'共产'？我们无产可共；'共妻'是瞎说，实际是'共栖'，还省得租房子。"李友九曾几次登山眺望，盼着割据在闽西的红军队伍能够打进厦门来。

经受着"少年维特之烦恼"的李友九，踟蹰在人生和信仰的十字路口上。这时，头顶国民党厦门市党部主任兼《厦门日报》主编桂冠的姐夫，给聪颖慧达的小舅子指出了一套富贵前程——到杭州警官学校去，那里有熟人，一进校门即可成中统 CC 系红人。然而，"国民党"是李友九抹掉的第一个选项，他志向坚定地要做一个"理工男"，17 岁时以优异的成绩考进了厦门大学物理系，翌年又考入了清华大学物理系，准备着以科学报效国家。

真正引起李友九思想上根本变化的是1935年“一二·九”运动的爆发。他在回忆录中写道：“对于民族存亡的责任感逼迫着我放弃过去的志向。要放弃已经形成了好几年的志向，自然难免有一些彷徨。特别是有了一些年轻人的关于将来的计划和幻想——这一切都只好割爱了。此外，国民党不肯抗日已经可以看得很明显了，要抗日就必须跟随共产党，而我对于共产党还了解得不够多，因此，这一段时间我既没有出去做抗日宣传，也没有和某些同学一样去读书，而是成天到图书馆，翻阅中外有关政治的各种书刊。在厦大时我曾借过英文版《共产党宣言》，并没有十分弄通。不过，越看总是越觉得共产党是真正为人民办事，毫无私心的，是真正伟大的。”

熟练掌握多门外国语的李友九，最终在清华园里关闭了所有缙绅富贵的选项，认定了共产主义。1936年5月，他加入了共青团，同年6月加入了中国共产党。“七七事变”北平沦陷后，李友九来到了山西，十年浴血奋战在太行山上。

李友九，抗日战争和解放战争时期，曾任内丘县委书记、临（城）内（邱）县委书记、武乡县委书记、金寨县委书记等职。1949年后，历任湖北黄冈地委书记、中南局政策研究室秘书长、红旗杂志社常务编辑、广西壮族自治区党委书记处书记、甘肃省委书记处书记、农业部副部长等职。2004年4月，李友九在其回忆录前言中写道：

> 纵观我这一生是在党的引领下走上革命道路的，是马列主义、毛泽东思想培养教育了我们这一代老战士的。我对为共产主义事业毕生操劳做出卓越贡献的毛主席无限信仰；对不惜以生命和鲜血去殉革命事业的无数革命英雄无比崇敬；相反，对于那些丢弃、背叛、出卖社会主义事业的人却无比的鄙夷和愤恨。

黄土地的读书苗

赵雨亭（1917—2008），出生于太行山区平定县一个贫农家庭。祖上只有破窑一孔、破房两间，山坡地四五亩，靠给人打短工、缝衣做饭过活，甚至曾以乞讨为生。到了赵雨亭父母一辈，由于勤劳俭朴、苦学手艺，生活稍有改善，然而，又遭到村中有势力的大户欺侮，竟致一孔新窑起而复拆不得修竣，遂发愿立誓：家中再穷也要培养一个读书人，将来好在社会上干事，成材“顶门户”，以免遭受有权势者的欺侮。

在六个儿女中，排行老五的赵雨亭被父母看准为家中唯一一根“读书苗”，被赋予了振兴家运的使命。赵雨亭 7 岁入本村小学，然而，学习并不上进。因为村中教员是个老秀才，只讲些孔孟之道、封建礼教之类的东西，赵雨亭听不进去，自然是经常逃学。两年后，学校来了新教员，开始联系社会现实讲新文化知识了，赵雨亭和同学们初步受到了民族民主爱国思想教育。从小不信神鬼的赵雨亭，在高小时参加过砸古庙神像和抵制日货的反封建迷信、反帝国主义欺侮的活动，在中学时参加过反对国民党旧校长的斗争等。这时的赵雨亭，虽被村里人说成是“不懂事的孩子”，但他的学习成绩却是全年级最好的，每年两次考试，平均分数都在 99 分以上，始终保持第一名，出身士绅家庭的几个同学争不过他。赵雨亭回忆说：“我这时的学习努力并不是因为我已具备了民主反帝的思想，而主要仍是由于从小受父亲‘苦学成名’为家庭‘顶门户’的思想支配。我在这时的反帝反封建的民族民主思想，还处于启蒙时期，还有一定的盲目性，不是完全的自觉。”

在村里读小学，在县城读初中，这时，父母相继去世。1935 年，18 岁的赵雨亭考入北平中华中学读高中。虽有父母的遗言遗训，然而，供养赵雨亭上学的哥哥们却力有不逮。这时，穷窘的生活逼迫着赵雨亭不得不更多地观察社会现实，考虑个人前途。然而，“我在北平亲眼看到帝国主义（主要是日本帝国主义）对我中华民族的欺侮和压迫的许多具体事实，不仅东北三省早被日本占领，绥东、冀东，直至通县等地区也为日军汉奸所控制，民族危机空前严重。而当时的国民党反动政府却腐败无能，屈辱求荣，一再妥协、退让。在这期间，我如饥似渴地读了邹韬奋、杜重远同志创办的宣传抗日救国、民族民主革命思想的《生活周刊》和《新生周刊》，从苦闷中看到了希望之光。在这些惨痛事实和进步书刊的激励和启示下，并在一些进步同学的影响下，增强了我的民族反帝思想和对当时反动政府的不满情绪。从此，使我深深地认识到，只有积极地参加爱国反帝斗争和民族民主革命，才是我的真正出路，才有光明前途。”1937 年 1 月，由中华中学教师、秘密共产党员张连奎介绍，赵雨亭加入了民先队。

卢沟桥事变后，赵雨亭中断了在北平的学业，返回太行山家乡参加了抗日游击队，1938 年 5 月加入了共产党。他回忆说：“我的入党动机主要是认为共产党抗日坚决，能为穷人谋福利。我在组织上虽然已经入党，但在思想上还未真正入党。1938 年 8 月，党组织介绍我到晋南干校政治班学习。学习结业后，晋中特委调我到平东县任自卫中队教导员工作，后到区委工作。1939 年 5 月，又由党组织介绍我到太行区党委党校学习。这两次学习，对我的教育极深，共产主义思想的启蒙也极大。在学习班，我进一步学习了党纲党章、党员读本，学习了《社会科学概论》《大众哲学》《论持久战》与《联共（布）党史简明教程》等著作。经过学习，使我对阶级、阶级剥削、阶级斗争有了较深刻的理解，对党的性质、任务和奋斗目标有了进一步的认识，认识了共产主义最终一定要在全世界实现，这是社会发展的客观规律。从而增强了我的革命信心，初步确立了我为共产主义事业奋斗终身的信念。”

赵雨亭，抗日战争和解放战争时期，先后任平（定）东县区委书记、平（定）西县委书记、武乡县委书记等职。新中国成立后，历任晋南地委书记、山西省委书记处书记、山西省政协副主席等职。赵雨亭 1992 年在自传《人生道路的抉择》中写道：

> 历史实践已经完全证明和正在完全证明，我在整个革命生涯中，是坚定地站在党的立场上，坚持斗争，坚持工作，始终保持了积极向上不断进取的精神。我之所以能够这样，不是说我有什么特殊才能，只说明我有一个共产主义的坚定信念，并为之实现而努力奋斗。说到这里，使我不得不想起我党历史上的无数先烈。他们出生入死，在敌人的屠刀下无所畏惧，为人民革命事业英勇献身，他们为了什么，他们还不是为了坚持自己的信念和主义？革命先烈夏明翰说得好：“砍头不要紧，只要主义真，杀了夏明翰，还有后来人”。这是多么悲壮的词句啊！当然，我也不隐讳地说，我不是没有缺点、错误的，我在整个革命工作中，也发生过不少

这样那样的缺点和错误，一般说来，党发生过的错误缺点，我都不同程度地发生过，而且还有我个性的缺点错误。金无足赤，人无完人。这一点我也不例外，因此，较准确地说，我只是一个有缺点的马列主义的诚实信奉者。

黑土地的花木兰

高尔华来自黑土地，原名高桂兰，从改名字就能看出她受高尔基作品影响的程度。然而，她的初心在于“高我中华”，矢志振兴中华。

高桂兰出生于辽宁法库县秀水河子镇，是家中最小也是唯一的女孩。在国破家亡的切身感受下，她开始接受了革命的启蒙。“九一八”事变后，东北沦陷，小学毕业的高桂兰随母亲流亡到关内，投奔到在河北安平县当县长的大哥家中生活。在哥哥们的帮助下，高桂兰考入设在北平的东北中学读书。受正在读大学的三哥、共产党员高鸿羽的影响，高桂兰阅读了当时一些进步报刊书籍，如《世界知识》《大众哲学》《唯物史观》《辩证唯物主义》《萌芽》《北斗》等等，尤其喜爱高尔基等苏联作家的作品。因此，高桂兰觉得自己的名字不过是取《红楼梦》中“兰桂齐芳”之意，太封建世俗了。她决定为自己改名，一则是因为喜爱高尔基的作品，二则是想表达要为提高中华民族的威望和地位做一个革命者的决心，于是，她有了一个崭新的名字——高尔华。

在人们都称她是“高尔基的妹妹”的鼓励下，高尔华思想进步很快，开始写作了许多联系社会现实生活，特别是抗日救亡主题的文章，在流亡北平的东北女学生中很有影响，是她们当中年纪最小的抗日积极分子。她积极投身于“一二·九”学生救亡运动，1936 年加入了共青团，后经党组织介绍，来到山西太原参加军政训练班第十一连（女兵连），接受了严格的军政训练。1937 年，高尔华加入了中国共产党，从此在山西战地开始了她轰轰烈烈的革命人生。

高鸿羽晚年回忆 1937 年 5 月他从北平来太原的情形：

当天晚上，住在一家小旅馆。半夜里，阎锡山的军警来盘问我，我只说来找失散的妹妹高尔华。他们听说我是高尔华的哥哥，都很惊奇地说，他们都认识高尔华。当时党交给妹妹的一项任务，是演出《放下你的鞭子》这幕话剧（街头剧），她在太原街头到处演出，由于演得逼真感人，很多人都认识她。查夜的军警就是看了妹妹的演出才认识她的。他们告诉了我妹妹的住址，我在第二天一大早就来到军政干部训练班所在地（在当时山西国民师范学校旧址），我们兄妹又重逢了。一年不见，妹妹长高了。她中等身材，戴一副近视眼镜，穿一身军装，系着绑腿，束着腰带，英姿飒爽，颇有军人风度。

在太原，哥哥看到了小妹的风采。高尔华在时事政治讲演大会主席台上作了长时间的讲演，她分析了抗日形势，列举了日寇的种种暴行和东三省人民的悲惨遭遇，介绍了东北抗日联军的英勇斗争，阐述了中国共产党抗日救国的方针政策。“她的讲演说理透彻，深入浅出，特别是控诉日寇侵华暴行时，多是她 1932 年夏回家乡的亲见亲闻，还有我提供的一些具体事例，真实可信，加之她叙述时声泪俱下，充满感情，颇有感染力，打动了所有的听众。”“有一次，我们开会总结示威游行的情况，布置下一步任务，她在会上发言，讲得头头是道，记忆力好，具有组织领导能力，大家都很听她的指挥，分头负责工作。”“她不甘落后，勇于上进，经常对同志们说：‘你们男同志能做到的事情，我们女同志同样能做到！’所以，同志们都挺佩服她，亲切地称她是‘假小子’”。

1937 年 10 月，高尔华担任中共祁县县委书记。她利用牺盟会特派员身份，组织讲演团、秧歌队发动群众参加抗日救亡活动。她曾在祁县城火神庙前召开了几千人的各界抗日救国动员大会，在动员会上做了近两个小时的演讲，号召不愿做亡国奴的同胞勇敢地参加抗战。高尔华带有鼓动性的演讲，使整个会场自始至终群情激昂，口号不断，许多听众激动得热泪盈眶，而教主席台上的旧县长坐立不安。高尔华深入工厂，针对工人的工作和生活状态，采取个别联系、家庭访问形式，成立起工人夜校，团结了大批工人，发展了 400 多名牺盟会会员，并在会员中发展了一批共产党员。太原失陷前夕，祁县县委组织起工人武装自卫队（后改编为晋中游击队第六支队），高尔华担任政治部主任，参加了八路军。

当时的战地报纸曾刊登了一篇《山西的“李红光”》的通讯，详细介绍了高尔华英勇抗日的事迹，称赞她就像东北抗日联军中的女英雄李红光，是当代的“花木兰”。1940年12月后，高尔华先后担任路东办事处组织部部长、晋冀豫边区妇女救国总会组织部部长等职。1942年，高尔华入中共中央北方局党校学习，同年5月25日在反“扫荡”突围中壮烈牺牲，时年25岁。

山西祁县人民至今仍传诵着歌谣：“高尔华，高尔华，为了抗日走天涯，挎着手枪骑大马，女中英豪数着她。”

百年初心寄语

十月革命已经一百年了。列宁说过，这个伟大的日子离开我们愈远，无产阶级革命的意义就愈明显，我们对自己工作的整个实际经验也就思考得愈深刻。

“十月革命生人”的抗战县委书记、县长百岁了，绝大多数已经作古。但是，他们生前都留下了喻世名言、警世通言、醒世恒言，可谓是百年初心寄语：

贾俊（1917—1989），原名贾泰，山西翼城人。高中学历。1938年5月入党。出身于农民家庭。幼年就读于村塾，11岁考入太原友仁中学，在校期间阅读了马列主义著作和左翼作家书刊，接受进步思想的熏陶，参加了民先队、牺盟会，积极投身于抗日救亡运动，反对国民党不抵抗主义，参与和领导反对会考等学潮斗争，高中毕业后回到翼城从事抗日救亡活动。抗日战争和解放战争时期，历任中共翼城县第四区委书记、晋豫特委组织部科长、壶关县委书记等职。1949年后，历任榆次地委书记、长治地委书记、山西省委书记处书记、山西省顾问委员会主任等职。1981年9月18日，贾俊写道：

从一定意义上讲，正确的领导是从犯错中产生的。所以我们要善于总结正反两方面的经验，从正反两个方面的经验教训中，努力学会掌握和运用客观规律，做到少犯错误。如果我们不能从昨天的错误和教训中看到旧方法的不正确，那么今天我们就不能学会运用新方法来正确解决新问题。错误不能使我们气馁软弱，改正错误就会使我们更加坚强雄壮。现在，我们党对社会主义和社会主义建设的认识水平比过去任何时候都高。痛苦和失败教训了我们，我们从失败中学到了知识，找到了规律，我们党更加伟大、更加光荣、更加正确了。

郭修真（1917—1997），山西定襄人。大学肄业。1937 年底入党。出身于官宦人家。在县城读小学、初中，后考入太原进山中学，高中毕业后考入工业大学。抗日战争时期，历任中共定襄县委组织部部长、盂（县）平（定）县委书记等职。全国解放后，历任铁道部工务局局长、中共临洮县委副书记（挂职）、西安铁路局党委书记、北京铁路局党委书记等职。其子郭轮华在纪念郭修真百年诞辰时写道：

父亲常说，我们活下来，我们进了北京，我们是幸运的，想起那些牺牲的同志，我们还有什么权利不努力工作，对党对人民还能有什么过多的要求？我父亲是个儒将，抗日队伍中文化水平高的不多，他很快当上了中共定襄县委组织部部长，在游击区发展党组织，扩大党领导的根据地，建立基层革命政权。在我的记忆里，他从来没有讲过自己，总是讲拼杀在第一线的战友，讲那些牺牲了的同志。

王大任（1917—1999），山西沁县人。高中学历。1937 年 10 月入党。学生时代加入了民先队，投身于抗日救亡运动，在《高中同学毕业录》里写下“热血为后盾，头颅打先锋；成功与失败，此心实未萌”的誓言。抗日战争和解放战争时期，历任中共太谷游击队党总支书记、八路军团政治委员、太行军区二分区政治部主任等职。1949 年后，历任太原市委宣传部部长、山西省委书记处书记、吉林省顾问委员会主任等职。1988 年 8 月，王大任在三晋文化研究会成立大会上讲道：

山西是革命老区，是抗日根据地的集合点和出发点。八路军的三大主力师在山西创立并发展了晋绥、晋察冀、晋冀鲁豫三大革命根据地，在艰苦的岁月里涌现出了成千上万的战斗英雄、劳动模范，如太行的李马保、郝二蛮（女）、李顺达，晋绥的张初元、贾保执等等，这些人对中国革命是很有贡献的，是共和国的奠基石，有的人曾名扬四海。所以，三晋文化研究会在整理历史人物的时候，不要把基层人民群众中涌现出的英模忘了，应该把他们的名字、事迹记录下来，为他们树碑立传，让他们流芳百世，让人们知道革命的胜利来之不易、今天的好生活来之不易。不要因为是大官才可以出书立传，没职位的就不管了。现在有的县委书记连本县劳模的名字也说不出来，实在是不应该的。

李文杰（1917—2000），河北涞源人，保定师范毕业，1937年入党。抗日战争和解放战争时期，曾担任蔚县抗日民主政府县长、蔚（县）涿（县）宣（化）联合县县长、察哈尔省政府秘书主任、太原市建设局局长等职。新中国成立后，历任山西省建设工程局局长、太原市副市长、山西省建委党组副书记兼副主任、中共山西省委顾问委员会委员等职。

李文杰出生于1917年11月7日，恰是十月革命胜利那一天。1997年，他在八十岁生日家宴上说：

自从参加了革命，我就听党的话，坚定地跟党走。战争年代不顾一切支援前线，和平年代还像支前一样，志愿做好重点工程建设，努力加强国家和人民的物质基础。一辈子过来了，个人受些委屈算什么？没有困难还要我们这些共产党员干什么？想想牺牲了的那些同志，有什么理由患得患失呢？过去的事情已经过去，关键还是未来。今年，香港回归了，澳门回归也指日可待，收复台湾的日子也不会等久的。看着国家日益富强、人民生活水平日益提高，比什么都高兴。我们当初参加革命的目的不就是追求这吗？八十岁了，我也是叶帅诗里写的“八十毋劳论废兴，长征接力有来人。导师创业垂千古，侪辈跟随愧望尘。亿万愚公齐破立，五洲权霸共沉沦。老夫喜作黄昏颂，满目青山夕照明。”

高扬文（1917—2004），山东蓬莱人。大学学历。1937 年 10 月入党。抗日战争和解放战争时期，历任沁县县委书记、太岳区党委宣传部部长、屯留中心县委书记等职，1945 年作为晋冀鲁豫边区代表出席了党的第七次全国代表大会。新中国成立后，历任团中央候补书记、冶金工业部副部长、煤炭部部长等职。1997 年，高扬文在《风雨历程——高扬文八十叙旧》中写道：

我永远也忘不了沁县人民，我了解他们，他们也了解我，建立了深厚的战斗友谊。从群众中我汲取了智慧，丰富了自己的才智。我越接近群众越感到有力量、有胆量，天大的困难也不怕。我永远忘不了沁县人民对我的深情厚谊。

池必卿（1917—2007），山西平定人。高中学历。1937 年 7 月入党。1935 年考入太原友仁中学。“一二·九”运动爆发后，加入民先队、牺盟会。抗日战争和解放战争时期，历任平（定）东县委组织部部长、赞皇县委书记、井（陉）获（鹿）县委书记、太行区二地委书记等。新中国成立后，先后担任中共榆次地委书记、山西省委宣传部部长兼省委党校校长、山西省委书记处书记兼太原市委第一书记、贵州省委第一书记等职。是中共第十一、第十二届中央委员、中央顾问委员会委员。2006 年，池必卿与夫人徐若冰将多年积攒的 6 万元捐献给家乡，叮嘱：“在故乡的山上种几棵树，能为家乡添上一点绿，表达游子对故土的一点心意。”2007 年 11 月 17 日池必卿逝世，生前写下遗嘱：

我死后，丧事一切从简。不发讣告，不举行一切悼念活动。不搞遗体告别，不要花圈。遗体火化，不留骨灰。不写生平，不设灵堂，不换新衣，不通知亲友。

王谦（1917—2007），山西平定人。高中学历。1936 年 11 月入党。

抗日战争时期，历任平定县牺盟会常委、晋冀豫游击纵队第五支队政治委员、八路军第一二九师三八五旅十四团三营教导员、平（定）东县委书记、榆社县委书记、太行区三地委组织部部长、四地委组织部部长等职。解放战争时期，担任长治市委书记、太行区党委组织部部长等职。新中国成立后，相继担任中央农村工作部副秘书长、山西省省长、山西省委第一书记、山西省革命委员会主任、四川省委书记兼重庆市委第一书记等职。是中共第十届中央候补委员、第十一届中央委员、第十二届中央候补委员、中央顾问委员会委员。王谦临终遗言：

我坚信我们共产党为人民服务的宗旨，至今初衷不改。回顾我的一生，可以归结为两句话：一是，修身自立，留得一身清白，对得起列祖列宗；二是，一心为民，昂首阔步，去见马列毛，无愧色。

人们遵照他的遗嘱，在他的墓碑上只铭刻了六个大字：共产党员王谦

范铭（1917—2009），原名房著明，山西大宁人。高中学历。1937 年 1 月入党。抗日战争时期，历任中阳县委书记、汾西县委书记兼游击大队长、文水县委书记等职。解放战争时期，相继担任中共晋绥八地委组织部部长、沿黄河地委书记、晋绥六地委宣传部部长、新华社晋绥分社社长、晋绥边区土改工作团分团长等职。新中国成立后，历任四川达县地委书记、二机部政治局副局长、一机部第四局副局长、三机部基建局局长、国家建委党组成员兼国防局局长、北京市设计院党委书记等职。2002 年 4 月 20 日，范铭在《回忆与思考》中写道：

在共产主义的思想武装下，我养成了严格的组织性、纪律性观念。回顾 60 年来，50 多次的工作变动、调迁，我没有说过“不”字、没有问过“为什么”，始终服从工作需要，服从组织分配，能上、能下、能官、能民，从没有计较过个人的得失和待遇。党和人民的利益高于一切，无私、无畏、无愧，鞠躬尽瘁，死而后已，是一个共产党员的最高享受和荣誉。

陶鲁笳（1917—2011），原名陶国葆，江苏溧阳人。大学学历。1936年10月入党。早年先后就读于溧阳同济中学、省立常州中学、上海复旦实验中学,后入南京中央大学旁听,曾回乡任小学教员。1936年参加民先队，任民先队石家庄总队队长。抗日战争和解放战争时期，先后担任昔（阳）东中心县委书记、太行第二地委组织部部长、太行五地委书记兼军分区政委、太行区党委书记兼太行军区政委等职。新中国成立后，历任山西省委宣传部部长、山西省委第一书记兼山西省军区政委、国家经济委员会第一副主任兼中央工业交通工作部政治部主任、国防科学技术委员会政委等职。是中共第八届中央候补委员、第十届中央委员。2005年，陶鲁笳在抗战胜利60周年时题写道：

> 回首过去，展望未来，我们的共和国已经进入新的历史时期，人民开始过上了小康生活，社会发生了翻天覆地的变化，战争和苦难已经是遥远的过去，更美好的未来在向我们招手。多少年来中国的无数仁人志士梦寐以求的理想，如今在中国共产党的领导下正在变成现实。作为曾在太行山上战斗过的老兵，衷心希望我们的社会主义祖国繁荣昌盛，更加美好的共产主义早日到来！

仝玉一（1917—2015），女，山西怀仁人。高专学历。1937年7月入党。早年先后就读于太原女子中学和山西铭贤中学。“一二·九”运动爆发后，加入民先队。抗日战争时期，先后担任和顺县委书记、元氏县委书记、内丘县委书记等职。新中国成立后，历任太原市委妇委书记、太原市妇联主任、山西省妇联副主任、山西医学院党委书记、山西省卫生厅副厅长、山西省财贸委副主任等职。1989年10月，仝玉一在与杨奉林金婚纪念日时谆谆教诲晚辈：

> 当初，我舍弃优裕家庭生活，中断学业，跟随共产党走上抗日救国道路，是出于对共产主义的无限信仰和对日本帝国主义的无比仇恨。后来，我努力工作，一生勤奋，不为己，不唯上，还是为了追求共产主义崇高理想，建设伟大祖国。所以，你们任何时候都不能动摇对共产主义理想的坚定信念，要热爱祖国、热爱

党，好好学习，努力工作！

2017年，习近平在党的十九大报告中指出："一百年前，十月革命一声炮响，给中国送来了马克思列宁主义。中国先进分子从马克思列宁主义的科学真理中看到了解决中国问题的出路。"一百年来，中国人民历经挫折而奋起、历经苦难而辉煌，实现了从站起来、富起来到强起来的伟大飞跃。今天，我们比历史上任何时候都更加接近中华民族伟大复兴的目标，比历史上任何时期都更有信心、更有能力实现这个伟大目标。这一翻天覆地的历史巨变，归根于我们选择了十月革命开辟的社会主义道路；归根于我们党带领人民把马克思列宁主义基本原理同中国革命、建设和改革具体实际相结合，走出了一条符合国情的实现民族伟大复兴的阳光大道；归根于一代又一代中国共产党人不忘初心，牢记使命，高举旗帜，带领人民接续奋斗。

第二章　女县委书记

妇女解放，突起异军，两万万众，奋发为雄。

男女并驾，如日方东，以此制敌，何敌不倾？

抗日战争时期，毛泽东在延安讲到“妇女撑起半边天”，“全国妇女起来之日，就是中国革命胜利之日。”并题写下了这样的诗句。

人类社会的进步发展，中国革命的必然要求，马克思主义妇女解放与发展理论的题中之义，都使中国共产党高度重视妇女干部的培养、教育、选拔、任用。抗日根据地里涌现出了一批优秀的妇女领导干部，仅在太行山，党就培养出了高尔华、程式兰、贾庭修、纪云、陈舜英、杨蕴玉、赵迪之、翟英、杨稚葳、全玉一、刘韵、刘湘屏等一批女县委书记。

县委书记无论男女，一样的使命、一样的担当，在武装斗争方面，动员全民参军参战、支援前线，为抗日武装力量培养输送大批的战士；在党政建设方面，建立健全党的基层组织和民主政权，创建抗日根据地模范县；在生产建设方面，减租减息，发展生产，改善民生。妇女能顶半边天，而烽火岁月中的女县委书记，克服了更多的艰难困苦，发挥着更多的作用，开垦着一方土地撑起了一方天。

鼓动宣传

宣传动员工作是党的一大政治优势，它集中地体现在党的主张具有真理的力量，党的干部作风具有人格的力量。在宣传动员工作方面，尤其是在更深广的社会力量动员宣传上，妇女干部更善于发挥其特有的亲和力、感染力。

动员群众先从解决妇女的痛点难点入手，县委书记刘韵领导妇女干部在农村广泛宣传反对缠足，反对虐媳，追求婚姻自由。她编唱了歌曲：“人家女儿走路快又稳，女儿走路多痛苦，妈妈呀！你好糊涂，女儿要放大脚。”“区长！区长！细听我来讲呀！唉，俺爹俺娘从小把俺卖呀咳！我要婚姻自由呀！”为反对农村普遍存在的婆婆虐待媳妇的现象，刘韵针对当时发生的虐待儿媳致死事件，在武安县阳邑镇召开了千人大会，公审恶婆婆白枝子，沉重地打击了农村封建势力，极大地调动了妇女儿童参加抗战的热情。

抗战初期，妇女干部奇缺，县委书记杨蕴玉在辽县冯婆峪村开办了妇女培训班。当地的妇女们大都没有出过村，见到杨蕴玉这样一个戎装打扮的女干部十分新奇。杨蕴玉现身说教，讲起自己如何挣脱封建压迫，学习文化求翻身，从河南来山西参加抗日救国的经历，妇女们都被她的经历深深地打动了，按捺不住地窃窃私语：“河南离咱这儿到底有多远……人家讲话像流水，清凌凌，不断头，多好听……咱也要出门干革命。”当地受到培训的妇女很快发挥出干部作用，发动起更多的家庭投身抗战。

高尔华在任县委书记前，曾在太原街头演出抗日活报剧《放下你的鞭子》，引得满城争看，妇孺皆知，影响力大到甚至从北平来的人提到“高尔华”的名字，军警都能帮助找到她工作的地方。

与高尔华一样，程式兰也是来自东北的流亡学生，她的名字与根据地“红五月”运动联系在一起。程式兰（1918—1948）原名朱慧，出身于辽宁兴城的一个地主家庭。九一八事变后，随着家人流亡到关内，考入北平东北中学、东北大学学习。在中学学习期间，开始积极投身抗日救亡活动，被推选为学生会主席，在“一二·九”运动中加入了中国共产党，担任民先队区队长。在北平天桥，程式兰曾向成千上万的群众慷慨激昂地发表演讲，以亲身经历揭露了日本侵略者的罪行，痛斥国民党的不抵抗政策。她边讲边唱“我的家在东北松花江上”，感人肺腑，催人泪下。“西安事变”发生后，程式兰参与组织请愿团卧轨夺车南下，向国民政府请愿，要求蒋介石兑现履行抗战诺言。“七七事变”后，根据党组织的安排，程式兰从北平到太原，后随杨秀峰教授到冀西，以冀西民训处的名义发动群众、收容溃兵，建立党领导下的抗日武装，担任了民训处宣传队队长。

1938年，程式兰任赞皇中心县委书记。同年5月，晋冀豫省委和冀西特委决定以赞皇县为实验县，发动壮大党组织的运动，即闻名太行的“红五月”运动。程式兰和县委其他同志组成了紧急动员委员会，响亮地提出了“创建华北模范县”的口号，建立农民训练班，相继成立农救会、妇救会、青救会，创办《农民报》，组建起游击队——“红五月营”，党员由原来的百十名发展到2500余名，党的支部一直建到接敌区。她主持了中心县委所辖三县发展党员经验交流会，使“红五月”运动向着更大规模发展。赞皇的“红五月”运动，带动了整个冀西工作的开展，从此“红五月”运动和程式兰的名字传遍了整个太行山。

“红五月”运动以后，程式兰又到元氏县任县委书记，开辟新区工作。元氏县毗邻平原，在平汉线上，离石家庄较近，由于日军的“蚕食”、国民党顽军搞磨擦，她从解决群众的生活困难入手，发动群众实行减租减息、合理负担，抵制旧县长的“平均摊派”，建立起农救会等抗日组织，在斗争中培养出了一批骨干分子。与此同时，程式兰派交通员李荣泰到北平与她哥哥程式模（程正夫）联系，为根据地购买药品、油印机等物资，并先后把自己的妹妹、弟弟、侄女以及她的老师一家接到太行根据地参加抗日战争。

翟英（1918—1999），河北获鹿人。1937年，在山西太谷铭贤学校学习期间参加抗日游击队，同年加入中国共产党。1939年9月，太行区党委为借鉴中央苏区建立模范县的方式，提出了“争当兴国第二”“要夺第一”的口号，建立区党委直接领导的辽县实验县、模范县，以典型示范经验引领全区工作。建立实验县首先要创建实验支部，以此为“基点”展开全县的建设。在具体步骤上，县委干部要进村包点进行，把村党支部建设成为坚固的战斗堡垒，使基点支部成为实验县的支柱。从祁县县委书记岗位上调任辽县实验县县委组织部部长的翟英，在创建基点党支部工作中，隆冬季节来到桐峪包点开展工作，深入偏僻的下南会村发展党员，壮大党的组织。翟英性格豪爽，争胜心强，大胆泼辣，吃苦在前，虚心向群众学习，白天与群众一起务农，黑夜孤身一人深入各村开展工作。为保证农村党员和积极分子的安全，党支部会议常是后半夜在村外的山崖下召开。天寒地冻，北风呼啸，年仅 17 岁的贫雇农焦锁成冻得浑身哆嗦，主持会议的翟英毅然把自己身上的棉大衣脱下，硬逼着焦锁成穿上，翟英从背后把他抱住为他取暖，感动了在场所有的人。敌情复杂，党支部会议仍被敌人特务跟踪上了。刚散会，部分党员就遭敌恫吓。深夜里，翟英紧急集合民兵通宵达旦抓捕特务，顺藤摸瓜破获了一个庞大的敌特组织。

翟英特别重视培养本地工农干部，大胆向县委推荐长工出身的左奎元担任县农救会主席、县独立营营长，推荐贫农出身的张树藩接任县委组织部部长，县里召开千人以上的群众大会，让童养媳出身的县妇救会会长李瑞英担任大会主席。扶植出了互助合作的典型李炳星和蜚声太行的劳动模范赵申年、杀敌英雄刘二堂等，培养出一批农村工作骨干。1940 年 4 月，太行区党委召开全区县委组织部长会议，翟英就辽县三个实验支部（麻田支部、寺坪支部、苇则支部）进行了具体分析和探讨，在深入细致的调查研究基础上，总结出一整套建设实验支部、建立农村“基点”的方法和经验，受到区党委的高度评价。

大胆泼辣

经风雨，见世面，多谋善断是领导干部的必备素质，战时状态下的领导干部更要当机立断，甚至于杀伐决断，这对女干部是一大考验。因而，敢于克服先天不足，蔑视性别歧视，突破陈腐观念，活泼大胆，勇于实践的知识女性，是党组织发展党员、选拔任用干部的重点对象。抗战时期的女县委书记都是品学兼优、追求进步的知识女性出身，她们积极向上，朴实无华，是在斗争实践中锻炼成长起来的干部。

杨稚葳初次担任县委书记时年龄还不满 19 周岁，而且身高只有 1.5 米。太行山的人们为了区别，称辽县女县委书记杨蕴玉是“大杨”、杨稚葳是“小杨”。瘦小的杨稚葳一辈子偏要赢在“要强”上，典型地表现出一代女县委书记的成长过程，展示了女县委书记最需要泼辣大胆、刚柔并济，年龄愈轻、外形愈弱者愈需要表现出敢作敢为、勇于实践的风采。

杨稚葳1919年12月16日出生于河南新野县一个地主家庭。她天生瘦小而要强，5岁时上学，需要站着才够得着课桌读书写字，是班里年龄最小、学习成绩分数却最高的学生。在开封女子师范学校学习期间，她代表学校参加全市的排球比赛，并参加过华北运动会的垒球赛。“一二·九”运动时，她积极投身于抗日救亡活动，带领女师同学和开封市其他学校的学生占领了几节火车车厢，要到南京国民政府去请愿。被开封当局驱散后，杨稚葳又组织同学成立“励志社”搞社会调查，揭露国民党的腐败，寻找红军欲投笔从戎。师范学校毕业后，杨稚葳先是当小学体育课、美术课教员，1936年底瞒过家人独自到太原参加国民师范军政训练班。在女兵连学习期间，她个子不及步枪高，但各科训练成绩不输人。1937年8月加入了中国共产党。

抗战初期，党组织派杨稚葳带领平定中学学生为娘子关战役做战地服务工作，她动员群众，组织担架队，“晚上睡觉只有一间屋子，半面全是炕，我带了十几个学生，有男有女，怎么睡呢？男生人多就睡在炕上，像鱼一样一条条码在那，人挨人，女同学才三个人，我们就铺些柴火睡到了地上。”八路军一二九师政治部动员她们留在军队工作，她“当时心里真是愿意随一二九师当兵打鬼子，但是又一想，自己是党员，是县委派来执行任务的，带着这么多学生负有责任，还是应该回去，只好赶回平定县。”

“战争开始了。我们一路行军飞快地走了二三十里，而且是上山爬坡，累得喘不过气来，身上的背包，手里的枪越来越重，脚底也磨起了泡。实在走不动了，为了减轻负重，只好忍痛把书一本一本丢到路边的草丛里，最后连珂勒惠支的版画集也扔掉了。彻底告别了学生时代，开始成为抗日战士。”广阳战斗结束后，杨稚葳见到一二九师三八六旅旅长陈赓：

就大胆跟他说想要一把手枪，开始他没答应，但禁不住我软磨硬泡，还是给了我一把德国造的小巧精致的手枪，里面还有几发子弹。我没有罢休，又得寸进尺地想要他头上的帽子，因为那上面有一颗红五星，是红军的标志。他两手一摊说：“给了你，我戴什么呀？”我说：“你还能找得到的。”于是他把帽子也给了我，并且还说：“你这个小鬼，还想要什么！”从此，这把小手枪我一直随身带着，爱护有加，从不离身。

在北方局党校学习期间，大病初愈的杨稚葳听到有人来问谁会打篮球，她不肯放弃任何参与集体活动的机会，就自告奋勇地说：“我会！”

等到了球场后，看到朱老总、陈锡联等八路军指战员都在场上，大家互相也认识。我一上场，他们立刻开玩笑说：“你还能比赛？不是瞎起哄吧！”我个子小，根本无法和他们争抢，很快就被换下场了。那时的学习生活紧张而愉快。学习结束后，组织上曾派我到华北艺术学校做支部书记（杨尚昆的爱人任校长），我为难地说：“我不懂文艺，工作有困难，还愿意回去工作。”

1938 年 4 月，杨稚葳担任平（定）西县委书记。一到平西，她发现这里有个“白莲古教”在暗地活动。每逢集市，信教的人就三五成群到处宣传只要入教就能避灾，要人们多烧香，神就会保佑教民，日本人也不会来。同时，她还发现一些党员也入了教。杨稚葳向地委报告了这一情况，随即带领县公安局和区小队的民兵，在八路军的帮助下，驱散了“白莲古教”，并在县里举行庆祝“五一”集会。她起草并散发《宣言》，号召群众不要听信“白莲古教”的反动宣传，要参加八路军打日本。事后，地委书记把她叫去，批评她：“你怎么能随便发表宣言，无组织无纪律！”但是，地委又任命她为昔（阳）西县委书记。

1940 年 6 月，平顺县遭受敌军多次“扫荡”，日伪占领了西边，国民党中央军、张荫梧的河北民军占领了南面和东面，平顺地区由根据地变成了敌我拉锯的地带，在日伪和顽固派的三面夹击中，党组织大部分处于瘫痪状态。为了克服“面广，分散，鞭长莫及”的弱点，加强党的工作以应对即将到来的更大困难，党组织将平顺分为南北两县，杨稚葳到了平（顺）南县担任县委书记。

杨稚葳刚上任，就得到敌人又要“扫荡”的消息。她立即召集各村村长和积极分子前来开会，动员群众坚壁清野。但是，来参加会议的只有寥寥几人，而且有的人中途就返回村里了。要到各村侦察情况，而村里的老百姓远远地就躲避她们，县里的干部吃不上饭，晚上只能睡在村外的柴草堆里。经过深入了解，才知道这一带有37个村被日伪操控了，由“维持会”会长摊派差役、催要钱粮，打探八路军情报，破坏抗日斗争。群众害怕报复暗算，所以不敢和抗日民主政府接近。问题的症结在“维持会”，县委下决心与“维持会”公开斗争，以抗日民主政府的名义通知各村维持会长，必须自带干粮来县政府开会，不来者后果自负，同时派独立营督促，结果大部分维持会长都来了。经过几天教育，绝大多数维持会长回去后有了转变，局面打开了，群众抗日的积极性又高涨起来。青纱帐起来后，对敌斗争积极开展起来，平南五区从游击区又发展成了根据地。

平南县边缘有一个南垂镇，是敌人的小据点，县委的交通员就曾在那里被杀害。因此，那一带的工作很难开展。主要是那里有个维持会长很坏，向日伪军告密、残害革命群众。县委研究决定必须处决这个汉奸，杀一儆百，打击敌人的嚣张气焰。

县委决定，这次惩恶锄奸行动，由独立营副政委带队去执行。但是，副政委突然高烧，无法前往，县委书记兼独立营政委的杨稚葳遂亲自带队去执行：

> 副政委知道后，抱着盒子枪蹲在院门口，流着眼泪说：“你不能去呀！出了事我怎么向组织交代。”我安慰他几句后，就立即带上公安员和独立营的战士，拿着写好的标语、布告出发了。我虽然个子矮，但是太行山上四年来的行军打仗已经锻炼出一副铁脚板，行军速度一点也不慢。在赶往南垂镇的路上听到队伍后面传来战士的声音：“谁在前面带队？走得这么快！”通讯员小声地答复：“是政委在前面，还不快跟上，再说话割了你的舌头！”我们连夜赶到南垂，布置好警戒后，敲开门，把那个会长从家中叫出来，没等他反应过来，就一刺刀结果了这个罪大恶极的汉奸，同时在他的尸体旁的墙上贴了布告，散发了传单，顺利撤回。锄奸行动打击了投敌叛变的汉奸气焰，鼓舞了军民的抗日斗志，根据地生活逐渐安定下来。

杨稚葳在抗日战争时期，先后担任过平（定）西县委书记、昔（阳）

西县委书记、临（城）内（丘）中心县委书记、临城县委书记、沙河县委书记、平（顺）南县委书记、林县县委书记等；解放战争时期，历任宁城县委书记、北票市委书记等职。

战地婚恋

女县委书记、女县长的婚恋都是在战地开始的，是抗战工作为她们做媒，是同志加战友的激赏而相恋，她们忠贞不渝、从一而终地信守着自己的家庭和伴侣。

书记与书记之恋

陈舜英（1912—1982），女，福建福州人。大学毕业。1937 年加入中国共产党。抗日战争时期，历任辽县县委书记、榆社县委书记等职。

刘建勋（1913—1983），河北沧县人。高中毕业。1931 年加入中国共产党。抗日战争时期，历任榆社县委书记、武乡中心县委书记等职。

一双雌雄剑是这样“合鞘”的。到晚年，经不住孩子们的追问，刘建勋面对在战争年代患病而一直羸弱无力的陈舜英，讲起他们当年初恋的情景：那是 1940 年，太行区党委召开县委书记联席会，会议开始前，忽然听到弯弯山道传来了一串清脆悦耳的叮当铃声，定睛望去，只见一个胖胖的年轻女子一身地道山西老乡的装束打扮，按照当地习俗侧身安坐在小毛驴背上，颠簸晃悠，由远方缓缓走来……那就是时任榆社县委书记的陈舜英。在联席会上，他们相识并相恋了。

县长与专员之恋

陈舜玉（1915—2010），女，福建福州人。1936 年毕业于福建政法学院法律系，1937 年 2 月加入中国共产党，同年参加山西青年抗敌决死队。抗日战争时期，曾任中共盂县中心县委执委兼秘书、盂县妇救会主任、中共北岳区党委妇委书记、晋察冀四专署秘书主任、河北唐县县长等职。

张林池（1911—2002），河北清苑人。1936 年毕业于北京大学化学系，1937 年加入中国共产党。抗日战争时期，历任河北唐县县长、晋察冀边区第四专署专员、晋察冀边区政府实业处副处长等职。

战争让一切简洁到极致，爱情婚姻也容不得缠绵。此情晚年成追忆，陈舜玉在自传中介绍她和张林池的婚恋经过："当时第四专署专员是张林池，他对我的工作非常支持，我也觉得他的工作做得很周全，很有条理性，就夸他很棒。有一次，林池同志对我说：我要到边区开会去了，你把没完成的工作继续做好，如果住宿不方便就到我那里住。虽然他没有直接向我求婚，但我明白他的意思。1940 年春，县长会议的最后一天会餐，大家开着玩笑要闹洞房，我们就算正式结婚了。"

指导员与团长之恋

赵迪之（1916—1997），女，河北清苑人。北平民国大学英语系毕业。1934 年入党。抗日战争时期，曾担任八路军总部太行山剧团政治指导员、武乡县委书记、陵川县委书记、晋城县委书记等职。

阮章竞（1914—2000），笔名洪荒，广东中山人。1938 年入党。抗日战争时期，曾任八路军总部太行山剧团团长等职，著作有歌剧《未熟的庄稼》《赤叶河》等，长诗《圈套》《漳河水》等。

初上太行山，不是共产党员的阮章竞担任了太行山剧团政治指导员。不久，党组织派来一位在北平做过地下工作的女同志赵迪之取代了他的职务，阮章竞成为团长。关于二人的婚恋，阮章竞在回忆录写道：

女政治指导员是个大学生，工作很认真，态度和善，性格温柔。在和我共事的一个阶段，她给我生活方面许多照顾。1938 年 10 月份，太行山剧团接到命令，要我们到边区所属各行政公署、地委、军分区搞宣传活动，宣传持久战，动员群众参加八路军，保卫抗日根据地。这次大行动，被称为"大流动"。太行山剧团从屯留出发，经过长治、潞城、襄垣、武乡、榆社、辽县、和顺，然后到临城，从临城转道赞皇、高邑，再到邢台，到了冀西地区。这时候，已从太行山西麓走到了太行山东麓。"我们在大流动开始时，为了便于转移，部队曾拨给我们一些马匹驮运东西，但更多的行李如汽灯、乐器等，都要我们自己挑。新来的女政治指导员身先士卒，每次流动，她都率先挑起一副担子，走在前面，剧团的其他负责人也都积极主动，起模范带头作用。”

在反“扫荡”战斗中，“老百姓也很乐意为我们提供方便。我们提出借宿的请求后，这位老乡立即准备住处。他发现我们是一男一女，便为我们收拾了两孔窑洞。老百姓太穷，又正值冬天，无铺无盖，实在太冷。”“我和女政治指导员一商量，便搬到一个炕上住。我们和衣而睡，拥抱在一起，互相取暖。我们部队行军时，常在野外露宿，经常有男女相拥而眠的事情，男女同志毫无封建礼教之腐朽观念，男女同志互相关心，互相照顾，在残损的破庙，在寒风刺骨的郊外，相依为命，共御漫漫的长夜。这次虽然只有我们两个人，但我们丝毫没有不自然的感觉。”

不久，女政治指导员担任了县委书记，“但我们的友情还一直维系着。后来，随着相持阶段的到来，抗战日趋艰苦，我们感觉到需要组成一个家庭共同生活，因此我们便结婚了。婚后我们有了几个孩子，虽然经常过着两地分居的生活，但感情一向很好。”

家中靠山

党性原则和工作职责要求每个干部都应当自立、自尊、自律、自强，然而，在家庭生活角色中，俗话说：女主内男主外、丈夫是靠山。女县委书记、女县长的配偶多是比自己更高一级的领导干部，她们的一举一动总能格外吸引干部群众的目光，因为她们不仅仅代表个人和家庭，而是典型地代表党的领导形象。在“靠山”问题上，女县委书记、女县长都是具有高度党性修养的领导干部，她们拒绝特殊化，从生活的细节严格要求自己。如县委书记翟英到区党委开会，探望丈夫、太行区党委书记李雪峰时，她不随丈夫吃小灶，而是按普通学员身份到党校排队吃大灶，大家看在眼里，记在心底，成为太行山有影响的话题。

与其他女县委书记、女县长的丈夫是高级领导人不同，赵迪之的丈夫阮章竞是个诗人、剧作家。因而，她的战斗、工作和生活，有幸在丈夫笔下得到生动的还原现场记录：妻子是家人的靠山。

赵迪之比阮章竞小两岁，却比阮章竞早四年入党，妻子是红军时代的党员，又是丈夫的入党介绍人。赵迪之担任县委书记期间，阮章竞是剧团团长；赵迪之领导全县人民坚持斗争，建设和巩固着一方根据地，阮章竞则率领剧团跋山涉水，辗转在太行山各地宣传鼓动。坚持县域斗争的县委与四处巡回宣传的剧团相比，县委是根据地，剧团是轻骑队，县委如果是屹立的山，剧团就是流动的水，而夫妻二人在生活中的角色恰如县委与剧团的关系。在阮章竞笔下可不仅仅只有这样的譬如，赵迪之是好同志、好战友、好书记，又是贤妻良母……

战地来送行

我妻子来看我的时候骑了匹骡子。我去武乡，便以骡子代步。到了武乡县境，在摩天岭山的中腰敲开了一家老百姓的门，在老百姓家的门洞里架了两块门板，与通讯员三人住了一夜。

太行山剧团这一个阶段的任务主要是为晋冀豫边区政府的成立做准备。我们当时住在一个叫桃村的地方。我和妻子住在一位八十多岁的老太太家里，老太太听说我们是一对夫妇，待我们十分友好，把我们当作她的亲生儿女，我们极受感动。但等到我们打完“百团大战”回来后，这位老人已被日本人打死了。

天寒寄棉衣

我们太行山剧团也面临这种困境，到了冬天换不上棉衣，到了夏天穿不上单衣，行军转移没有马匹，剧团的道具全靠人力肩背担挑。入冬以后，我还穿着单衣，冷得不行，我妻子给我寄来一件毛衣，我很感动，但发现毛衣上有太多的虱子，便放在热水中煮了一下，发现水上漂了厚厚的一层，看着那一层虱子，恶心得连饭也不想吃了。

住的地方有盘炕，我一向不习惯于在土炕上睡觉，因为常有跳蚤和臭虫。我决定在桌子上躺一夜，不想半夜仍被咬醒。一看，被子上的虱子很多，把我吓坏了。扔掉被子以后，我还感觉到自己被虱子包围了，浑身刺痒难当。

我的病还没有好利索，不耐深秋之寒，我妻子帮我向老乡借了件棉袄，穿在身上，既暖和，又可以掩人耳目，人们见了我，不会想到我是八路军，还有化妆的作用。现在跟彭涛去涉县，便没有来得及换衣服，穿着棉袄便上路了。

当天夜里，我们进入了一片有几十里方圆的树林。在黑漆漆的树林里行进，一路上没有碰见几个人。终于碰见一个村子。我们找了家农户住了下来。睡觉之前，我脱下我妻子帮我借的棉衣，在灯下捉虱子。“睡吧，别捉了。”彭涛见我捉虱子，便劝我。“我太怕虱子了，不把虱子消灭干净，我睡不着觉。”“战争不免虱子！”彭涛虽然这样说，我还是坚持消除我身上的寄生虫。（彭涛曾是北平“一二·九”学生运动的领袖之一，这时正担任太行区党委领导）

到了1944年的冬天，我又面临着没有冬衣的困境。我写信给妻子，我妻子给我寄来了一条棉裤和一件土织毛线衣。

就在回去后的不几天，我妻子写信要借的老百姓衣服。太行山的老百姓很贫穷,做件棉衣很不容易。我想让别人捎去不大好，丢了就麻烦了。而我也想到武乡看看我的孩子。孩子已有两三岁，生下来后便寄养在老百姓家。我妻子是武乡县的领导人，敌人通缉她，打听出她有个孩子寄养在农村，有一次搜了出来，但日本人发现搜到的小孩像太行山农民的孩子一样脏,便以为是搞错了，我的孩子才逃了条活命。

伤病来相伴

日本人这次回师华北非常迅速。我们太行山剧团得到消息时，我正好得了场疟疾。这时我已没有马骑了,便让妻子陪着我爬山，爬得大汗淋漓，气喘吁吁，疟疾便好了。不想刚过了几天，又犯了一次，我便找机会休息了几天，养了养身体。等身体差不多的时候，我和太行山剧团便开始转移了。

我妻子不知道我负伤。她到武乡开会，听说我被机枪打伤了胳膊和腿。她想机枪子弹大，我肯定四肢不全了，便匆匆赶来看望。事实上当时我的伤已好了许多。她算是虚惊了一场，知道我的胳膊和腿并未受严重损伤，倒有点高兴的味道。

（他们的女儿阮援朝为此注释：1942年，日寇对根据地频繁“扫荡”。爸爸患伤寒病未愈，就率领剧团转移，在平顺县穽底村与敌遭遇负了伤。妈妈一得到消息，就急忙从武乡赶到平顺去看望。见到爸爸之前，妈妈听说爸爸是被机枪打中了胳膊和腿，心中十分焦虑。妈妈心想机枪子弹大，说不定爸爸都残废了。万幸的是，爸爸并没有伤到骨头，妈妈才松了一口气。妈妈自己说：我一看老洪（爸爸当时用名“洪荒”）受伤没有碰到骨头，心里反而有点高兴呢。为了能亲自照顾负伤的爸爸，妈妈把爸爸接到了武乡去养伤。）

突围找妻子

有天夜里，后勤工厂通知我们有情况，需要立即撤走。几天前我们已是和衣而卧，大家都很紧张。不过我似乎没有什么慌张，一边写剧、一边聊天，大家都说我很镇静。事实上我在心里也很着急。后勤工厂一通知我们，我便立即赶到工厂去，见他们正是一片忙于备战的情势，知道不妙。打听敌人从北边来，我们按计划登狼梯，牵牲口者走大狼梯，徒步者上小狼梯，这样可以节约时间。

我妻子这时是武乡县委书记，武乡县是模范县，县委负责人常被调到艰苦的县去。我妻子从北方局党校毕业后便到地方政府工作。这时间正好在武乡县委任职。武乡县在黄崖洞的正西方向，我们便直奔武乡县城方向去。

我从黄崖洞上去，到了一个村庄，敲开了一个老太太的家，要点水喝。老太太端来的是一大碗酸菜面汤，我一气喝干，便冒着倾盆大雨继续上路。好在黄崖洞一带到这时候，我已是极熟悉了。半夜到了妻子的住处，吓了妻子一跳。第二天，我便把小孩接了回来，小孩已认不得我，不叫我“爸爸”，像看陌生人一样呆呆地瞪着我，我一阵心酸。

离别有亲吻

武乡是黄土地，产粮，敌人秋天来抢粮，我妻子正要带民兵分散行动，我回去了。

黎明的时候，我妻子带的民兵和敌人遭遇，相隔一个田头，我们马上撤开。

民兵们在整个区里活动，民兵们没有打过大仗，胆子小，有点怕。他们手里也没有什么像样的武器，多是些大刀、长矛和一些老旧的步枪。我们待在地道之中，敌人在上面活动，没有人敢出去。

“这样害怕，怎么得了。”我见大家害怕，心里着急，便说了这么一句话。这句话是我跟参训班的指挥员梁军学的，他的口头禅便是“这样做，怎么得了”“这样吃，怎么得了”。

我妻子听了我的话，瞪了我一眼：“你是不是有点怕？”

我妻子一副威严而勇敢的样子，声色俱厉，倒吓了我一跳。我自觉失言，很感惭愧。

“不，我不怕。”我想我说这句话的时候，声音是坚定的。妻子再没有说话。

民兵们情绪不高，虽然没有和日本人打起来，但都很疲劳。我妻子在不断地鼓动，效果似乎不是很大。

到了晚上，我们拉到一个山庄。山庄有几户人家，有羊圈、窑洞。我们便待在羊圈和窑洞里。

这天夜里前半夜没有月光，情况仍很紧急，我们躲在院子里休息，派出侦察员去侦察情况。我当时还不能正常行走，拄着拐杖。到了深秋，我们还没有换上棉衣，有点冷。我与妻子，还有一些民兵拥在窑洞里，静静地等待。

在黑暗中待了一会，我妻子要去查哨。临走，她紧紧地抱了我一下，然后又给我一个吻。民兵们挤在一块，天黑，没有人看见。不过，她这样做，我的心情是很沉重的，我知道她这是向我告别。当时她的意识中，也许预感到我们很难活到天明。所幸，一直到天亮，我们都很安全，敌人并没有发现我们。

英雄母亲

性别差异是客观存在。同样情况、同样称职的县委书记、县长，若按性别看，只能证明女性更优秀，是比男性更强的强者。女县委书记、女县长成婚于战地，在恶劣的战争环境下，至少有“十月怀胎，一朝分娩”的妊娠经历，许多人为此经受了难以想象的苦难，几乎都有一本痛彻骨髓的挫伤流产、婴孩夭折史，比男性更多地经历着生死考验，留下了永难平复的创伤。

榆社县委书记陈舜英的第一个孩子夭折在反“扫荡”中，自己落下了风湿性心脏病。在太行区委党校，担任党小组组长的陈舜英拖着怀孕的身子，除每天坚持学习外，还要操心比别人更多的工作。到后来，她几乎连迈步的力气都没有了。一天上午，学习结束了，她一手拿着笔记本，一手拉着高平县长刘湘屏的手，想从小板凳上站起来，不料没有站稳，脱手跌坐在地上，又一次流产了。不过几天，羸弱的陈舜英又出现在露天课堂上。后来，陈舜英、刘建勋有了一个女儿，然而他们转战山乡，不得不将女儿寄养在老乡家中。他们只有在战争间隙或参加会议时，才能抽暇看女儿一眼，只记得女儿一年四季穿着补丁摞补丁的衣服，山里缺水，衣服又脏又硬，战友们笑着说：“能在上头划火柴点纸烟！”

1939年8月，临（城）内（丘）中心县委书记杨稚葳，要到特委去参加会议，她怀有身孕，骑驴要翻过赞皇县境内的嶂石岩，一路山峰陡峭，悬崖绝壁，一尺宽的石阶山路要一步一步向上攀爬，行走非常艰难，腹痛难忍，一到韩桥沟就流产了。杨稚葳2006年9月回忆：

那是战争年代，哪有心思注意这些事，怀孕有几个月了自己也不清楚，但是觉得不能给女同志丢脸，男同志做到的，女同志也要做到。会议我没有参加，也没容得休息，会议一结束日寇“扫荡”就开始了。于是，我们又翻过山崖回到邢台的浆水。一路上恶露不断，疲惫极了，到浆水就高烧不退。以今天看来，可能是“产褥热”，我马上被送到部队的医院。记得当时还下着大雨，雨过天晴，出门一看，河对岸的村子没了，因为下雨致山体塌方，把房子都埋了。只有两个老太太活了下来！

县长陈舜玉、专员张林池戎马倥偬各一方，聚首常在第三地。1940年10月，陈舜玉到阜平参加县长联席会，同志们看出陈舜玉身怀六甲，劝他们夫妇同行。可是，敌情严峻，秋收紧张，容不得他们过多的寒暄。一散会，县长们扬鞭催马各回各县，陈舜玉奔波百里赶回唐县，小产了；她挣扎着把各项工作部署完毕，鬼子的大“扫荡”就开始了。“脱我战时袍，著我旧时裳”，笑谈战地情，恰如话桑麻。二十世纪六十年代开发建设北大荒，合江地委副书记陈舜玉，与青年人谈起如何处理革命工作和家庭生活的关系时讲道，抗日战争时期，她和张林池在一个专区工作，但不在一起生活，很长时间不能团聚，有时开会见面打个招呼，一散会，她就直接回县里布置工作去了，夫妻根本顾不上絮叨。这时，农垦部第一副部长张林池在一旁耿耿于怀地嘟哝“你不懂感情”，陈舜玉哈哈大笑地讲出真情：因为工作，害怕怀孕，只好能躲多长时间就躲多长时间……逗得青年人笑出了泪花儿。

团聚是那样的难得，又令人这样纠结。程式兰在抗战期间先后担任赞皇、元氏、黎城、辉县县委书记及晋冀豫区党委妇女工作委员会书记等职。1944年在北方局党校学习期间与在一二九师司令部工作的张廷发结婚。1947年，张廷发开赴大别山地区工作。怀有身孕的程式兰带着不满三岁的孩子，担任着邯郸市委副书记兼民运部部长，为了全身心投入工作，程式兰做了人工流产。限于当时的医疗条件和医术水平，手术后的程式兰无法康复，在紧张的工作中引起了大出血。临终前，程式兰在给丈夫的信中写道：“我想赶快南下，那边正在开辟新区。等你们开辟好了我再去，还有什么意思？我终于下了决心，可是……”

太行六地委书记赵德尊晚年在纪念老伴陶竞华的文章中写道：抗战时期“女同志比男同志付出得更多。挺着大肚子打游击，有时骑毛驴从驴背摔下来不吭一声。在战争年代，有一段时间每人发一块钱津贴费也叫一块钱的饷，这一块钱要掰成好几瓣花。有了孩子后，把大人旧的衣服改成小孩的衣服，再小的孩子穿大孩子的衣服，新三年旧三年，缝缝补补又三年。”

战地抚育儿女，妇女干部含辛茹苦、呕心沥血，其艰难是常人难以想象的，她们甚至是在极度委屈的情形下付出了更多的牺牲。杨蕴玉回忆：“辽县收复后，我到豫北干校工作半年多，后调到晋冀鲁豫根据地的五地委任妇女部长兼政策研究室主任。这一段时间我情绪不好，一是因为我丈夫跟我离婚，再一个是带着一个吃奶的孩子，很辛苦。”晚年，她清晰地记得自己在任辽县县委书记时生孩子的情形：

> 辽县在太行山的大山顶上，翻过山就是河北省。1940 年 11 月我生第一个孩子时非常狼狈，当时正遇日寇“扫荡”，我们从县委机关撤出，没有固定的住处，总在行军中。11 月 6 日刚刚回到县委驻地，当晚孩子出生了。我怀孕时仍然忙于工作，不知道生孩子是怎么回事，更不知道什么时候生。孩子一生出来小衣服都没有准备，连块尿布都没有，孩子光着身子，我当时棉袄里头有件单褂，就把单褂脱下来包住孩子。因为没有了单褂，只好光着身子躺在被子里，幸好辽县农村睡热炕，才没有冻着。

女县委书记忠诚履职，无私奉献，她们是巾帼英雄，同时又是大爱母亲。赵迪之在太行山生育了三个儿子，给孩子起名都带有一个“鹰”字，其女儿阮援朝写道：

> 1940 年，妈妈被派到八路军总部的所在地——武乡县任中共县委书记。妈妈在武乡发动群众，组织生产，动员兵力。百团大战时，妈妈动员了一大批武乡青年参军，扩建了威名远扬的“朱德警卫团”。妈妈或孤身或率队，或徒步或骑马，走遍了武乡的山庄窝铺，建立抗日政权，组织民兵武装、妇女救国会。在工作和战斗的间隙中，妈妈甚至还帮助农村妇女接生过小孩。在当地，群众都亲切地称妈妈为“赵大姐”。

鞠躬尽瘁

冀南抗日根据地的第一个女县委书记是贾庭修。贾庭修（1912—1945），曾用名杜光。出生于山东省青州市一个富裕家庭。父亲贾星垣当过教会的牧师，早年加入同盟会，曾被清政府通缉，后走上了实业救国的道路。母亲刘风格，小学教师，有民主革命思想，赞成自由、平等、博爱。“五卅惨案”发生后，贾星垣夫妇积极宣传反帝爱国思想，募捐支援上海的工人运动。父母的爱国情怀和言行，深深地影响了幼年的贾庭修。

1929 年，贾庭修考入北平大学工学院的纺织系。在校学习期间，接受了共产主义思想的熏陶，与陈舜英等同学都是校园活动的积极分子。1933 年大学毕业后，到太原西北毛纺织厂任技师。1935 年夏，与陈舜英等到日本，参观了十几个工厂和帝国大学。回国后，介绍陈舜英一同到太原西北毛纺织厂工作。她们“眼看着工人一个个黄瘦下来，肺病流行起来，眼瞎的工人一个个出现。厂中营业愈好，加班愈多。工作时间平时在十三小时以上，加班时则达到十五六小时，终日罚工、开除威胁着每个工人。”这使她们进一步认清了资本家压迫剥削工人的真面目。尽管她们当技师的月薪有 50 元，远高于一般工人，甚至还有参与资方分红，但她们对工程师生活和工业救国道路却彻底失望了，她们不能忍受资本家对工人剥削，一致认识到旧社会、旧制度根本不可能有任何出路，只有革命才有出路。她们办起了工人夜校，节衣缩食资助困难工人。为了寻找到党组织，她们二人辞职回到北平，又到河北深县女子职业学校担任了教员兼校工厂技师。为了向党组织表示忠诚，她俩省吃俭用，每个月拿出一半薪金资助她们认定的共产党人从事活动。

秘密党员温宇枫、安志藩向北方局领导报告了贾庭修、陈舜英的情况和她俩寻找党组织的迫切心情。1937 年 7 月，北方局领导彭真在太原与贾庭修、陈舜英谈话，批准了她们的入党申请。随后，贾庭修、陈舜英前往石家庄，向中共平汉线省委报到，补行了正式的入党手续。党组织认定她们的入党考察期自 1935 年算起，故无候补期。

1937 年 9 月下旬，贾庭修、陈舜英随平汉线省委（后改为冀晋豫省委）从石家庄撤出，进入太行山的辽县。在省委直接主持下，中共辽县县委成立，贾庭修、陈舜英等为县委委员。1938 年 7 月，贾庭修到冀南地区工作，不久与冀南区党委书记李菁玉结婚，婚后的贾庭修即被派往南宫县任县委书记，而她亲如姊妹的同学陈舜英则留在辽县担任县委书记。

1940 年 3 月，贾庭修被任命为威县实验县的县委书记。1942 年 9 月 28 日，在反“扫荡”中，贾庭修遭敌被捕。在敌人的审讯中，贾庭修受尽拷打、火烧等种种酷刑，始终坚贞不屈。她通过秘密渠道给党组织写信，表示自己“决于此修身养性，不辱门风”，在给丈夫李菁玉的信中写道“为党为人民而死，有何可惜？”

经党组织多方营救，1943 年 11 月 19 日贾庭修回到了根据地。出狱后的贾庭修身体虚弱、全身浮肿，她抱病要求党组织对她进行审查。党组织对她在狱中的表现给予高度评价，全力以赴医治她的伤病，而贾庭修却时时想着边区的困难，要节约每一分钱支援前线，她坚持不打针剂、不吃贵重药，就连小小的药棉也让护士保存起来。贾庭修忍受着巨大的伤痛，毅然写完了记录自己一生追求光明的自传，其中写道：“应尽毕生之力以报党”，“为了革命事业，为了高尚的气节，死也所愿也。”

抗日战争胜利后，1945 年 11 月 11 日，贾庭修与世长辞。在她工作过的地方，老百姓纷纷为她设“路祭”。各地的唁电纷至沓来，冀南区、太行区的党政军领导人高度评价道：贾庭修同志把自己的一切都贡献给了革命事业！

第三章　夫妻书记一本经

刘建勋、陈舜英夫妇，抗战时期是县委书记“专业户”，和平建设年代是县委书记的“马伯乐”，一生情系基层，双双魂归太行山。

为国生死以

初上太行山当县委书记，人们就称刘建勋、陈舜英是“刘老建”“陈大姐”了。其时，刘建勋 24 岁、陈舜英 25 岁。两个年轻人，何以有“老”“大”之誉？

刘建勋的“老”，可谓是老资格的弄潮健儿。他 1913 年出生于河北沧县一个耕读之家，早年入私塾，勤奋好学，14 岁考入河北省立第二中学。1931 年，读高中时，学校聘来了北京大学毕业的潘漠华担任国文教员。潘漠华正是鲁迅赞许有加、新潮青年追捧的“湖畔派”诗人，更是一名秘密共产党员。潘漠华传播革命思想，鼓动学潮，刘建勋渴望社会变革，踊跃争先。一对师生相互激赏，潘漠华遂介绍 18 岁的刘建勋入党，刘建勋成为学生自治会主席，师生皆成弄潮儿。九一八事变后，抗日形势风起云涌，然而，在只顾“安内”不知“攘外”的当局镇压下，潘漠华牺牲了，遭开除学籍的刘建勋从此走上了职业革命家的道路，投身于更激烈的斗争浪潮，飞行集会——鼓动学生罢课、工人罢工、商人罢市、士兵罢操，动员农民不给地主当佃户；沉潜下底——当教师、做工人，甚至打入“青红帮”，摆香案磕头拜把子，广结社会关系。历经六年出生入死的斗争，刘建勋成为老练的革命健儿。

陈舜英的“大”，比刘建勋大一岁，大学学历，名门望族的大小姐。她是福州“螺江陈”的后裔，出生于典型的书香门第，又可谓忠烈之家。祖父曾做过清朝船政大臣的幕僚并到台湾教书，台湾沦陷后返回大陆，祖母林氏有林长民、林觉民、林尹民等兄弟；父亲早年因成绩优异，被官费派往日本留学，母亲方氏则是方声洞烈士的本家妹妹。“黄花岗七十二烈士”中，竟有陈舜英的三位长辈亲戚。满门忠烈对陈舜英姐妹一代的成长产生了刻骨铭心的影响。陈舜英自幼立志科学报国，北京《晨报》1927 年 5 月 15 日罕见地以照片形式报道了“女附中高材生陈舜英”及其三个妹妹学业俱佳的事迹。陈舜英高中毕业后，以第一名的优异成绩考入北平大学工学院，攻读纺织专业。在校期间接受了共产主义学说的陈舜英，毕业后放弃了留校任教和出洋留学的机会，毅然与学姐贾庭修来到太原西北毛纺织厂从事技士工作。走向社会，她们更认清了阶级剥削与压迫的残酷现实，开始比《青春之歌》中的林道静更自觉、更炽烈地追求革命，为工人夜校教书讲课，宣传抗日救国的思想，将节省下的薪水贡献给党组织。她们是先缴党费、先以工作实绩为“投名状”，经过在山西、河北等地城乡两年多的工作考验，才被党组织所接纳。

1937 年，抗战的炮火使刘建勋、陈舜英风云际会来到山西。刘建勋的回忆很简单：组织上派我带了一批人到太原参加牺盟会，到太原后，我被派到山西军政委员会的军官训导团任党支部书记。在牺盟会组建决死队之前，我又被组织上派去做地方工作，任晋中特委副书记，从祁县纱厂拉出工人组织游击队，从八路军主力部队借了十几个人做骨干，编了五个连组成晋中抗日游击队第六支队，随后悉数编入八路军序列。进入太行山仍搞地方工作，先后担任榆社县委书记、祁县县委书记、武乡县委书记、和顺县委书记、襄垣县委书记。

陈舜英的回忆只填写在干部履历表中。据当年任太行区党委书记的李雪峰回忆，1937 年 9 月下旬，日寇飞机连续实施大轰炸，他和李菁玉率领由中共平汉线省委改建的冀豫晋省委，一行十余人，其中有陈舜英、贾庭修两个女同志，从石家庄一路跋涉进入山西，上了太行山，陈舜英先后担任辽县（今左权县）县委书记、榆社县委书记。

文武正当行

战地县委书记是一个文武全行当的领导干部。抗战初期的太行山兵荒马乱，在抗击日寇疯狂进攻的同时，更要应对和解决多种复杂的矛盾冲突。一县之内存在着国民党和阎锡山的县党部、主张公道团、敌区工作团、精神建设委员会、保安队及五花八门的封建会道门组织，县政府也不是由共产党所掌握，有的还在阎锡山嫡系手中。武乡县境内不仅有“晋绥军官学校”“晋绥军官教导团招生处”“民族革命大学五分校”，还设有各种番号的军队收编处，它们以招兵招生收容收编等名义，大打出手争抢人力物力，甚至捕杀倾向共产党的抗日干部和积极分子。这些合法非法、或明或暗的力量涌动激荡，在同一块地盘上进行着角力拼争。刘建勋、陈舜英就是在这种情形下开始了文武全行的工作，动员和武装民众，组建抗日救国宣传队、儿童团，举办妇女干部培训班，扎根串连发展组织，选举建立抗日民主政府，减租减息改善民生，迅速扩大游击队，配合八路军作战，为军队输送兵员，并通过开展以反贪污、反恶霸为主要内容的群众斗争，重点改造村级政权，进行着根据地的基层建设。

追溯起来，刘建勋的爷爷在晚清曾当过七品县知事，陈舜英家族更不乏“县太爷”。旧时代所谓的“父母官”唯恐百姓不能“肃静”“回避”，刘建勋、陈舜英所当的县委书记，却是哪里有老百姓就往哪里去，哪里老百姓多就往哪里去，冲在前头，撤在后头，大义凛然，出生入死地肩负着开辟一方天地的重任。

黄镇的夫人、陈舜英的战友朱霖回忆道：

> 那是1939年3月底4月初，我们从党校毕业，背着背包回辽县，路经武乡，正遇刘建勋单枪匹马召集动员群众坚壁清野，组织民兵布置反“扫荡”，工作非常深入、紧张。见到我们时，他说：“敌人这次是九路围攻，已离此地不远了，我这是最后检

查群众，撤走老人、孩子没有。你们也要快走啊！否则过不去了。”

可见一个县委书记在敌人大举进攻前他的工作多么深入！

朱霖还记得，1945 年日本投降前后的一天，刘建勋从涉县来到军区政治部，天已经很晚了，“我们担心他走夜路遇到特务或狼，就把自己盖的铺的分了一半，让他在隔壁黄镇办公的窑洞里睡下，还再三叮嘱他一定要到天亮再走，结果第二天一大早，我们才发现他急脾气，不知道啥时候早就赶回去了！”

在太行山东西，两次相遇时隔六年多，刘建勋一样的单枪匹马，一样的风风火火。

艰难的岁月里，陈舜英经常一天要赶几十里山路，走村串户，发动群众，建立党的基层组织。居无定所，和衣而眠，难抵虱子、跳蚤交相攻击，有一次被毒蝎所蜇，小死一场，从此一生消瘦；饮食无保，被日军围困中无水可饮，被迫喝自己的尿。抗战八年，她同时抗击着风湿性心脏病、胃溃疡、急性肺炎的折磨。二十年后，她只是在鼓励妇女干部要大胆工作时才忆到当年：“我当县委书记的时候，也是二十七八岁，工作任务十分繁重，又缺乏经验，有时也急得哭起来。但是哭了以后，问题仍然没有解决，最终还是要靠自己千方百计把工作做好，完成党交给的任务。所以，哭是没有用的，日本鬼子并不因为你哭了就快快撤兵，革命事业的胜利也不能用眼泪来换取。任何事情，不拼搏是不能取得成功的，特别是女同志，要拿出极大的勇气来克服困难。许多革命先烈，不怕枪林弹雨，不怕敌人的酷刑，我们还有什么可怕的呢？”

抗战八年中，八路军总部、中共中央北方局、一二九师师部、太行区党委长期驻扎在武乡、辽县，这里是当时根据地有名的“实验县”“模范县”，被誉为太行山上的“小延安”，是与刘建勋、陈舜英等历任县委书记县长的工作分不开的，夫妻俩可谓是创建太行抗日根据地时的“干将莫邪”。

刘建勋、陈舜英二人结合于战地县委书记任上。婚后的陈舜英先后担任太行区党委妇委会书记、太行区妇救总会主席等职，比刘建勋工作活动的区域还宽大。他们有了自己的孩子。孩子出生尚未满月，就遇上日寇秋季大“扫荡”，夭折了。后来，有了一个女儿，然而他们转战山乡，不得不把女儿寄养在老乡家中。

曾任太行三地委妇救会主任的马玉书回忆："三地委书记是建勋同志，陈大姐是太行妇救总会负责人之一，常来指导工作，她很慈祥、和蔼，可亲可敬，对我们十分关心爱护，对工作耐心指导。建勋同志非常重视妇女工作，关心妇女解放运动，他坚决贯彻中央指示，把妇女运动的发动程度作为群众运动深入与否的标志，同时他很注重妇女干部的培养使用。因此，在这个地区，妇女运动蓬勃发展起来，妇女都积极参加支援抗战、送郎参军、为前方战士做军鞋、看护伤员等工作，做出了突出贡献，起着半边天的作用。她们不爱红装爱武装，在武装斗争、经济建设中起着极大的作用，涌现出很多模范人物。在这个地区党的建设中，有女区委、县委书记，在参政方面有女区长、县长。各方面取得的优异成绩是与他们夫妇两位领导的高度重视和强有力指导分不开的，他们两位堪称我们妇女干部心中最钦佩、最敬仰的好领导。"

专解急难险

刘建勋、陈舜英历任过许多职务，但总和"县委书记"有不解之缘，当县委书记，举荐县委书记；当党校校长，培训县委书记；当组织部部长，选调县委书记，可谓是战争年代县委书记的"专业户"。

在太行区，刘建勋曾负责干部调配工作。作家阮章竞在回忆录中写道，当年党校学习结束，"大家排成队由刘建勋一个一个派遣"。刘建勋代表组织给各县派调书记，而组织上也多次派调他去兼任县委书记。哪里开辟新区，哪里劫后重建，哪里工作不力，刘建勋就去哪里当县委书记，是太行山一个"专职应急"的县委书记。

1941 年，盘踞在襄垣县城的日寇对根据地蚕食严重，竟使全县大部分村落搞了"维持"，形势十分严峻，直接威胁到三分区后方的巩固。为迅速扭转不利局面，上级决定由刘建勋去兼任襄垣县委书记。刘建勋来到襄垣，对当地敌我斗争形势作了细致的调查研究，得出结论，造成困难局面的主要原因是该县在对敌斗争上保守，才导致自己陷于被动退却。因此，他果断组织军事的、政治的、经济的力量，展开强有力的对敌攻势，迅速摧毁了敌人的新建据点，瓦解了“维持”村落，恢复和新建起村政权，将县城驻敌围困起来，使襄垣全县的斗争形势大为改观。

武（安）北县的情况更是危急。由于干部担当不够，且官僚主义、形式主义严重，有的甚至腐化堕落，1942年敌人一“扫荡”，建立了两年多的抗日民主政府轰然坍塌，竟然出现全县各村“维持”，接受敌人的统治。为此，太行区党委决定由刘建勋率领三十多人的工作队速往武安。太行革命史料文献集中收存有刘建勋当年的讲话稿，他是这样开门见山对干部当头棒喝：

> 武安的病理，已相当深重了，不但有“外患”，更严重的是“内忧”，社会基础似乎没有什么改变，封建势力几乎实际上（从实质上看）掌握全部乡村与市镇，控制整个社会舆论，横行霸道，一如往昔，过去农民还过的债，今天又要重分（因为未退约），清债收回的土地，减去的租子，大部（几乎全部）被收回，野蛮的催租方式，重现于今日，土劣可以不经政府，随便拘禁欠租的佃农、没收锅碗器具，简直是不成世界了……

刘建勋撤换干部，改组县委，发动群众打破困局。他言传身教，使干部认识和分析农村社会基本情况，学会工作方法，懂得运用马克思主义的立场、观点和方法解决实际问题。他“把斗争的方针、政策和运动的方法、步骤讲得清清楚楚，我们干部的劲头也鼓起来了，由点到面掀起了运动的高潮。干部有错误，他严厉批评不讲情面，但做组织处理时，却很慎重、宽厚、留余地、给出路。”当年，武北二区区委书记张耀东回忆道，“在我们为时半个多月的相处中，他那渊博的学识，丰富的经验，平易近人的作风，加上他那形象生动、诙谐幽默、深入浅出、令人折服的谈吐，给我们留下了深刻的印象和对他的仰慕之情。可以说，他是我们在革命队伍中学会开辟农村工作、组织和领导农民运动、把书本理论和社会实践结合起来的第一个启蒙老师。”经过近一年的工作，到1943年敌人再次“扫荡”时，全县情况大变样，民兵配合正规军作战，打死打伤数百敌人，群情振奋，参军踊跃，武北根据地从“阴天”变为明朗的“晴天”。

谈起刘建勋，当年的左权县委书记杨蕴玉说："在我的心目中，他是一位老练的兄长。"刘建勋经过白区红区工作的长期考验，军事政治斗争经验丰富，思想敏锐善于学习，认识问题分析形势透彻，工作踏实而又机敏，待人诚恳而又热情，更兼生活艰苦朴素，善于鼓动宣传，在太行山被公认为是个"多面手"干部。因此，他总被派往最需要的地区，完成急难险重的任务。抗战胜利后，国共内战一触即发，刘建勋又被派往阎锡山统治的中心城市太原，参加军调处的工作，担任第六小组中共代表，佩上校军衔。这是一场特殊的唇枪舌剑的斗争，不仅需要超凡的勇气、过人的胆略，更需要机敏的反应和聪慧的智谋。谈判桌上，刘建勋舌战群敌，针锋相对，寸土不让，斗得对手理屈词穷、哑口无语。

直到 1947 年，千里跃进大别山，邓小平召见已是江汉区党委书记兼军区政委的刘建勋，让他再兼湖北浠水县委书记，负责组建新政权，打开新区局面，以解除大军的后顾之忧。

太行山，高又高，那是筚路蓝缕以启山林的时代。抗战时期曾任黎城县委书记的霍泛，晚年这样评价刘建勋："如果只从抗日战争说起，从做党的县委书记、地委书记到省委书记，由于有这样的工作经历，使得他既有丰富的基层工作领导经验，又具有掌握一个大的工作局面和经得起风浪与困难考验的领导才能。像他这样的党的干部，在我们党的第二代领导干部中固然不少，但就全党来说，就是少数的。"

刘建勋本人也自信地说过，我们可不是坐什么"直升飞机"上来的，我们就是这个样子：肩上挎着驳壳枪，穿的鞋子是前露脚趾头后露脚后跟——"空前绝后"，一步一步跟着党干出来的！

基点建县乡

走出太行山，陈舜英先后担任过湖北省、广西省（后改为自治区）妇联主任，中南局妇联主任等职。从管"一大片"到抓"一条线"，陈舜英用当县委书记的经验，"议大事，管本行"，在推动全局工作与妇女工作中抓住结合点，选好突破点，打赢主动仗。湖北、广西有着广大的丘陵地区和少数民族居住地，她最注重到山、老、边、少、穷县乡开展工作，鼓励和培养妇女干部大胆工作，动员和组织妇女投身于社会生产实践；深入农村家庭，宣讲“勤俭建国，勤俭持家”的辩证关系，“只俭不勤，就是无源之水；只勤不俭，就不能有所积累”。1955 年 1 月，陈舜英接替妹妹陈舜玉担任全国妇女干部学校党组书记一职，并兼任校长，从实践到认识，再从理论到实践，陈家姐妹为新中国培养出一大批优秀的妇女工作干部。走上妇联领导岗位的同志们撰文称，陈舜英“为革命事业做出很大贡献，但她从不在我们面前炫耀自己的业绩，不摆老资格，而是平等地把我们当作亲姐妹来看待，她是我们心目中的优秀党员、优秀妇女干部，我们都亲热地称她为‘陈大姐’。她领导妇女工作，既能抓住典型，大刀阔斧地打开局面，又能实事求是地走群众路线，讲究实效。”陈舜英、陈舜玉、陈舜瑶三姐妹的工作曾受到周恩来总理的称赞。

战争年代在县委书记任上练就的本领，长期在革命和建设中深入基层，注重调查研究，懂得民间疾苦，掌握群众脉搏，善于把中央精神和农村实际结合起来，使刘建勋成为“农村工作专家”和驾驭复杂局面的高手。与他共事多年的“老太行”们认为，刘建勋“卓越的领导才能，高超的领导艺术，非凡的处理复杂问题的能力”主要表现在“大难面前，镇定自若；关键时刻，敢做决断；出现问题，勇于负责。”老首长邓小平曾激励道：建勋啊，你命苦，广西出了问题，要你去；现在河南出了问题，又得你去！毛泽东主席也认为刘建勋是个“能文能武，会下残棋”的人。

陈舜英、刘建勋打从太行战地结婚后，各自紧张的工作容不得他们有丝毫的浪漫唱和。陈舜英不止一次地对儿女讲：我和你爸爸过了几十年，都快一辈子了，他才给我写过一封信。那是 1961 年 7 月，时任广西壮族自治区党委第一书记的刘建勋在京开会期间，中央要调他担任河南省委第一书记。会议一结束，刘建勋就直飞河南。动身前，他给在广西的陈舜英草草写了一封信：中央调我到河南了，你安排收拾好，就过来吧。

从此，刘建勋又开始了在太行山南麓、中原大地的奔波。作为省委第一书记，刘建勋和战争年代在太行山北麓当县委书记一样，没有前呼后拥的气派，风尘仆仆地忙碌在第一线。下乡时，汽车熄火抛锚了，他就和秘书一起推着汽车进县委大院；吃饭，就在食堂与大家同吃一锅饭，或者在村里老乡家吃碗面条了事。他更愿意带几个水利专家一个县一个县地走，白天看，晚上议，和专家们一聊就聊到半夜，常要打破砂锅璺（问）到底，专家只好从黄淮海平原的生成过程说起，再讲河道冲淤平衡、土壤盐分集聚和溶淋、地下水的开采与补给等，直到他把一个地域的自然条件和客观规律搞清楚，一场调研才算告一段落。接着，便又是一个课题段落，不同地区如何因地制宜，如何对付旱涝盐碱沙风，同样用水是蓄？是排？是灌？是滞？是引？如何兼施……

无论大小会议，刘建勋都要先做各式各样的调查研究，先找与会同志交流思想，记好笔记拟好提纲，下足功，备好课再开会，从来不让别人代拟讲稿。会上，大家畅所欲言，交流互动，他掌握了全局，把准了脉络方向，答疑解惑，明确任务和责任。因此，他的讲话和报告总能高屋建瓴，深入浅出，受之如沐春风，催人奋进。

“和建勋同志一起工作心情舒畅，工作得有干头。他性情开朗、谈笑风生、说话幽默，和他在一起逗得你总是哈哈大笑。”中国科学院土壤专家王遵亲回忆，1965 年见到了河南省委第一书记刘建勋，他“外表黑瘦有神，穿一身深色中山装和一双黑色圆口布鞋，手握一杆当地特有的竹根做的短旱烟袋，吸着当地土制黄烟丝；态度平易近人，言谈亲切”，“记得当其聚精会神地听到汇报中感兴趣之处，竟脱了鞋，两手往沙发扶手上一撑，蹲在沙发上讨论问题时，顿使汇报气氛轻松活跃起来，加上他那溢于言表的正直不阿气质，显示出令人起敬的老八路作风和形象，更令人经久未忘。”

对专家、对群众是这样团结活泼，对领导干部，尤其是针对县委书记，刘建勋则是“教师爷”般的令人严肃紧张：“县委的班子要很好审查，钻进有野心的人，你的工作就搞不好，用人不当就会出问题。”“还要专门把有些问题辩论一下，原则是非界线搞不清楚不利于工作。譬如民主问题，有些人说话不好听，不一定不民主，好脾气不一定就民主。太行的某某和某某就是这样。这个不辩论清楚，都养起好脾气来，对错误也不批评，那不糟糕了嘛！彻底提出问题之后，提出一些问题辩论，通过辩论才能提高大家思想水平。”“所谓身教，就是领导蹲点，创造典型，取得经验，带动一般，开展比学赶帮超运动。”

刘建勋要求，每个县委书记“都要有自己的基点，要使蹲点搞样板形成制度”，所蹲的点就是干部工作的基点，要选择在那些落后的乡村，每个县的基点不是一两个，而是要搞几十个。“把基点办好了，有了样板，面上的问题就好解决了。这个方法看起来慢，实际上快。”

越是了解实际，就越能大刀阔斧地开展工作。新乡县文岩渠上建有一座裴固闸，妨碍着平原地区的排水系统，可是作为当地原有的一项水利设施，是一届领导的政绩工程，没人敢负责拆，刘建勋拍板：“什么裴固闸？不如说是‘屁股闸’！”他就讲人只吃不拉、只喝不尿是要憋死的！然后，引导干部和群众认清眼前利益和长远利益，正确处理局部和全局的关系，使干部群众心悦诚服地表态：应该炸掉！

越是接近群众，就越和老百姓亲。“我来，对你们抗旱帮不上大忙，因为我不会下雨。”刘建勋一句话就能拉近干部与群众的关系。蹲在田间地头，刘建勋尽显农民老大哥的风度，讲起话来先逗得农民哈哈大笑，一家人不说两家话，群众就开始掏出心窝子的话向省委第一书记诉说。

在红旗渠建设工地，看到排险敢死队队长任羊成头戴柳条帽，腰系缆绳，飞身跃下悬崖，在半山腰飞来飞去排除险石，刘建勋当场对林县县委书记杨贵说，一定要请任羊成吃顿饭！刘建勋握着任羊成的手说：“任羊成同志，听说你在阎王殿里报了名，辛苦了，人民感谢你！”几十年后，任羊成还记得当时的情形：

> 省委书记见我还没有吃饱，又两次自己掏钱从伙房要来十个馍，我一下子又吃了五个，再不好意思吃了。书记劝我吃饱，我又吃了三个，剩下两个，实在不好意思再吃了，因为我知道两位书记每人只吃了一碗面条，根本吃不饱。但两位书记仍不肯吃，非要我拿走不可……

在红旗渠竣工的现场，刘建勋和任羊成的全体敢死队员一一握手，激动地说：“阎王爷不要你们，我们要！”号召全省人民向红旗渠上这些不怕死的“飞人”学习，誓把红旗渠精神代代传下去！

垂范立标杆

绕不过的太行山，解不开的县委书记结。太行山北麓十年，刘建勋以善当县委书记为能；在太行山南麓十七年，刘建勋以善树县委书记闻名。他是一个善于在县委书记任上做文章、做文章善于从县委书记身上起笔的领导人。

政治路线确定之后，干部就是决定的因素。县委书记的基点在村镇，刘建勋的基点在县乡，县委书记就是他的“抓手”。刘建勋在使用干部、树立典型时有一个十分重要的标准，就是看你能不能办实事，能不能找到突破口把工作搞上去，能不能在一方土地上焕发出一股精气神。在刘建勋看来，越在基层就越要更多地发挥劳动模范、生产能手的先进作用，一个县最好要有几十个这样的劳模干部：

> 鹿邑县有个劳模叫花玉春，让他到一个小公社去当支部书记。他一到那里就根据当地群众的要求，抓住几条有效的增产措施，发动群众大干了一年，不仅改变了连续五年吃统销粮的落后局面，每人还给国家上交了一百斤商品粮。

刘建勋总结出一条经验：干部要一个台阶一个台阶地考验，直到“一把县委书记当好了，干什么就都行了。”

河南省林县县委书记杨贵是红旗渠建设的总设计师、总政委，他带领全县人民苦干大干十年，改造山河，在太行山悬崖峭壁上开出了一条堪称世界奇迹的“人工天河”——红旗渠。在修建红旗渠的过程中，刘建勋深入工地现场，给予林县人民以极大的支持和鼓舞，他沿着建设工地一路考察，翻山越岭来到渠首——山西省平顺县的石城公社，和当地干部群众座谈，感谢山西人民的大力支持，然后，指着杨贵问山西老乡：“你们认识他吗？”当地干部群众回答：“熟悉得很，有困难俺们就找他解决，俺们把老杨都看得和平顺的县委书记一样！”经过一番调查后，刘建勋感慨地说：“共产党什么都不怕，就怕脱离群众。依靠群众搞成这个样子，就是铁打的江山。过去我们打日寇就是这个办法。你们有很好的经验，这是一篇好文章，要很快总结出来！”从此，在“劈开太行山，漳河穿山来，林县人民多奇志，誓把山河重安排”的歌声中，自力更生、艰苦创业、团结协作、无私奉献的“红旗渠精神”传遍了神州大地。省委决定，杨贵同志兼任安阳地委书记。

太行山南麓的辉县，是个贫瘠的山区县，当地人民祖祖辈辈饮水难、行路难、生活难，县委书记郑永和动员干部群众，使大家明白“苦熬没有盼头，苦干才有奔头”，带领全县人民大干八年，拦河筑坝引水上山，修建山区公路 30 条，“文革”期间，辉县率先实现了村村通路、通水、通电，三难变三通，辉县有了“花果山”“米粮川”，工农业生产连年高速增长，成为全国山区经济发展的一面旗帜。刘建勋率领省委全体常委到辉县，总结出“苦干、实干、肯干、能干”的辉县精神，号召“全省学辉县、大干促大变”。周恩来总理称赞“辉县人民干得好，辉县人民在前进！”省委决定，郑永和同志兼任新乡地委书记。

把德才兼备的干部提拔起来，增强他们的全局观念和影响力，同时又要他们升职不离土，继续担任当地领导，脚踏实地，负责到底，建好一方水土。出水才见两腿泥，历史证明，杨贵、郑永和、张钦礼、史来贺、文香兰等一大批先进模范，有的成为省部级领导干部，直到晚年退休后仍回到山乡，以普通劳动者的身份继续投身于家乡建设，把自己的一生都奉献于为人民服务的事业之中。“拿起白蒸馍，想起郑永和；拿起人民币，想起郑书记”，辉县人民把对老书记的一片深情，化作“人民永和”四个大字，凿刻在太行山的石壁上。

县委书记的好榜样焦裕禄，是人民的好公仆，是各级干部学习的楷模。习近平总书记概括提炼出了“亲民爱民、艰苦奋斗、科学求实、迎难而上、无私奉献”的焦裕禄精神。

刘建勋可谓是第一个“发现”焦裕禄的人。1962 年，省委第一书记刘建勋来到洛阳矿山机械厂检查工作，他发现，这里的车间主任焦裕禄领导有方，管理工作非常出色，回到省委即提议焦裕禄担任尉氏县委第二书记，很快又提拔焦裕禄担任兰考县委第一书记。

树立焦裕禄作为“县委书记的好榜样”，起初，遭到极个别人的求全责备，并在省委会议上“放炮”说：“焦裕禄是个好同志，但他改造兰考的计划才开了一个头，他就死了，后面的任务大着哩，我可没本事给他填这个坑。”老调重弹地数落兰考县的“灾、难、病、苦、死、逃……”随即把申请物资的报告递给了刘建勋。等所有人的发言毕，省委第一书记刘建勋开始总结，讲着讲着就疾言厉色了：

> 目前，学习焦裕禄精神有三种情形：一是悲痛万分，认真学习，结合本地区、本部门的实际情况，制定出自己的学习计划、工作计划；二是黄河里尿泡尿——随大流；三是不但不好好学习，还制造流言蜚语，说焦裕禄的坏话，干扰新华社的工作，制造麻烦添乱子。焦裕禄是自力更生、艰苦奋斗的典型。你们倒好，一张口就是500台机器、100万元钱、50万公斤粮食。省委没这些东西给你们。你们说焦裕禄的计划才开了头，省委认为这个头开得好，万事开头难，一开头就不得了！按你们说的，马克思也算不了什么，他支持的巴黎公社只有几十天时间就被反动派打垮了，可是巴黎公社的精神却永放光芒。如果焦裕禄的计划都完成了，要你们去干啥？躺在人家功劳簿上享福睡大觉？

“走遍河南山和水，至今怀念三书记。”这是流传在中原大地的当代民谣，赞的就是当年刘建勋树立的焦裕禄等一批县委书记。1965年至1975年十年间，河南省经济建设一直走在全国各省前列，社会总产值、农业总产值、粮食总产值高居全国第一名，国民收入、工业总产值高居全国第二名。从故事影片《反击》中，可以看出“黄河省委第一书记”受到的攻击，愈益证明河南省取得这一成就的非凡。刘建勋和他率领的县委书记们，正是一群大干、苦干、顶着干的“领头羊”。

家风不忘本

事业如日中天之际，巾帼英雄陈舜英主动隐退了，一则是几十年超负荷的工作，多种疾病使她心力衰竭，有时甚至无法迈步；二则是为年轻干部腾位子，避免夫人干政之嫌；三则是减轻刘建勋的后顾之忧，全力支持他的工作。

从高级领导岗位离职回家，对陈舜英来说，不是退休而是“转业上岗”。刘建勋参加革命前名叫“刘树功”，为培养他这棵读书苗子，全家老少节衣缩食供他上学。为了能按时给学校缴伙食费，刘建勋曾捎信给家人：“大哥大哥快送钱，你家小功为了难。三天以内送不到，你家小功倒了灶。”地下工作被敌人侦破时，刘建勋是趿拉着同学的鞋才逾墙逃命的。二十年后，亲戚朋友、同学老乡才知道那棵“树”不仅活着，而且成了“比省长还大的官”。树大犹此，能不翔集？刘建勋又怎能忘本？然而，共产党岂有封荫！陈舜英就在这棵大树之家当上了“父母官”。

刘建勋、陈舜英夫妇只有一双儿女，而且多半时间寄宿在学校里，可家里却是人来人往熙熙攘攘，全是找上门的求助者，提出各种的要求。陈舜英一边慷慨解囊资助，一边耐心地做思想工作：

从老家乡下来，想进城当工人的——都不当农民，全国人民咋生活？在家里住几天吧，给你买车票回村！

身体不好，来信求医求药的——给你看病，买药给你寄回去！

孩子要上好学校，请求帮忙的——自己努力，我们给你掏学费！

……

黄河南北穷亲戚、穷朋友多，太行山左右老同志、老战友多。一旦有人进门，刘建勋就喊“冬妈！”陈舜英就面带尴尬从厨房出来迎接，然后，便是一桌“太行”饭，抿圪斗，猫耳朵，和子饭，最惬意的莫过于捣上几瓣大蒜，蘸着山西老陈醋吃饺子，喝上一盅衡水老白干，吆喝着“饺子就酒，越吃越有……”哪里就越吃越有？夫妇二人多次提醒对方，家里还是应该攒两个月的工资以备急用，然而，却总是过着“月光族”的生活。以至于在饭桌前，嫌自家的独苗儿子饭量大，刘建勋不由得感慨一声：“半大小子，吃死老子！”最困难的时候，陈舜英甚至把妹妹家的粮食供应本拿来以解无米之炊。

从结婚的那天起，刘建勋、陈舜英就定下一条规矩：家庭生活必须服从于组织工作，彼此不妨碍对方的工作，只看组织上分发给自己的文件，不向对方打听任何不该知道的事情。这条规矩必然地影响着家庭生活。刘建勋常把工作带回家里，逼得家人四处回避。有时，他把大大小小的地图挂满墙、铺满地，研究工作的人们或坐或站，或蹲或跪，有的人索性脱了鞋直接在地图上踩来踩去；他们时而大声争论，时而小声商议，各级领导个个吸烟，烟雾缭绕，家里像着了火。陈舜英和孩子无处可遁，只好避挤在一间小屋里，常在烟雾中入睡，浓烟中呛醒。

长年累月夜以继日的工作，刘建勋的吸烟量达到了常人难以想象的程度——创造出一天一夜抽光两条烟的个人最高纪录。1971 年，毛泽东还问道："刘建勋同志，你身体怎么样？"刘建勋回答："比去年好，体重增加了两公斤。"毛泽东劝道："你气喘,过去一天抽四包烟,共八十支。不算多，也不算少……"

为了工作，刘建勋就这样"燃烧"着自己；为了刘建勋，陈舜英就这样默默地奉献着自己。直到有一天，得知刘建勋被"造反派"揪走遭批斗，平日里依靠药物和氧气瓶才能维持站立的陈舜英，一个人拖着病体买到火车票，深夜孤独地坐在候车大厅的角落里，要赶明天早上第一趟火车去替夫挨斗……

他们的女儿在太行山长到十岁，进城上学后却一直寄宿在学校，因为父母没让她进干部子弟学校念书。女儿高考时，刘建勋痛感新中国缺乏水利方面的人才，希望女儿学水利，但女儿却报考了航空学院，刘建勋为此好久不悦。女儿航空学院毕业后，被分配到新乡平原机械厂当了技术员。成家后的女儿拖儿带女，节假日需要从新乡挤长途班车到郑州，孩子们才能见到担任省委第一书记的姥爷和姥姥。儿子放暑假了，刘建勋把儿子送到农村去挑粪，要儿子与农民"同吃、同住、同劳动"。直到晚年，刘建勋都在告诫儿女："不要到什么大机关去工作，就到最基层的单位去。那里的领导和群众一定会帮助你们，也一定会保护你们的。"

65 岁时，刘建勋也卸职回到家中，与陈舜英双双成为家中"父母官"。终于可以喘一口气，两人坐下来读书品诗，捧起跟随了他们四十多年的英文版《莎士比亚文集》《马可波罗游记》等，攻读外语，表示"不吃老本，要为四化立新功！"

1982 年 1 月 2 日，陈舜英的心脏停止了跳动，享年 70 岁。临终前，她没有遗言。她逝世的当夜，天上飘起了雪花。当年的太行区党委书记李雪峰，在日记中写到“雪已一二指，一片雪白。未闻预报，为舜英带孝。”刘建勋、陈舜英是烽火太行的雌雄剑！

“你们不知道，你们妈妈的死对我的打击有多大！”比陈舜英小一岁的刘建勋，一年后追随陈舜英而去，享年也是 70 岁。几年后，国家主席李先念在与刘建勋、陈舜英的孩子们相聚时，忍不住老泪顺颊而下，刘建勋、陈舜英是渡江南下治理荆楚的左右手！

辉县原县委书记郑永和生前深情地写道：“刘建勋是一个无产阶级的革命战士，好党员，名副其实的高级干部，河南省九千万人民的好书记。刘建勋同志含着眼泪走了，可是有多少活着的老党员、老干部、工人、农民，一提起刘建勋，还继续掉眼泪。这样一位好同志、好党员、好领导，又在河南省工作了十七年，党心、民心，影响最深。”

刘建勋、陈舜英生前使用一对刻制于 1949 年的雌雄印章，铜质材料，华表式样，庄严典雅，肃穆凝重，心心相印、传情达意地记录着主人浴血奋斗的历史，烛照着主人不离不弃的一生。刘建勋、陈舜英的骨灰合葬于涉县将军岭，他们又回到了生前魂牵梦萦的太行山上。

鹤归华表，还是那对雌雄印章——华表柱头千载后，旅魂依旧照青山。

第四章　夫妻县长一本经

张林池、陈舜玉是抗战县长中“夫妻档”。1937 年夏——

孔雀东南飞，福建福州名门望族的二小姐，偏作西北行。福建政法学院毕业、22 岁的陈舜玉告别上海，如暴风雨中的海燕，向着战云密布的山西飞来……

黄河入海流，河北清苑富商大户的长公子，偏奔山里来。北京大学毕业、26 岁的张林池告别北平，放弃海外留学机会，向着如火如荼的山西跋涉……

天各一方、素不相识的两个热血青年，几乎在同一天来到了古城晋阳，从此投身于伟大的时代洪流，他们又不约而同地转赴到晋察冀边区，双双成为抗日民主政府县长。

张林池是唐县抗日民主政府的首任县长，陈舜玉是晋察冀边区的第一个女县长，他们结合于战地，戎马倥偬各一方，发动群众，建设后方，筹措粮草，一切为了前线胜利；新中国成立后，他们举家从北京迁到北大荒，叩石垦壤，辛勤耕耘，成为中国最大的“农业生产队长”，情系人民冷暖，心念粮棉生产，一切为了保障供给，为农垦事业呕心沥血，为农业现代化建设倾注了毕生心血。相濡以沫走过六十多年风雨征程，他们如自己的名字——林间泉池玉璧静影，清澈地映照出“中国粮食”守望者的高贵品质。

走马上任

北京大学毕业生张林池，正在拾掇行装为赴德国留学做准备，这时，卢沟桥传来了激战的枪炮声，他放弃出洋的准备，怀揣父亲所赠的川资掉头西向，义无反顾要到延安去。途中，在抗战形势歌如潮人如海的太原，他见到了从《西行漫记》里知道的周恩来。周恩来的演讲能让每个聆听者心中都燃起熊熊圣火，于是，张林池留下来，接受平津流亡同学会的派遣，到驻扎着八路军办事处的太原成成中学讲授历史课，宣传抗日救亡的道理。战争形势瞬息万变，成成中学组建的中国第一支师生游击队要开赴吕梁山了，张林池却被安排随黄敬等开赴五台山。

原想西渡黄河到延安，如今却要迎着炮火到敌后，张林池只好拍拍满手的粉笔末走出教室，随军翻山越岭到了设在五台县的晋察冀军区司令部。是时，边区政府正在筹备成立中，张林池还不是共产党员，形势十万火急，八路军着即一纸委任状，仿佛都来不及让他擦拭一下眼镜，要他立刻赴唐县任县长。

唐县位于太行山东麓、冀北平原的西南边沿，东北望一马平川到保定城，正是攻守相宜之地。取得平型关大捷后的八路军一一五师骑兵营，1937 年 10 月初收复了唐县，然而却找不到县长了。原来，保定城一失守，国民党唐县县长刘连载早就带着家眷，裹了几车细软，随着溃退的国军向南落荒而逃了。

张林池马不停蹄去上任，“记得我到唐县的那天穿着一身黄军装，县人民武装自卫委员会组织了一些人，由臧伯平带队，敲锣打鼓从北店头村东的显口岭头上迎接我们，我非常激动……”臧伯平即当时的中共唐县县委书记，20 岁刚出头，后来成为张林池入党的介绍人。

一步到位当县长，张林池自己都有些懵懂。他 7 岁时在家乡清苑县上小学，12 岁到保定上中学，考入河北大学农学院学习三年，再考入北京大学化学系。他的大学时代是在“九一八”事变后风起云涌的抗日救亡运动中度过的，身边全是各色激情澎湃的同学，人人皆喊“华北之大，安放不下一张平静的课桌了”，然而，戴着高度近视眼镜的张林池“心远地自偏”，总能找到一个僻静角落，站着做试剂分析，坐着写方程列解。老师同学无不认为他是首屈一指的“读书种子”，又是为人忠信的“书呆子”。他视政治为无物，温文尔雅坚韧不拔，潮流挟裹不趋之，无故加身不避之。时局动荡，冲突激烈，同学们常在危急时刻把最要紧的物件托付给他。为人谋而忠，与朋友交而信，每逢此时，他总是舍生忘死不辜负嘱托，接着，便是“传不习乎”，波澜不惊地坐在那里完成作业，坚信“学好数理化，走遍天下都不怕”。他抱着科学救国的思想准备到国外再深造，一心想当个农业科学家。然而，党组织早就了解并考察过他和清苑张家的底细了。

张林池走马上任，消息比马跑得快，一下子传进保定府。日本人、汉奸接踵而至，“造访”张府大人张培植老先生：“听说长公子张冲当八路军的县长了，您叫他回来，我们给他官做……”张老先生回答：“我儿子叫张林池，现在德国留学，研究化学。我没有叫张冲的儿子。”来人又强邀张老先生担任商会会长，张老先生鄙夷一笑，书写陶渊明《归田园居》以拒。

张冲就是张林池。儿子何时当上了县长，张老先生清楚。自张冲上任之日起，张老先生就不断接到“张县长”发来的指示，今夜要粮食、药品，明晚要器械、纸张。赔本的“生意”，张老先生做得心甘情愿。张老先生自同盟会时期投身革命，几十年在争取民族解放、民主自由的斗争中无役不与，如飞蛾扑火追求光明，曾先后身陷清廷、北洋政府、国民党的牢狱，同时又在“实业救国”“教育救国”中搞得风生水起，在保定等地开办了照相馆、医院、书局等，慷慨捐款助学，是20多个县镇小学的名誉校长或教务长等，享誉家乡。

张林池当县长，首要的任务就是动员和调集全县的人力、物力，一切为了抗战。毫无疑问，父亲这样的人物正是张林池战地动员的主要对象。知子莫如父，一天也没有摆脱过学生、带课教员身份的儿子乍当抗战县长，能不难吗？张老先生倾其所有资产，连同汉奸人物掺杂进的股份，全力满足儿子的要求，组织雇员向抗日政府输送物资。在敌人的封锁下，物资十分匮乏，晋察冀边区领导人指示张林池，尽快动员张老先生将保定的印书局设备器材运到根据地来。张老先生在把物资设备悉数运往边区政府所在地阜平时，惨遭日本宪兵杀害。张老先生牺牲后，党组织安排张林池的两个妹妹、两个弟弟到延安去学习，还留一个妹妹在敌占区继续做地下工作。

血与火的战斗中，张林池经受了考验，在县长任上加入了中国共产党。

考验豆选

陈舜玉当县长的过程与张林池迥然不同。张林池是委任的县长，陈舜玉是民选的县长；张林池是先当县长再锻炼，陈舜玉是先锻炼再当县长。

陈舜玉在 1940 年当县长前，经受了九年的革命锻炼。她出身于书香门第、忠烈之家，1931 年，16 岁的陈舜玉考入福建政法学院，开始参加党的地下活动。她的大学毕业论文是《土地所有制问题》，似乎注定了她与农村农民农业的结缘。大学毕业后，她到上海工作，成为中共党员，受党组织派遣来山西参加牺盟会、决死队，曾受到过严格的军政训练。

1937 年秋，陈舜玉是从太原全副武装（一支步枪、一百发子弹、一条军毯、一件雨衣、一个水壶，以及挎包等，负重近 40 斤）奔赴五台县的。她回忆道：

> 到五台县时，村里的妇女不断看望我们，我们趁机宣讲国难当头、男女都要保家卫国。从五台到盂县，我们每天走六七十里，我还帮一位体弱同志背枪，也不感到累。9 月底到了盂县，看到从前线溃退下来的山西地方军的狼狈相，他们一路逃跑，一路抢老百姓的鸡和包袱。阎锡山的县长们也携款逃跑了。后来是牺盟会派宋劭文同志任五台县县长、胡仁奎任盂县县长，还调来了几位平津流亡的大学生，组织了抗日政府，恢复了社会秩序。我们部队的到达，也大大地安定了民心。

艰难困苦的工作，最能增益个人本领。根据地创建初期，陈舜玉担任了中共盂县县委秘书，负责组建妇女救国会。生长在海滨城市的姑娘来到太行山深处，常常是独自一人翻山越岭深入山庄窝铺发动民众：

> 开始困难特别大，经常走几十里地，多次通过关系，去争取当地开明妇女工作。因基层没有组织基础，我就认了个干娘。每

次去探望干娘时，都有十来个妇女跑来看，我就趁机向她们宣传抗日，宣传妇女要组织起来。

艰苦的工作把陈舜玉累得高烧、吐血。战乱中的散兵游勇很可怕，有枪便是草头王，进村要粮要饷，逼得村长跳了井；他们跑到三区区公所，逼着区长非要拿出一万元不可，拿不出来，就逼着区长跪下，开枪便打，子弹贴着区长的头皮射过，区长吓得瘫倒在地。陈舜玉顾不得个人安危，跑去劝慰那个区长，经过一番说服动员，区长才被这个人生地不熟而勇气十足的姑娘所感动，收魂拾魄，重振精神工作了。

兵荒马乱，群雄蜂起，最能考验巾帼意志。陈舜玉与二战区的兵勇多次打过交道：一次，她独自雇了辆大车从山区到平川，几个携枪的大兵追了过来，跳上马车。几个大兵面对陈舜玉机智大方的谈问，竟胆怯支吾着弃车择路而去。也许他们不敢随着这位南方姑娘大胆地到平川里闯一趟。陈舜玉回忆，她和牺盟会女秘书朱雅贞两人在盂县：

深夜里，突然镇子里枪声大作，还夹着手榴弹爆炸声。不对呀？鬼子来会有消息报告的。我和朱雅贞赶紧爬起来，到镇公所里一了解，原来是一股阎锡山收编的土匪起了内讧，让三个营长把保安司令和他老婆给收拾了。兵变最易扰民，必须当机立断。我和朱雅贞把带头的三个营长请来，给他们讲：第一，你们中推选一个负责统领全局的人；第二，由你们将事情马上向阎长官汇报；第三，约束部队不得扰民。他们看我们说得有理有节，真的照我们所说去办了。事后虽然有些后怕，但下次再遇到这种事，我还会这样做。

1939 年，陈舜玉担任晋察冀边区妇救会副主任、中共北岳区党委妇委书记，但边区的领导人都认为她最适合当县长，同时又决定先留她在专署秘书主任岗位上锻炼。一口闽南官话的陈舜玉学罢晋腔学冀调，全面熟悉和掌握政府职能部门各环节的运作流程，跋山涉水到各县区调查研究，尤其在唐县蹲点搞拥军、村选等工作，带领干部群众参加反“扫荡”，在当地树立起巾帼英雄的威信。1940 年，晋察冀边区以唐县为试点，实施民主宪政，采取“三三制”的抗日民主政权组织原则，开始全民票选县长。党组织殷切鼓励陈舜玉竞选，“还跟我谈了当县长的意义：国民党统治的政府是为地主官僚资本家做事，共产党的政府是为人民利益做事。让我一定争取当这个家，还要当好这个家。”作为共产党提名的候选人，陈舜玉的竞选口号是：一、不怕牺牲，坚持抗战到底；二、积极动员人力、物力、财力支援前线；三、实行减租减息，减轻农民负担，发展生产，救济灾区；四、实行男女平等，婚姻自主，反对买卖婚姻和虐待妇女，为妇女彻底求解放。

受苦人都来选县长，咱想选谁就选谁——这是亘古未有的大事情！消息传出，人们奔走相告，山乡群众扶老携幼，从四面八方赶到选举会场。选谁？候选人一拨溜儿坐在台子上。不识字？每个候选人背后的桌子上放着一只碗，要选谁，你就把手里的豆子放进谁背后的碗里去。手里攥豆子，一颗豆子一颗心，这就是20世纪感动世界的中国解放区的民主选举。普选计豆结果，全县的老百姓把豆子都投给了共产党提名的候选人，陈舜玉全票当选为唐县抗日民主政府县长！

唐县出了个女县长！晋察冀边区军民奔走相告，这对妇女们来说更是破天荒的大事件，诗人戈焰写出了《豆选女县长》。为此，1940年7月，晋察冀边区《抗敌报》刊发了特讯，一时轰动全国。唐县召开了隆重的庆祝大会，边区政府和唐县各界均派代表前来庆贺，次第登上主席台，一一向陈舜玉献礼：

一面镜子——希望新县长，办事像镜子一样廉洁清正；

一把梳子——希望新县长，把千头万绪的事情梳理得清清历历；

一双胶鞋——希望新县长，勤走动和我们老百姓如胶似漆；

一颗铁球——希望新县长，把全县人民团结得像钢铁一样坚强坚固；

一根针一团线——希望新县长，为全县各阶层穿针引线，巩固抗日民族统一战线……

庆祝会上，许多妇女代表将陈舜玉抱起来，陈舜玉非常激动，表示：绝不辜负人民的信任，掌好权用好权，为全县人民贡献自己的一切！

妇女的解放程度是衡量社会解放的一杆标尺。陈舜玉以全票当选了县长，妇女赢得大解放，在唐县妇女界产生了议员、副议长、区长和数百名村干部。动员起来的唐县人民是怎样的风采？有歌唱家王昆的传记为证——

> 夜晚，人们都到清风店去破击铁路。县里组织了宣传队，搭起了鼓动棚，王昆和她的同伴们敲着茶缸当伴奏：“一更里，月儿挂树梢，背起了炸药扛起了铁镐，出得村庄去破铁道，免得那鬼子兵运来杀烧……”打着竹板当节拍：“夺他的粮食大家用，抢他的军火要他的命！”年轻力壮的小伙子们，初次参加破袭战，未免有点怯生，当看到妇女们也来参加战斗了，士气大增，大踏步向清风店方向奔去。火车从远方隆隆地开来，王昆觉得大地都在颤抖。火车一过，一声令下，武装起来的庄稼人一齐动手，拧道钉的、撬铁轨的、翻枕木的忙成一片，顷刻，这铁路成了一条“烂龙”。截断的铁轨悬在村口的树上，成了召集群众的洪钟；烧红的铁轨打出一把把杀敌的刀矛，锻成一柄柄生产的农具……

王昆原名王兰玉，是唐县南关村人，1937年底参加了妇救会，当时的县长张林池看到这个12岁的小姑娘歌儿唱得好，遂给她改名叫“王昆”。不过，以上这段文字描述的是1940年的情形，时任县长是陈舜玉，张林池成了行署专员。

战地凤凰

陈舜玉一上任，正赶上席卷华北敌后的“百团大战”。县委要她兼任民兵大队长，配合部队破击平汉线。陈舜玉带领200多名基干民兵到清风店火车站东北的南堤子破坏敌人的交通。他们先割断电线，锯倒电杆，然后扒铁轨。敌人出动了铁甲车，子弹顺着探照灯一齐射来。兵不厌诈，陈舜玉和其他几位指挥员在距敌只有一百米处一边开枪还击，一边吹冲锋号，高喊着：“一、二、三中队出击！”把敌人吓跑了。当铁甲车载来更多的敌人，机枪、掷弹筒响作一团时，陈舜玉已率领民兵与县委会合，在敌人的枪炮声中，疲劳的陈舜玉倒头躺在地上酣然入睡，醒来还说：“这支催眠曲倒是不错。”说得大家都乐了。

战地不是难堪日。回首往事，陈舜玉讲：“有一次，我和部队的营长、教导员和一名警卫员经过敌占区的一个炮楼，被敌人发现，向我们包围过来，我们就边跑、边打枪、边喊话，好像有很多的人，敌人吓得全部撤了回去。我们几个就有说有笑地聊了起来，聊了一会儿，才发现敌人开着大炮出来了，我们就赶紧撤退，真够危险的。”——“双兔傍地走，安能辨我是雄雌”，抗日女县长就是战地“花木兰”。

张林池、陈舜玉结合在战地，戎马倥偬各一方，聚首常在第三地。1940 年 10 月，县长联席会结束，同志们看出陈舜玉身怀六甲，劝她与张林池同行。可是，敌情严峻，秋收紧张，容不得他们夫妇过多的寒暄。一散会，县长们扬鞭催马各回各县，陈舜玉奔波百里赶回唐县，小产了。她挣扎着把各项工作部署完毕，鬼子的大“扫荡”就开始了。

鬼子的大“扫荡”是频繁的突然袭击，“铁壁合围”“铁耙梳篦”“反转电击”“剔抉剜心”无所不用其极，政策就是“抢光、杀光、烧光”。

那天，县长陈舜玉正在白合村召集村长、中心校长会议，布置生产、教育和反“扫荡”工作，6 架敌机就从房顶掠过，日寇又一次开始大“扫荡”了。县委考虑到产后不久的陈舜玉体弱，要她转移到山区。孰料，山区恰是敌人这次“围剿”的中心，七八千日军收紧了包围圈，占领了制高点，日夜逐沟逐壑地搜索。在县界处，陈舜玉与完县县长、冀中行署主任相遇，他们三人立即形成领导核心，收集情报，分析敌情，分头带领同志们与敌周旋。她一手握枪，一手握着手榴弹，随时准备与敌同归于尽……

掠过白合村的 6 架敌机，转瞬飞到唐县另一边界上的专署大院上空。那一天，专员张林池做出了一生中最决绝的“律令”：机密文件一律焚毁掩埋，老弱干部一律离队隐蔽，背包行李一律丢下，掉队人员一律不许喊叫，骡马牲口失足一律不许人救……那一天，张林池还投下过一次义薄云天的大“赌注”：这是作家权延赤在《狼毒花》中披露的一桩事，讲的是大敌当前，张林池下令释放所有在押刑犯，敌人“扫荡”结束后，活下来的犯人又主动回来服刑。张林池晚年在儿女们的追问下，才讲了事情的原委：

那次大“扫荡”很残酷，我军主力跳出包围圈到外围作战，敌重兵深入到了我腹心地带。专署所在地还关押着许多犯人，其中有被判了死刑、死缓、无期徒刑的重犯。大多数人认为，应把重刑犯人立刻枪决。时间紧迫，不容迟疑、争辩，我第一次在全区罪犯面前讲话，告诉他们：“作为犯了各种罪恶的人，应当受到政府和人民的惩罚。但你们首先是中国人，你们也不愿意看到日本侵略者来中国屠杀老百姓、占领我们的国家。现在国难当头、民族危急，中国所有的老百姓都要团结起来，抵抗侵略者。不管你们过去犯了多么大的罪，你们都是中华民族的后代。我现在下令将你们全部释放，不论在什么样的情况下，都不要帮助鬼子打自己的亲人，要和他们斗争，可以夺敌人手中的枪，舍生取义，戴罪立功。群众的眼睛是亮的，鬼子‘扫荡’结束，你们还来这里报到，听候政府处理，不要少一个人。”分区党委同意了我的意见。那次“扫荡”中，许多犯人帮助干部疏散群众，还有的参加了当地的游击队。“扫荡”结束后，37 名重刑罪犯没有一个投敌为虎作伥的，其中被日伪军打死的 12 人验明了尸体，活着的 25 个罪犯全部又到边区政府报到了。

在边区的这一端，陈舜玉一夜急行四十多里，冲出了敌人的“铁壁合围”，抗战不离本土，再次转回到了唐县。

在边区的另一端，高度近视的张林池，夜间看不清脚下的路，只好让一名同志在臂上扎一条白毛巾走在前面，他盯着白毛巾走了一夜，记得“大约走到第二天的中午，一连走了一百几十里路，终于转移到了神仙山区东面的唐县境内。”

1980 年，陈舜玉作诗一首《纪念忠勇抗日的唐县姐妹》：

抗日烽火卷太行，燕赵儿女意昂扬。
儿郎日夜驱敌寇，姐妹坚贞保后方。
唐河两岸洒碧血，清虚岭下寄忠娘。
惊天动地先人绩，化作长虹映满乡。

张林池、陈舜玉充满了对人民的感恩和严于律己的自我革命精神。

张林池剖析自己："我是一个资产阶级知识分子，是一个学化学的大学毕业生，在参加革命工作以前上了十六七年的学，从来没有参加过生产斗争与阶级斗争。过去我一直认为自己很有知识，而且有化学的专门知识，还常想表现自己。如当时按照'有人出人，有钱出钱'的方针，研究合理负担、统一累进税时，我就用数学的方程式求累进的比例，而不是从实际出发。另外，没有从思想上解决自己的资产阶级世界观。好长时间以为参加了革命，参加了党，就是背叛了原来的阶级——资产阶级，就站到了无产阶级立场上了，就很少注意改造世界观了。在反对宗派主义上，检查了自己的本位主义：从自己工作的地区出发，从自己的工作单位出发，以至有时没能完全把党的利益放在第一位。"

陈舜玉剖析自己：从 14 岁入国学专修学校学习四书五经，"当时相当崇拜比干、屈原、文天祥、岳飞这些出淤泥而不染、自命清高的民族英雄。""1942 年，解放区开展大生产运动，我经常组织农民开座谈会，听取他们对政府的意见。由于当时缺劳力、缺农具、缺牲口，就动员他们互助合作搞生产。我还由此出了一次笑话，被边区广泛流传。有一次，我到一个村子里做生产动员报告，会中发动群众养猪，这下会场炸了起来，有质疑声，有哄笑声，后来才知道这是一个回民村。"

襟怀坦白，情昭日月，源自对人民深沉的爱。回忆往事，陈舜玉感慨地说："抗日战争时期，我们同群众的关系就是鱼和水的关系。我们幸存到今天，全靠群众舍生忘死保护我们啊！"直到晚年病中，陈舜玉还一次次念叨着：

有一次，在反"扫荡"中，她带领冀中的三位同志一夜急行军，冲出了敌人的"铁壁合围"。然而，刚到唐县显口村附近，发现这里住满了敌人，她们又辗转到西峒龙村，村干部将她们掩藏在地洞里三天三夜。当地妇救会郑贵娥等同志为她们的安全、饮食作了周密的安排，群众表示，宁愿自己牺牲也不暴露陈县长。

有一次，我独自一人从山西盂县去河北平山参加会。走在半山路上，不知怎的马突然惊了，把我连同马鞍摔在地上跑了。我爬起来，背起背包找起马鞍去撵马。走了十几里，看见马儿在路边吃草，真是又气又喜。我把马鞍拴好，拉着马爬坡，这时天已黑了。我四处张望，见前面有一星灯火，便急急赶马上岗。又走了十多里，才看清是个屯子。屯长听说我来了，忙把我领到一位大娘家，又端来一碗饭，那是陈年的豆角煮南瓜。大娘的家很小，炕边还养了一头半大的猪和两只鸡。大娘热情地招呼我，问我怎么敢一个人独自出来，还问我有男人没有。晚上睡觉时，大娘把仅有的一片破席子让给了我，还把一个麻袋片给我盖上，她自己却和衣睡在土炕上，我很感动。大娘跟我说，以后再来还住她这儿，她留有一小缸小米，我来时给我做小米干饭吃。大娘的话说得我心里热乎乎的，这事让我记了一辈子……要说我们是鱼，那群众就是水。

我怀孕后身体一直不太好，有一次去开会从马上摔了下来，结果小产了。曲阳县的县委书记王延春安排我在他那里休养，那儿离敌人的炮楼只二里地，我白天在洞里藏着，晚上出来散心，休养了将近一年，经常能吃到老乡送来的苞米碴子，有时还有鸡蛋，我的身体好多了，打心眼儿里感谢他们一辈子……

他们的自述强调的是，人民才是共产党生命的源泉和靠山，知识分子干部只有彻底地实行与劳动大众相结合，全心全意为人民服务，才能成为真正的共产党人。

粮食粮食

平川是粮仓，山区是后方。占领了平川的敌人频繁“扫荡”山区，使得冀西抗日军民生活十分艰难。粮食，是抗日军民坚持斗争的头等大事。

区党委决定从冀中运粮！敌人为了切断冀中平原和山区根据地的联系，从易县经满城到完县、唐县、曲阳、行唐、灵寿挖了一条横跨数县的封锁沟，沟宽二丈，沟深丈五，沟边埋有地雷和障碍物，铁路两旁筑有碉堡，随时都能进行火力封锁。运粮就是跨越封锁线虎口夺食，斗争异常激烈残酷。

唐县抗日军民演出了一幕壮烈的运粮活剧：日落西山，抗日军民已集结在各个山口；夜幕降临，各山口的军民多头并进，像一支支射向平川的箭镞；军队两侧前出，运动到碉堡附近将敌封锁，双向堵截铁路、公路阻击来敌；民兵一拥而上，扒铁轨、破公路、平毁封锁沟；背筐拿绳的根据地群众像山体滑坡，瞬间漫沟过堤，泥石流爆发般地冲进敌占区；敌占区群众早在党组织的动员下筹集囤积好了粮食，两地干部一握手，粮进筐、袋上肩，根据地群众肩挑背扛扭头踏上返程的路。龟缩在碉堡里的敌人开枪了。有伤亡莫喊叫，分工明确，不用言语，无缝衔接，多举并行。铁甲车气势汹汹地开来了，探照灯先照见铁轨断头处，气得只能鸣着长笛返回求援兵。东方破晓之时，20多万斤粮食已从冀中运进了冀西山区。

晋察冀的战地诗人魏巍在其长篇小说《火凤凰》中，用“谁支持着这场战争”作为一章，生动地记录描述了边区的运粮工作，书中的女主人公是副县长高红，而当时唐县运粮的指挥员则是县长陈舜玉。

个人捐献、集体调粮等都是战时状态的应急之举，开展军民大生产才是巩固发展根据地的根本大计。

唐县有20万人口，11个行政区，三分之二的地方是贫瘠落后的山区和丘陵，敌人占领了富庶的平川地区。唐县是晋察冀边区的门户，军区部分机关、工厂、学校和分区党政机关及骑兵团约有七八千人长年驻扎于此，当地每年要为部队和机关提供粮、草、菜各三百万斤以上，军鞋五万多双，还要供应军衣、被服等等。当年的地委书记刘杰对张林池、陈舜玉的儿女们讲：“我当书记，共产党不公开，我们组织地区委员会叫民运部。这种形势下出面办事最突出的是专员。军队、政府、学校、医院的吃、供、住是头等大事，你父亲非常用心保障这个问题，最重要的是发动群众，从冀中穿过重重封锁线运粮。同时还要安排好根据地人民的生活。”他讲出了抗日民主政府县长、专员的第一职责——粮草先行。

一切为了前线胜利，一切又为了后方民生，要动员青壮劳动力踊跃参军参战，又要组织群众加紧劳动生产，这是专员、县长最基本的职责。责任如山，困难如铁，张林池、陈舜玉化解支前与生产矛盾，把样样工作扛在肩。

1939 年 7 月，罕见的水灾使唐河两岸三十多万亩良田被水冲毁。水灾过后，又是蝗虫、瘟疫、日寇烧杀抢掠的“扫荡”。张林池召开县长联席会，大家出主意想办法，研究怎样帮助老百姓度过灾荒，在保证完成支前任务的同时，决不能饿死群众。

青黄不接之时，陈舜玉动员和组织群众积极开展生产自救运动。县政府虽说有六科一局一室，除了公安局，只有十几个干部和三四个勤务人员，陈舜玉带领同志们怀揣枪弹，流动办公。县政府建立健全了规章制度，干部分工到基层了解情况，督促检查，指挥生产，半月回县汇报一次；县务会每月一次，研究确定当月的中心任务，然后布置下达。她作风民主，虚心听取意见，发现问题及时给予指导解决。

为了救灾，她到各村各户了解民情，和老百姓一起采集树叶充饥，到田间地头组织群众抢收。地里庄稼不好，就组织动员大家纺线织布，点不起油灯，老百姓借着香火头纺线织布，贸易兑换粮食。庄稼正在抽穗，有些群众等不及成熟就开始啃青了，她调配有粮户先借再还，全民共度饥荒；打下新粮，饥饿的人们连夜急着吃，陈舜玉带领干部走村串户劝说群众慢慢增加食量，逐渐恢复体质，不敢“一顿吃伤，十顿喝汤”，莫伤了身体更莫忘了备战备荒。

无微不至的关怀，群众都夸“陈县长真是我们的贴心人！”1940 年秋，唐县收成并不好，然而，全县的征粮任务竟提前 20 天完成。陈舜玉为此下乡做调查，关心交公粮后的群众怎么安排生活。越是关心群众，群众就越是理解支持政府工作，表示：“八路军在前方打鬼子，不吃饱怎么能打仗？我们把粮食交了，收拾起糠糠菜菜就能顶半年粮。你放心，我们能对付过去。”

每次反“扫荡”结束，张林池、陈舜玉都要逐村逐户慰问受害群众，掩埋安葬死者，抚恤死难者家属，帮助群众重建家园。他们与机关干部节衣缩食，每人每天节约二两米，深入到平原地区募款、募粮、募衣；深入敌占区召开群众大会，给群众讲抗战形势，讲民族气节，动员大家团结起来，树立抗战必胜的信心。能看到英姿飒爽的女县长来讲话，群众感到最亲切，每次扩军任务一下达，各村积极响应，青年纷纷报名参军。有不够参军年龄的少年，不顾陈舜玉的劝说，竟然如影随形地追着她要参军。

张林池是唐县抗日民主政府首任县长，陈舜玉是抗战最艰难的1940年至1943年的唐县县长。至今，人们还在谈论他们当县长时的情形："北京大学化学系毕业，手上有化学试剂弄的疤痕，当唐县县长，非常平凡可亲，朴实。""是个大学生，文化水平高，言谈、作风朴实，为人忠厚，党龄又长，工作积极，稳当，是个人才。""抗战县长，当年骑着大马，挎着双枪，可威风了！""一般干部没有马，县长是可以骑马的，她和同志们一起脱鞋光脚走山路。""连续旱灾水灾，那么苦，我们没有饿死人，可见党和政府真心实意为老百姓好……"

张林池晚年欣慰地说："我们的任务是抗日战争的动员，主要的工作是抽粮抽税、收缴枪支（地主保安团）、镇压汉奸特务，以后还指导开展大生产运动，打仗时带领民兵破坏铁路、公路，组织、带领担架队救护伤员。我有信心做好这些工作，因为我的头脑清楚，逻辑性强，遇事冷静，从不急躁，又肯下功夫。每当有了新的任务，我总是先了解情况再分析，征求其他人的意见，然后再干。"

陈舜玉晚年欣慰地说："我被选为县长后，肩上的担子很重，但我没有感到苦和累，始终保持饱满的战斗情绪。在我担任县长期间，唐县曾被晋察冀边区评为'模范根据地'。我没有辜负唐县人民的期望，实现了竞选时我向群众许下的诺言！"

生产生产

一步到任当县长，恰似一步定终身，张林池成了战地"粮草官"，从此，再未脱离过农业生产。战火硝烟中，"军队向前进，生产长一寸"，张林池在晋察冀边区念好了生产支前一本经。

由此，他成了新中国农业战线的"首席代表"。1952年，由来自全国各地的县委书记、县长、劳模、专家等178人组建了第一个"中国农民代表参观团"，农业部党组书记、副部长张林池担任总团长（副团长为抗战时期任山西平顺县县长的魏震五、河北正定县委书记的荀昌五）。他陪同李富春副总理与苏联谈判，争取到156个援华农业项目；他考察了国外集体农庄和国营农场，拟定出中国国营农场和粮食基地的建设方案。

由此，他成了新中国最大的农业生产队长。新中国化剑为犁的杰作之一是大办国营农场，二十世纪五十年代，国营农场成为安置复员军人就业的重要场所，相继有20多个师的解放军官兵投入了农垦生产，有些师长直接就变成了农场场长。国营农场是不与民争地，在古生荒地上建立起来的国有企业，是社会主义农业的最高组织形式，是中国农业的基础保障队伍，又是中国农业现代化的龙头，生产着国家最迫切需要的农畜产品、经济作物和材林。相对于集体生产队，国营农场就是全民所有制的国家生产队。张林池是农垦部部长王震上将的得力助手，专门负责遍布各地的国营农场生产。

天苍苍，野茫茫，雪飞扬，风癫狂，蓑草塘，芦苇荡……

为了把国营农场集中的北大荒建成国家商品粮基地，1958年，农垦部副部长张林池兼任了黑龙江省合江地委第一书记、合江农垦局局长。夫唱妇随，时任全国妇女干部学校党组书记兼第一副校长的陈舜玉携全家人从北京搬到了佳木斯，担任合江地委分管宣传的副书记。从此，夫妻俩在北大荒扎下了根。

顶蓝天，踏荒原，吃窝头，喝野水，手挥镐，肩拉犁……

在全国三年困难时期，北大荒开发初见成效，合江地区粮食生产连年增收，为国家偿还外债提供了大批的粮豆，同时还调拨了大量粮食支援内地度荒年。

1961年冬，中央在北京饭店召开工作会议。当时，河南粮食困难，省委第一书记刘建勋向周恩来总理求粮，周总理给他出了求援的“点子”。天不亮，就有人敲张林池的房间门，不待他把门完全打开，刘建勋就在楼道里喊：“老张，闲言少叙，实在没有办法了，来求你。你能给我解决多少粮食啊？”张林池说：“你先进来坐一下。”“不啦，你先答应给我多少粮食？”刘建勋两手合在一起，不断拱手打揖。张林池说：“行，给你一万吨。”“太少了，杯水车薪，三万吨，就这么定了。”说罢，刘建勋急匆匆走了。南京军事学院院长王平上将急匆匆来了，也来要粮，他是张林池在晋察冀边区的老领导。事后，王平对张林池说："你对我有救命之恩，我记你一辈子。"

为统一管理东北三省的商品粮基地建设，1962 年，中央决定把铁道兵农垦局和合江农垦局合并，成立由国务院直管的东北农垦总局。周总理来到黑龙江，要张林池担任总局局长兼书记。

周总理问张林池，总局机关设在哪里。总局机关可选址在省会大城市，但张林池建议总局设在佳木斯，为的是更好地服务生产第一线。

周总理问张林池，组建总局需要多少人。张林池表示："有七个人就够了，一个局长，一个书记，一个农艺总工程师，一个机务总工程师，一个总会计师，另加两个助理。"

周总理听后，笑着鼓掌说：好哇，林池同志，东北农垦总局要成为国家的小粮库，我随时要，你们就能随时给。争取每年上缴一百万吨，日子就好过多啦。主席讲过"手中有粮，心中不慌"！

在短短几个月的时间里，张林池顺利完成了合并工作，东北农垦总局在原合江农垦局楼前挂起了牌子，在没有增加人员、没有新建办公用房的情况下，建立健全了全垦区各分局及农场的经营管理体制机制。它使三江平原的国营农场群连成一片，地跨 15 个市县，形成了广阔而独特的农业经济区域，拥有 1000 多万亩耕地、近万台拖拉机、24 万职工的中央直属大垦区，把北大荒建成了稳产、高产的农业机械化示范基地。

张林池根据开垦荒原、开发大农业、建设大粮仓的长期实践，给党中央、国务院提出了一系列重要建议，大多数经过以后的不断完善，凝聚到国家的重大决策中。张林池既是北大荒开发探索者，又是政策的推行者，他是发展黑龙江省现代化大农业，真正使黑土地变成共和国大粮仓的奠基人和守望者之一。

在北大荒，张林池把自己定位在生产队长的岗位上，一切工作面向生产，一切为了多打粮食！农垦部下有总局，总局下面有农场，农场层级有总场、分场、生产队。生产队是农场一切工作的基础，粮食生产是检验一切工作的标准。张林池要求，各级领导干部要"心想到生产队，眼看到生产队，脚走到生产队，手抓到生产队。"

在“政治挂帅”的年代，张林池和同志们在大会上约法：“办好生产队，当前的标志是五好，五好生产队的条件和内容：一、生产建设好；二、经营管理好；三、贯彻政策好；四、安排生活好；五、政治思想好。”——“政治思想好是首要的，它要带动其他四好。这叫一好带四好”；“五好最后要落实到生产经营好。这叫四好保一好。”

约法是“有激励”的：“凡是五好生产队，就优先装备重点机械化生产队，分期分批地进行。用集中力量打歼灭战的办法，逐步把垦区的所有生产队都武装起来！”

约法是“圈红线”的：干部下场队，每年不得少于三分之一的时间，不准给基层添麻烦，不准用公款吃喝，不准往回带东西，不准迎来送往；领导干部下乡，不允许搞新闻采访、报道、拍照等等。

约法是“断后路”的：生产队职工的房舍没有建好之前，一律不准建场部房舍；职工工资必须按时足额发放，欠薪只许欠农场以上机关干部的工资，首先是欠书记和场长的；凡参加体力劳动的职工按每月 45 斤标准供应口粮，非体力劳动者按原定量不增。

约法不是无情物，是人性更是党性的修养要求。只有这样的约法，才能使各级干部不脱离劳动生产，保持与人民群众的血肉联系。张林池用自己的成长经历和体会告诫同志们：“党员干部要不怕滚一身泥、磨两手茧，要记住劳动者的尊严，对职工首先要诚心诚意，尊重、关心、爱护他们，要为他们谋福利……”

数十个国营农场星罗棋布在国境线地区，作为“生产队长”，张林池每年都要走一遍所有地块的角角落落。他长年累月要乘一辆吉普车披星戴月翻山越岭，独行于林海雪原，一把手枪防御着虎豹熊罴。

生产队长要知家底。年年种粮岁岁收，不能满足于完成公粮就了事，时刻都要保持备战备荒的忧患思想。生产队要做到所有粮食打包过秤，要分出公粮、口粮、商品粮、种子粮、饲料粮等，摸清家底，验斤入账。生产队长、场长负责实施，书记坐镇督查，不允许任何弄虚作假行为，违者按党纪国法处理。丰收年最怕利令智昏，大数据更要细落实。深入实际的调查研究，使得张林池炼就一双“火眼金睛”，容不得数字有一丝“水分”。

生产队长要明路数。张林池把每个农场的生产状况和发展方向，统统装进了脑子里，他能如数家珍地详述每个农场、县乡的情况，如农作物的栽培、产量、分布、特点，以及科研、财务，尤其是机械化的运用程度与未来发展的计划。张林池是个专注定量分析的领导人，开大会不拿稿，随口就能调集出各种数据，定量分析出工作的要求和努力的方向，录音整理，就是有关经营管理和科技运用的好文章。

龙口夺粮战——七月收麦，九月收豆，这是张林池最紧张忙碌的时刻。太阳还没有出山，他就到了办公室，先了解天气变化，再看收获进度和基层请示的问题。他在田间地头办公，现场解决各种急难问题。为了争分夺秒赶在雨前把粮食收回来，他动员、组织城里的大批职工及其家属都来支援农场抢收，废寝忘食赛过当年支前攻城。他一边搞“物资刺激”，一边搞宣传鼓动：这半个月，连总理的眼睛也在北京盯着我们！多收一把麦子就能救活一条命！收割时，他戴着草帽，顶着麦秸粉尘跟在联合收割机的后面，一会儿检查麦茬，一会儿检查麦壳，要保证颗粒归仓。

勤俭为国

张林池最惬意的时候，莫过于站在田间地头，看早春二月向阳坡的地块化冻，手指能插入地表土两寸多深，拖拉机奔驰在田野上开始播种。

渠如网，田如绸，康拜因，红铁牛，大囤尖，小囤流……经过几代农垦人的奋斗，张林池 1992 年离休时，北大荒已经拥有 3000 万亩耕地，70 万职工，155 万人口，9 个管理局，102 个国营农场，2000 多个企业，沿边境地区东西横跨近千公里，遍布黑龙江 48 个市县，建成了中国最大的机械化国营农场群，成为国家重要的商品粮生产基地和农副产品加工基地。北大荒成了中国名副其实的北大仓，成了维护中国粮食安全的“压舱石”，这是新中国一代又一代劳动创业者创造的世界奇迹。

北大荒农垦人在创造了丰厚物质财富的同时，更铸造出了以“自力更生，艰苦奋斗，顾全大局，无私奉献，勇于开拓”为主要内容的“北大荒精神”。张林池、陈舜玉就是“中国粮食”守望者的杰出代表。

从抗战胜利后的华北农业部，到不断衍变的农业部、农垦部、农林部、农牧渔业部等，张林池担任主要领导近半个世纪，一直主管农垦事业，权力不可谓不大。然而，一辈子守望着粮棉生产、守望着共和国粮仓的张林池、陈舜玉夫妇最讲勤俭节约。

节约从头上讲起。许多人都熟悉，张部长戴着一顶褪了色的八角帽，无色成了本色，珍爱如同护身符。1965 年一个风雪交加的深夜，下乡途中，车陷进了雪里。张林池在推车中，风搅雪把他的帽子掀走了，他执意要找回自己的爱物。天地一笼统，帽子飞无踪，再找下去，林海雪原是要冻死人。无奈中，他们找到了一个有人烟的地方，深夜坐在炉旁烤冻鞋，张林池才给同志们讲，那顶八角帽是他 1937 年到太原参加抗战，是平津流亡同学会发的，一天也没有离开过他……惊得大家面面相觑：戴了二十八年了！

在张林池的生活中，什么东西都可以用成不离不弃的护身符。一套整洁的布衣，遮掩着摞补丁的内衣。一件背心穿了几年，缝缝补补成了百衲“肚兜”，轻穿慢褪才能避免开线破绽。到外地出差，他没有换洗的衣服，晚上早早关上房门自己洗晾，为的是第二天开会时能穿上。他的理由是“穿那么好，怎么和老百姓说话？要脱离群众的。”家人说“老百姓比你穿得好”，趁他不在家时把旧衣处理掉了，他大发脾气。因为穿戴太朴素，工作和生活中曾发生“意外”，1971 年张林池乘火车到北京开会，软卧车厢的乘务员怀疑他的身份，凭票也不让他上车。不知道六十年代生产的一条洗脸毛巾有多好，竟让他缝缝补补用到了九十年代。离不了眼镜，这是张林池的终生毛病，然而，一副黑边大框、厚如瓶底的近视眼镜，居然能陪伴他从县长当到部长，汗渍日晒，两条镜腿都蚀化了。他要秘书拿着眼镜到西四大街配镜腿，只听修眼镜的师傅“啊呀”一声道：“这可是老古董啊！”唯恐避之不及地推脱说“修不了”。这副眼镜，有张林池各个时期出头露面的照片为证。

战争年代，节约每一个铜板为着前线胜利；和平年代，节约每一分钱为着国家建设。张林池出外开会只买夜行车票，这样既不误工作，又能为国家省下住店钱。五十年代初，张林池陪同苏联专家组组长去黑龙江考察，专家坐飞机，他则提前一夜坐火车；没有坐票买站票，挤上火车，他把行李往两排座椅中间的通道上一放，坐在行李上，翌日，和从天上飞的苏联专家同时赶到了黑龙江。也许苏联专家猜疑，中国的部长另有专机？苏联专家住在宾馆里，张林池却和同志们睡在城外老乡家的大炕上，餐餐吃着水煮玉米粒和腌菜。

张林池一辈子不沾烟酒，没有任何特别嗜好，但人总是要吃饭的。农场多的是土特名优农副产品，一些单位为展示实绩，不免送上样品要领导“验证”。张林池、陈舜玉夫妇即刻就立下规矩：家里不开灶，全家老少都在职工食堂买饭票就餐，并明确规定各级领导和机关一律“不允许试用和试吃”农场产品，坚决杜绝此类现象的发生。

拒腐蚀、永不沾是从最细微处做起的。领导与群众同吃一锅饭，仍要做到防微杜渐，上纲上线。一天早餐，张林池端着一碗玉米面糊糊，筷子拨拉出异常，原来碗里窝着一颗荷包蛋，环顾四周仔细看，他惊讶地问：“怎么回事？怎么你们没有？”秘书急忙解释说这是机关党委的决定。张林池严肃得近乎下命令：“你去告诉狄师傅（食堂管理员），要他把这个钱从我的工资中扣掉！”

张林池曾数次罢饭。下农场或到县里视察工作，他都是自己掏钱掏粮票在食堂与群众共餐。一天晚餐，当地领导带他到食堂，他一看桌子上摆了不少好吃的，超过他订的“两菜一汤”标准，便对秘书说：“咱们吃不起，拿两个馒头走。”扭头回到招待所，倒了一杯开水就啃起冷馒头。晚年，张林池去了一趟南方，当地领导盛情款待他，然而，那顿珍馐美肴令他寝食难安，直嚷着还是和陈舜玉每年回一趟北大荒好，把每个农场都转一转、看一看。1995 年离休后，张林池、陈舜玉自觉年纪大了，又怕回北大荒“多少也会给农场添麻烦”，一对老人只好坐在北京家中，然而，心中总是牵挂着北大荒。

老秘书回忆：我给张部长当秘书那么多年，从来没有用过公文包，平时就用两个用过的牛皮纸档案袋，把文件装起来，夹在腋窝下就得啦。林池同志本人也是这么干的，他说“纸袋子目标小，谁也不知道这是干什么的，不容易出事。”

老司机回忆：张部长什么都要算算。开车路线怎么走最近、最省油就怎么走，熟悉路况的司机都算不过他。农业部有一台趴在那里多年了没人坐的旧车，是部真正的“老爷车”——司乘人员要从同一扇门出入。张部长要司机班长把旧车锯出一扇门来，到国务院去开会坐的也是这台车，高兴地说：“我眼睛近视，这台车不管放在哪儿，我一眼就可以找到。”

在高高的谷堆旁边，勤俭节约是伴随张林池、陈舜玉一辈子的护身符。职务愈高，考虑的问题就愈严重愈长远，他们以身作则，能把“一粥一饭，当思来之不易；半丝半缕，恒念物力维艰”的古训解读出家国情怀的极致意义来。

有人问晚年的张林池：“张部长本来在农垦部任职，自己却要求到北大荒农场去工作，在那里度过了二十多个春秋，现在想起来是否遗憾？”一辈子不擅吟诗抒怀的张林池，在双目几近失明的情况下，欣慰地说：“国家强大了，人民的生活富裕了，自己还要什么呢？高山大河可以作证，农场职工更能作证，我活着的每一天，都是为了人民的事业，为人民的苦难而忧，为人民的幸福而乐。”

无私奉献

张林池、陈舜玉对儿女的训条是：“说老实话、干老实事、做老实人，多做事少说话，要做手把式不做嘴把式。”

待人接物尊礼数、讲感恩，温良恭俭让先要表现在称谓上，对与父母同龄的工农兵一律要称“叔叔”“姨姨”，对战争时期的奶妈要称“娘”并要终生回报，不能产生干部子弟的优越感，要过俭朴的生活，要学会谦让，一套衣服要按长幼有序接替着穿。“不能嫌弃趾头顶穿了窟窿的鞋，要耐心等哥哥姐姐的淘汰”，“你二哥的蓝裤子续上了半截黑裤腿，他满不在乎，要向他学习哟。”作为农垦总局最高领导人的儿女，报名上学时，由年龄大的领着年龄小的去；学校开家长会，让哥哥姐姐代表参加，以防受到校方照顾和庇护。

学校教育代替不了家庭教育。张林池、陈舜玉坚持举办家庭学习会。学习会上，全家老幼围坐在一起读书读报，人人都要联系实际畅所欲言，展开讨论。串门的邻居、探亲的远客，赶上家庭学习会，都要做好专题发言。

人民赋予的“钥匙”不能为自家儿女“开后门”。儿女们学校毕业要工作了，张林池、陈舜玉送他们到生产第一线去劳动锻炼。儿女们（包括儿媳）有“活思想”，但是，到了最后关头全被父母“锁住”了：推荐上大学没门，择优参军没门，回城就业没门，调整工作没门，“前门”“后门”一起堵，谁让你们的父母是当地最高领导？因此，张家的儿女都锻炼成了农场离不开的劳动骨干。女儿张晓华高中毕业后到农场，和几个同伴就住在生产连队的大通铺上，天一亮，铺盖一卷，下地劳动到天黑，很能吃苦，锻炼成能操作各种生产机械的优秀农机手。就这样，九年如一日在生产队里劳动，她所在的机组被评为全国先进机车组——那是张林池、陈舜玉离任后，由群众一致推荐的。

儿女们一个一个要结婚了，张林池、陈舜玉只给每个儿女两床被面、一对枕套、一块布料，婚宴要设在家里，不能超过一桌。赶到次子张希光结婚时，家庭成员多了，婚宴要办成两桌，刚进门的新媳妇就接受“庭训”，婆婆陈舜玉说：“今天你是新娘子，饭由你来做。”公公张林池则说：“家里几个孩子结婚，我都没参加，你也不例外，就让我的秘书代表我吧。”他到机关办公室加班去了。儿女们结婚后，陈舜玉规定，凡回家住一个月以上的都要缴纳伙食费，称“这是老祖宗留下的规矩。”哪里是老祖宗的规矩？她和张林池都是旧家庭的叛逆者！孩子们晓得，这是一对“老革命”立下的新规矩。

上街采购蔬菜水果，不挑不拣，每次都是撮堆儿买，回家来再择摘。有时专拣摊贩卖不出的东西买，因为担心明日会浪费掉。儿媳妇陪他们在街头散步，张林池、陈舜玉看到水果摊上有一堆烂苹果，便全部买下，回家熬煮做罐头。家中待客，多是蒸包子、煮饺子，饭菜合一不易浪费；吃过的鸡架鱼骨要熬汤，留着煮面条；菜汤、面汤不见了？孩子们说喝掉了，张林池欣慰地说："喝掉了就好，喝掉了就好"，"吃完西瓜，要切皮做汤喝，能膳食平衡"，"生白菜蘸大酱，能补维他命"……

有了第三代，还照规矩办。人民大会堂举行联欢晚会，允许老部长携配偶和一个孩子入场。正恰儿媳、孙子从黑龙江来京，陈舜玉便让她们陪同张林池去。张林池说："你们乘1路、4路、52路公交车去，到天安门站下，我在大会堂门口等你们。"孙子不解地问大人："爷爷为什么不愿带我们去？"大人们都笑了。当年在佳木斯，大雪纷飞，看到有学生背着书包在招手，司机停下车准备让学生搭顺车，车上的张林池隔着玻璃仔细看，原来那招手的正是自家儿子，便对司机说："不要理他们，让他们自己走！"如今，幼小的孙子也懂得了"不能占公家的便宜"。

公私分明并不难，难的是私款派公用。作为单位领导人，张林池、陈舜玉总是把提级长薪的机会让给同志们，二十年工资级别无变化，陈舜玉还要求自己降级降薪。不变的工资派用的方面太多了，家中六个儿女上学，能不花销？张林池的继母是抗日烈属，年事已高且无一文收入，能不尽孝？战争年代抚育过孩子的奶娘生活困难，能不接济？司机王师傅家中孩子多，每月总要补贴一部分；每年秋收后，张林池总要自己掏钱宴请农业技术专家聚一顿……

张林池、陈舜玉节俭得出名，也慷慨得出名。作为市民，他们也是凭供应本每人每月28斤粮，但总要节省些余粮周济身边困难的同志；作为老干部，十年兼任中国奶牛协会理事长的张林池，可享有每天500ML的鲜奶供应，但他要节省下来送给更需要的老战友。张林池是北方人，星期天包一顿饺子，要唤人上门一齐享用；陈舜玉是南方人，排长队买了几斤梭子蟹，要叫人来家一齐尝鲜。1964年，张林池从新疆带回一颗哈密瓜，孩子们眼巴巴看着，他把瓜切成许多条分别放在盘子里，让先给邻居们去送。一只盘子两瘦条瓜，孩子们觉得拿不出手，好说歹说硬是不肯去送，从不打骂孩子的张林池气得发抖，陈舜玉只好操起笤帚逼孩子去……

走过战火硝烟的人偏爱花草树木，张林池、陈舜玉一辈子工作生活在广阔天地，爱不够青山绿水姹紫嫣红。当年合江地委的大院里生长着佳木斯最美的沙果树，那是张林池夫妇花自己的工资采买的。愈到晚年，惜春恋花情愈浓，他们种草养花，赏花绘画。客人来了，他们是一定要相携去公园观景赏花；客人不来，他们就盛情相邀，遍告亲朋好友：家里能洗热水澡了，来吧，赏过花，洗个澡，吃饺子。

慷慨大方也容易，难的是年年要捐献。频繁的旱灾、水灾对农业造成的危害最多，张林池夫妇几乎年年要把节省下的工资捐给受灾地区。1964年，邢台发生大地震，震后，当地收到了一位匿名者3000元的捐款，因数额巨大，有关部门经过调查，才从笔迹上查出捐款者，是张林池把自己全年的工资一次性捐给了灾区。张林池还有过一笔最大的“收入”，那是在“文革”中受迫害，被停发了几年工资，平反后，他把补发的工资如数缴了党费。

岁岁裸捐实大难，难不过从容献自己。

2002年10月30日，张林池在京逝世，享年91岁。他有三条遗嘱：

1. 将遗体献给医学研究事业；

2. 不搞吊唁，不搞遗体告别；

3. 将存款捐献给“希望工程”。

2010年2月19日，陈舜玉在京逝世，享年95岁。晚年在严重的阿尔茨海默症的折磨中，她有三条记忆：

1. 勇敢斗争。与病魔顽强抗争，决不呻吟，疼痛难捱时只是怒斥：“你们这些国民党，为什么把我绑在这里！”

2. 热爱革命。每当听到孩子们离家上班前告她“我要走了，我去干革命了。”她立刻就变得兴高采烈，甚至拍起手来。

3. 不忘初心。身居陋室，她只研朱墨作春山，绘出了一幅幅青山绿水的风景画，留住了永恒的春天！

2018年9月23日，农历八月十四，秋分——第一届“中国农民丰收节”。9月25日，中共中央总书记、国家主席习近平从北京飞抵东北，首先来到黑龙江农垦建三江管理局。建三江垦区系黑龙江、松花江、乌苏里江汇流的河间地带，位于中国北部边陲的三江平原腹地，面积达1.24万平方公里，是中国“最早迎接太阳的垦区”。建三江管理局下就有勤得利、洪河、前进、大兴、七星等15个大型国有农场,每个机械化生产队规模有二三万亩良田,如今建三江被誉为“东方第一稻”“中国绿色大豆、水稻之乡”。

建三江七星农场“万亩大地号”丰收在望，10台收割机一字排开，正在实施联合作业。习近平总书记走进稻田,拿起一把稻穗,看稻粒、观成色。当听说建三江通过深化国有农垦体制改革，稳居中国农业企业“龙头”地位时，习近平感慨道：“半个多世纪过去了，北大荒发生了沧桑巨变，机械化、信息化、智能化发展很了不起，非常鼓舞信心、鼓舞斗志。”望着广袤无垠的稻田，习近平深情地说：“这个地方看不够，以后有机会还要再来。”

在北大荒精准农业农机中心一楼大厅，展台上摆满了当地出产的米油豆奶等各类农产品，习近平走近前去，双手捧起一碗大米，意味深长地说：“中国粮食！中国饭碗！”“北大荒能有今天不容易啊！”习近平感慨道，“真是居功至伟！”

第五章　县长书记一本经

梁雷、杨蕴玉是从河南中原大地来到山西抗战前线的一对师生，老师梁雷在黄河边的偏关县任抗日民主政府县长，牺牲在长城脚下，学生杨蕴玉继承先烈遗志，任中共辽县县委书记，以百倍的精神战斗在太行山上。

老师的启蒙

梁雷与作家姚雪垠早年是闻鸡起舞、交谊深厚的同学。抗战初期，他们曾多次书信来往，留下了极为珍贵的战地诗文。梁雷 1938 年春牺牲后不久，姚雪垠即发表了《雁门关外的雷声》悼文褒扬烈士，直到 1995 年冬，姚雪垠又为梁雷撰写碑文，介绍了烈士短暂而光辉的一生：

> 梁雷烈士，一九一一年生，原名德谦，字雨田，邓州市城郊梁庄村人。梁雷上小学时，就受共产党员吴寿青引导，奠定进步思想基础，加入了共青团。一九二八年考入开封师范学校读书，翌年加入中国共产党。在校期间积极参加反帝反封建学生运动。一九三二年，开封党组织遭破坏，梁雷因革命需要，不待师范毕业，即先后在河南泌阳、杞县、民权、邓县等地教书，从事革命活动，尤以在杞县大同小学与中学教书时间较久，为革命贡献最著。当时正值“九一八”事变之后，东北沦陷，中华民族面临生死存亡的紧急关头，梁雷与赵伊坪、王衡儒等共产党员以教师身

份作掩护，在杞县大同中学师生中掀起轰轰烈烈的抗日救亡活动，为党培养了大批革命青年。仅在西安事变前后，经梁雷介绍奔赴延安的学生就不下十余人。抗日战争爆发后，更有大批大同中学学生投身革命，参加了新四军彭雪枫将军领导的抗日游击部队。一九三七年“七七”事变后，梁雷受中共河南临时工委派遣，去山西牺牲救国同盟会工作，被任命为牺盟会雁北战时工作委员会主任，兼雁北十三县游击司令、战地执法官。同年九月，梁雷率领部队先入平鲁，再到偏关，十月，梁雷兼任偏关县长，在雁北地区广泛组织人民武装，开展抗日斗争，一时声威大振，大大鼓舞了敌后军民的抗战斗志。一九三八年二月，日伪集结了万余兵力“扫荡”偏关县等晋西北抗日根据地，梁雷率政府机关转移至柏家嘴村。三月十八日，被日伪军数百人包围，梁雷在战斗中，为掩护战友转移，不幸英勇牺牲，时年二十八岁

抗战之初，日军大举进犯，雁门关外各县县长弃职而逃。值此危急时刻，八路军向敌后穿插，共产党的地方工作干部也进入了阎锡山丧失了政权的地区。1937 年 9 月 20 日，牺盟会干部梁雷作为阎锡山认可的雁北战时工作委员会主任、雁北十三县游击司令兼战地执法司令抵达平鲁城，受到当地群众的欢迎。此一行人马，是按照中共山西省工委的安排，同行的有中共晋绥边特委赵仲池等率领的十多位干部。当日，梁雷得悉平鲁县县长孙家骧和公安局局长等人携款物逃跑，立即派人将其抓回，并当众宣布：予以撤职，听候处理。梁雷一行又来到偏关县城，发现偏关县县长王华杰早已弃城不见踪影了。1937 年 10 月 25 日，山西省政府发电任命梁雷为偏关县县长。梁雷上任后杀掉一批汉奸，其中就有因逃被捕的右玉县县长。

梁雷上任后，曾给远在河南家乡的挚友姚雪垠写信道，他全身心投入抗战中，忙得连喝热水的时间都没有，“从早 5 时忙到晚 12 时，都是作的‘组织民众，武装民众，训练民众，保护生产，发动游击战争’”。

在兵荒马乱的塞北战地，作为中共晋绥边特委委员的梁雷，以“舍我其谁”的担当，鼓舞召唤着前方与后方的同志们勇做忠诚于国家和民族的先锋战士。他在紧张的战事中匆忙写就的信，零乱潦草，顾不及署名，然而，

豪气干云：“天气越来越冷，但我们的血是一天比一天的热了，任务一天比一天重大了，工作一天比一天繁重了。”“同志们，我们的坚壁清野工作还没有达到理想呢，若在短期完成了这工作，还怕他什么的鸟敌人！”“敌人在华北喘息后，又大规模地来进攻我们了。我们是绝不惧怯、退缩、逃避的！我们是要拼着头颅杀向敌人的侧方、后方去的，死的机会多着呢！告诉你们，你们要比我更千百倍努力前进！我，即若死了对民族革命是决无损失的。因为你们一定会因我之死而作了更多的工作，因我之死而号召更多的同志大干起来，我们要不负这伟大的时代啊！”

1938 年 2 月中旬，日军又一次大举“扫荡”晋西北，梁雷带领偏关县政府工作人员撤出县城，到南山区光明村、柏家嘴村一带打游击。3 月 18 日，数百名日伪军偷袭包围了柏家嘴村。在突围中，梁雷为掩护战友转移，不幸壮烈牺牲。日军得知梁雷就是抗日县长后，将他的头颅割下，悬挂在偏关县的城门上。

梁雷牺牲后，阎锡山在致国民政府行政院奖恤抗日尽忠守土县长的电文称：“梁雷勇敢有为，热忱素著……敌军侵入后，梁县长即率同属队警，在县境内实行游击战，遇敌奋勇直前，猛冲不退，以致被包围，与队警等 30 余人同遭残害。”

八路军一二〇师收复偏关县城后，战动总会除奸队抓捕到一批汉奸，其中就有为敌人带路杀害梁雷县长的赵林池、阎璇、薛小等人，还有跪在城外举着日本旗迎接日军、成立汉奸维持会的田良玉、郭耀堂等。同年 6 月 24 日，经审讯后这些汉奸被就地正法。当时，战动总会为此散发了许多小传单和连环画《田良玉的故事》，用以教育民众，防奸除奸。

八年全面抗战和四年解放战争中，梁雷的战友们前赴后继一直战斗在塞北。1949 年 10 月 1 日，梁雷的战友、中共晋西北中心地委书记郑林撰写了《塞北人民英雄纪念碑题名序言》：

> 我党在领导塞北人民同敌人进行艰苦残酷的斗争中，与群众同甘共苦患难十三年。在此期间，我们不少党员、干部、战士及革命群众或在战斗中英勇牺牲或于被捕后遭敌残害，他们为人民、为新中国事业而慷慨就义，血染洪涛者数以千计。现在中国解放

战争和人民革命事业已取得基本的胜利，他们对于这个伟大胜利是有功的，他们永远活在人们的心中，他们正像毛主席在人民政协会上讲的：在人民解放战争和人民革命中牺牲的人民英雄们永垂不朽。

学生的成长

梁雷牺牲四十多年后，已是国家教育部副部长的杨蕴玉，在北京三里屯姚雪垠家中才第一次看到梁雷老师的照片，不禁哽咽泪下。她追想起1937年在太原与梁雷老师相逢的那一幕：

梁雷是我走上革命道路的引路人，当我正在痛苦中挣扎，力图冲出封建礼教藩篱，寻求光明的时候，但不知路在何方？是他指引我在苦难中找到了中国共产党，走上了革命之路，并跟随党战斗了一生。他是恩师，又是好友，这样的恩德，使我对他始终怀着崇敬、爱戴和感激之情。1937年的夏末，他满怀豪情奔赴雁北抗日战场，此时，我被党组织派往山西榆次牺盟会工作。我相信，凭着他对党对人民的无限忠诚，凭着他的才华和顽强拼搏精神，定能在开辟雁北抗日根据地的斗争中建功立业。但怎会料到，在仅仅半年多的时间里，当他满身用不完的光和热正迅猛迸放的时候，却被残暴的日寇扑灭了，夺走了他刚满27岁的生命。他怀着对敌人的满腔怒火、对自己壮志未酬的深深遗憾，匆匆离开了人间。一颗璀璨的民族之星殒落了！这样突如其来的噩耗，怎能不让我痛心疾首，百感交集，终生难忘！

杨蕴玉1919年出生于河南邓县构材镇一个封建地主家庭，家里只许男孩上学，不许女孩上学。杨蕴玉幼时即被缠足，而且被父亲定了“娃娃亲”。她八岁时，家里遭了匪劫，父亲当场被土匪打死，她和母亲遭土匪“绑票”押作人质。母亲趁乱逃出了匪窝，而刚裹脚的杨蕴玉一步一流泪、一脚一钻心，每天被土匪押着转换地方。直到家里花了2000块大洋和一些大烟土，才把她赎了回去。回到家中，杨蕴玉得了伤寒病，发高烧，整天昏睡，病愈后头发也快落光了，不能走路，只能在地上爬。这时候，母亲才说："算了，你要上学就上学吧，总比死了强。"杨蕴玉因祸得福，松绑放足了，还能上学了。然而，未待她高小毕业，母亲又去世了。

杨蕴玉回忆，那时候"我如饥似渴地看课外书籍，也不分左的还是右的，只要能找到的书都看。在阅读过程中，逐渐觉得左翼作家的作品对我的胃口，对郭沫若、曹禺、茅盾、鲁迅的作品都感兴趣。当看到《狂人日记》中到处写着'吃人'时，我觉得我是被吃的一个。我深感自己是个被压迫者，我的命运和一切被压迫者的命运是一样的。"令杨蕴玉庆幸的是，她在初等师范学校读书时，遇到了共产党员梁雷、姚雪垠的爱人王梅彩等几位好老师，尤其是国语教员梁雷最富有革命激情，在课堂上时常吟诵革命浪漫主义的诗篇，如"让磨光了头皮的人们笑吧，我们全不管，秋后的枯草，也配来嘲笑春天？"（臧克家的《我们是青年》）

梁雷启发了杨蕴玉等一大批热血青年，并向学生们推荐艾思奇的《大众哲学》等左翼作家的著作，宣传抗日救国的道理，教唱革命歌曲。梁雷的教学方法很新颖，善于启发学生思想，作文任由学生自立选题。当时，杨蕴玉以自己对封建家庭与封建婚姻的切身感受，写了一篇《论女子无才便是德》的作文，梁雷老师阅批后大为赞赏，在课堂上宣读了这篇作文。

抗日救国、民主自由的种子在杨蕴玉心里生根发芽的时候，梁雷老师却因从事革命斗争，被校方逼迫出走了。而这时，杨蕴玉的哥哥以"父母之命，媒妁之言"，要强迫杨蕴玉出嫁。哥哥是当地说一不二的有社会身份的人，在家中更是蛮横专制其令难违。于是，杨蕴玉只好离家出走，抱着死也不回头的决心，逃出了邓县城，跑到开封考上了省立第一女子师范学校。

在开封，杨蕴玉举目无亲，正为缴不起 8 块钱的上学保证金发愁时，梁雷老师神奇地出现在她的面前，为她缴了保证金得以重进校园。然而，从事地下革命的梁雷，只神奇地一现，又隐去了奔波的踪影。在女师学习期间，向往革命的杨蕴玉因参加中华民族解放先锋队被校方开除了，随后，她接受组织指引，一路辗转从开封到北平，又从北平来到山西太原，进入军政训练班女兵连。几年来的奔波求学和社会历练，更因为军政训练学习，杨蕴玉敢于大胆实践，迅速地成长。杨蕴玉晚年回忆道：毕业分配工作时，牺盟会领导人问大家各自喜欢做什么工作，她踊跃地站起来，表示要做产业工人的工作。“其实我从来没接触过产业工人，也根本不知道什么叫产业工人。会后，还真的分配我去太原的工厂工作，如面粉厂、火柴厂等轻工业工厂。”由于思想进步、工作大胆、军政素质高，1937 年 4 月，杨蕴玉加入了中国共产党。

“七七事变”爆发后，山西成为抗日前线。这时，杨蕴玉在太原与梁雷再次邂逅相逢。这是师生的久别重逢，更是两个共产党员的第一次握手。梁雷老师兴奋地告诉杨蕴玉，他马上就要北度雁门关，到抗日的最前线了，勉励她学好军政本领迎接新的战斗。

相信后会有期，哪知一别竟成永诀。梁雷老师赴雁北后，杨蕴玉到榆次晋华纱厂办工人夜校，宣传抗日，发展牺盟会会员，组织起工人武装自卫队到八路军办事处接受游击战训练。1937 年 11 月，太原失陷后，杨蕴玉随同中共榆次县委书记阎定础，率领二百多人的自卫队上了太行山。在太行山，杨蕴玉从报纸上得知梁雷老师牺牲的噩耗，悲恸不已，发誓唯以勇敢的工作奋斗回报老师的教育关怀，为老师报仇、为老师争光！

太行山的洗礼

在太行山抗日根据地创建初期，杨蕴玉担任了晋东南牺盟会锄奸部部长。在锄奸斗争中，杨蕴玉本着“不冤枉一个好人，不放过一个奸细”的原则，快刀斩乱麻铲除了一批甘心事敌的汉奸，震慑强烈，大快人心。人们说：“大杨真厉害，把汉奸的贼胆都吓破了。别看她是个女的，比男的都厉害呀！”杨蕴玉有胆有识，机智勇敢，做事果断，显示了高度敏锐的识别水平与判断能力。有一次，牺盟会少年儿童工作部的朱霖反映，在关押汉奸嫌疑人员的地方，发现一个年轻人在大喊“救命”。获知消息后，杨蕴玉及时审讯了嫌犯，进行甄别。原来，那位喊“救命”的青年名叫李勋芳，是孝义董家庄人，在山东做生意养家，因为日本人侵占了阳泉等地，溃兵又抢掠，他徒步带现金转走太行山回家，不料途中被当作汉奸扣押。

杨蕴玉不顾另外两位审讯人的意见，果断决定立即放人。刀下获释的李勋芳从杨蕴玉身上看到共产党人的公正廉明，当下即坚决要求参加抗日队伍。经过几年战场考验，李勋芳成为党员干部，1945 年春担任了太行军区二分区后勤部长。若干年后，他还给别人说："要不是当年大杨姐在石拐镇救了我，哪有我的今天！"

在八路军粉碎日军"九路围攻"后，杨蕴玉相继担任昔阳中心县委书记、辽县（后改为左权县）县委书记。杨蕴玉初到辽县时，县城已遭日军两度侵占、一次飞机轰炸。1941 年，"百团大战"刚结束，敌人又开始了疯狂的报复性大"扫荡"，身孕临盆的杨蕴玉带领县委、县政府到处奔波，紧张地布置工作，激励民兵战斗；孩子降生了，她只能匆匆中脱下身上的衬衣包裹起来，然后，怀抱孩子主持反"扫荡"会议。

作为县委书记，要领导全县军民一切为了抗战胜利，要为巩固、建设和发展壮大根据地做更细致的工作。全县民众动员工作中亟待解决的问题之一是党员少，女干部更是缺乏。杨蕴玉开办了妇女干部培训班。妇女们没有离开过村，且都是一字不识的文盲。杨蕴玉没有气馁，她以自己远离家乡投身抗战的经历现身宣讲，深深地吸引和打动每个女学员。杨蕴玉善于识人，又善于用人与育人，在当地培养了一大批妇女干部和战斗英雄、劳动模范。几十年过去了，一些健在的老人还说："听一回大杨讲话，浑身是劲。"从左权县走出来的女干部都说："是大杨把我们引上了革命的路！"

"大杨真胆大，敢亲自介绍国民党嫌疑人入共产党。"当时在辽县流传着这样一种说法，但历史证明了这是杨蕴玉工作的一段佳话。皇甫束玉是辽县第二民族革命小学的校长，在本县有"秀才"之誉。抗日战争爆发，皇甫束玉辍学从太原回到县里当教员，平时为人正直，富有爱国思想，追求进步，曾多次提出入党要求，但得到的回答是：国民党花名册上有你的名字，你要先交代问题。杨蕴玉得知情况后，多次走访群众，向支部了解情况，直接和皇甫束玉本人谈话，并且一页页地认真查阅了皇甫束玉几年的日记，经过耐心细致的调查与考验，没有发现皇甫束玉与国民党有任何关系。作为县委书记，杨蕴玉亲自作了皇甫束玉的入党介绍人。1944 年 7

月，皇甫束玉终于被批准入党。

用人不疑，疑人不用，在县委书记岗位上，杨蕴玉敢于担当，有着对人对事负责到底的工作风格。1944 年 8 月，左权县委决定在教员宣传队的基础上建立一个专业剧团，指定皇甫束玉为指导员。杨蕴玉明确承诺：在全县范围内，你们要谁给谁，要什么给什么。在杨蕴玉的大力支持下，全县会唱的、会拉的、会吹的、会打的，不到一个月，一个行当齐全的专业剧团组建起来了。剧团演出的第一个戏就是《小二黑结婚》，大受群众欢迎。为了推动根据地民主建设，杨蕴玉直接抓了《周喜生作风转变》剧目的创作演出。这是皇甫束玉根据真人真事创作的一个剧目，该剧演出之后，在边区参议会引起了不同的反响，有人提出“敢冒天下之大不韪，左权剧团胆太大了！”因为戏里有两个主要人物，一个是农会主任周喜生，另一个是政治主任（村支书），他们都有不同程度的骄傲自满，听不进群众的意见，经过大家的教育和帮助，周喜生的作风转变了、进步了，而村支书仍然顽冥不化直至下台。反对意见认为：怎么能把支部书记这样处理呢？如果转变也应该是支部书记，下台的应该是村长或其他干部。当时在华北新华书店负责剧本出版的赵树理找到皇甫束玉问：“你还改不改？我们要印刷出版。”皇甫束玉请示杨蕴玉，杨蕴玉本着实事求是的精神坚定地回答：“故事是真实的，处理是正确的，不改！”两年后，边区整党开始了，这个当初饱受争议的剧目又受到上级领导的表扬。

皇甫束玉“国民党”的嫌疑是在他加入共产党二十多年后才得到彻底澄清的，“文化大革命”中有人坦白交代：当时为了骗取国民党的活动经费，伪造了一份假名单，把皇甫束玉的名字写上去了。皇甫束玉经受了漫长的历史考验，勤勤恳恳为党工作了半个世纪，从高等教育出版社党委书记岗位上离休后，回忆当年县委书记介绍他入党的情形，仍不禁激动地说：“生我者父母，知我者大杨！”

经过与工农兵相结合和战争的洗礼，杨蕴玉成了闻名太行的“大杨”书记。

特殊的党课

杨蕴玉曾担任过许多要职，然而，最难忘的还是她抗战时期在县委书记岗位上的生活。她说："比较来说，还是在辽县这一段生活和工作使人难忘，虽然生活很苦，但正是我们从孩子成长到大人的阶段，一辈子的根基就是在这个时期打下的。"

没有革命的理论，就没有革命的行动，革命的实践离不开革命理论的指导。杨蕴玉的革命理想信念来自对旧社会的切身感想，来自梁雷等老师的启蒙教育。投身革命洪流后，杨蕴玉时时都接受着党的教育和培养。在太原参加军政训练班时，她当时的"政治教员都是共产党员，杨献珍教抗日民族统一战线，廖鲁言教三个国际，王若飞夫人李培芝教怎样做群众工作。"在当过一段县委书记后，她又被安排到党校学习，学习毕业后再回到县委书记岗位上工作。晚年，她回忆到一堂难忘的战地党课：

> 辽县是八路军总部所在地。1942年5月1日，日寇纠集了3万兵力对涉县、黎城、辽县进行大"扫荡"。他们采取了偷袭的办法，不走大路和村庄，而是走山梁，不吃饭也不休息，多路急速向根据地推进。其主要目标是偷袭驻扎在辽县的八路军总部和中共中央北方局。得到情报后，县反"扫荡"指挥部立即召开会议，布置反"扫荡"。我被分到一区，独自一人离开西黄漳，经过高家井时向干部传达了指挥部的指示后，迅速奔向区委所在地——下庄。路上遇到一架敌机低空侦查，幸亏路上行人稀少，它没有轰炸扫射。在离下庄还有七里路时，得知区领导和老百姓已经从下庄转移出去了，而且区委书记王克强同志就在这里，我随民兵爬上山顶见到了王克强书记和县农会主席韩光煌。只见山下河滩里日军端着枪成四路纵队向下庄进发。不一会儿，听到来自麻田方向的枪声、炮声和飞机轰炸声响成一片，心想：糟了！可能八路军总部被包围了。太阳快要落山时，有两个民兵报告：山下发现三个外乡人。带上来一看，原来是北方局党校校长杨献

珍同志和太行一分区司令员及一位团长。司令员说：“总部被包围了，大家各自为战，分散突围。我们两个正在党校学习，就护送献珍同志一起突围出来，为了躲避敌人的子弹，我们和杨献珍同志是一块儿从山上滚下来的，他的眼镜也弄丢了。现在遇见你们就好了，就把献珍交给你们，我们要回一分区参加战斗去了。”我们听到总部被包围的确切消息之后，立即派民兵分头打听彭老总的下落。夜幕降临了，四周一片寂静，静得使人担心。区委书记王克强及民兵干部都建议，找个安全的地方，让我和韩光煌领上杨献珍一块去休息一下。村干部和民兵带我们爬进一个石头洞，洞里相当阴凉，村干部给我们一人找了一条棉被，还送来一瓦罐小米稀饭和几个窝窝头，我们美餐了一顿。夜深了，大家都没有睡意，都用棉被裹着身子躺在石头上。在这紧张、寂静、冷嗖嗖的黑夜里，杨献珍把石洞当课堂，又给我们讲起了新民主主义课程。他讲了很多，他说，新民主主义是走向社会主义社会的过渡阶段，公有经济，私有、个体所有，多种经济成分并存。我们一边听，心里一边想，好一位党的理论家，竟然在生死攸关的特殊环境里，也不忘教育年轻人。这特殊的一课使我永生难忘。

荡涤污泥浊水

抗日战争、解放战争，太行山十二年，百炼成钢。1949年，杨蕴玉进了北京城，投身于新中国的建设中。建设新中国，首先要荡涤旧社会留下的污泥浊水，迅速地医治战争的创伤。组织上分配给杨蕴玉的第一项工作就是封闭北京城里明明暗暗的妓院，罗瑞卿（国家公安部部长兼北京市公安局局长）担任总指挥，杨蕴玉担任副总指挥。为了摸清社会底细，掌握第一手材料，杨蕴玉女扮男装，头戴鸭舌帽，捂一个大口罩，身穿一件由美军制服改成的黑色大衣，不动声色地与公安人员一一实地查看。她真真切切地看到了一个被侮辱与被蹂躏的女性世界。当时，北京全市计有妓院224家，绝大多数妓女是被人拐卖、为生活所迫堕入妓院的。其中有105

名是少年，最大的52岁，接客最小的只有9岁；妓女们白天黑夜都要接客，过着暗无天日的非人生活，挨打、罚跪、饿肚子是家常便饭。刚刚解放，一些作恶多端的特务、土匪、恶霸、反革命分子、烟毒犯、盗窃犯、诈骗分子等都混迹于妓院，以此作为避风港，躲避追捕，并继续进行着各种犯罪活动。妓院是社会毒瘤，是藏污纳垢、滋生犯罪的场所，必须干净彻底全部地铲除掉！杨蕴玉率领公安人员，经过一系列的明察暗访、调查登记，全面掌握了北京市妓院的分布、名称、地址，妓女、老鸨等的罪行及其财产等详细情况。

1949年11月，北京市人民代表会议一致通过了封闭妓院的历史性决议。当市长聂荣臻庄严宣布立即执行这项决议时，全场爆发出雷鸣般的掌声。为了避免走漏风声，人民代表会议还在进行，指挥部迅速组织了2400多名干部与警察，分成27个行动小组，以迅雷不及掩耳之势，一举将北京市所有的妓院全部封闭，共收审老板领家454名、收管妓女1316名，没收了妓院的全部财产，彻底铲除了延续了上千年的娼妓制度。

为了对妓女们实施有效的教育改造，使她们成为自食其力的劳动者，北京市人民政府成立了妇女生产教养院，下设8个教养所，每个所配备4—5名妇女干部，由杨蕴玉统一主管妓女的教育改造工作。教育改造工作首先从关心教养对象的生活、健康入手，北京市政府组织了北大医院、性病防治所、结核病防治所等60多名医务人员给昔日的妓女们治病，用的药是油制盘尼西林，是国家当时花了一亿元人民币的外汇从国外进口的，这在新中国成立初期，对于国家财政来说是一笔不小的数目。为了打开这些昔日的妓女、如今受教育的学员们的心扉，杨蕴玉率领工作人员克服了难以想象的困难，采取了多种工作方式，经过“改称呼、治性病、多关怀、解难题、忆悲苦、话新生”等多个环节与阶段，终于使全部学员从黑暗走向光明，从愚昧走向清醒，精神面貌发生了巨大的变化，使她们重新回到了正常人的生活。治好病，解决了思想问题，有家的则送她们回家，没有生活来源的则安排工作，教养院还负责帮助这些妇女找对象、结婚成家，截至1950年7月底，教养院全部学员都得到了妥善的生活安置。

1950年中央电影局为此拍摄了大型纪录片《烟花女儿翻身记》，记录了这一深刻而伟大的社会变革运动。这项工作得到国内外的一致赞誉，外国人称：中国共产党在一夜之间消灭了娼妓制度。消灭娼妓制度，摘除千年社会毒瘤，荡涤旧中国留下的污泥浊水，“妓院”“妓女”从此成为历史名词，是新中国对世界人权事业和妇女解放运动做出的巨大贡献。

自豪的告慰

新中国成立后，杨蕴玉主要从事妇女工作。她曾多次率中国妇女代表团出国访问，先后到过 30 多个国家，出席过 40 多场国际会议，为增进中国与各国人民和妇女之间的相互了解与友谊，维护世界和平，保护妇女儿童权益，做出了积极的努力。

1963 年 6 月 27 日，杨蕴玉以中国妇女代表团团长的身份，昂首阔步登上了莫斯科“世界妇女大会”的讲台。这次由 130 多个国家，近 1300 名代表参加的“世界妇女大会”，是在中苏会谈前夕举行的。会议在苏联妇委会与国际民主妇联少数人的操纵下，试图导演一场反华大合唱。杨蕴玉率领中国妇女代表团始终坚持原则，坚持斗争，不负党中央的重托，胜利地完成了代表团的使命。中国妇女代表团从莫斯科回到北京时，蔡畅、邓颖超等数百人到首都机场欢迎。

1964 年的一天，周恩来总理率中国党政代表团从莫斯科谈判归来，毛泽东主席亲自到北京机场迎接。在机场候机坪上，毛主席特意向身边的王光美同志询问：那位出席莫斯科世界妇女大会的代表团团长来了没有？王光美同志回答说来了，毛主席说见见她。于是，王光美同志在机场欢迎的人群里找到了杨蕴玉，并带她来到毛主席面前。毛主席亲切地握住杨蕴玉的手说：“你就是杨蕴玉？”杨蕴玉连连点头地说：“主席好，主席好！”杨蕴玉回忆说，主席还说了不少，只是飞机这时正响声隆隆地着陆，自己又心情激动，根本听不清楚，干着急却说不上话来。多亏当时周围围了一大圈记者们，他们用相机摄下了这一场面，为杨蕴玉记录下“人生最为幸福的一刻！”

杨蕴玉从 1937 年上太行山，1938 年起开始担任昔阳中心县委书记、辽西工委书记，1942 年至 1945 年任左权县委书记，经历了血与火的洗礼，成长为一个能文能武的女英雄。新中国成立后，杨蕴玉历任北京市妇联副主任、全国妇联书记处书记、教育部副部长等职，又曾担任国际民主妇联副主席、联合国教科文组织执行局委员等，是第一、二、三届全国人大代表，第三届全国人大常委会委员，在党的第十二次全国代表大会上当选为中纪委委员等，为新中国的建设，为增进中国与各国人民的相互了解和友谊，为保护妇女儿童权益，促进教育科学文化的发展，做出了富有开创性的奉献。

2013 年，杨蕴玉写下了这样一段告慰梁雷老师的话：

七十五年过去了，今日之中国，不再是“人为刀俎，我为鱼肉”的国家，她以崭新的姿态巍然屹立于世界民族之林，成为世人注目的发展中大国、世界第二大经济体。党的十八大决定，到建党 100 周年，要全面建成小康社会；到建国 100 周年，要建成富强民主文明和谐的社会主义现代化国家。任务艰巨，前景辉煌。我坚信十八大定下的“双百”目标一定能实现。纵观当今中国现实和辉煌前景，梁雷老师向往实现的富强中国之梦已为期不远，梁雷老师终生追求的共产主义远大理想也一定要实现！

第六章　书记烈士传

为了永远铭记抗日英烈的不朽功勋，弘扬伟大的民族精神和抗战精神，经中共中央、国务院批准，中华人民共和国民政部于 2014 年 9 月 1 日、2015 年 8 月 24 日，相继公布了两批共 900 名著名抗日英烈和英雄群体名录。其中，有 22 位在中共县委书记岗位上以身殉职、为国捐躯的著名英烈。特兹列传（按牺牲年月排序）：

裴治云　汤原中心县委书记

裴治云（1893—1933），男，朝鲜族。人称老裴头。朝鲜庆尚北道义成郡人。1930 年加入中国共产党，39 岁时任县委书记。1933 年因叛徒告密，遭日军杀害，时年 40 岁。

1920 年流亡到中国东北，1927 年定居于黑龙江萝北县梧桐河村，1929 年就读于梧桐河村的松东模范学校，积极参加党的地下工作。1930 年担任梧桐河村农民协会会长。“九一八”事变后，投身于抗日斗争，领导了地下党组织的宣传队，在斗争中表现出领导才能。

1932 年 4 月，任中共汤原中心县委书记。在担任县委书记期间，根据省委指示精神，积极创建汤原反日游击队，领导汤原地区的抗日武装斗争。由于缺乏经验，游击队经历了两次建队的失败，在失败面前，他表现出共产党员百折不挠的斗争意志。他总结经验，重整旗鼓，派党员分别到各山林队伍宣传党的抗日主张，争取更多的力量接受党的领导。经过一年多的艰苦工作，汤原县党的地下组织得到发展壮大，推动了当地群众抗日斗争的高涨。

1933 年 10 月 3 日（农历中秋节）夜，裴治云与县委组织部部长兼团县委书记崔圭复、县委委员兼鹤立岗区妇女协会主席金成刚（女）等人在举行秘密会议时，由于叛徒告密，被日本宪兵和伪警察包围，敌人将他们与地下党员丁重久（郑承九）、孙哲龙、金术龙、李振永、林国镇，共青团员石光信（女）、孙明玉（女）、金峰春，及群众柳仁化等 12 名同志抓捕。被关押期间，裴治云等人在敌人严刑拷打下，英勇顽强，宁死不屈。10 月 15 日，裴治云等 12 名同志被日军投井秘密活埋于宪兵队后院。

王学尧　密山县委书记

王学尧（1910—1936），学名道德，曾用名为公、铁夫等。男，黑龙江阿城人。职员家庭出身，大学学历。1932 年入党，25 岁时任县委书记。由于叛徒告密，1936 年遭日军杀害，时年 26 岁。

幼年在私塾读书，后入华俄小学校读书，并开始学习俄语。1926 年毕业于哈尔滨法政大学经济系，曾在哈尔滨第二女子中学任教，并在北满翻译社做俄文翻译工作，结识了共产党员金剑啸等，接受了马列主义。1932 年 5 月加入中国共产党。入党后，以哈尔滨白宫饭店翻译为公开职业，按照地下党组织的部署进行革命活动。在当时的《国防协报》《大北新报画刊》等报刊上发表文章和绘画，进行抗日宣传。1933 年，在中共哈尔滨市道里区委工作，具体负责学生工作，在各大中学校发展党团组织，并到三棵树铁路机务段建立团支部，吸收铁路工人加入共青团。

1935 年 4 月，任中共密山县委书记；10 月，因密山党组织遭到破坏，返回哈尔滨工作。1936 年 4 月，由于叛徒告密被日本宪兵逮捕。敌人对王学尧施以严刑拷打和威逼利诱，王学尧宁死不屈，于 1936 年 10 月 13 日英勇就义。

陈宜胜　孟县、平定、阳曲、寿阳、榆次中心县委书记

陈宜胜（1914—1937），男，湖南茶陵人。土地革命时期入党，23 岁时任县委书记。1937 年与敌激战中牺牲，时年 23 岁。

1914 年出生于贫农家庭。少年读书时期，受到先进思想的影响，参加革命活动，后加入中国共产党，先后在团县委、县委工作。1931 年参加湘赣苏区红八军，历任政治部秘书、保卫处干事、科长等职。1934 年参加长征，在红六军团政治部保卫科工作。1937 年七七事变后，随八路军一二〇师挺进山西，后率八路军三五九旅战地工作团到孟县工作。

1937 年 11 月任中共孟（县）平（定）阳（曲）寿（阳）榆（次）中心县委书记，兼七大队政治委员。率部在孟县和寿阳一带，多次给敌人以沉重打击，为开创抗日根据地做出重要贡献。

1937 年 12 月 26 日，陈宜胜奉命带领七大队战士 20 余人，从孟县赴寿阳检查工作，途中与敌遭遇，终因敌众我寡在激战中牺牲。

夏瑞香　黄冈（西）县委书记

夏瑞香（1901—1941），原名熙相，又名陈大行。男，湖北黄冈（今团风县）人。1925 年入党，38 岁时任县委书记。1941 年遭日军杀害，时年 40 岁。

幼读私塾，1916 年入黄冈高等小学读书。1919 年受五四运动启蒙，立志革命。1925 年，与同学邓斌、陈学等在磙子河创办城隍庙小学，共同研读马克思主义，以学校为据点建立起乡农协，同年加入中国共产党。1926 年春，受中共湖北区委选派入广州农民运动讲习所学习，同年 9 月毕业，任汉口江岸工人纠察队政治指导员。1927 年春，任省农协特派员，到汉口后湖指导农民运动。“七一五”汪精卫反革命政变后，夏瑞香转移到江西德安从事地下斗争，在小马店以教书为名建立党的地下联络站。

抗日战争全面爆发后，回黄冈与先期隐蔽下来的党员一起，在磙子河等地整顿和恢复党组织，发展党员。1938 年春，任黄冈县二区区委书记，

同年 6 月当选为中共黄冈中心县委委员。1939 年 1 月，作为黄冈地方代表出席鄂豫边区党员代表会议，同年 2 月带领二区党员、群众配合鄂东独立抗日游击第五大队六中队，拔除方高坪、宋墙两地的日军据点。1939 年 9 月 1 日“夏家山事件”发生后，与县委机关和六中队突围到湖区王家坊开辟敌后抗日根据地。1939 年 10 月，任中共冈西县委书记，并兼管江南樊湖工委工作。

1941 年 1 月，与樊湖工委成员在华容刘家街开会时遭日军包围，他布置同志分头转移，自己在突围中弹尽被捕。1941 年 1 月 26 日，被日军残酷杀害碎尸抛入江中。

任　迈　丹阳（南）县委书记

任迈（1913—1941），原名国藩，字介屏。男，江苏丹阳人。1938 年入党，26 岁时任县委书记。1941 年牺牲，时年 28 岁。

抗日战争全面爆发后，在家乡组织丹阳青年抗日救亡服务团（简称青救团），在茅山地区发动群众开展抗日斗争。不久，青救团辗转到达南昌，先后任江西青年服务团第三队中共党支部组织委员、中共九江临时工委组织委员等职。1939 年 1 月，受中共中央东南分局派遣，返回茅山抗日根据地工作，任中共苏南特委委员、民运部部长。

1939 年 4 月，任中共丹（阳）南县委书记。1940 年 3 月，任中共丹南中心县委副书记兼组织部部长。致力于苏南抗日根据地和抗日民主政权的建设，在争取和瓦解伪军方面取得了显著成绩。

1941 年 2 月，中心县委在句容县樊甲下村召开会议，由于叛徒告密，不幸被捕。押解途中，趁敌不备，跳入河中，将身上的机密文件和党员名单销毁。日军再度将他抓获，押至镇江宝堰。面对敌人的威逼利诱、严刑拷打，任迈坚贞不屈，遂遭杀害。

焦守健　献县、青县、沧县、交河中心县委书记

焦守健（1912—1941），又名建国、玉清，化名苏一华、肖实。男，河北饶阳人。大学学历。1929年入党，25岁时任县委书记。1941年，由于叛徒告密，被敌包围，突围中牺牲，时年29岁。

1912年10月出生于河北省饶阳县屯里村。1926年加入共青团，并担任了支部书记。1927年秋，考入燕京大学农学院。1929年由共青团员转为中共党员。同年,因组织领导燕京大学罢课和示威游行,被反动当局逮捕，在敌人的诱骗和重刑之下，他立场坚定，坚贞不屈，始终没有暴露身份和党的秘密。出狱后，根据党的指示，先后在饶阳、天津和冀中等地从事革命活动。在他的影响下，其兄弟焦守成、焦守信、焦守封均在1930年前后走上革命道路，被誉为共产党的“焦氏四兄弟”。

1937年，焦守健担任中共饶阳县委书记。他坚持党的抗日方针，积极发展党的组织，至年底，全县建立村党支部43个，发展党员近600名，建立起抗敌后援会、抗日救国会等群众抗日团体，组织了饶阳县抗日自卫队。1938年底,为加强津浦线两侧的抗日工作,党组织任命焦守健为献（县）青（县）沧（县）交（河）中心县委书记。面对这里党组织薄弱、群众基础差、环境残酷等困难条件，他抓紧党组织建设和各种抗日团体的建设，组织成立抗日自卫军18大队，兼任政委，配合八路军作战，带领军民炸碉堡、端炮楼、劫火车、拆铁路，给日伪军以沉重打击。

1941年春，焦守健在沧县前军庄主持召开献、青、沧、交四县干部联席会议，由于叛徒告密，被敌包围。突围中，不幸中弹牺牲。为纪念他，冀中三专署在青、沧、交三县结合部成立了“建国县”，党组织派其弟焦守信继续领导当地军民进行抗日救国工作。

胡　光　榆次、太谷联合县委书记

胡光（1917—1941），曾用名殿基。男，山西太谷人。1937年入党，23岁时任县委书记。1941年为掩护战友突围，壮烈牺牲，时年24岁。

出生于山西太谷县一个富裕家庭，幼年勤奋好学，习书绘画。15 岁考入太谷铭贤学校初中部，1937 年参加中华民族解放先锋队。1937 年 9 月到延安，入陕北公学学习，并加入中国共产党。1938 年任八路军一二九师政治部秘书科科长。1939 年冬调任八路军榆（次）太（谷）路（同蒲）西抗日政府联合办事处主任。

1940 年 3 月，任中共榆（次）太（谷）路（同蒲）西联合县委书记。发动民众开展减租减息，建立县游击队，并为八路军输送新兵 200 多名。百团大战中，率县游击队拆毁同蒲线榆次段铁路，阻止日军的交通运输。1941 年 2 月，率游击队护送新四军 17 名重要干部经榆次渡汾河，转入吕梁抗日根据地。

1941 年 5 月 23 日晨，在榆次逯庄发现抗日县长吕辉民等正遭敌搜身，为掩护战友，胡光当即举枪击敌，然后飞身骑上自行车撤退。敌人追击二十多里路，胡光中弹受伤后仍坚持战斗，当敌人抵近抓捕时，他用最后一颗子弹自戕牺牲。

钱远镜　咸宁县委书记

钱远镜（1919—1941），字石民，号照华，化名程全。男，湖北咸宁人。1938 年 2 月入党，21 岁时任县委书记。1941 年遭日伪军杀害，时年 22 岁。

出生于革命家庭，其父钱亦石是中共早期理论家。1926 年秋，入武昌湖北省立第四小学读书。1930 年 12 月，随父到上海求学。1937 年上海“八一三”抗战爆发，钱远镜加入“上海童子军战地服务团”，奔走于上海各医院，为从前线撤下来的伤病员服务。受姐姐钱韵玲、姐夫冼星海的影响，在父亲的支持下，决心奔赴延安。临行前，父亲为他题词：“胆要大，心要细，思想要坚定，耳目要聪明，态度要谦和，行动要机智，只有具备这些条件，才可参加民族战争。”1937 年 9 月 11 日，他来到武汉八路军办事处，经董必武介绍，于年底辗转到达延安，入抗日军政大学学习。他在日记中写道：“迎接 1938 年，开始我的新生活，走到民族战争的道路上去。”1938 年 2 月加入中国共产党。1938 年 3 月，抗大毕业后奉派回武汉工作；7 月，回家乡咸宁参加鄂南特委领导工作，任宣传部部长；9 月，参与组建咸宁县国民自卫队第二大队，任二中队指导员。1939 年先后任汉川巡视员、汉口小夹街秘密联络站支部书记。

1940 年 12 月，任中共鄂南地委统战部部长兼咸宁县委书记。1941 年 7 月 6 日，中共鄂南中心县委在鄂城夏家榜开会时，遭国民党顽军突然袭击，中心县委书记黄全德等主要负责人遭顽军杀害。钱远镜闻讯后火速从咸宁县赶往援救，组织抗日游击队在樊湖一带坚持斗争。

1941 年 8 月，在反“扫荡”战斗中击毙日军数名，后因弹尽援绝被俘。日军施之酷刑，纵军犬将他咬得遍体鳞伤，钱远镜宁死不屈，8 月 13 日在鄂城樊口遭敌残酷杀害，遗体被抛入长江。

尹子魁　讷河县委书记

尹子魁（1909—1941），化名李俊丰。男，辽宁东沟（今东港）人。土地革命时期入党，30 岁时任县委书记。1941 年牺牲，时年 32 岁。

1935 年 2 月，在黑龙江汤原县参加反日会活动，6 月任会长。1935 年底，任桦川县委执行委员，组织群众进行抗日救国活动。1937 年，参加东北抗日联军第六军，任司令部组织科长、第一师三团政治部主任。1938 年冬，随第六军参谋长冯治纲西征，任第二师政治部主任。1939 年 6 月，同第六军十二团团长耿殿群和连指导员王荣恩等人来黑龙江省讷河县五区领导地方工作，筹建中共讷河县委。

1939 年 11 月任中共讷河县委书记，开展党的地下工作。1940 年 11 月，县委机关遭破坏，尹子魁被捕入狱，1941 年 9 月 11 日在齐齐哈尔被日军杀害。

石　光　丰润、玉田、宁河联合县委书记

石光（1910—1942），原名皇甫文宗，字宪民，曾用名张振铎。男，河北丰润人。出生于贫农家庭。师范毕业。1933 年入党，31 岁时任县委书记。

1942 年 4 月 23 日，遭敌包围，自戕牺牲，时年 32 岁。

幼年在本村读书，后入县立第四高级小学学习。1926 年考入河北省立第三师范学校，在李大钊的革命思想影响下，积极参加反帝反封建的斗争，先后在遵化玉皇庙、丰润杨官林等地任教。1931 年，“九一八”事变后，在家乡积极开展抗日救亡活动。1933 年加入中国共产党。1938 年 6 月，参加了冀东抗日大暴动。暴动失败后，继续坚持地方秘密工作，开展抗日游击战争。1939 年初，组建青年报国会破公路、割电线，给日伪以打击。1940 年，任中共丰（润）玉（田）宁（河）联合县委宣传部部长。

1941 年 10 月，任中共丰（润）玉（田）宁（河）联合县委书记，以杨义口头村为中心，开辟新的抗日根据地，配合八路军作战。

1942 年 4 月 23 日，在常魏庄子召开会议时，遭敌包围，遂隐藏于井壁地洞里。敌人点燃树枝、柴草向井内投放。他宁死不当俘虏，用手枪自戕牺牲。

于慎德　庆云县委书记

于慎德（1907—1942），又名敬庵。男，山东沾化人。出身贫农。1937 年入党，34 岁时任县委书记。1942 年牺牲，时年 35 岁。

出生于沾化县下洼镇一个贫农家庭，1927 年考入无棣县立第一高小，1930 年考入山东省立第四中学（即惠民中学）。在校期间，阅读了鲁迅、蒋光赤等左翼作家文学作品，受过共产党员教师李济仓宣传马克思主义的教诲，参加了石景芳组织的“无棣同学会”。1933 年考入北京师范学校，毕业后回乡任教，后到无棣车镇高小任教导主任。1937 年 9 月加入中国共产党，1938 年 3 月任中共沾化县支部书记。1939 年 7 月，任无棣县抗日民主政府秘书，协助县长刘宝田培训干部，开展工作。1940 年 5 月，县政府机关在曹庄子（今海兴县内）被土匪武装包围，县长刘宝田在激战中牺牲后，于慎德率少数人突出重围。

1941 年 3 月，任中共庆云县委书记，在庆云、宁津、东光一带活动。1942 年 6 月 19 日，日军包围了地委、专署驻地东光县大单村，在激战中，于慎德和专员石景芳率领战士退至墓林中，与数倍于己的敌人展开肉搏。石景芳战死。于慎德身负重伤被俘，宁死不屈，敌人将他剖腹杀害。

赵观民　蓟县、宝坻、三河联合县委书记

赵观民（1915—1942），又名田野、张健翼。男，河北保定人。1934年入党，25岁时任县委书记。1942年9月牺牲，时年27岁。

出生于保定城市贫民家庭，1934年毕业于保定第二职业学校化学科，因成绩优异留校任管理员。在校期间开始参加学生运动，1934年加入中国共产党。1935年夏，任河北工学院中共党支部书记，从事地下工作。1937年抗日战争全面爆发后，任天津工人救国会主任兼党团书记。1938年春，参与领导和部署冀东大暴动，任中共平津唐点线工作委员会委员，负责天津、唐山和铁路沿线工作，并兼管内部财务。

1940年初，任中共文（安）霸（县）新（镇）武（清）联合县委书记。同年5月，任中共冀东地委西部地区分委书记兼蓟（县）宝（坻）三（河）联合县委书记。在长期艰苦的工作中，伤病折磨着他，上级组织安排他养伤治病。他曾给同志写信说："病痛得难以忍受时，一想起抗日胜利的曙光，想到未来的新中国，想到共产主义的远大理想，就忘了疼痛。"

1942年9月19日凌晨，由于叛徒告密，正在兴隆县石门台小沙峪沟养伤治病的赵观民等同志，遭300多名日伪军包围，在激战中牺牲。

宋乐三　濮阳县委书记

宋乐三（1918—1943），原名玉家，又名宝善。男，河南南乐人。1938年入党，24岁任县委书记。1943年遭日军杀害，时年25岁。

出生于河南省南乐县宋谷金楼村。"九一八"事变后，积极参加抗日救亡活动。接受党的领导，在家乡组织农民识字班，向群众宣传抗日救国的革命道理。抗日战争全面爆发后，告别新婚妻子，步行百余公里，到中共直南特委主办的抗日军政干部训练班学习，投入抗日斗争。1938年加入

中国共产党。1939 年春，到内黄县和濮阳县工作。1940 年秋，被冀鲁豫区党委任命为中共濮（阳）东工委书记。敌人一次接一次的“扫荡”，使濮阳党组织遭到了严重的破坏，他跑遍了濮阳的村庄，恢复党组织，发展新党员，组织救国会，并在敌人严密控制的八公镇设立了地下联络站。他深入敌兵营侦察敌情，趁敌人下乡“扫荡”之机，发动突然袭击，打死日军 6 人，缴获 8 支步枪。

1942 年 3 月，任濮阳县委书记。同年 10 月，到濮阳三区的大碾村联系工作时，由于汉奸告密，被日本宪兵队逮捕。在敌人残酷的刑讯中，他坚贞不屈，顽强斗争。

1943 年 1 月 19 日，宋乐三等 43 名共产党员，被敌人同时押赴濮阳城南沙岗刑场，在生命的最后时刻，宋乐三仍组织同志们进行了刑场暴动，高呼“打倒日本帝国主义”“打倒汉奸卖国贼”“中国共产党万岁”，英勇就义。1948 年，濮阳县人民政府以他工作和战斗过的大碾村一带为中心，成立了“乐三区”以志纪念。

邹嘉甫　广灵县委书记

邹嘉甫（1915—1943），原名占会。男，河北蔚县人。师范毕业。1931 年入党，23 岁时任县委书记。1943 年在掩护群众突围中牺牲，时年 28 岁。

1931 年在蔚县师范学校读书时加入中国共产党。毕业后，以教员身份为掩护从事革命活动。1937 年抗日战争全面爆发后，组织群众参加抗战。平型关大捷后，带领一支抗日游击队，随八路军主力部队转战各地。不久，被党组织派回故乡。

1938 年秋，任中共广灵县委书记兼县游击大队政治委员。1939 年任县战地动员委员会主任，组建抗日游击队分批编入八路军三五九旅、晋察冀五分区独立团等主力部队。1939 年 4 月，获悉 100 余名日军到狼虎坪杀掠，即率县游击大队突袭日军，毙伤日军多名，迫其仓皇溃退;9 月 29 日，率部配合八路军三五九旅在张家湾伏击日军，歼灭日军正亚大佐联队一部，击毁汽车数十辆；10 月 28 日，率队配合八路军主力部队在邵家庄伏击日军混成第二旅团，取得胜利。1940 年积极开展瓦解伪军的工作，10 月 26 日，策划邵家庄据点 28 名伪军反正，打死日军指挥官，弃暗投明。1940 年、1942 年，连续两届当选为县参议会参议长。

1943 年 1 月 25 日，在陈庄子遭日军包围，在掩护群众突围时牺牲。

曹　介　萧县、宿县、铜山中心县委书记

曹介（1919—1943），原名国圻，又名曹建。男，四川宜宾人。大学毕业。1938 年入党，22 岁时任县委书记。1943 年遭日军枪杀，时年 24 岁。

出生于四川省宜宾县高店乡，曾就读于县立中学、成都私立大同中学、武汉大学。1938 年加入中国共产党，赴延安抗大学习，同年调新四军任游击支队营长。1939 年底，随新四军第六支队第四总队赴皖东北开辟抗日根据地。1940 年任宿县股北区委书记兼区大队长。

1941 年 6 月，任宿（县）东县委书记。他抓生产，抗顽敌，领导宿东游击大队和股北游击大队，在阻击日伪军、打击国民党顽固派等战斗中取得胜利，挫败了日伪顽军相互勾结清剿抗日根据地的阴谋。1942 年 11 月，曹介调任中共萧（县）宿（县）铜（山）中心县委书记。

1943 年 3 月 16 日，在闵贤集召开区乡干部会议时，被日本警备队百余人包围。被俘后，敌人对他酷刑折磨、利诱劝降，他宁死不屈。当党组织准备营救时，他担心带来无谓的牺牲，要求停止营救。同年 7 月，在敌人押送他去宿县日本宪兵队的途中跳车，遭日军枪杀。

吴　明　隆平县委书记

吴明（1918—1943）原名镇华。男，河北霸县人，中学毕业。1937 年入党，22 岁时任县委书记。1943 年遭日伪军杀害，时年 25 岁。

1935 年在天津扶轮中学读书，积极参加“一二・九”运动。1937 年参加中华民族解放先锋队，同年加入中国共产党。抗日战争全面爆发后，

到冀南抗日根据地工作。曾任中共清河县委宣传部部长、县委书记，中共临清中心县委书记等职。1941 年到中共中央北方局党校学习，1942 年任中共冀南第二地委宣传部部长兼隆平县委书记。

1943 年 10 月 10 日，在河北巨鹿县赵庄被日伪军逮捕，遭敌严刑拷打，宁死不屈，10 月 31 日被敌人杀害。

夏庆贤　巨鹿县委书记兼县长

夏庆贤（1917—1943），化名宋华。男，河北巨鹿人。师范毕业。1933 年入党，21 岁时任县长，25 岁时任县委书记。1943 年与日伪军激战中牺牲，时年 26 岁。

出生于巨鹿县后辛庄乡夏旧城村农民家庭，因家境贫寒辍学，后在舅父的资助下读完高小和师范。在校期间，经常阅读进步书刊，倾向革命，在《人民周刊》上发表了许多批判社会、鼓动革命的文章。“九一八”事变后，组织学生游行示威，在群众集会上痛斥日本帝国主义的侵略暴行和国民党政府的不抵抗政策。1933 年加入中国共产党。1937 年，加入八路军东进纵队。

1938 年，受党的派遣任南和县抗日民主政府县长兼县动委会主任。当时南和县抗日环境十分恶劣，他从建立党的基层组织入手，同群众生死与共，很快就取得当地人民的信任和支持。他一手抓建立党的基层组织和对群众的宣传教育工作，一手抓争取伪军反正工作，扩大抗日民族统一战线，将近 800 名伪军改造成抗日队伍。他带领战士们采取“挑帘战”“院落战”等战术袭击敌军，坚持打巧仗、打小仗，积小胜为大胜的原则，常常一枪不发就能解决战斗，组织全县军民向日伪军展开反击。

1942 年 8 月，任中共巨鹿县委书记兼县长。为开辟巨鹿抗日工作新局面，他制定方案，亲自带队锄掉一批罪大恶极的通敌分子，有力地打击了敌人的嚣张气焰。当时正是冀南抗战最残酷的时期，日伪军对冀南地区实行全面分割、封锁，“扫荡”愈加频繁。同时，冀南地区又遭受了百年不遇的旱灾和蝗灾，巨鹿更是灾情严重。夏庆贤认真贯彻冀南区党委制定的

“咬紧牙关，积蓄力量，战胜灾荒，坚持对敌斗争”的方针，教育干部越是在困难的时候越要树立胜利的信心，采取了借粮、贷赈、精简节约、社会互济等一系列救灾措施，扭转困难局面。

1943年12月11日，夏庆贤带领通讯员在西下疃村工作时，遭600多名日伪军包围，在突围激战中牺牲。

王立中 稷麓县委书记

王立中（1917—1944）原名员守业，字文魂。男，山西平陆人。高中毕业。1938年入党，23岁时任县委书记。1944年在反“扫荡”作战中牺牲，时年27岁。

出生于山西省平陆县南吴前村农民家庭。早年就读于本县第一高级小学，1932年与10多位平陆籍同学一起，南渡黄河到陕县，考入河南省立第九中学。在老师吴芝圃（秘密党员）的领导下，以学生自治会的名义，参与发动和领导驱逐反动校长的学潮。为此，被县警察局拘押并被开除学籍。不久，又与几名平陆籍同学考入河南开封西河中学，继续读书。1935年“一二·九”运动爆发后，利用寒假，在家乡组织开展抗日救亡宣传活动。1937年“七七事变”后，毅然放弃就业机会，与同学回到平陆参加牺盟会，任二区牺盟协助员。1938年加入中国共产党，任平陆二区委书记，参与组织了平陆青年服务团和话剧团，深入乡村，先后演出了《放下你的鞭子》《绥东之夜》《血衣》等剧目，推动了平陆群众性抗日工作的开展。

1940年5月，担任永济县委书记，从事敌占区工作。在永济条北地区建立了一支20多人的抗日武装，坚持斗争。1941年3月初，参加晋豫区党委党校第二期训练班学习。同年10月，再次回到永济县从事地下工作，与解（州）虞（乡）芮（城）联合县委书记白锋互相配合，开辟中条山地区的抗日工作。1943年调稷麓县工作，先后任康俊仁支队五大队政治指导员兼党支部书记、九支队政治指导员、稷麓县委书记等职。

1944年5月，在反“扫荡”作战中牺牲。

季　安　蓟县、遵化、兴隆联合县委书记

季安（1909—1944），原名安禄，曾用名占中。男，河北蓟县人，1938年入党，34岁时任县委书记。1944年与敌激战中牺牲，时年45岁。

出生于农村木匠家庭。幼时读私塾，因生活所迫辍学，为求生计，租种几亩薄地。1930年，在地下党组织的领导下，积极参加抗捐增资斗争，秘密串联村里的贫雇农，连夜张贴标语，使20多个村庄的雇工很快行动起来，并取得了不同程度的胜利。1937年，蓟县沦陷，汉奸政府下令收缴民团的枪支，他奔波各村散发传单，揭露敌人的收枪阴谋，鼓励群众拒绝交出枪支。1938年，加入中国共产党。同年7月，参加了冀东抗日武装大暴动，任冀东抗日联军第十六总队总务处处长。他坚决执行党的抗日民族统一战线政策，发动各界人士征集各种物资，保证了部队的后勤供应。1939年9月，他奉命到下营一带开展抗日工作，以做木工活为掩护，发展党的组织，半年时间内相继在几十个村建立起党支部。

1940年到1944年，历任中共蓟（县）宝（坻）三（河）联合县八区区委书记、中共蓟（县）遵（化）兴（隆）联合县委书记等职。

1944年5月18日，在蓟县下营团山子主持召开县区干部会议，遭300多名日伪军包围，他同200多名干部战士与敌人展开搏斗。战斗中，他镇定自若，一边指挥突围，一边迅速烧毁文件，除少部分同志突围外，他和大部分同志壮烈牺牲。

李箸前　邯郸县委书记

李箸前（1920—1944）原名屏藩，又名介同、李腾。男，河北永年人。师范毕业。1937年入党,21岁时任县委书记。1944年7月与敌激战中牺牲，时年24岁。

1933年入县立师范学习,积极参加爱国学生运动。1936年加入共青团，1937年加入中国共产党。1938年春任邯郸工委书记，发动群众，筹建抗日政权，任邯郸县农会主任。1939年调任永（年）北县委民运部长兼农会

主任。深入农村发动群众，开展减租减息、增资运动。1940 年春节前夕，率民兵和农会会员突袭铁磨头匪团，缴获大批枪支弹药。自筹资金办起修械所，修理枪支，制造炸药和手榴弹，有力地支撑了当地的抗日武装斗争。1941 年底，任中共邯郸县委书记兼县大队政委。

1944 年 7 月，在永南牛堡召开县委扩大会议时，因汉奸告密被敌包围，突围激战中牺牲。

郭光裕　泗阳县委书记

郭光裕（1923—1945），男，江苏邳县人。1938 年入党，18 岁时任县委书记。因积劳成疾，1945 年病逝，时年 22 岁。

出生于江苏省邳县郭宋庄一个革命家庭，父亲郭子化是苏鲁豫皖边区党组织早期领导人之一。自幼受到革命教育，13 岁开始参加党的地下工作。1936 年考入徐州中学，因经济困难而辍学到小学任教，后在党的秘密机关广德药店工作。1937 年底赴延安进抗日军政大学学习。1938 年加入中国共产党。1939 年 5 月到山东工作，任青年训练班指导员，同年 9 月任苏皖边区党委青年部青年科长。1940 年 2 月后，相继担任中共泗县、泗南县委宣传部部长。

1941 年 1 月，任中共泗阳县委书记兼独立团政治委员。当时，泗阳县境内国民党顽固派势力很大，土匪猖獗，郭光裕正确执行党的政策，依靠贫苦农民，团结广大群众，在各区、乡、村建立农会，发动农会对少数顽固分子进行斗争，并注意转化工作；积极开展统一战线工作，争取和团结各阶层爱国人士参加抗日民主政府工作；采取争取、改造、分化、瓦解与清剿多种手段，解决匪患问题。壮大独立团，把党支部建在连队，加强政治思想工作，进行军事训练，提高队伍的军政素质。经过整编与扩充，使独立团发展成为一支有较强战斗力的队伍。

1941 年秋，郭光裕患肺结核病，低烧不退，经常吐血，他以顽强的毅力坚持工作，组织民工支援主力部队作战，向前沿阵地运送粮草弹药，转运伤病员。组织上曾安排他到淮南二师卫生部治疗，但病情稍有好转，他即回到泗阳坚持工作。

1945 年 1 月 16 日，因病而逝，当时，泗阳有 4000 余人为他送葬。

王舟平　渑池县委书记

王舟平（1913—1945），字奉运，曾化名王子平。男，河南南阳人。1934 年秋入党，27 岁时任县委书记。1945 年遇害牺牲，时年 32 岁。

1926 年在南阳参加反帝爱国运动。1931 年夏，参与发起成立“旅汴同乡会”，主张打倒贪官污吏，投身自治自卫运动。1934 年加入中国共产党，并担任党支部组织委员。1935 年至 1937 年，他以小学教员的身份，坚持党的地下工作。1937 年受中共中央北方局派遣，到国民党杂牌军孙殿英部做统战工作。

1940 年 1 月，任中共临（汝）鲁（山）地委书记兼鲁山县委书记。他以教书为掩护，在豫西积极开展革命活动，发展党的力量。1941 年 6 月到延安入中央党校学习，1942 年 2 月任中央直属机关党委干事。1944 年 9 月，参加河南区党委南下干部队。1945 年 1 月，任中共渑池县委书记兼河南军区独立第七旅政治委员。

独立第 7 旅是支新改编的部队，在整顿改造过程中，1945 年 5 月 26 日，该旅旅长兼渑池县县长上官子平发动反革命叛乱（豫西事变），王舟平和参谋长白云、政治部主任李星三、一团政委邹先师、二团政委陈洪忠等同时遇害。

第七章　县长烈士传

为了永远铭记抗日英烈的不朽功勋，弘扬伟大的民族精神和抗战精神，经中共中央、国务院批准，中华人民共和国民政部于2014年9月1日、2015年8月24日，相继公布了两批共900名著名抗日英烈和英雄群体名录。其中，有31位在抗日民主政府县长岗位上以身殉职、为国捐躯的著名英烈。特兹列传（按牺牲年月排序）：

梁　雷　偏关县县长

梁雷（1911—1938），原名德谦，字雨田。男，河南邓县人。师范毕业，教员出身。1929年入党，26岁时任县长。1938年与日伪军激战中牺牲，时年27岁。

1911年1月31日出生于河南邓县梁庄村。早年丧父，与母亲相依为命。在读小学时，受共产党员吴寿青引导，奠定了进步思想基础。1928年考入开封第一师范学校读书，参加了“左联”，加入了共青团，翌年转为中共党员。1932年8月开始了教员生涯，先后在泌阳县师范、民权县师范、杞县大同中学、邓县女子师范等校任教。“九一八”事变之后，梁雷与赵伊坪、王衡儒等在杞县大同中学师生中掀起抗日救亡活动，培养了一批革命青年，仅在西安事变前后，经梁雷介绍奔赴延安的学生就不下十余人。抗日战争全面爆发后，更有大批大同中学学生投身革命，参加了八路军、新四军及其他抗日武装力量。

1937 年 8 月初，受中共河南临时工委派遣到山西太原，参加牺盟会军政训练班教导队工作。继而，被派往绥远任牺盟会特派员，临危受命赴任右玉县县长，同时为牺盟会雁北战时工作委员会主任、牺盟会雁北十三县游击队司令、战地执法司令。同年 10 月 25 日任偏关县抗日民主政府县长，深入右玉、偏关、平鲁广大农村，发动群众，组建了雁北抗日游击队，转战在晋绥边抗日战场。

1938 年 3 月 18 日，数百名日伪军包围了偏关县政府所在地柏家嘴村，在突围中，梁雷为掩护战友转移，不幸壮烈牺牲。当日军得知他就是偏关县县长后，将他的头颅割下，先后悬挂在山西偏关县、绥远清水河县城门示众。

郭企之　曲周县县长

郭企之（1915—1939），原名郭福记。男，河北南宫人。中学毕业。1931 年入党，23 岁时任县长。1939 年因汉奸告密被俘，遭敌杀害，时年 24 岁。

出生于南宫县安宋庄一个农民家庭，1928 年考入南宫县立中学，在校期间，受到中共地下党员杨洁斯的培养教育，走上革命道路。1931 年加入中国共产党。1938 年任南宫县动委会组织部部长、宣传部部长。同年 9 月，调任冀南行署巡视团团长。他深入群众，艰苦朴素，平易近人，领导减租减息，组织抗日武装，被曲周县各界代表选举为抗日政府县长。

1939 年 2 月 9 日，郭企之到南里岳村开展工作时，因汉奸告密，遭日军包围，突围中受伤被俘。在狱中，敌人用铁丝穿透了他的两个手腕，然后又拧在一起，鲜血把地面染红了一大片。郭企之知道自己的身份已暴露，当敌人拷问时，他便用脚在血地上写下“县长”二字。3 月 29 日，敌人将郭企之押至曲周旧城东北角一个挖好的土坑旁，日本宪兵举起屠刀再次劝降。郭企之轻蔑地告诉敌人：“共产党员是不怕死的！”“宁做断头鬼，不做亡国奴！”说完纵身跳进土坑。当黄土埋到胸口时，日军宪兵队长又一次劝降，郭企之用尽最后力气仍一遍遍高呼“打倒日本帝国主义”“中华民族解放万岁”“中国共产党万岁”等口号，壮烈牺牲。

郭企之牺牲后，冀南行政公署追授他为“模范县长”，并将当时曲周第四、五区和成安县一个区合并命名为“企之县”，以志纪念。冀南人民曾传唱歌谣：“企之牺牲重如山，人民悼念泪不干，打败万恶日本鬼，为我县长报仇冤”。

齐殿选 广灵县县长

齐殿选（1899—1939），字圣夫。男，山西定襄人。师范毕业，政府职员出身。1937年参加革命，39岁时任县长。1939年遭敌被捕后绝食而亡，时年40岁。

出生于山西省定襄县龙门村，1919年在山西省立第一师范学校学习期间，参加了五四反帝爱国运动。毕业后，相继担任岢岚、忻县高小教员，文水、浑源县教育科长，忻县、河曲、大同等县区长。因不满国民党不抵抗政策遭撤职回乡。抗日战争全面爆发后，参加牺盟会和动委会，曾任龙门村动委会主任、定襄县抗日民主政府民政科长。1938年春，奉调晋察冀边区政府工作，任社会教育科科长。

1938年秋，任广灵县抗日民主政府县长。上任后，深入乡村发动群众，大力推行减租减息，征粮筹款拥军支前，建立乡村抗日政权组织，组建了广灵民兵队伍，很快打开了工作局面。1939年2月，齐殿选在该县下麻黄沟村建起武器修理所，为驻广灵部队、地方武装维修枪支，铸造地雷，锻造火枪、独角牛、大刀等武器数千件。同年3月，县政府召开群众大会将破坏抗日的汉奸刘建山、刘茂等人处决，群众无不拍手称快。随后，齐殿选接到情报：有4辆满载日军的汽车向广灵方向开来。他迅速与八路军第一二〇师七一八团取得联系，率领广灵民兵密切配合，设伏于邵家庄村附近。此次伏击战，击毁敌车4辆，歼敌百余人。

1939年5月，中共广灵县委正准备接受他入党时，日伪军突袭县政府驻地安沟村。齐殿选迅速组织政府机关人员转移后，自己才带着助理员仝在贤和一名游击队员出村。途中与敌遭遇，战斗中，两名随行人员牺牲，齐殿选受重伤被俘。敌人把齐殿选押到广灵县南村据点后，伪县长设宴劝降，以高官厚禄引诱，均遭齐殿选严词拒绝。敌人施以各种酷刑，以脚镣手铐加身押齐殿选游街示众，齐殿选边走边演讲，并不时高呼口号，向群众宣传抗日。敌人恼羞成怒，用刺刀捅他的腿，他继续演讲。齐殿选被转押至张家口后，受尽折磨，绝食身亡。齐殿选牺牲后，其英雄事迹在广灵一带广为传颂，被群众誉为“铁县长”。当年，晋察冀边区报纸曾发表《论英雄主义和爱国主义》的社论，号召边区军民向他学习。晋察冀边区出版的小学国语课本也以《誓死不投降的齐县长》为题，介绍了他的英雄事迹。

卢启明　丰润、滦县、迁安联合县县长

卢启明（1912—1940），又名夏火焰。男，山东胶东人。中共党员。27 岁时任县长。1940 年与日伪军作战中牺牲，时年 28 岁。

1937 年 10 月从山东敌后到达陕北，入云阳县吴堡西北抗日青年训练班学习。1938 年初转入抗日军政大学第 4 期学习，同年 10 月到冀热察挺进军随营学校任教员，主讲民运工作。

1939 年夏，党组织在丰润、滦县、迁安三县交界山区，创建了冀东第一个县级抗日民主政权——丰（润）滦（县）迁（安）联合县抗日民主政府，卢启明被选为首任县长。在险恶的游击环境中，他正确执行党的政策，紧密地依靠群众，团结和动员各界人民共同抗战，打击日伪汉奸的嚣张气焰，鼓舞了抗日军民的士气。

1940 年 2 月 15 日，带队配合冀东八路军第二支队袭击日伪军运输队，在迁安县二拨子村战斗中牺牲。

魏春波　丰润、滦县、迁安联合县县长

魏春波（1890—1940），原名魏长河。男，河北迁安人。1933 年入党，1940 年任县长，与敌激战中牺牲，时年 50 岁。

生于迁安县西庄村，1928 年后投身革命，1933 年加入中国共产党，

在滦河南地区建立了党的 10 多个分支部，并任中心支部书记。1937 年 12 月底，奉中共冀热边特委指示，创建了华北人民抗日联军第三军区第一支队，打响了冀东抗日游击战争的第一枪。1938 年夏，魏春波被任命为冀东抗日联军第二路军司令部顾问，成立了 400 多人的冀东抗联第四总队。随后，他和总队长孔庆同等指挥部队攻克了遵化县玉皇庙的敌据点。继之，取兴城，进三屯，占领王官营，攻克杨店子，连战皆捷。1938 年秋后，冀东抗日联军受挫，魏春波又积极收拢失散队伍，整饬部队，积极开辟新区，经过一年的浴血奋战，冀东抗战形势终于走出低谷。

1940 年 2 月，卢启明县长牺牲后，魏春波继任丰（润）滦（县）迁（安）联合县抗日民主政府县长。1940 年 6 月 8 日，在从丰润县小刘庄村向北山转移中，遭遇日伪军，与敌激战中牺牲。

张乃东　涿县、固安、新城联合县县长

张乃东（1901—1940），原名廷瑞，又名达之，号云阶。男，河北涿县人。1922年11月入党，39岁时任县长。1940年与日伪军作战时牺牲，时年39岁。

出生于河北涿县永乐村。1920 年在保定育德中学读书。1922 年 11 月，加入中国共产党，为保定育德中学党组织负责人。1924 年春，任中共保定市委代理书记，成功地组织了保定市学联支持女二师的罢课斗争，撤换了反动校长，接回了被辞退的老师和被开除的学生，震动了全国教育界。后任保定铁路总工会秘书，领导铁路工人运动。1930 年后回乡从事农运工作，创建党的基层组织。

抗日战争全面爆发后，奉党组织指示，成功争取了房山、涿县地区一股 300 余人的地方武装参加抗日，担任了这支部队的政训处主任，并率领该部精悍武装潜入涿县城内，击毙日军 20 多人，伤数十敌。1939 年春，奉命到大青河北岸争取地方大股武装，不畏艰险，四次深入该武装内部，除掉其中卖国事敌分子，将队伍带回冀中，成为一支抗日的有生力量。

1940 年秋，当选为涿（县）固（安）新（城）联合县县长。曾化装潜入涿县城内搜集了大量情报，率领武工队袭击敌据点，破坏敌人交通运输

和通讯设备，开辟了新的抗日游击区。同年9月26日，与县委机关在涿县东代屯村被300多敌人包围，他指挥其他同志先行突围，自己因处理文件、掩护同志而壮烈牺牲。

李培根　镇江县代县长

李培根（1910—1941），原名荣明，又名小春。男，江苏扬中人。1938年入党，30岁时任县长。1941年与敌激战中牺牲，时年31岁。

1910年4月出生于江苏省扬中县兴隆乡一个贫农家庭。少年聪敏，诗文俱佳，性格刚毅，为人正直，乡人颇重其才。1931年至沪学商，因徒友受店主虐待而出面抗争，遭店主报复，愤而返乡教书。1936年，在“公民训练师资养成所”（又称扬州军校）受训3个月，回扬中任乡壮丁军事训练教官。1938年国民党扬中县政府溃逃，4月，李培根投国民党驻泰兴军，见国民党军以抗日名义招兵买马，实为扩充个人实力，并无救国诚意，失望之际，即在泰兴组织苏南抗日同盟会。1938年6月，携带枪支弹药参加新四军，同年11月加入中国共产党。先后担任新四军挺进纵队第一支队政治处民运股长、战地服务团团长、扬中县抗敌委员会主任等职。

1940年4月，任扬中县抗日民主政府县长，领导全县人民开展敌后斗争；同年8月，率地方抗日武装力量配合主力部队伏击日军运粮队，毙敌多人。日军曾悬赏10万元要捉拿他。李培根执法如山，不徇私情，对为害乡民的堂弟毫不姑息，大义灭亲。1940年底，调任镇江县秘书长、代理县长。

1941年1月24日，李培根在镇江县五区伏元乡富贵墩子工作时，因汉奸告密，遭伪军包围，身负重伤无法突围，遂以最后一粒子弹壮烈自尽。

朱廉贻　兴华县县长

朱廉贻（1904—1941），字伯轩。男，江苏丹阳人。出生于士绅家庭，大学学历。抗战前曾任国民党代理县长，1941年任抗日民主政府县长，同年牺牲，时年 37 岁。

其父朱渊为前清廪生，曾参加辛亥革命，后为江苏省参议院参议员。1928 年，朱廉贻考入北平朝阳大学，攻读政法专业，因父被人诬陷入狱而辍学。此后，到浙江桐庐县谋职，曾任县政府科长、代理县长等职。任职期间，为人正派、廉洁奉公，因不趋炎附势而屡受排挤，遂弃职还乡当小学教员。任教期间，曾发动当地乡民执旗到县政府请愿，敦促当权者关心民生。

1938 年 2 月，丹阳沦陷，朱廉贻会同当地社会名流在家乡组织起观鹤抗日自卫团，被民众推举为团长；5 月，任“丹阳抗日自卫总团”秘书长；8 月，改编为新四军挺进纵队，任纵队司令部秘书处秘书长兼任第六支队支队长。1939 年春随军北上，参加了郭村、黄桥等一系列著名战斗。1940 年 10 月，任苏北临时行政委员会秘书长。陈毅曾赞扬“朱廉贻不但是拿枪的赵子龙，而且是拿笔的赵子龙。”

1941 年初，当选为兴华抗日民主政府首任县长，积极领导组织县政府配合新四军主力部队，为创建兴化抗日根据地做出了贡献。同年 2 月 22 日，兴化县政府驻地唐子镇突遭日军袭击。在掩护机关人员撤离过程中，在陈家舍附近的梓辛河牺牲。

许维新　溧水县县长

许维新（1902—1941），男，江苏句容人，1940 年入党。39 岁时任县长。1941 年遭叛徒杀害，时年 39 岁。

出生于句容县一个贫苦农民家庭，幼时过继给邻村塾师许云峰为子，在养父身边攻读“四书五经”数年。养父为人刚正不阿，常为受苦人仗义执言，亲赴衙门为穷苦百姓抗辩，因此遭到地方恶势力的诬陷，最后惨死在狱中。社会黑暗、天理不公，1931 年春许维新拉起一支有若干人枪的队伍，专门对付地主豪门恶势力。1934 年被国民党军警抓进句容县城大牢。

抗日战争全面爆发后，获释出狱的许维新再次在家乡组织起一支队伍，自封“游击司令”，活动在句容、金坛、溧阳、溧水四县交界地带，进行抗日自卫，并迅速发展到300多人枪。1938年6月，陈毅率新四军第一支队挺进苏南地区，亲自做争取工作，和许维新建立了统一战线关系。1938年8月，许维新带领全部人枪正式参加了新四军，被改编为第一支队独立营，担任营长。1939年春，奉调到皖南新四军军部教导总队学习，1940年加入中国共产党，任句容县第四区区长。同年年底，担任新四军第六师兵站站长。皖南事变后，做发动地方武装、进行地方政权建设和负责看管隐蔽的军用物资等工作，再次组织起一支60多人的抗日游击武装。

1941年5月，溧水县抗日民主政府成立，被任命为县长兼任县警卫营营长。同年8月7日，带领5名警卫员和已经怀孕的妻子返回句容老家开展统战工作。不料，5名警卫员中有3人投敌叛变，3个叛徒将许维新夫妇和警卫员赵四、曾华阳4人杀害。

梁学岸　五寨县县长

梁学岸（1909—1941），原名梁永禄。男，山西平遥人。中学毕业，教员出身。1936年入党，31岁时任县长。1941年牺牲，时年32岁。

出生于山西省平遥县杜家庄村。平遥中学毕业后，曾在本村任教。1931年“九一八”事变后参加革命，1936年加入中国共产党。1937年6月，受党组织委派以牺盟会特派员身份到山西五寨县工作；8月，任五寨县动委会主任；10月，中共五寨临时县委成立，为县委5人小组成员之一。1938年，调任牺盟会岢岚中心区宣传部部长，并先后兼任《抗战生活》和《新西北》等报总编辑。“十二月事变”后，1940年初，任保德二专署视察员。

1940年6月，任五寨县抗日民主政府县长兼游击大队队长。他创办了五寨第一所抗日完全小学，时刻关心学校教学工作和师生生活，一遇危险情况，他就亲自和校领导确定转移方向和路线。多次率队展开对敌斗争，时有群众歌谣：“梁县长，匣子枪，杀敌战场逞英强，左一枪毙了宫田小队长，右一枪打死了特赖小伍长，日本鬼子害了怕，哭爹叫妈逃得慌……”

1941年8月18日，五寨县政府驻地杨家坡遭日伪军包围，梁学岸在战斗中负伤，他把县政府大印和文件交给同志，掩护同志们突围。同志们要背着他撤退，他举枪指挥道：“不要管我，这是命令！”并嘱咐：“宁肯战死，绝不让鬼子活捉！”为不当俘虏，用最后一粒子弹自戕牺牲。

吴匡五　陵县县长

吴匡五（1915—1941），原名吴观志。山东阳信人。师范毕业，教员出身。1938年入党，23岁时任县长。1941年与日伪军激战中牺牲，时年26岁。

出生于山东省阳信县后吴家店村，幼年聪慧好学，7岁时入本村小学读书，乐陵高小毕业后考入惠民中学。“九一八”事变后，积极投身抗日救亡运动，宣传中国共产党抗日救国的主张，被学校开除，后再转入聊城师范就读。1936年毕业后当小学教员。为表示尚武灭寇、收复国土的决心，改名“贶武”，为便于书写，又写贶武为“匡五”。

1938年9月，八路军一一五师抗日挺进纵队到冀鲁边区开辟根据地，在乐陵举办抗日军政干校，吴匡五入校学习毕业后，被分配到冀鲁边特委《烽火报》编辑部工作。不久，调任庆云县抗日民主政府民训科长，经县委书记李萍介绍加入中国共产党。1939年春，任津南专署民训科长。

1939年7月9日，陵县抗日民主政府成立，吴匡五就任县长。当时，陵县党组织刚刚恢复建立，力量薄弱，他把新编十八团第五中队扩建为县大队，兼任大队长，率此武装活动在陵县东部农村。同时，广泛地发动群众，组织农会，改造并新建区乡政权。行军途中，帮助伤病体弱同志背枪支；宿营后，烧好开水端到同志们跟前；战士们入睡后，又查岗查哨，为县委创办的抗日报刊撰稿。他赏罚分明，平易近人，关心同志，爱护群众，在干部群众中享有很高的威信，是全县人民爱戴的县长。

吴匡五英勇善战，令日伪军闻之丧胆，日伪军中有“谁要不走运，出门碰上五块五”之说。1941年9月7日，吴匡五率县大队活动在临邑城北苏家庙子遭日伪军包围，在突围激战中牺牲。为表彰其抗日业绩，冀鲁边区行政委员会曾于1943年将陵县更名为“匡五县”。

王者兰　蠡县县长

王者兰（1913—1941）又名王志远。男，河北任丘人。高中毕业。1928年入党，27岁时任县长。1941年为掩护战友突围壮烈牺牲，时年28岁。

出生于任丘县王家坞村一个农民家庭，幼年时过继到生活富裕的远房伯父家。天资聪明，勤奋好学，成绩优良，1927年考入保定同仁中学，后转入志存中学，并担任学生会领导。积极上进，学习革命理论，探讨国家和民族前途命运。1928年加入中国共产党。遭国民党特务搜捕，被党组织安排到北平广安中学读书。1932年底，回家乡以教师身份办农民夜校，秘密串联贫苦农民，先后发展20余名农民加入共产党。1934年，担任中共任丘县委宣传部部长。1935年，到中共保定特委负责宣传工作。1938年5月，任任丘县抗联主任。

1940年5月，当选为任丘县抗日民主政府县长，领导全县人民和日伪军进行艰苦卓绝的斗争。1941年5月，蠡县抗日民主政府有三任县长相继罹难，王者兰主动要求赴蠡县任县长。他发动群众，扩大武装。同年10月17日，党政机关在齐庄召开抗日联席会议时，被300多名日伪军包围。他临危不惧，掩护大家分散突围，在激战中壮烈牺牲。

1941年10月《冀中导报》发表文章，号召学习王者兰献身革命的精神，学习他艰苦朴素、平易近人、团结同志的作风和为民族解放事业流尽最后一滴血的英雄气概。

刘　萍　徐水县县长

刘萍（1917—1941），男，河北安新人。师范毕业。1935年入党，21岁时任县长。1941年遭日伪军被俘，绝食而死，时年24岁。

出生于安新县端村贫苦农民家庭。1932年考入安新乡村师范学校。在校期间，受地下党的影响，接受阶级斗争学说。1935年加入中国共产党。抗日战争全面爆发后，在党的秘密组织——政治学会工作。同年，任安新县青救会主任兼抗日联合会、战地动员会主任等职。

1938年7月，任徐水路东县抗日民主政府县长。当时，日伪军活动猖獗，刘萍白天钻芦苇地，晚上串村开展抗日工作。同年秋，组建起抗日武装37大队。徐水防陵、迪城一带十年九涝，人民生活贫困，刘萍组织领导群众治理漕河，修筑堤防，施工中巧妙躲过日伪军频繁袭击，修成长15华里的堤防，河水泛滥得到控制。1940年8月，徐水路东、路西两县抗日民主政府合并，刘萍仍任县长，领导广大军民开展游击战争。

1941年8月，日军开始秋季大“扫荡”。刘萍和县委书记刘化南等人率徐水县抗日武装，依托西部山区的有利地形同日伪军周旋，有力地配合了八路军正规部队的反“扫荡”斗争。10月12日，徐水县委、县政府机关和县大队130多人正在西峪一带进行整训，突遭日伪军5000多人包围。刘萍带领干部战士突围，因弹尽伤重被俘。伪县长对刘萍刑讯逼供，并将刘萍关进木笼游行示众。刘萍坚贞不屈，绝食七日，于1941年10月19日牺牲。

方　强　盐东县县长

方强（1901—1941），原名袁文彬，曾用袁持中、袁志远等。男，江苏青浦人。出身贫农。大学毕业。1938年入党。1941年任县长，同年遭伪军杀害，时年40岁。

出生于青浦县练塘镇一个贫苦农民家庭，幼年在亲友的帮助下去上海求学，因生活困难辍学，在上海宝龙医院当勤杂工。由于工作认真，态度谦和，升为看护（即护士）。其勤奋好学的精神、热忱细致的服务，常常感动住院患者，一位患者主动出资要助他读书。不久，方强考入了同济大学医科。1925年，参加了“五卅”运动，参与领导同济大学学生罢课和游行示威，投笔从戎南下广州考入黄埔军校。1926年，参加北伐战争，在北伐军总政治部工作。大革命失败后，化名回到上海，在商务印书馆做翻译工作。抗日战争爆发以后，受郭沫若的委托，担任战地服务团第一团团长。1938年加入中国共产党。同年冬，带领一批青年，冲破重重障碍到达延安，在中共中央翻译局工作。1939年冬，随周恩来到重庆工作。1940年3月，到新四军政治部工作，后到苏北盐阜做开辟新区的工作。

1941 年夏，担任盐东县抗日民主政府县长。同年 10 月，在盐东斗龙区工作时，遭日伪军袭击，突围时负伤被俘。1941 年 11 月下旬，被日伪军押至伍佑镇东北部活埋。方强牺牲后，郭沫若在《洪波曲》中写道："团长袁文彬，后来在苏北被反动派处死了，连尸首都不知所在。"为了纪念方强烈士，盐东县斗龙区曾命名为"方强区""方强公社"和"国营方强农场"。

1953 年，在当地政府和群众的共同努力下，经多方查访，终于在伍佑中学校门前找到方强烈士遇难的确切地点，挖掘到挂着一副沉重铁镣的烈士遗骸，迁葬于龙华革命烈士公墓。

司璧瑾　晋城县县长

司璧瑾（1893—1941），幼名保山。男，山西晋城人。1937 年入党，48 岁时任县长。1941 年遭伪军抓捕杀害，时年 48 岁。

出生于晋城县下村镇成庄村王姓之家，因家境贫寒，被卖给刘村司午寅为子，起名璧瑾。14 岁为地主佣耕，后到煤矿当矿工。1937 年参加牺盟会，任晋城县农会主席，同年加入中国共产党。司璧瑾组织发动群众抗日，与当地的反动顽固势力进行斗争，筹款创办合作社，大力支援抗日工作。1939 年"十二月事变"后，司璧瑾的党员身份暴露，遭到国民党追缉，他随县委转移到平顺县接受训练，后分配到河南林县工作。

1941 年返回晋城，任晋（城）北办事处主任、晋（城）北县抗日民主政府县长。他不畏艰苦，发动群众，勇敢顽强，工作有魄力而井然有序，日夜出入敌占区，奔波于乡村，为抗日队伍筹集粮秣。他领导晋北县民兵武装开展游击战争，国民党特务将其行踪通报给日伪军警备队。司璧瑾被捕后坚贞不屈，宁死不降，日伪军用石头将他砸死。

沈 爽 丰宁、滦平、密云联合县县长

沈爽（1896—1942），又名白涤非。男，吉林双城人。师范毕业，教员出身。1931年入党，45岁时任县长。1942年与日伪军激战中牺牲，时年46岁。

出生于吉林省双城县一个富农家庭，从吉林师范学校毕业后回乡教书。“九一八”事变后，走出教室，在双城县东郊地区组织起千余人的抗日自卫军，被举为司令。在他的领导下，抗日自卫军与东北抗日义勇军互相支援，不断打击日军。1931年加入中国共产党。日军曾以伪县长职位诱降，其叔父也劝他降日，均遭拒绝。1932年春，所部被日军打散，他仍在双城、宾县、哈尔滨东部地区坚持抗日活动。1933年，党组织决定他转移到关内工作。抗日战争全面爆发后，参加了北平西北郊组建的“国民抗日军”，在司令部当参谋。这支部队后改为晋察冀军区第五大队。1940年夏，到中共平北地委敌工部工作。为尽快打开工作局面，他将自己的家属安置在伪保长家中居住，监视伪保长不敢再与日伪军往来。常化装进出敌戒备森严的县城工作，征收抗日款项，在敌组织中发展秘密抗日人员，为抗日政府购买枪支弹药和紧缺物资，成功策反了伪满军讨伐大队一部、密云县警备队一个中队携械投诚。

1941年9月，日伪军大举对丰宁、滦平、密云地区进行“扫荡”，他临危受命，出任丰（宁）滦（平）密（云）联合县县长，领导全县军民进行反“扫荡”、反“围剿”、反“经济封锁”等，发动干部逐村逐沟地联络群众，把他们重新组织起来，恢复和建立抗日政权。

1942年4月8日，率县政府机关人员和伤病员，及晋察冀军区步兵第十团一部，在密云县黄花山顶遭日伪军包围。在形势极为严峻的情况下，果断命人把文件埋起来，掩护伤病员突围。和警卫员背靠背向敌人射击，用最后一粒子弹自戕牺牲。

王卓云　濮阳县县长

王卓云（1919—1942），原名修汉，字卓云。男，河南濮阳人。中农出身，中学毕业。1932 年入党，21 岁时当县长。1942 年在与日伪军激战中负伤被俘，英勇就义，时年 23 岁。

1919 年 2 月 22 日出生于濮阳县西掘地村一个中农家庭，1931 年入濮阳中学读书，受到校长张会之（中共党员）的影响，有着强烈的抗日救国思想。1936 年加入中国共产党，任西掘地党支部书记。1937 年在濮阳县委领导下，在家乡一带成立救国会和各种群众救亡组织，开展抗日运动。

1940 年 3 月 20 日，王卓云当选为濮阳县抗日民主政府第一任县长。在他的领导下，县政府收集散落在民间的枪支，大力发展武装，在青年大队的基础上很快发展到 1500 人，建立县独立团，兼任团长。同时，改造区村旧政权，从政治、经济上打击和削弱封建阶级，实行合理负担，使广大农民翻身解放。率领县政府人员和县武装以庆祖、子岸、五星为中心，在全县 10 个区与日伪军展开坚决的斗争，几个月内进行了大小 50 多次战斗。在一次战斗中，敌人的子弹从王卓云的气管、食道间穿过，王卓云被送进冀鲁豫边区医院疗伤，不待伤愈，他又返回濮阳投入了战斗。

1942 年 5 月，赴延安途经太行山区时，遭遇日军大“扫荡”，在激战中，王卓云负伤被俘，被敌人押解到东北后牺牲。

齐南峰　朝城县县长

齐南峰（1915—1942），又名齐秀增。男，山东堂邑（今冠县）人。中学毕业，教员出身。1938 年加入中国共产党。24 岁时任县长。1942 年与日军激战中牺牲，时年 27 岁。

出生于堂邑县齐庄，1926 年入堂邑县立第一高小，1932 年高小毕业后考入武训中学。1934 年，武训中学毕业后当小学教员。抗日战争全面爆发后，决意放弃小学教员职业开始投身抗日斗争。1938 年 5 月，考入范筑先在聊城开办的政治干部学校，毕业后分配到范筑先领导的民军第 1 路，任指导员。同年加入中国共产党。1939年春,在筑先纵队政治部任民运科长。

1939 年 9 月，任阳谷县抗日民主政府县长。上任后，一面组建区乡抗日政权，一面组建抗日基干大队。率队歼灭了杨窑忠孝团，阻击进犯安乐镇的日伪军，拔除伪八区区部，鼓舞了全县人民的抗战热情。将县抗日基干大队由原来 2 个中队迅速扩编到 5 个中队，各区也相继建立了区队，开创了阳谷县抗日新局面。1940 年冬，朝城县原县长畏敌而逃，齐南峰就任朝城抗日民主政府县长。上任后，即调整抗日政府机构，组建县基干大队和保卫队，加强县区抗日武装，使县武装很快发展到 300 多人。1942 年 6 月，正是麦收时节，敌人一个团到安寨村抢粮，齐南峰即率部奔袭，经半小时激战击溃敌人，保护了群众和粮食。

1942 年 7 月 20 日，率队到徒骇河以南的几个村庄开展工作，突遭敌人合击。为了尽快摆脱敌人，他不顾个人安危，站在沟沿上指挥大家撤退，中弹牺牲。为纪念革命烈士，朝城县曾改名为“南峰县”。

薛佑之　平遥、介休县县长

薛佑之（1907—1942），又名薛维祺。男，山西陵川人。师范毕业，教员出身。1931 年入党，33 岁时任县长。1942 年被日军杀害，时年 35 岁。

1925 年夏考入长治省立第四师范，1929 年到太原读高中，在校期间积极参加学生运动。1931 年加入中国共产党。1932 年毕业后，任教于陵川县立第一高等小学，以教学为掩护，从事革命活动。1936 年加入牺盟会，1937 年冬回家乡西河底，组建抗日武装。1938 年到长治牺盟会中心区干校训练班学习，毕业后在山西省第三专署工作。1939 年任平遥县抗日民主政府教育科长，后任平（遥）介（休）铁北办事处主任。

1940 年 11 月，任平（遥）介（休）县抗日民主政府县长。他改造区村旧政权；颁布地方法令，推行减租减息和合理负担政策；整顿金融秩序，发行地方流通券，稳定物价；组建人民武装自卫队，开展对敌斗争。由于工作得力，很快打开了平遥、介休交界地区的抗日局面，受到太岳行署的表扬。

1942年1月14日，由于汉奸告密，日伪军包围了他驻扎的南良庄。敌人抓住了房东李长喜，逼他交出县长。为了保护群众生命，薛佑之从屋顶隔层跳下来，大声喊："我是八路，不要毒打无辜的老百姓！"遂遭日军抓捕，被押送到平遥城日军宪兵队。在狱中，薛佑之受尽敌人各种酷刑，拷打不投降，劝诱不变节，美人计拉拢不下水，表现了一个共产党人坚贞不屈的气节。1942年9月20日夜，薛佑之被日军杀害，同时遭敌杀害的还有平介县政府教育科长刘堃甫、副科长米汉三等10多人。

吴紫阳　房山、涞水、涿县联合县县长

吴紫阳（1898—1942），字绍先（又称绍贤）。男，河北滦县人。大学毕业。1938年入党，40岁时任县长。1942年10月，为掩护部队和群众转移，负伤被俘遭敌杀害，时年44岁。

出生于河北省滦县司各庄地主家庭，7岁始读私塾，后入新制学校，1915年考入直隶永平府中学。1919年考入南开大学工程科，曾在天津永定河工程处工作，1930年辞职回乡。出身富裕家庭的吴紫阳，刚直仗义，乐善好施，认识到欲强国家必兴教育，1930年出资创建了司集镇完全小学，在当地享有很高的人望和影响。抗日战争全面爆发后，他以校董名义联络多方，宣传抗日，筹措枪支弹药，准备举行抗日武装起义。1938年加入中国共产党。1938年7月16日，在中共冀热边特委组织下，吴紫阳利用自己的影响和财力，在家乡司各庄一带组织起2000多人的队伍参加了冀东抗日大暴动，所部编为冀东抗日联军第十四总队，任总队长；同年9月，任攻城总指挥，率联军第十二、十三、十四总队攻打乐亭县城，经三昼夜苦战，占领乐亭城。

1938年秋，被冀东行署任命为昌（黎）滦（县）乐（亭）联合县抗日民主政府县长。他以县长名义在乐亭城释放"政治犯"，发布安民告示，整肃军纪，动员人民起来赶走日本侵略者。

1938年10月，奉命率联军第14总队转移到平西抗日根据地。所部改编为京西纵队，任参谋长，并兼任房（山）涞（水）涿（县）联合县抗日

民主政府县长。

1942 年 10 月，日军兵分四路围剿房山、涞水地区，吴紫阳为掩护部队和群众转移，带少数同志执行牵制任务，后被敌包围，在激战中负伤被俘。敌人软硬兼施，遭他严词拒绝，遂被敌人活埋于房山县庄户台村。

马功臣　永年、肥乡联合县县长

马功臣（1907—1942），原名世勋，字功臣。河南范县人。师范毕业。1932 年入党，30 岁时任县委书记。1942 年与敌激战中牺牲，时年 35 岁

出生于河南省范县濮城镇马路口村，自幼入私塾读书，后考入县乡村师范学校上学。1932 年加入中国共产党。1937 年，抗日战争全面爆发后，任中共鲁西特委组织部部长兼濮县县委书记，领导全县的抗日救国斗争。1938 年 5 月，受命组建邯郸县抗日民主政府，并被推选为第一任县长。他深入发动群众，组建了县游击大队，身先士卒，英勇作战，赢得当地人民的拥戴，邯郸县抗日武装力量很快壮大起来，由百余人发展到 2000 多人。百团大战时，马功臣组织千名游击队员向平汉铁路开进，直插邯郸与邢台交界的路段扒路基、劈枕木、拆道轨、毁桥梁，身材高大的马功臣一马当先，两个人才能抬起来的枕木，他一人扛。1800 多米长的路段，不到半个钟头就被马功臣带领的游击队员们搞了个残缺不堪。冀南行政公署曾授予他“模范县长”称号。1942 年 2 月，被调到斗争环境异常艰难的永（年）肥（乡）联合县抗日民主政府，担任县长。7 个月后，使当地抗日斗争形势发生了重大转变，抗日游击大队由 30 多人发展到 300 多人，还恢复了 3 个区的游击小队，使 14 个敌占村变成了游击根据地。

1942 年 12 月 25 日，永肥县抗日民主政府驻地遭日伪军重兵包围，突围激战中，马功臣身负重伤，拒绝警卫员背他突围，他怒吼道：“不要管我！你们要冲出去！这是我最后的命令！”用最后一粒子弹自戕牺牲。

永肥县人民为了纪念他，经上级批准将永肥县改为“功臣县”。中共冀南三分区区委机关报《人山报》发出特刊悼念马功臣，诗赞：模范县长马功臣，抗日英雄是铁人。爱护百姓杀敌寇，舍生取义壮国魂。

耿玉辉　丰润、玉田、遵化联合县县长

耿玉辉（1901—1943），原名耿兰。男，河北遵化人。1927 年入党，41 岁时当县长。1943 年与日伪激战中牺牲，时年 42 岁。

1901 年 7 月 28 日生于河北省遵化县藏山庄一个富裕家庭。幼时读过几年私塾，先后到平安城镇和遵化城内商号当过学徒、店员和管账先生。多见社会不公，研习文墨为民诉讼，多方拜师访友进修武术，以求为民打抱不平。1923 年初离开商行，涉身教界，初在东关高小当庶务，后到教育局任督学，得以结识中共地下工作者，1927 年加入中国共产党。1929 年参与领导当地的农民运动。"九一八"事变后,在兴隆县从事党的地下工作。1934 年奉命重返遵化县，积极筹款筹枪，组织抗日武装。1938 年率众参加冀东抗日武装大暴动，任冀东抗日联军第十八总队第三大队大队长，后任第五总队总队长，率队转战长城内外。同年 10 月，率部随八路军第四纵队到平西，任冀热察挺进军第三十二大队大队长。1939 年 11 月，奉命重返冀东，任新组建的第七总队总队长。参与领导开辟丰（润）玉（田）遵（化）抗日根据地。1940 年任八路军冀热察挺进军第十三团第三营营长。

1942 年 7 月，任丰（润）玉（田）遵（化）联合县县长，兼冀东军分区第三区区队长、军分区武装部长、游击总队总队长等职。同年冬，在执行任务夜宿遵化县杨家峪时，被日伪军包围，在突围中身负重伤。

1943 年 1 月 5 日，因汉奸告密，所藏匿山洞被日伪军包围。在突围无望中，与弟弟耿玉章等四人饮弹自尽。

杨希盛　迁安、青龙、平泉联合县县长

杨希盛（1905—1943），原名锡胜，化名刘全民，字瑞林。男，河北遵化人。1936 年参加革命，33 岁时当县长。1943 年牺牲，时年 38 岁。

出生于河北省遵化县，早年毕业于遵化东关简易师范，后在兴隆县教书。1936 年参加革命，1938 年 7 月参加冀东抗日大暴动，先后任遵化县

第八区区长、昌黎县抗日民主政府县长。1941 年 12 月，任迁（安）青（龙）平（泉）联合办事处主任。翌年 1 月，转任迁青平联合县县长。他同县委书记一起领导全县人民积极开展抗日斗争，主动向北、向东出击，不断开辟新区，扩大抗日游击根据地，发展党的组织，建立区村政权。到 1942 年秋，在汤道河、都山以东等地区相继建立了第八、第九两区，使迁青平联合县的抗日力量有了很大发展。

1943 年 1 月 21 日，率领政府工作人员到宽城下河西乡小前坡峪沟开展工作途中，被日伪军包围。他带伤掩护同志们突围，与敌激战中牺牲。

王石钧　曹县县长

王石钧（1910—1943），男，山东曹县人。高中毕业，教员出身。1932 年入党，30 岁时任县长。1943 年遭日军杀害，时年 33 岁。

出生于山东省曹县桃源集镇的一个贫农家庭。幼年时，失去了双亲，寄居在亲戚家里。因生活困难，无法读书，常常在私塾屋外听课，后靠亲友资助读完小学。1927 年考入曹县职业学校，1931 年 7 月考入济南高中。“九一八”事变后，参加山东学生南下请愿团。1931 年加入共青团，1932 年转为中共党员。入党后，被派往上海党中央工作学习。1932 年冬，任共青团泰安县委书记。1933 年春，山东省党团组织遭到破坏，他回到家乡曹县活动。1934 年初考入菏泽乡村建设研究院，次年毕业后到定陶县田集乡农学校任军事主任。1937 年 11 月任中共曹县三区区委书记，发动地方爱国志士参加抗战。1938 年 5 月，领导建立了曹县三区义合乡抗日自卫大队。1939 年任中共曹县县委宣传部部长。

1940 年秋，代理曹县县长，其间建立了曹县政府曹东南办事处，开辟了大寨、魏湾、砖庙、李集四个新区。1941 年 5 月，任曹县抗日民主政府县长。1943 年，日军集结万人“扫荡”鲁西南地区，他率县大队坚持敌后斗争，带领一个只有四支枪和大刀的小队突袭日军在曹县砖庙的营地，以 1 名队员受伤的代价击毙击伤日军 10 多人，缴获步枪 10 余支。

1943 年 3 月 27 日，抗日武装在曹县青冈集东聂楼与日军遭遇，王石钧带领战士们突围，激战中不幸受伤被捕。在日军的汽车上，王石钧暗自搓断了捆绑的绳索，跳车逃生，遭日军枪杀。

余志远　乐陵县县长

余志远（1917—1943年），原名张汉卿，曾用名于志远。山东乐陵人。师范毕业，教员出身。1938年入党，24岁时任县长。1943年牺牲，时年26岁。

出生于山东省乐陵县黄夹镇邸家村一个农民家庭。10岁入学，聪明伶俐，学习刻苦，成绩优良。1931年，以全县第一名的成绩考入县立高级小学。1936年6月，毕业于乐陵县师范附设班，后任县立初级小学校长。1937年抗日战争全面爆发后，投笔从戎，在冀鲁边区参加了杜步舟的华北民众抗日救国军第六团，转战于盐山、庆云、海兴、阳信等地。1938年夏，任乐陵县第七区（黄夹区）区长兼民众动员委员会主任，同年加入中国共产党。为了加强抗日根据地建设，他起早贪黑，走村串户，宣传党的“抗日救国十大纲领”，帮助各村组建抗日自卫队。1940年，任县政府财政科长、县政府秘书。

1941年1月，任乐陵县县长兼县大队队长、独立营营长。他率领县机关和县大队，在乐陵、宁津边境一带积极开展游击活动。他以身作则，严格要求自己，人们赞扬他是干部战士的带头人、老百姓的贴心人。1942年底被冀鲁边区行署评为“模范县长”。

1943年4月，余志远领导的300多名县大队队员被敌人包围在邢官庄一片枣林里。为了掩护县大队和县政府机关人员突围，余志远故意暴露目标，只身把敌人吸引到枣林深处的一座土屋子周围。在弹尽援绝、突围无望的情况下，余志远烧毁携带的文件与笔记本。敌人得知屋内被围的是县长，遂扒开屋顶，举着手榴弹威逼他投降，余志远接连击毙3个敌人后，用最后一粒子弹自戕牺牲。

马函三　长山县县长

马函三（1901—1943），名立元。男，山东长山（今邹平）人。教员出身。1938年入党，39岁时任县长。1943年与日伪军激战中牺牲，时年42岁。

出生于长山县由家河滩村。1930年在长山八区高等小学任教。1936年，被选为长山八区区队长。他以区队长和教师的合法身份，对全区青壮年、学生进行爱国主义教育，传播革命思想。1937年抗日战争全面爆发后，他组织抗日武装，与马耀南等领导的黑铁山抗日武装起义队伍取得联系，参加了山东人民抗日救国军第五军，任第二支队支队长。1938年加入中国共产党。第五军改编为八路军山东人民抗日游击第三支队和八路军山东纵队第三支队后，马函三任第七团三营营长、邹（平）长（山）独立团副团长。

1940年3月，当选为长山县抗日民主政府县长。他发动群众参军，建设县区抗日武装，充实主力部队；实行减租减息，改善人民生活；深入敌占区，宣传党和政府的抗日政策，巩固和扩大抗日根据地。

1943年11月11日，在反"扫荡"战斗中牺牲。1944年，长山八区曾改名为"函三区"，以志纪念。

田时风　晋城、沁阳县县长

田时风（1913—1943），字安之，笔名矢锋。男，河南沁阳人。大学毕业。1937年入党，27岁时任县长。1943年遭敌俘被杀，时年30岁。

出生于河南省沁阳县西万村。小学毕业，先后就读于省立开封一中、北平中国大学附属高中。在校期间参加抗日救亡活动，加入反帝大同盟，参加《北斗》周刊编辑工作。1935年考入北京大学，参加了"一二·九"运动。1937年初，加入中华民族解放先锋队，同年10月加入中国共产党。通过党组织内线关系，回到家乡当国民党沁阳七区区长，并以此身份与驻沁阳国民党第四十军第三十九旅长多次会谈，达成国共合作共同抗日的协议。担任中共区委书记，建立了农救会、妇救会、青抗先和儿童团等抗日团体。他率领地方武装，同第三十九旅官兵一起，先后在窑头、常平和碗城阻击日军，粉碎了日军“扫荡”的阴谋，并将伪保安师驱逐出沁阳。

1939年10月，率沁阳抗日武装到山西阳城整编，任晋豫游击队大队新五营政治教导员，转战晋东南及豫北安阳、林县等地，参加战斗数百次。1940年后，先后任八路军一二九师新一旅统战科长、晋南敌工站站长、沁阳抗日民主政府县长等职。1942年4月，调任太岳军区第二分区敌工科科长，兼任沁（阳）济（源）抗日民主政府县长。同年秋，又任晋（城）沁（阳）县抗日民主政府县长。

1943年12月，参加太岳军区会议时，途经山西阳城县塞树腰村遭日军袭击，被俘后遭敌杀害。田时风牺牲后，晋沁县委在土河村举行了隆重的追悼会，并一度把晋沁县改名为“时风县”、县游击大队改名为“时风大队”。

刘同方　漳河县县长

刘同方（1911—1943），又名刘忻，化名杨化南。男，河南南乐人。师范毕业。1929年入党，27岁时任县委书记。1943年冬在反“扫荡”斗争中牺牲，时年32岁。

1911年4月19日出生于河南省南乐县五花营村一个私塾先生家庭，县第一高级小学毕业，1929年8月考入河北省立大名第七师范学校，品学兼优，积极上进，同年加入中国共产党。1932年担任师范学校党支部书记。当时师范学校新任校长是国民党蓝衣社分子，进校后即撤换进步教职员工、开除进步学生，刘同方召开学生大会声讨其反动罪行，宣布罢课。学潮失败后，任中共直南特委团委书记，参加大名中心县委工作。1933年8月，黄河自长垣县石头庄决口，长垣、滑县、濮阳、濮县等县沿黄村庄一片汪洋。据《直南特委报告》记载：“平地水深一丈至数丈，秋苗已毁、房屋倒塌，粮食大部分冲走了，遭到了亘古未有之大劫……”广大灾民无吃无住，到年底更陷入饥寒交迫的凄惨境地。中共河北省委派王富元、直南特委派刘同方到濮阳县救灾，配合濮阳中心县委在姚家、两门、曾小丘、下村一带，发动灾民有组织地开展了向地主借粮、分粮、吃大户的斗争，同时还号召非灾区群众支援灾区。由于采取这些急救措施，为大部分灾民解决了衣食住的问题。

1938年始，先后担任中共边西县委书记、冀南文化界抗日救国总会组织部部长等职。1942年任垂杨县抗日民主政府县长，1943年任漳河县抗日民主政府县长。

1943年12月27日反“扫荡”斗争中，刘同方在漳河县南台头村与敌遭遇，壮烈牺牲。

谢　骙　泗水县县长

谢骙（1910—1944），原名谢家骙，字仲佶。男，广西宜山人。军校毕业。1939年入党，29岁时任县长。1944年与日军激战中牺牲，时年34岁。

出生于广西省宜山城关镇一个教书先生家庭，自幼随父读书。1927年到桂系军队做缮写员。1929年考入中央军事政治学校第1分校第3期，毕业后分派部队任职。1936年任连长。抗日战争全面爆发后，随军北上抗日。1938年任桂军第七军一三八师四一四团副团长兼二营营长。

1939年加入中国共产党，同年7月任霍丘县县长。1940年3月，因共产党员的身份暴露，被国民党安徽省当局通缉，回到新四军，进入抗日军政大学第4分校学习。1940年9月，任淮上行政公署民政科科长。1941年2月，调任蒙城县抗日民主政府县长。1942年冬，任皖东北保安司令部参谋长、淮上行政公署民政处处长。1943年1月，任泗阳县抗日民主政府县长兼新四军泗阳县总队总队长。

1944年3月，日军“扫荡”泗阳县界集、龙集。谢骙率泗阳总队一个班在杜墩一带与日军激战，负伤牺牲。

李平东　南宫县代县长

李平东（1914—1944），原名李振瀛。男，河北南宫人。中学毕业，教员出身。1934年入党，29岁时代理县长。1944年牺牲于狱中，时年30岁。

出生在河北省南宫县开河村一个农民家庭。自幼在本村读书，1930年夏考入县立中学，1933年夏考入冀县河北省立第六师范学校。“九一八”事变后，接受革命思想，积极投身抗日救亡运动，1934年加入中国共产党。1936年师范毕业后，回乡任教，在本村从事党的地下工作。1938年初，八路军一二九师东进纵队到达南宫后，他积极组织学生为部队站岗放哨，张贴标语，散发传单，配合了八路军开展各项工作。1940年，任南宫县一区区长。

1943年9月，代理南宫县抗日民主政府县长职务。这一年是南宫历史上罕见的灾荒年，从前一年下半年开始，入冬无雪，春天无雨，麦季颗粒无收，秋季荒芜一片，南宫县一半的村庄属于“无苗区”。冀南区党委和行署要求把生产救灾作为中心工作来抓，李平东根据“富济贫、贫助富”的方针，制定了借粮自愿、买卖自由，不准囤积居奇、高抬粮价，违者以法论处的原则，有组织、有计划地开展借粮救灾工作。他自己带头吃糠咽菜，把节省下来的口粮接济群众，带领全县人民克服困难，共度灾荒，有效地解决了广大群众的吃穿问题。

1943年11月，李平东在贾侍郎村开会时遭敌被捕。面对严刑拷打和威逼利诱，李平东始终坚贞不屈，与敌斗争。1944年11月26日，牺牲于邢台监狱中。

武克鲁　祁县县长

武克鲁（1921—1945），原名武师曾。男，山西祁县人。中学毕业。1938年入党，23岁时任县长。1945年与敌激战中牺牲，时年24岁。

出生于山西祁县夏家堡村一个开明绅士家庭。1937年就读于太原进山中学。1938年参加祁县抗日游击队，同年加入中国共产党，任祁县交通队指导员，先后完成护送朱德、刘少奇等首长通过敌人封锁线的重要任务。1940年8月，任八路军一二九师三八五旅连长。1941年任祁县独立营副营长，先后参加了破击白晋路、袭击同蒲线、伏击军车、奇袭鲁村、攻打古县、围困子洪口等数十次战斗，巩固了祁县路东革命根据地，开辟了路西游击区，独立营也由 100 人发展到 500 余人。1942 年 2 月，他带领独立营 9 名战士化装成日本便衣队，骑车背枪扛军旗直闯日军鲁村据点，全歼守敌一个小队。1943 年 1 月，他率领一排战士，深夜埋伏在古县村打谷场周围，待敌人出操时，指挥战士一拥而上，将伪军架在打谷场上的枪支全部缴获，俘虏全部伪军。创造了“一颗子弹打鲁村”、“奇袭古县据点”的传奇故事。

1944 年冬，武克鲁任祁县抗日民主政府县长兼独立营营长，指挥部队参加了攻打祁县县城的战斗。其英勇善战，使敌人闻风丧胆。《新华日报》专门报道了祁县独立营的英雄业绩，武克鲁多次受到太行区党委的嘉奖。

1945 年 6 月 5 日，武克鲁一行 8 人驻阎家山村，因汉奸告密，被日伪军包围，在突围中牺牲。

第八章　忠孝家风录

“在家尽孝、为国尽忠是中华民族的优良传统。”没有国家的独立、民族的解放、人民的自由，就没有家庭的团圆和幸福。寇深祸亟，国难当头，唯有人人奋起、家家纾难，才能争取独立、自由和解放。抗日战争是伟大的民族战争，又是伟大的新民主主义革命，中国共产党人继承和弘扬着中华民族传统美德，甘洒热血救中国，赤胆忠心，无私奉献，开一代全心全意为人民服务的新风。

领导干部既是秉持良好家风的传灯人，又是良好家风的领路人。县委书记、县长多是一方天地深孚众望的群众领袖，当然更是家庭成员中有出息、有本事的榜样人物，他们的价值取向和行为方式直接影响着家风的形成和传承。慎终追远，热爱党、忠诚于人民的事业，已经成为他们家风中的重要内容。

齐家抗战

这是一个代表全民抗战的模范家庭。在这个家庭中，既有国民党的开明进步县长，更有共产党的县委干部、抗日民主政府县长。在国民党阎锡山发动“十二月事变”，掀起反共高潮的时候，父亲利用国民党身份和政府官员权力，暗中为共产党员的儿女提供保护和支持，阖家老幼同心同德追求光明与进步。

县长齐厚之（1894—1956），字德安，河北高阳人。1916 年考入北京大学法律系，1922 年大学毕业后任中学教员。1924 年参加国民革命军第三军，任军法处长，参加了北伐战争。1929 年出任直隶省阜平县县长，1930 年任直隶省政府秘书。1931 年任山西省政府秘书兼第四科科长，1936 年任山西黎城县县长，1937 年任山西长治县县长，支持并保护儿女参加共产党，投身抗战。1939 年 11 月任山西省第三行署秘书，1940 年 4 月至 12 月任山西晋城县县长。1941 年 1 月至 1943 年 6 月，在山西陵川县担任国民党军第二十七军设计委员会秘书。1943 年年底离晋后，辗转西安、宝鸡、开封、北平等地，1949 年随傅作义将军起义，为北平和平解放做出了贡献。1949 年后，曾在最高人民法院西北分院工作。

夫人邓耀珍（1893—1970 年代初），河北高阳人。积极支持儿女参加共产党，投身抗战。1941 年春，邓耀珍雇来驮夫，一路骑驴，翻山越岭送儿子齐锐新进入太行山根据地参军，途中几次遭遇敌情，曾在山洞里躲了两天才得以脱险。为了支持女儿、女婿的革命工作，翻山越岭上太行，到平顺县帮助女儿照料孩子。

大女儿齐云（1919—1979），原名齐韫。在河北阜平读小学，在山西太原读初中。在北平师范大学附中读高中期间，积极加入了中华民族解放先锋队，担任学校学生会主席。1937 年 8 月，在党组织的安排下，撤离北平，而后她带着妹妹齐心到太原上学读书。1937 年底随父亲到长治，利用父亲的社会身份开展党的工作。1938 年 5 月加入中国共产党，历任八路军晋豫边游击队军政干部学校政治辅导员、第四专署干部训练班指导员、平顺县委组织部部长、潞城县救联会主任、高平县第四区区委书记等职。1949 年后，曾任农业部计划局副局长、中央办公厅地区组研究员等职。

大女婿魏震五（1914—1980），又名魏健。吉林辽源人。东北大学肄业。1933 年加入中国共产主义青年团，1937 年 8 月加入中国共产党。曾任中共阳城县工委秘书长兼宣传委员、太行五专署民运科长、八路军晋豫边游击队军政干部学校教务主任。1940 年至 1943 年任平顺县抗日民主政府县长，后任太行二专署专员等职。1949 年后，历任东北人民政府农业部副部长、东北国营农场管理局局长、农业部副部长等职。

二女儿齐心，1924 年生，1937 年考入北平第一女子中学，因北平沦陷，辗转到太原平民中学读书。1939 年春，入抗日军政大学一分校学习，并加入中国共产党。抗大毕业后，被分配到长治县干部学校妇干队任指导员，1939 年夏至 1940 年底，参加了太行山抗日根据地的历次反“扫荡”斗争。1941 年春，经党组织安排到延安学习和工作。

儿子齐锐新（1927—1987），原名齐步。1941 年 5 月进入太行山根据地，分配到驻扎在平顺县东寺头村的太行第四专署干训队当通信员。1941 年至 1943 年在太行二中学习，1943 年至 1945 年先后在太行豫北中学、太行七分区专署工作队工作。1945 年 4 月加入中国共产党。1945 年 9 月与姐夫魏震五、姐姐齐云同赴东北工作。1949 年后，曾在鞍山、酒泉、包头等地工作。

前赴后继

丰（润）玉（田）遵（化）联合县抗日民主政府县长耿玉辉，及其四弟耿玉章、三弟耿玉华(八路军团政委)、长子耿鸿翔，相继为国捐躯。其父耿文奎在一连失去 4 个儿孙的情况下，擦干眼泪，又先后将孙子耿鸿儒、耿鸿振、耿鸿海等送到八路军部队，鼓励子孙前赴后继，为烈士报仇，为民族增光。

耿玉辉 1901 年出生于河北省遵化县藏山庄村一个中产家庭。作为长子，他深受父母倚重。耿玉辉少时入私塾读书，1917 年至 1919 年，先后到平安、遵化县城当店员和管账先生。随着阅深识广，愈感社会不平，百姓疾苦，遂研习笔墨为民代写讼诉状，拜师访友修炼武功，练就文武本领，为民打抱不平。侠肝义胆的耿玉辉赢得好名声，在当地有着广泛的群众基础。1927 年秋，耿玉辉加入中国共产党，更以改造社会为己任，成为当地社会的风云人物。

1931 年“九一八事变”后，冀东被日伪蚕食。耿玉辉积极投身救亡活动，筹措经费购买武器弹药，发展抗日武装力量。1938 年夏，他动员父亲、兄弟及侄儿三代人四处串联，分头深入各村镇组织抗日武装，呼朋引类将队伍齐聚自己的村落，全家老幼为战士腾房子、洗衣服、起火做饭。炉火照得山庄明，男儿相率参加了冀东大暴动。耿玉辉曾任“冀东抗日联军”大队长等职，为改善部队装备，提高战斗力，他变卖全部家财并出面疏通乡中大户及开明士绅捐献财物。所率队伍军纪严明，令行禁止，不畏强敌，英勇善战。百姓颂扬耿部为仁义之师，踊跃给予支援。

1942 年 7 月，耿玉辉担任丰（润）玉（田）遵（化）联合县抗日民主政府县长，兼冀东第三区队队长、军分区武装部长、游击总队长等职。在主力部队转移长城以北活动，斗争十分艰苦的情况下，耿玉辉重组地方抗日组织，转战长城内外，奇袭小股日伪军，锄汉奸，拔据点，主动出击，重创日伪军。

耿玉辉打仗以英勇无畏著称，总是身先士卒，冲锋陷阵。在生活中，耿玉辉率先垂范，吃苦在前，同时严格要求家人起模范作用。耿玉辉胃病日重，多次吐血，组织上特意为他调剂了补养食品，然而，他总是把食品先转送给伤病员改善伙食，把节省下的钱用在困难同志的补助上。行军时，马匹让给病号骑；驻防时，必先检查战士们的安顿处。大儿子耿鸿翔从冀东暴动时就鞍前马后跟随着他，鞋走烂了，光脚行军，耿玉辉熟视无睹，还要把自己的兄弟分配到最艰苦、最危险的地方去工作。

耿玉辉爱兵胜于爱子，战场上从未丢过一名伤病员。他数次掩护部队突出重围，战场上三进三出，找回失散的战士，背回烈士的遗体。在玉田县曲里河战斗中，警卫员于占和身负重伤昏迷不醒，耿玉辉把他背到安全地带。于占和已经停止呼吸，大家准备为之盛殓安葬，耿玉辉抚摸呼唤，发现于占和心口尚有微温，马上组织人员抢救，使于占和死而复生。1942 年冬，耿玉辉在遵化县杨家峪工作时遭敌包围，率领县政府机关人员突围后，发现财政科长周健平未跟上队伍，耿玉辉果断决定带人原路返回，找到了受伤的周健平，耿玉辉再次掩护大家脱离险境。

耿玉辉负伤后，隐蔽了十多天，他心急如焚地对同志们说：“我到山下转转去，了解好情况再上来，让父老乡亲们知道我们还在，也使区、村干部放心！”1943 年 1 月 4 日，耿玉辉回到藏山庄村，听取当地区长耿玉章（四弟）汇报情况，布置新的工作，不料，当夜即遭敌包围。翌日，耿玉辉、耿玉章兄弟等四人奋力反击，终因寡不敌众，无法突围。他们烧毁所有文件，砸烂枪支，四人共用 1 支手枪，依次饮弹，壮烈殉国。

丰（润）滦（县）迁（安）联合县县长魏春波，1890 年生，河北迁安西庄村人。1933 年加入中国共产党。他带领全家投身革命，其家成为中共冀热边特委工作站和联络点。他通过亲联亲、友连友的方式，发展了数十名亲戚朋友入党。1938 年 7 月 7 日，魏春波参加领导了著名的岩口暴动，成立了 400 多人的冀东抗联第四总队，其中参加暴动的本村青壮年就有 100 余人。1940 年 2 月，魏春波受命于危难之际，担任联合县县长。日伪军残暴地杀害了魏春波兄弟妻侄 4 位亲人，同志们都来安慰他，而魏春波鼓励同志们：“干革命就得流血，我们都早有这个准备。他们为抗战牺牲，死得光荣，死得值！这笔笔血债要鬼子汉奸加倍偿还！”妻子倒下了，他把唯一在身边年仅 14 岁的小女儿魏淑敏送到前线参加战斗；兄弟牺牲了，他又把作战致残的侄儿送回部队继续奋力为党工作。“一个挎包一颗章，一双脚板一支枪，早出东来晚宿西，敌来我走捉迷藏”，这便是魏春波县长工作环境的真实写照。在恶劣的斗争环境下，魏春波奔走于深山老峪，穿插于日伪据点炮楼之间，从事着抗日工作。1940 年 6 月 8 日，魏春波在与敌交战中壮烈牺牲。冀东军分区为他举行了隆重的追悼会，并敬献挽联：

为革命牺牲一切，毁家纾难，
死兄死弟死妻死侄，鲜血洒遍燕山麓；
与倭寇搏斗数年，捐躯殉国，
成仁成义成英成烈，勋献洋溢滦水滨。

共赴国难

汾阳县委书记朱宝琛（1910—1941），原名朱昌裕，又名朱宝善，平遥县北营村人。其家境富裕，为当地富商大贾。1929 年，朱宝琛在北平民国大学读书时，由同乡郝德青介绍加入中国共产党。1933 年到张家口参加吉鸿昌的察哈尔民众抗日同盟军，在军政治部工作。兵败后在北平、太原从事地下工作。1938 年初，朱宝琛担任中共汾阳县委书记，动员全家老幼连同雇工，一起把家里的几百袋面粉和车马、店铺的财物一齐带出，跟随他投身抗战。朱宝琛还动员组织了家乡一大批青年和学生，组成了平遥县游击队，并以八路军工作团的名义在平遥扩军，共扩充八路军游击队 500 余人。朱宝琛全家转战各地，1938 年 5 月妻子冀雪亚病故于晋绥边区岚县。1941 年秋，时任八路军晋察冀军区雁北支队代参谋长的朱宝琛在灵丘县与敌作战中，壮烈牺牲。

益都县参议长冯旭臣（1888—1942），山东益都县（今青州市）长秋村人，是当地家财丰裕的开明人士。其子冯毅之是益都县抗日民主政府县长。冯老先生早年追求进步，致力于探索救国救民的道路，支持儿女投身革命加入共产党，倾尽家产支援抗战。

1939 年，日军将冯家焚掠一空，冯旭臣率女儿冯文秀（党员）、儿媳孙玉兰（党员）及孙女新年、芦桥、平洋，转移到博山县东马鞍山上坚持抗日工作。当时，山上驻有八路军的伤病员及抗战家属，冯旭臣上山后负责管理伙食，冯文秀任文化教员，孙玉兰护理伤病员。1942 年 11 月，日伪军 2000 多人突然包围了东马鞍山，抗日军民在八路军副团长王凤林（失去一腿的重伤员）的指挥下，与敌展开殊死搏斗。冯旭臣一家三代人冒着敌人的炮火穿梭于山头运土搬石，从东峰到西峰端水送饭，站岗放哨，传递战讯。作为区妇救会会长的冯文秀冒着敌人的炮火，在阵地上唱歌呐喊，鼓舞杀敌，救护伤员，浴血抵抗了两天一夜。

1942 年 11 月 10 日傍晚，敌人攻上了山头，冯旭臣一家和战士们退到山峰固守。在阵地陷落、弹尽援绝的情形下，他们用石头阻击敌人。冯旭臣大呼着“不做俘虏”，在搬运石块时，与儿媳孙玉兰及孙女新年、平洋相继中弹牺牲，女儿冯文秀跳崖牺牲。这一年的 8 月，冯旭臣的长子、八路军修械所所长冯登奎，也在山前村战斗中牺牲。

抗战胜利后，为表彰冯旭臣一家抗日爱国的壮举，1946 年 5 月，鲁中行政公署向冯旭臣的遗属敬赠“一门忠烈”光荣匾。1946 年，益都、临朐、淄博、博山 4 县民众发起对马鞍山烈士安葬的活动，将冯旭臣一家烈士安葬于故乡，为他们树立了“民族光辉”的纪念碑。

祁县抗日民主政府县长武克鲁（1921—1945），原名武师曾，山西祁县人。1938 年入党，1944 年冬任祁县抗日民主政府县长兼独立营营长，其英勇善战，使敌人闻风丧胆。祁县武家是当地的名门大户，在武克鲁的动员下，其叔祖武欢文、武甫文、武敬文，叔父武汝为、武汝扬、武汝英，兄弟武效曾、武述曾、武法曾、武企曾、武馔曾、武志曾等共十余位亲人先后参加了八路军。在工作和生活中，武克鲁对自己的亲属严格要求。弟弟武法曾参加了八路军，因身体瘦弱一时难以适应环境和工作，有领导要他到后方先学习后工作，武克鲁坚持要弟弟在战斗中锻炼成长，说：“铁是打出来的，人是练出来的。他应该到艰苦的地方去。”武法曾在掩护战友突围中壮烈牺牲。武氏三代人，在八路军队伍和地方工作中人人奋勇杀敌，个个表现优秀，屡建功勋，深受广大干部群众的仰重。

1945 年 6 月 6 日，武克鲁在与日伪军作战中牺牲。为了纪念这位民族英雄，当地群众编了《武克鲁纪念歌》（晋剧曲牌大得乐）广为传唱：

武克鲁家住祁县夏家堡，他在祁县中学念过书。
自从鬼子进了祁县城，他就坚决参加抗日军。
参加牺盟会，与顽固斗争，成立游击队，建设独立营。
英勇杀敌人，活泼人人敬，他是祁县人民中的好样人。
克鲁今年二十四岁整，县长营长他担任。
精明强干人人信。他是好县长第一任。
六月六日鬼子又行凶，克鲁神岭附近光荣献身。
牺牲为的是咱老百姓，咱们与他报仇恨。
乡亲父老要记住，克鲁爱国爱人民。
他是咱们的好英雄，伟大精神万古存。

义无反顾

任丘县抗日民主政府县长王者兰，出生于富裕家庭，1928 年入党。

1934年，任丘县一带粮食歉收，百姓生活艰苦，担任中共任丘县委宣传部部长的王者兰，带领贫苦农民到自己家的地里抢收玉米。这一行动，大大提高了当地群众对共产党的认识，一大批农民要求加入共产党。1935年，中共北方局、河北省委因经费困难，派他到任丘县开展筹款活动。他首先从自己家“开刀”，让同志们化装“绑架”自己的儿子，迫使父亲拿出800块大洋赎回。他说服自己的亲戚，卖掉田产、车马、陪嫁等，共筹集了2000多块大洋上缴河北省委。在他的领导下，任丘县的筹款活动顺利展开，不仅支援了上级，还发展了农民武装，有力地打击了敌人。1940年，王者兰担任了任丘县县长，领导全县人民和日伪军进行艰苦卓绝的斗争。他的姨夫董西军死心塌地投靠日寇，八路军决定为民除害，经过周密部署将其抓获。王者兰的三个姨母找上门来，求情要刀下留人，王者兰不为所动，坚定地说：“谁干坏事也不放过，你们如果去当汉奸，我也一样把你们除掉！”毅然枪决了董西军及叛徒王立田，清除了“新民会”，打击了敌人的气焰，鼓舞了人民抗战的士气。

榆（次）太（谷）路（同蒲）西联合县委书记胡光，出生于山西太谷县贯家堡村一个商人兼地主家庭，父亲胡世泽曾任中国农业银行太谷县支行行长，经营有“万聚恒”商号。1937年参加中华民族解放先锋队，同年9月到延安，入陕北公学学习，并加入中国共产党。1939年，胡光从延安回到家乡担任县委书记。家中上有老母，下有两个幼子，但胡光为了抗日，常过家门而无暇探亲。直到1940年冬，县公安局局长陪他回家探亲。一别三载，家人见他一身商人打扮，欢天喜地劝他多住几天。胡光对母亲和妻子说，生意正急不容多住。第二天，胡光即告别家人。胡光为抗战日夜操劳，得了肺病，同志们发现他咳嗽带血，劝他到根据地治疗，他说：“现在大敌当前，个人的病算不了什么，等抗战胜利后再治不迟。”从那一夜会面，家人就再没有见过胡光的面。1941年5月23日晨，胡光在榆次逯庄发现抗日县长吕辉民等正遭敌搜身，为掩护战友，转移日伪军目标，胡光当即举枪击敌，然后飞身骑上自行车撤退。敌人放开了吕辉民二人，即追击胡光二十多里路。胡光中弹受伤后仍坚持战斗，当敌人抵近抓捕时，他用最后一颗子弹自戕牺牲。当时，中共中央西北局《党内生活》曾刊载萧靖《纪念胡光同志》的文章，胡光的事迹被编入延安抗日军政大学教材。

王卓云是濮阳县抗日民主政府县长兼独立团团长。1940 年中秋节，日伪警备队员包围了王卓云的家乡，抓到王卓云的母亲、妹妹，并把王卓云家焚烧一空。当天晚上，伪县长丁树本让人捎信：“王卓云不投降，就杀掉他的妹妹和母亲！”获知母亲、妹妹被捕的消息，王卓云心如刀绞，悲愤万分，大骂：“丁树本这群畜生，助纣为虐，不消灭你们，我誓不罢休！”然而，当战士们要去营救时，王卓云劝阻道：“这是敌人惯用的诡计。再说，干革命也难免流血牺牲的。”敌人又要求交换俘虏，委托一位能言善辩者前来斡旋，劝王卓云：“王县长，生身母、同胞妹身陷囹圄，您不能豁着亲人的命干哪！”王卓云当即拒绝道：这是救我母亲和妹妹的机会，但是，如果我们放掉抓到的恶狗，不知有多少百姓又要遭殃！随即下令处决了大汉奸。

忠贞不渝

沁源县委书记刘开基（1912—1993），出身贫寒，从高祖父开始，几代人到处流浪为人扛长工、打短工、放牛牧羊，遭受地主高利贷的剥削。刘开基从小上山砍柴拉炭，半工半读上过将近 3 年的私塾，识得一些字。九一八事变后，刘开基接受了革命启蒙，加入中华民族解放先锋队、牺牲救国同盟会，1937 年 12 月加入中国共产党。从此，一个赶大车的农民成了革命者，乡里有人说“一朝天子一朝臣，共产党来了救穷人，刘开基成了大红人。”自从参加了抗日，刘开基吃着家里的饭不管家里的事，组织起抗日自卫队，他就常从家里拿粮，父亲很生气地说：“不管家还要拿，一家人吃啥？”刘开基笑笑说：“算我借的，以后还你，再不行就扣了我的饭。”

1941 年，当了县委书记的刘开基更是日夜在外工作，几个月顾不上回一次家。父亲患病想见他一面，家里数次托人去找他，刘开基都因工作不能回家。等刘开基抽空回家时，父亲已经咽气。刘开基哭得很伤心，可他安排了一下父亲的后事又悄悄动身要出门，母亲发现后，死去活来哭着不让他走。刘开基把大女儿、5岁的荷叶仔（刘启英）叫到一边，问她爷爷临终时有什么吩咐，荷叶仔说："什么也没说，只是连连叫你的名字……还说，新春仔（刘开基）不回来，就叫荷叶仔去拉灵。"听完女儿的话，刘开基流着泪说："我马上就得走，现在正打鬼子，有重要的事非我去办不行。如安葬时我回不来，你就按爷爷的话代替父亲去拉灵。爷爷是好人，他最能理解我、原谅我。"说完就匆匆地走了。到下葬父亲那天，刘开基真的没顾上回来，5岁的孙女拉灵送走了爷爷。

刘开基的夫人贺梅兰是刘开基参加革命前，父母将小女嫁人去做童养媳，用所得的微薄彩礼，为刘开基娶回的童养媳。1942年2月8日（农历小年），敌人"扫荡"沁源，怀有身孕的贺梅兰拉着6岁的女儿随群众一起转移，被鬼子的子弹打穿了右手腕，流血不止，不能行动了。贺梅兰躺在山沟里，让女儿用松针、杂草把自己掩埋起来，女儿则钻在木炭窑里躲了三天三夜。这一年，刘开基的一个儿子夭折了，刘开基的妹妹刘完梅被鬼子枪杀了。同志们劝刘开基回家看看，刘开基还是那句话："现在谁家不苦？都顾自己还怎么打鬼子？"作为群众的带头人，他用自己的言行鼓舞着群众的斗志。

历任过县委书记、地委书记、副省长的刘开基，与贺梅兰恩爱相守60余载，1989年10月获得"全国模范夫妻金婚奖"，患难与共，忠贞不渝，一生教导儿女：

> 要警惕懒、馋、贪、占、变；懒是万恶之源，今日勤，但明天懒还会变；要防变必须防懒；要改造一辈子，学习一辈子，一辈子办好事才是对人民有利的人！

父母情深

临城县委书记王铁（1915—2011）晚年回忆：

> 我在抗日战争期间一直在县委工作，没有离开老家临城，日

本人来了我们可以躲藏，但家人被牵连受到敌伪的迫害，家里被抄，耕牛被牵走，整天东躲西藏，无法正常生活。后来，在党组织的帮助下，我把老父亲、爱人、两个孩子和其他同志受到牵连的家属都送到根据地的深山沟里。此后几年的抗战中，他们靠根据地政府发给的救济粮（每年每人 100 多斤）生活。那时根据地也很艰难，能给点粮食就不错了，否则早就饿死了。要维持基本生活他们必须自己想办法，开荒、种地、挖野菜、吃树叶，据说脸都肿了。后来老父亲病死在山沟里，我也未能见上一面。当地的老百姓很好，他们并没有歧视这些外来的农户，大家东拼西凑，打了个薄板棺材把父亲埋了。由于环境艰苦、闭塞，两天之后我才知道父亲去世的消息。县政府还给了我 30 元冀南票，让我处理后事。我一分钱也没用，全部退给政府。可是很长时间心里很憋闷，总感到自己是个不孝的儿子，让父亲一生辛苦，遭受这么大的罪，落得这么个结果，觉得对不起他老人家。但是国家处在危急关头，我也只能顾大家而舍小家了，这也是古人说的“忠孝难以两全”。

八年抗战胜利了，县城回到人民的手中，我也准备将父亲的坟迁回老家，安顿一下家人。还未着手办理，地委就通知我立即准备行装，并任命我为太行军区支援东北第一团的政委，要求尽快率部队开赴东北。我二话没说，坚决服从上级的命令。父亲的坟未迁，家人没安置，亲戚朋友也没来得及见——就又踏上了新的征途。

县委书记胡晓琴的母亲郭联珍（1882—1971），太原人。幼失双亲，由姨妈收养。姨夫在山西抚台衙门作文案，家中富有，姨妈全家却像虐待奴婢一样驱使郭联珍没日没夜地劳作。一次，幼小的郭联珍将元宵煮得过了火候，姨妈便要惩罚她把一锅 30 粒元宵吃尽，致使郭联珍在以后的 80 多年间一见元宵就作呕，再也没有吃过一粒元宵。郭联珍就这样当了 15 年侍女，22 岁时嫁给一个从广东落魄到太原的教书老先生，过着贫困的生活。郭联珍36岁时生下了儿子胡晓琴，儿子刚满一岁，丈夫就去世了。郭联珍终日靠为人洗衣缝补维持生计，艰难地供养儿子上学读书。相依为命的母子深感社会的不平，儿子在学校读书期间开始积极参加革命活动，1937年加入了中国共产党，母亲掩护儿子从事秘密工作。太原失陷后，郭联珍随着铁路职工家属南下撤退到了潼关。党组织要求党员留在黄河以东，到敌后开展游击战争，郭联珍听到儿子不能退过黄河了，便从潼关返回山西找到了儿子。此时，儿子胡晓琴担任中共阳城县委书记，郭联珍一双小脚形影不离地追随着儿子行军，每到宿营地，她便为战士们洗衣裳补袜子，给伤病员做饭熬汤。行军途中被冲散，她就上山找到战士们，与小战士同盖一床棉被，战士们都亲切地叫她胡大妈。穿越敌占区时，由于郭联珍小脚走不动路，村里的党员就动员几个年轻人用箩筐抬着她走。一路坐在箩筐里，走了三四天，每经过国民党设置的一道岗哨都要被盘问一番，郭联珍就把老乡给她的饼子分给那些国民党哨兵，散尽身上财物，唯将一把高粱穗扎的锅刷子带进了根据地。原来，锅刷子里扎藏着儿子胡晓琴的一支钢笔。

儿子走到哪里，郭联珍一双小脚就追到哪里，战地母子团聚，常是在兵站。胡晓琴（1918—2012）一生中多次担任过县委书记职务，1938年担任阳城县委书记，1957年担任太谷县委书记，1970年担任朔县县委副书记。无论儿子走到哪个县，郭联珍就关心到哪个县。1971年，89岁的郭联珍在弥留的日子里，儿子胡晓琴匆匆从雁门关外赶回太原，零泣欲绝地服侍了母亲。

回报桑梓

战争年代，忻县一带广为传诵着“刘杰、金星、王在中，捐产献地闹革命”的事迹。这实际上说的是山西忻县南陀罗沟村王氏父子三人的故事：父亲王在中，曾任副县长；长子刘杰，曾任县委书记和县长；次子金星，曾任县委书记。

父亲王在中（1893—1973），地主出身，开明绅士，全力支持儿女跟随共产党投身革命。敌伪将王在中及全家老幼抓捕，并将其孙杀害，王在中誓死不改其志。挣脱魔掌后，受儿子、县委书记刘杰的安排，王在中携全家到晋绥边区六专署所在地岢岚担任完小教员，后任校长。当时环境恶劣，他带领学生转山头，打游击，坚持办学。他积极响应党的号召，将家中 20 亩耕地、7 间瓦房以及家具、物件等全部家产捐献给农会，分给贫苦农民，还劝其叔父和胞弟也献出耕地分给贫农。1946 年 8 月 25 日《晋绥日报》报道了他献地的进步行动。1947 年 11 月下旬，忻县县委在土改中发生了“左”的倾向，时任忻县县长的刘杰被诬为“假装进步”“利用党内大权替地主阶级说话”，被当成阻碍土改运动开展的“石头”受到批斗。王在中一家为此受到牵连，被“清洗”回乡遭到迫害。“左”倾政策得以纠正，1949 年后，王在中以民主人士身份被选为忻县各界人民代表大会副主席、政协副主席、人民政府副县长。王在中任职十余年，勤政廉洁，兢兢业业，是忻县一代贤达。

长子刘杰（1917—1984），原名王铠。高小毕业时，即在全县考试鉴定中名列第一，轰动全县。中学毕业后，他回家办学教书。1936 年加入牺盟会，边教书边从事抗日救亡工作。1937 年 12 月加入中国共产党。1938 年 6 月，担任中共忻（西）县委宣传部部长。1939 年冬，由晋西北区党委介绍到延安，进入中央党校学习，毕业后留中央党校干部科工作。1942 年初，在抗日战争最困难的时候，刘杰回到山西担任中共西崞（今原平西部）县委书记。西崞县四面受敌，处于敌寇崞县、宁武、朔州三个大据点和四十多个中小据点的包围之中，与晋绥六分区分隔，成了“敌后的敌后”，斗争环境极端恶劣。刘杰组建了县游击大队并兼任政委，采取灵活机动的战略战术，粉碎了敌人一次又一次的“扫荡”和“奔袭”。在斗争最艰难的日子里，他们有时一天要跋山涉水一二百里；有时被敌人包围，十天半月只能躲在山沟里吃生山药蛋。晚年，他在回忆文章中这样写道：“我们上自县级负责人，下至战士，均没有被子，晚上和衣而睡，鞋上均扎着鞋带，发现敌情便随时可以集合起来。差不多每个人身上均有不少的虱子，我们称之为‘革命虫’。”在这样的恶劣环境下，他们不仅保存、巩固了西崞县这块晋察冀经晋绥与党中央联系的“跳板”，多次顺利地完成交通和接送中央首长及外国友人的任务，而且在农村积极发展党员，在所辖区域内普遍建立了抗日民主政权，使抗日武装不断壮大。他们响应党中央“自己动手，丰衣足食”号召，利用战斗空隙开荒种地搞生产，还牧养了二三百只绵羊山羊，县级机关一年之中有3个月可以达到粮食自给。作为县委书记，刘杰深知根据地教育人才缺乏，在动员父亲王在中捐出家资后，再动员父亲去岢岚县任教，安排小妹王荣投身革命，从事抗日宣传工作。

次子金星（1919—1994），15岁时考入忻县中学，在校读书时积极参加抗日救亡学生运动和抗日救国读书会，曾在《实报》上撰文《读书救国论》。中学毕业后，同父兄一样当了小学教员。在哥哥刘杰的引导下，参加了革命，1939年加入中国共产党，与哥哥同时被选送到延安中央党校学习。1941年春，金星回到晋绥边区三地委工作，再被分配到忻县任县委宣传部部长，后任武工队政委。1949年后，历任四川省绵竹县委书记、成都钢铁厂党委书记、成都市人民检察院检察长、成都市人大常委会副主席等职。

刘杰是王家的长子，也是全家革命的领路人。抗日战争时期，担任过县委书记和县长。解放战争时期，刘杰南下四川担任绵阳地委副书记，当时弟弟金星任绵竹县委书记。为了避免工作中掺杂兄弟情，刘杰坚持将金星调往另一个地区从事更艰苦的工作。1952年后，刘杰担任国家机关党委常委、宣传部部长，1958年后，历任上海杨浦区委第一书记、徐汇区委书记等职。

二十世纪六十年代末，在知识青年上山下乡运动中，刘杰将女儿王鸣琴从上海送回忻县老家下乡劳动，帮助他照顾年迈的父母。王鸣琴将爷爷奶奶养老送终后，有关部门提出按政策规定可将王鸣琴调回上海工作，刘杰坚决地对女儿说：“你就在那儿吧，不要给组织添麻烦。”要求女儿扎根故乡，回报桑梓。1984年7月2日，刘杰因病在上海逝世。他留下遗嘱：将自己多年积蓄的7000元全部作为党费上缴，将肺捐献给胸科医院作科学研究，将眼球和其他内脏全部捐献给红十字会。

第九章　父母官新语

人民立场是中国共产党的根本政治立场，与人民始终保持血肉联系是党战胜一切困难和风险的根本保证。县委书记和县长应该是大刀阔斧的开拓者，又是缜密细腻的组织者，是举旗呐喊的领路者，又是率先垂范的行动者。

担任县委书记与县长，正是他们处于从弱冠之年走向而立之年的青春岁月，也是他们从一个热血青年成长为一个高级领导干部的关键阶段。回首往事，走过多少岗位，他们对这一履职工作的追忆最为强烈，因为这是对走上人生广阔舞台的青春记忆。他们的回忆最懂得党的根基在人民，党的力量在人民。

今天是人民给的

曾担任蔚县抗日民主政府县长的李文杰，1979 年撰文写道：

1940 年到 1943 年，蔚县人民为了支持抗战，每年交送公粮约一千大石（30 多万斤）。在那几年，蔚县负责着我军千人的粮食供应。

“一年征粮，征粮一年”。我们为征粮、运粮、储藏粮而斗争，日寇汉奸是破坏征粮、送粮，进行抢粮。敌人一进入根据地大“扫荡”就是搜粮、烧粮。为粮食而斗争成为当时对敌斗争的焦点之一。

村民们要把粮食从村里送到南山根据地的阁上村粮店，每送一趟需三天三夜。有时白天不敢走，只得昼伏夜出，说不定四五天才能完成。送粮不能用大牲口，都用毛驴。一般是一头毛驴跟一个人，一头毛驴驮一口袋小米，相当于七八十斤或百十来斤。毛驴比大牲口轻巧方便，走山路比较合适，响动小，万一遇到敌人便可推下粮食，人骑上毛驴跑掉。送粮的民夫要自备干粮路上吃，自带牲口的草和料。群众说送粮有两怕：一怕碰到“老毛子”（日本鬼子）、伪军、汉奸；二怕过甸子梁，要是黑夜过甸子梁遇到刮大风，有时会连驴带粮刮到沟里去，可想当时运送粮食是多么艰险。当时日寇在进山的路口设了好多据点，为了绕过敌人的据点，送粮只得走山路小道，过甸子梁，运送过程十分艰难。蔚县川下人民就这样冒着生命危险一年一年地把川下的黄小米送到根据地。

抗战时期，蔚县人民交送公粮的情景，是一曲雄壮的战歌，也是抗日战争史中光辉的一页。

曾担任崞县抗日民主政府县长的程子圣，1981 年撰文写道：

为了迅速准确地掌握敌情，我们白天在村里工作，晚上睡在村外的窑洞里。

有一天，我们正在枣坡群众家里吃早饭，村干部向我报告说：“敌人把村子包围了，怎么办？”这家人家住的是尽头巷，根本出不去。我们正在考虑应付的办法，大嫂胸有成竹地说：“你们不要急，快跟我来！”大嫂年纪约四十多岁，男人不在家。一个普通的农村妇女，此时竟然神情若定，宛如老练的女战士。她把我们从家里引到房檐下的野锅旁，这里有个菜窖，就让我们藏到窖里，顺手将锅拍子盖在上面，造成一个像是风把锅拍吹到地下的假象。我手里紧握着驳壳枪，老张攥着手榴弹，准备万一被敌人发现，反正得换他几个。

街上嚷嚷吵吵，乱成一片。鸡飞狗叫的声音，打门击窗的声音，混杂着各种口音的秽言恶语由远而近，渐渐清晰地传到了我们耳里。一会儿，敌人跑进了院内。大嫂早把三个人吃饭的碗筷洗涮完毕，放入厨柜，把可疑的痕迹处理得干干净净。日军喊着“八路，八路的”，在院里胡翻乱搜。大嫂说：“八路的没有！”敌人进了室内，看见没有什么可疑的现象，就甩打着家具走出去了。陆续进来三伙日军，大嫂都是这样沉着冷静地应付过去。最后一次是伪军进来了。搜八路他们并不大热心，抢东西倒是一个比一个积极。他们进了家，翻箱倒柜，拿了几件并不值钱的东西，骂着娘走了。

过了一会儿，村里安静下来。大嫂跑到街上看了一遍回来，把锅拍子揭起，叫我们出来。大嫂那临危不惧的精神，聪明机智的举动，我们实在感到可佩可敬。看到室内被敌人糟蹋的情形，我们大骂着鬼子汉奸。大嫂却乐呵呵地说：“这年头，能保住人就比甚都强。那挨刀的横行不成几天了。骂啥哩，嫌费舌哩！”大嫂说话时两颊绯红，可以看得出，她为安全地保护了我们而感到欣慰。我向大嫂说：“大嫂你真有办法！”大嫂笑了笑说：“这也是叫鬼子给逼出来的呀！”

像这样群众掩护干部的事例是很多的，干部和群众的关系就是如此密切，把干群关系比作鱼水难分，骨肉相连，是千真万确的。这是抗日政权能够摧不垮，打不烂的一个很重要的原因。

曾担任猗氏县抗日民主政府县长的张天珩，1983年1月29日撰文回忆：

1939年妇救会的岳霞、沈钧不知遇到过多少次突然降临的险恶情况了。房东大娘帮助她们把文件藏起来后，抱着年轻的岳霞的肩膀说：“孩子！不用怕，你俩一个是大娘的闺女，一个是大娘的儿媳。来快把头发梳成髻鬏儿。”她们迅速地进行了一番化妆，当敌人的铁蹄踹开大门进来的时候，岳霞同大娘的闺女正在纺车前纺花，沈钧正在灶前烧水做饭，大娘在使劲地纳鞋底。几个日伪军进院后，端着刺刀，到处搜索，打开箱子柜子，乱翻乱抢。一个小官模样的日本人站在纺车前，盯着岳霞的乌黑的发髻，并且用手去拽了拽，像是发现了什么破绽，但是经过大娘的手，发髻梳扎得非常结实。这个日本兵转了两圈，仍不死心，在院内捡起根木棍，又要去挑岳霞的发髻。这时大娘的心几乎提到嗓子眼了，真要叫日本鬼子把假发髻挑下来，可怎么得了啊！大娘心急智生，把抱在手中的猫，往地下一摔，猫惨叫着跑走了，大娘也假装着追了出去。这个日本军士一惊，也端着枪追了出来。猫爬上了墙头，大娘站在墙头下喘气，岳霞的假发髻被掩护了过去。

曾担任平（定）西县委书记的赵雨亭 1992 年写道：

三年来的“格子网”斗争是极其艰苦的，但艰苦可以教育人、锻炼人，可以苦其体魄，炼其意志。我在艰苦环境中，真实感受到战争的残酷性，进一步提高了阶级斗争、民族斗争的自觉性，密切了和群众的鱼水关系。1942 年的一个晚上，我住在三区端岭村，拂晓被敌人包围。群众领我藏在一个房屋旁边的水道中，幸免于难。又一天，我到距敌仅八里路的下马郡头村，刚一进村，就被敌人发觉。由于群众的掩护，未曾受害。这样的事例数不胜数。它使我充分认识到群众才是真正的英雄，脱离了群众就脱离了一切，有了群众就有了一切。这是我在三年“格子网”斗争中，所以能坚持下来，并取得了胜利的根本保证，也是我增强群众观念的一种表现。

1943 年夏，右玉县抗日民主政府县长苗树森负伤，县委把他送到了右玉兴旺庄农民张二家中养伤。张二父母早逝，家贫孤身，八路军来到了他的家乡，领导民众抗击日寇、围剿土匪，从小寡言少语的他从内心里拥护共产党，默默地为抗日做了许多事情。村干部将苗树森抬进张二的窑洞，张二一句话不说，就把这个外地来的干部当成亲兄弟一样照顾了。

为了使苗树森早日康复，张二想尽了各种办法，给苗树森做可口的饭菜，上山采草药为苗树森治伤。在张二两个月多的悉心照料下，苗树森的伤一天天好起来。这时，敌人的“扫荡”“清剿”厉害了，而且有迹象表明，敌人获得了苗树森在此一带养伤的情报。为了苗树森的安全，1943 年 7 月 23 日深夜，张二背着苗树森走了好几里路，把他秘密转移到夏家窑王老大娘家。安置好苗树森，张二连夜返回兴旺庄应对敌人。第二天，果然敌人包围了兴旺庄，把全村村民都集合在村场上，扬言：赶快交出八路军干部，不然的话就要血洗全村。这时，张二平生第一次主动高喊起来：“八路军是我藏的。”敌人立即把张二捆绑起来，逼问他把共产党藏到哪儿了，张二只说：“我把他转移了，地点不告诉你们。”敌人对他进行严刑拷打，把他押进右玉县城，用尽各种刑具和手段折磨他，但张二始终不肯说出把苗树森转移到哪里了，最后英勇就义。苗树森在王老大娘家养伤半个多月，王老大娘的三个儿子日夜轮流为他站岗放哨。直到苗树森离开夏家窑后，汉奸得知了这一情况，并报告给了敌据点，日伪军扑到夏家窑，把王老大娘打了个死去活来，把转移苗树森的段成孩当场杀害。

1949 年后，历任包头市委书记、国家城乡建设环境保护副部长的苗树森念念不忘当年的救命恩人，每逢谈到抗战时期在雁北的日日夜夜，他总是说：“雁北人民太好了！我能有今天，是雁北人民用鲜血换取的。”1986 年 2 月 4 日，苗树森在京逝世。家人根据他的遗嘱，将其骨灰撒在雁北的桑干河、洪涛山。

继承遗志

张学纯（1914 年生，陕西神木人。1982 年接受樊子琚采访）：

1939 年，二哥（张友清）到中共中央北方局担任了统战部部长，他来太岳根据地检查工作时，我在安泽县任县长兼游击大队大队长，我们在安泽重逢。他仍如我小时候一样关怀我，教育我，一再叮咛要我扎扎实实做好工作。我根本没有想到，安泽一见竟成永诀！

1942 年 5 月，日本侵略军对太行根据地大举“扫荡”，时任北方局秘书长的二哥未能突出包围被俘，被关进太原俘虏营，在敌人的酷刑摧残下不幸牺牲。组织上告知二哥牺牲的噩耗，我真有说不出的悲痛，好多个晚上睡不着觉，心情沉重，想的很多。

今天，在二哥牺牲四十周年的时候，回忆烈士走过的道路，回忆二哥对我的关怀和教育，使我益发怀念他。二哥永远是我学习的榜样！

1943年10月，日军进行“铁滚扫荡”，妄图摧毁太岳抗日根据地。太岳区党委组织部组织科长戴苏理生了疟疾，全身浮肿，无法随部队反“扫荡”了。区党委派人用担架将他转移到长子县，长子县委书记王逸飞安排他隐蔽在农民家里，为了保证安全，还不时将他转换地方。

1994年，戴苏理撰文回忆：“这次认识了不少干部，访问了敌占区的一些党支部，认识了不少党员和群众，他们对我异常热情。他们在敌人的格子网内，精神振奋，艰苦搏斗，战术灵活，密切联系群众，给了我深刻的印象，学到了很多宝贵的东西。敌人扫荡快结束时，在团城战斗中，优秀的共产党员、地委委员、县委书记王逸飞同志牺牲了，全县干部群众十分悲痛，我也落了泪。”反“扫荡”胜利后，戴苏理的病基本好转了，于是他立即返回区党委，强烈要求要到艰苦的环境中去锻炼，区党委批准了他的要求，同意他担任长子县委书记。戴苏理在长子县和太岳一地委工作了3年多，直到1947年7月奉命南下新区工作。

没有退路

陈舜英，女，1937年入党，曾任榆社县委书记等。二十年后，她在鼓励妇女干部要大胆工作时回忆：

我当县委书记的时候，也是二十七八岁，工作任务十分繁重，又缺乏经验，有时也急得哭起来。但是哭了以后，问题仍然没有解决，最终还是要靠自己千方百计把工作做好，完成党交给的任务。所以，哭是没有用的，日本鬼子并不因为你哭了就快快撤兵，革命事业的胜利也不能用眼泪来换取。任何事情，不拼搏是不能取得成功的，特别是女同志，要拿出极大的勇气来克服困难。许多革命先烈，不怕枪林弹雨，不怕敌人的酷刑，我们还有什么可怕的呢？

刘韵（女，1937年入党，曾任武安县委书记。2005年接受向里南采访）：

那时一听到日寇要“扫荡”，就组织群众转移，他们把家里的东西都要藏起来，甚至包括门板和窗户，因为如果不拿走藏起来，就会被日本鬼子烧毁。我们有时就藏到村边山坡梯田上垒起的围堰中，老乡用石头垒起的梯田，有的里面做成空的，一个人在里面待几天没问题，可以坐或躺着，但是没有铺的盖的。白天妇女装作上山打柴的样子给我送吃的。有一次，一个人还藏到大山中的一个石缝中。我曾经一个人走山路，看见一条狼在山坡上，吓得要命，心里咚咚直跳，手里拿根棍子，胳膊上搭块红布单子（据说狼怕红色），飞快地往前走，幸好那条狼没跟上来。还有一次跟狼赛跑的经历。但是，敌人比豺狼更凶残，更危险。

王庭栋（1937年入党，曾任博爱县委书记。2004年接受孙丽萍等采访）：

当时年轻，不知道害怕。我们都是学生出身，知道不抗击日本就会当亡国奴，能够有共产党领导我们跟日本鬼子斗争，心里感到很光荣、很高尚，认为只有这样中国才有希望、有出路。大“扫荡”时山上到处是日军，有时山里大雾很重，谁也看不见谁，甚至走得很近了也察觉不到。有一次几乎脸碰脸，才看清是日本鬼子端着刺刀过来，打不了，扭头就跑，避免硬拼。记得那时黑夜里在山头上看四周村村起火、家家冒烟，那都是被日本鬼子点着的，不由得心情沉重、义愤填膺。1942年参加了平汉铁路大破袭战，我带领基干民兵、县独立营与分区部队一起把铁轨整个翻起来、拆掉，使日军的部队、物资无法运输，心里非常兴奋。根本顾不得还有敌人打炮，探照灯扫过来就立刻在铁路旁的深壕里趴下，灯一过去，就又跳出来拆铁轨。没有感到害怕，知道我们没有退路，只有斗争。

霍泛（1937 年入党，曾任黎城县委书记。2004 年接受孙丽萍等采访）：

县委没有几个人。有通信员两三个到地委送信，有炊事员，交通员就是警卫员，送信都带着枪。没有马，只有跑，牛马还要种地。改善生活，县委种上好几亩、甚至十几亩地。县委在城南住过，山沟里也住过，就是来回跑。敌人“扫荡”一次，回来以后就另外换一个地方。我记得有一次日军“扫荡”的时候，我到了偏城，跟着部队转移到偏城，受罪了。敌人“扫荡”到偏城，把路口堵了。转了一晚上，死了一个警卫员——没有爬上去就摔死了。

常子章（1938 年 2 月入党，曾任绛县县委书记。2004 年接受采访）：

1942 年 2 月，党组织派我到山西绛县任地下县委书记。任务是隐蔽工作，以普通农民身份广泛联系农民，开展民运工作，逐渐培养出党能依靠的力量，并掌握了要重点打击的人物情况。当时的绛县是敌占区，日伪统治严酷，国民党阎锡山顽固势力猖獗，我党在绛县的力量相对薄弱。为了扩大党的影响，使党的抗日主张深入人心，就必须发展和扩大党的组织，开展地下工作。不久，绛县在炭峪河七八凹村建立了抗日政府。随之，我也由地下工作开始进入公开的、有目标的抗日救亡民运宣传。我们的行动触怒了日伪、国民党的反动势力，他们一面用武力进剿我抗日力量，一面大肆在群众当中诋毁和诬蔑共产党，并加大了对我们工作的反侦察。在当年的 9 月份，我和八路军五十七团张特派员到安峪村一带进行民运发动。途中，行至安峪村附近一个山岭时，遭到阎锡山绛县县长陈子文一个连的包围。当时，我和张特派员处于无法脱身的危险境地，要么跳崖（土崖高几十米），要么就是投降。最后，我们抱着宁肯牺牲也不做俘虏的决心，纵身从崖上跳下，张特派员光荣牺牲，我被摔成重伤（脑组织受损，一眼失明）。党组织和抗日县政府得知我俩在安峪村出事的消息，立即组织寻找。我一个多月不省人事，经党组织派人精心护理才逐渐恢复了知觉，保住了性命，又一次绝处逢生。

困难和敌人把干部分类

李修仁（1941年担任和顺西县委书记。2005年回忆）：

和西县委，有一个书记、一个组织部部长、一个宣传部部长、一个秘书，一个部里有两个干事，主要就是这八个人。另外，还给我配了一个通信员。津贴是一个月两块钱。一年一套夏装，冬天给一个面儿，算半套吧。三年给一套被子，一年给一双布袜子。不发鞋，找老百姓做。我就没觉得困难。当时，就没有停过唱歌，没停过说笑话。好歹有吃有穿，就行了。困难时期，干部的情况是三种：一种是牺牲了。一种是受不了烧杀，投降了，当了汉奸。过去在和顺，组织部部长就投降了敌人。那时我刚来，我来的时候，我是书记，办事处主任投降了。还有的人消沉了，就是妥协。不投降的这些人，有的是因为家里有苦难，拖儿带口；反正我是光棍汉，没负担；剩下的，就是比较坚定的，但是数量不多。日本人替我们进行了人的分类、淘汰。坚持下来的，成了宝贝了。一旦形势好转，就像地里钻出来一样。后来南下的时候，都是区党委、地委、县委一套架子（班子）就过去了。形势来了，就不是渐变了。

范铭抗战时期担任过文水县委书记，2002年4月在《回忆与思考》中写道：

1941年1月底，文水自卫队参谋长武仁贤陪同我，到高车村做一个山西大学毕业的知识分子的工作。我们刚走到那人家里，街上群众就嚷嚷“日本人来了！”为了不拖累那家人，我决定去村公所，装成账户先生，坐在账桌边，边翻账簿，边打算盘。当时我穿着渠通洋（原西村人）的棉袍，戴着瓜皮帽，村公所的人忙着应付日本人。敌人折腾了半上午走了。这次事件，吓坏了武仁贤，跑到了张家口，脱离了革命工作。

1994年10月，中共沁源县委、沁源县人民政府发表文章《一丝一缕总关情——缅怀郭钦安同志》：

早在四十年代，他在太岳区党委担任组织部部长期间，根据区党委的指示，选调大批干部成建制地南下新区开辟工作。其中，被选派的有与他同时期入党的一位老同志，该同志拒绝接受组织的分配。根据区党委的决定，郭钦安同志当即在南下干部动员大会上宣布开除其党籍。当时有同去的沁源籍干部找到郭钦安，意欲看在老乡面上，刀下留情，保留该同志的党籍。郭钦安回答："他不服从组织调配，不遵守党的组织纪律，开除他的党籍是组织决定，必须按照组织原则办事。"同一时期，郭钦安同志的亲姨兄弟，在左权县担任县长，因不堪工作重负，中途脱离革命队伍。全国解放后，他找到郭钦安，要组织照顾安排工作，郭钦安同志给予了严厉的批评："你在革命斗争的关键时刻，脱离革命阵营，现在又要组织照顾，哪有这等好事？你回去老老实实参加劳动吧！"

怎样做说服动员工作

廉平（1938年入党，曾任五寨县委书记，2005年9月接受采访）：

参军、支前，县里的工作直接面对老百姓，要做耐心细致的思想动员工作。1945年，我和宫韫书从延安社会部回到晋西北，地委书记郑林就和我们聊天，给我们讲了这里有四大怪：劳模不当兵，秀才不识字，二女不是女，神池北京人。当时我们不懂这是啥意思。郑林就笑着给我们讲，此地老百姓不愿参军，怕牺牲，但是，积极生产，争做劳动模范；此地人爱挎一支钢笔，你以为他是秀才，但实际上那只是挎的钢笔帽，他不会写字，羡慕文化人，有学文化的积极性；此地将扭扭捏捏、没有阳刚气的男人称作是“二女”，这种人当战士，需要有很长时间的锻炼；当地人爱操京腔，一口一个“您好”，因此，也好交流，利于开展工作。这段顺口溜一下子就让我们知道做具体工作不仅要因人而异、因势利导，同时还要面对多少年形成的地方风俗，做一番移风易俗的长远工作，增添了工作信心。

陶鲁笳（1940年任昔东中心县委书记，1995年撰文）：

昔（阳）东县委、县政府在认真贯彻执行合理负担政策的同时，为解决因荒旱造成农民生活上的困难，开展了以合理负担为中心的向地主借粮运动。他们按照上级指示，很注意政策、策略，因为一旦搞不好就要影响抗日民族统一战线工作。车寺村大地主李万厢粮食很多，地窖有三层，都是粮食。政府首先发动群众做了长工的思想工作，把情况搞清楚后，县长杨辛克亲自召集地主开明绅士开会，一面宣传合理负担政策，一面要他们在灾荒之年救济贫民；生死关头连佛家都讲救人一命胜造七级浮屠，何况我们都是乡亲，常常相处，总不能见死不救吧！现在大敌当前，要打日本侵略者靠谁？当然地主、绅士要出粮出钱，流血牺牲的还是农民兄弟！他们都饿死了，谁来保卫家乡？打日本侵略者，既然离不开贫苦农民，他们没粮吃能行吗？县长的一席话使地主士绅无言可答，感到自己理亏，于是一次就拿出粮食一万余斤。突破了车寺村大地主，其他村的地主就比较容易动员了，一系列的动员工作保证了抗日军民渡过了难关。

李修仁（2005年接受孙丽萍、李卫民采访）：

那时候，我当县委书记，最头疼的就是两件事，一件是扩军，一件是屯粮。动员老百姓参军，一年几次，任务是多少，补充军队，那都是有任务的；再一个，就是问老百姓要粮，你养下兵得给吃饭呀。这就是县委书记最难的两件事，得问老百姓要人、要粮。这下面完成任务也是难了，任务完不成的情况下，上面也老批评；他参军走了，家属呀、粮食呀，咱们也还得替他多照应，要优待军属嘛。

怎么样发动群众？其实真理是很简单的，发动群众，就是要给他们物质福利么！怎么样让群众见到实惠？减租减息！认真减租减息！必须让群众看到福利呀。当时还提出了合理负担，但主要是减租减息。37年就提出来了呀！这说是说，做是做。42年，我就到了和西了。你说这减租减息怎么办呀？怎么才能让它真正减下来呢？这就得解决群众的思想问题。我的一个同事名字高仲祺，他在平顺县。他说，就是要解决群众的思想顾虑，让他自觉自愿减，恩赐是不行的。群众自觉解放，这是马列主义的一个观点。我们不是救世主，我们不能恩赐，群众解放是群众自己的事情。马列主义是理论，变成群众的实践才有力量，不能理论是理论、实践是实践。

我们的做法，第一步就是让贫下中农诉苦。给贫下中农开学习班，管上饭，我们专门拿出一部分粮食办学习班。诉苦，就是说你家里怎么样。说的时候都是一把鼻涕一把泪，夏天吃不上，冬天穿不上，老婆孩子又怎么怎么样。诉苦以后，就把大家的情绪就调动起来了。可有些典型事例了：他爹他妈有上了吊的，地主要债呀，就像《白毛女》一样，那确实是真的。这么一诉苦，阶级感情就调动出来了，这是感情基础。政治教育和生活经历联系得很紧。

然后，就问为什么咱们穷？穷根在哪里？这方面，群众的糊涂观念可多了。什么我的命穷，这就是命么，我生来就没有富人命么，我就是生在穷人家里，风水不好，爹妈不好——埋怨父母，就是没人埋怨地主。轮回观念也出来了，佛教的思想影响大了——上一辈子没办好事，这辈子遭报应。就是在那儿唉声叹气。统治阶级，它不光是在权力上统治，它在思想上也控制你。这种控制，比权力上的还要大得多。

咱们就给他讲：这些轮回、报应全是假的，把这些精神枷锁给他们解除了。这一关最难闹了。这必须讲解，首先得讲，得给他们讲清楚，穷不是天注定的，是被剥削穷的。地主富，那是他们有房有地。你怎么就富不了呢？得让他清楚，有地就能富，没地就不能富；有好地就能富，没好地就富不了；地多了就能富，地少了就富不了。地主富，就是他有土地、牲口么。这么一讲，就是给他讲了生产资料的道理。土地一来就能生出钱来，生出宝来？那得人受呀，离不了人呀！仅有土地就能发了财么？土地能吃？光有土地就能发了财？他为什么离不了你呀？他为什么雇你呢？你生产下的粮食，只能吃一半儿。他不在你身上取利，他白养活你呀？

这绝不是说空话，这必须根据思想顺序，让没有什么文化的农民能够把共产党的这套东西全接受了。你这一问，他为什么雇你？没利，他雇你干什么？他无利可图，为啥还要管上你饭，让你劳动？特别是，这种土地以租种的形式，这是最明显了。把地租给你，秋后，我也不管你种子，我也不管你牲口，反正是到秋后，咱们对半儿分。秋后，地主拿上镰刀，直接去地里给你拿走一半儿，这剥削是最重的。

教育了一番农民，他明白了，土地是他的，是劳动者的。所以，他理直气壮地跟地主闹减租。而且，当时打卦算命都没有了。农民还得团结，不然，没法跟地主斗，这就组织了农会，新式农会。

襟怀坦白

屈健（抗日战争时期曾任平鲁县委书记，1999年10月撰文）：

1942年12月31日，我和郑林同志（时任塞北地委书记）一同离开雁北去兴县（中共中央晋绥分局所在地）。那时按我们的待遇，一人带一个警卫员、两匹马，从偏关县老营一带出发，一天走七八十里，大概走了六天到达兴县。路上有时骑马，有时一同走路，交谈的机会较多，展开了批评与自我批评。现在可以回忆起来的：谈过党政干部敞开谈心少，没有做到知无不言、言无不尽、畅所欲言的程度；谈过建党中思想政治工作做得不深不透，农村党的工作比较薄弱，在恶劣环境下，显示不出党的战斗力量；谈过对敌斗争开展魄力不够，没有打开浩大的局面。途中我问过郑林同志对我有什么意见？除了赞扬外，他说，你要强，有点好名。我承认我这个人是希望自己应该做的事尽量做好。郑林说，要警惕该自己做的事没有做好也叫人说好，那就不对了。

赵鹏飞（抗日战争时期曾任五台县委书记，1996年撰文）：

在整个抗日战争中，五台县的大部分地区是处于敌后，犬牙交错的斗争形势下，向根据地的中心运输公粮及其他的军用物资，亦是经常性的而又非常艰难的任务。一般的情况是，我们采取小股的分散的或者是在少部分武装掩护下，在敌人的碉堡下，通过封锁线，一批一批地运往内地。1943年，有一次上级通报，敌人要向我根据地开始“扫荡”，为了提前做好反“扫荡”的准备，采取了集中部队和民兵把敌人的据点包围起来，在短时间内突击运输。结果在运输过程中，松岩口等据点的敌人突出我军包围，把行进中的二百多头驮骡拦截到据点内，仅这一次就损失公粮两万斤，十多名护送公粮的干部有的被敌人打死，有的被敌人捕到据点里去。在那个非常严峻的时期内，在敌军占据优势的形势下，任何的大意轻敌都会造成不应有的损失。当时如能采取小集中和分散搬运的办法可能效果更好。当然在整个的斗争中需要总结的经验教训是很多的，作为个人的回忆，只能将尚有记忆而且自认为是比较重要的记载下来，以作纪念。

范铭在《回忆与思考》中记述了他任文水县委书记时，受到党组织的严肃批评，自己作了一次深刻的自我批评：

1941 年之前，我们在平川抓住罪大的汉奸就杀。这时，区党委决定把杀人权收回行署。对这个决定，平川许多同志想不通，我也想不通，杀人（汉奸）固然会造成恐怖，不利于策反工作。但是，平川抓住汉奸没处关押，如果放了，他们很快就会引着敌人疯狂报复。地委会上我说："杀错了我顶命"，说了些过头话。王达成同志（晋绥分局组织部部长）批评我："再不改，找你算账。"我做了检讨，改了。

看脸色听牢骚

王谦在《一个省委书记的风雨征程》中，谈到他人生观中受到的一次最深刻的教育，就是全心全意为人民服务，实实在在让人民受益而不是受害，只有保护好人民利益，才不会脱离群众：

那是 1939 年至 1942 年，我在榆社任县委书记的时候，起先经过反顽斗争、减租减息，发展生产为群众办了好事，群众拥护民主政府，短短几个月时间全县就屯集了 5 万多石粮食，就有 1000 多名青壮年农民报名参加了八路军。但一次日军向抗日根据地进行疯狂的"扫荡"，实行"三光"政策，使榆社县遭到了大洗劫。县委带领着老百姓上了山。当时站在山上俯瞰榆社县，浓烟滚滚，火光冲天，面对敌人的暴行义愤填膺，我流着眼泪在皮带上写下"报仇雪恨"。日寇在榆社犯下了滔天罪行，当地人民的遭遇非常凄惨。广大干部群众的情绪一落千丈，老百姓对党冷淡了，一连几个月闭口不语，连县委驻地的那个老房东也是一样，当我回到他家院子里的时候，老房东都是耷拉着个脸不理睬人，给抗战工作造成了极大的困难。基层党组织负责人的情绪都调动不起来了。上级组织让从榆社抽两名党员去参军，准备组建朱德总司令警卫团，开会做动员，我本人亲自上门去做思想工作，榆社全县有 6 万人可就是没有一个人报名，我只好将一名区委委员送去了。我硬是抹掉自己的眼泪，强忍着痛苦坚持做干部群众

> 的思想工作。每月召开一次村级以上干部会议，一面讲解《论持久战》，鼓舞大家的必胜信心；一面做动员工作，提出怎样渡过难关，启发大家出主意、想办法；同时带头进行自我批评，说县委对敌情估计不足，平时备战工作抓得不力，使群众受了很大损失，我心里也很难过，请干部群众多提批评意见等。正值春耕下种大忙之际，我和县委、县政府一班人带领群众开始恢复生产、重建家园。在毛主席关于长汀乡调查报告的启发下，我们指导群众充分利用“帮工”“合牛犋”等互助的习惯，使榆社县出现了“太行区最早兴起的生产互助合作事业”。这时，区党委也派了许多干部到各县来帮助春耕工作，后来成为著名演员的赵子岳就来到了榆社，他教大伙唱《二月里来好春光》等歌曲，激励群众春耕生产的热情。就这样，整整熬煎了四五个月时间，直到春耕抢种顺利完成后，老百姓的劲儿才缓过来，干部们也开始露出了笑脸。

“百团大战”后，文水县委书记范铭也遇到了同样的困难：

> 敌人这次“扫荡”很疯狂，从西山底到汾河畔，北起清太徐，南到汾阳，实行“篦梳”式大“扫荡”，一连三天，敌人才撤回各大据点。文水五区的大部村子住了日伪军，奸淫妇女，抢掠粮食财物。“扫荡”以后，我从祁县过来，在云周西村见了一个认识的老太太，她叹了口气说：“你看成了什么样子！”群众对我们也有意见，觉得八路军在百团大战时有那么多部队，都上哪儿去了？让鬼子这么横行！

看着群众的脸色，听了群众的牢骚和埋怨，范铭心里很难受。为了坚定群众的抗战信心，他决定县委不进山区了，要深入敌区，坚持平川工作。范铭常常是单枪匹马在敌区做工作，行动机敏，每天晚上转移一个地方。由于熟悉地理，活动频繁，他深夜进村，连村里的狗都惊动不了。在坚持平川斗争中，范铭处处得到群众的掩护：

有一次，他和侦察股长郭世明骑着自行车要到另一个村去工作，十多个骑车的敌人追来了。危急中，路上几个赶马车的群众心领神会，紧急避让，让他们二人飞一般地骑车过去，然后，又一甩长鞭把几辆马车横七竖八地挡在路上。敌人干着急过不去，只好跳下车子打那几个群众，望着范铭二人远去的背影无奈地放了几枪。

又有一次，他和区委书记韩汝范到云周村工作，七八个骑着自行车的便衣鬼子追来了。他们跑进了留着高粱茬的地，一口气跑到了汾河边。高粱茬子能刺穿鞋底，敌人只好丢下自行车蹑手蹑脚地尾随着。范铭二人跳进结着冰凌的河里，仗着棉袍的浮力渡过了十几米深的汾河，艰难地爬上对岸。浸水的棉袍沉重地压着他们，使他们难以迈步。河岸上有个翻地的农民，让他们赶快脱掉湿衣服，随即把湿衣服埋进了土里。正是数九寒天，范铭二人裸奔到原西村，翻墙跳进农民赵广汾家后院。赵广汾听见响动，出来一看是县委书记和区委书记，顾不得多问，赶快把他俩领进屋里，一家男女老少顾不得避讳，赶紧把他俩用棉被包起来，并用烧酒擦他们冻紫了的身体。这时，村边响起了枪声，赵广汾一家只好把冻僵了的范铭、韩汝范掩藏起来。鬼子最终也没有找见范铭、韩汝范。原来，鬼子从渡口上找了船追过来，一个老农专门给鬼子指错了方向……

1983 年，范铭从北京回来探望乡亲们，乡亲们高兴地喊："呀！老范呀！"老范惭愧地对借给他棉袍的老乡说："你的棉袍埋到……"老乡豪爽地说："还说它干什么！"

要负责全面

河北沙河县敌我斗争残酷，日伪频繁"扫荡"，在沙河县境内建立了三道封锁线，步步为营向太行根据地蚕食。沙河全县生活有 13 万人，根据地只剩下了几个山头，人口合计也只有 2 万人，其余全是游击区和敌占区，形势十分严峻。敌人疯狂地抓民工，到处挖封锁沟、垒封锁墙，妄图困死、饿死根据地军民。敌人白天挖沟筑墙，晚上县委就组织游击队和民兵把它破坏掉，就这样反反复复形成了"拉锯"状态。1941 年 6 月，八路军一二九师政委邓小平来沙河县检查督导工作，听取了县委书记张建民和县长王志敏的工作汇报。张建民回忆道：

邓政委对我们的工作给予了充分的肯定，他说：“做得好！要与敌人针锋相对，敌人蚕食根据地，我们不能坐以待毙。我们要向游击区、敌占区推进。敌人前进，我们也要前进，开辟游击区、敌占区的工作。”还说：“你这个县委书记不要只盯住你这2万人口，要负责13万人口。”他把这总结为“这叫敌进我进”。此后，全区都按照邓政委这一指示精神与敌人展开针锋相对的斗争，打破了敌人的蚕食和封锁。

刘韵（女，1918生，抗战时期曾任武安县委书记。2005年接受向南里的采访）：

自己动手，丰衣足食，发展生产，克服困难，重要的一件事就是组织妇女纺花织布度灾荒。武安妇女一般都会纺花织布，织成一斤布可换三斤米、一斤线可换二斤米。若机器上用的合股线可换得四斤米。如柏林村的女劳力有1340多人，纺成线和织成布可赚5万斤小米，全村便可度过严冬和春荒。当时军队后勤部门给妇女贷棉花，加上1943年伏天县委又号召群众种萝卜，秋天获得大丰收。那时妇女成为养家糊口的主要劳动力。男人们除参战支援前线外，割草卖柴补贴家用，不少男人还要担负烧火做饭的家务事，全家团结友爱，和睦互助，共同努力，度过了灾荒年。群众说：“民国9年灾荒没有这么严重，但乡亲们背井离乡外出逃荒要饭，饿死的不计其数，有的整个村庄都没有人烟了。”“共产党领导就是好，这么严重的灾荒没有饿死人，真是奇迹。”随后又经过减租减息的斗争，群众得到了实惠，大伙的积极性就更高了。在整个抗日战争和自卫战争中，“妻子送郎上战场，母亲叫儿打东洋”的动人事迹层出不穷。不少妇女还随军参战，抬伤员，做茶饭，洗衣裳，运军粮……，真正实现了男女平等。

然而，1943年秋天生活刚好转，1944年5月太行山根据地又闹起了蝗灾，蝗虫由敌占区飞到了根据地。武安县蝗灾非常严重，大片的蝗虫飞来时轰轰作响，就像飞机飞来一样。顿时遮天蔽日，天昏地暗，落在树上，碗口粗的树枝都被压断了，落到地里厚达半尺，咬吃庄稼沙沙地响，成熟的麦子和近一人高的玉米不到一袋烟的工夫都能吃光。群众非常害怕，认为是神虫，不敢打。动员和组织群众灭蝗工作之艰巨不亚于反“扫荡”斗争。县委分析了灭蝗斗争的长期性，成立了灭蝗指挥部，下设宣传股、后勤运输股、侦察股、武装警戒股、招待医疗股，全力投入灭蝗斗争。我们掌握了蝗虫的生活规律，三怕两不能：怕热、怕冷、怕烟，夜间及正午都不能飞等特点，点火烟熏，进行围剿，并组织夜间捕捉。十人配一盏灯，浩浩荡荡，处处灯火闪烁，围歼蝗虫。仅一个区，在一周之内就灭蝗 30 多万斤。秋冬则组织群众挖蝗卵，彻底消灭蝗虫的繁殖条件。在抗灾斗争中全县做到了未饿死一个人。1944 年从蝗虫口中夺得了丰收，我们又挨家挨户地劝老乡别吃太饱了，怕撑死。尽管做了工作，还是有几个老汉吃新麦子过多，胀肚，撑死了。事实教育了群众，破除了蝗虫是“神虫”的迷信思想，树立了“人定胜天”“事在人为”的新思想。我们还在那里召开了 2000 多人的庆祝大会，群众情绪高涨，连小脚老太太都参加了扭秧歌。

崔维庭 1945 年担任襄垣抗日民主政府县长，撰文《四次会见刘师长》：

1945 年 10 月上党战役结束后——在师首长和我们握手告别时，刘伯承师长发现我腰中皮带上的手枪。他掏出来一看，笑笑说：“啊！汉阳造，老得没牙了，该更新了吧？”我说：“是呀！早该更新，总是没有个更新机会。每次战斗任务分工，我总是搞后勤和孩子老婆们碾面呀、烙饼呀、催鞋以及合棺木等差事，得不到搞枪的机会。别人都愿给我换一支，我感到要换自己到敌人手里去换，不能拿别人的胜利品装自己的体面。这次战役总攻那天，我赶到阵地，缴获的枪支不少，但没有搞到短的。”刘伯承师长看了邓政委的警卫员一眼，说：“小鬼！把你那支心爱宝贝交出来吧！”小鬼看了看各位首长没人为他说情，便把左臂上挂的那支手枪拿下，交给刘师长。刘师长双手捧着手枪亲切地说："维庭同志！你搞的后勤工作非常好。这个后勤工作非常重要，是胜利之源泉。这次阎军兵败覆灭就是没有人支持，运不到弹药，吃不上饭。今天我代表师领导授予你一支德国新造三把合子枪，以表我军对襄垣人民的谢意，请收下。"当时我接住首长的枪，热泪盈眶，行了个军礼说："襄垣人民对党忠心，对敌愤恨。我们的口号就是：一切为前线，要钱有钱，要粮有粮，要人有人。请领导放心，尽管分配重任。"

专员笔下的烈士

宋劭文 1937 年在五台县任县长，后任专员，曾从败退的阎锡山手里获得一批县长委任状，他晚年简要记录了自己熟知的几个烈士县长：

寿阳县县长王俭德，山西寿阳人。1926 年在太原进山中学参加共产主义青年团。1927 年国民党叛变后，白色恐怖弥漫太原，他回到家乡当小学教师，传播革命思想。1936 年冬季参加牺盟会。七七事变后，积极领导学生开展抗日救亡工作。1938 年春，被晋察冀边区行政委员会委任为寿阳县县长，开辟该县工作。1939 年秋季敌寇"扫荡"边区时，王俭德带领少数游击队员到边区政府汇报工作，行至盂县上寨附近与敌遭遇，王俭德与敌进行了顽强的搏斗，终因众寡悬殊被捕。被捕后，日寇汉奸软硬兼施，劝其投降。王俭德始终坚贞不屈，于 1939 年秋季被杀害于盂县。

阳曲县县长陈汝聪，又名陈小峰，山西太原人。上任三个月后，1938 年 2 月，阳曲县政府的警卫队叛变，当时陈汝聪在乡村开展工作，幸免于难。事件发生后，党组织将陈汝聪调回晋察冀边区政府另行分配工作。陈汝聪自荐并得到组织同意后，潜入太原城内做抗日群众工作，发展组织，给边区传递情报，工作颇有成绩。1941 年春因内奸告密，陈汝聪等七八个同志在太原同时被捕。在敌人严刑拷打之下，陈汝聪宁死不屈，遭敌杀害，时年 26 岁。

忻（县）东县县长刘贞文，河北阜平人。曾任晋察冀边区晋东北一专署司法科长，1941 年春被派往忻东县任县长，配合当地游击队开展工作。1942 年 5 月去专署开会，途经盂县毕嘴村时与敌遭遇，坚贞不屈，壮烈牺牲。时年 32 岁。

忻东县县长郝性怡，山西武乡人。1937 年 10 月加入了中国共产党。刘贞文牺牲后，郝性怡继任县长。1942 年正处在抗战最艰苦的岁月，敌人遍地挖壕沟、修炮楼，封锁村庄，全县几乎所有的村庄离敌据点不到八里，环境十分恶劣，斗争极其尖锐。郝性怡任职期间，一方面整顿县、区领导班子，一方面深入农村开展群众工作，建立民兵组织与敌周旋。郝性怡热爱群众，仇恨敌人，在他工作过的村庄群众无不称道。1943 年 2 月底，他深入忻（县）窑（头）支线两侧开展工作，不幸在安邑村被敌包围，与敌英勇搏斗，在突围中中弹牺牲，时年 24 岁。

浑源县县长王越毅的妻子刘丽姗，湖南衡阳县人。1937 年冬，刘丽姗和几个爱国青年一道，从长沙出发，冲破国民党的重重阻挠，于 1938 年 1 月到达临汾，进入民族革命大学。经过短期学习后，被分配到牺盟会五台中心区工作。刘丽姗担任大众剧社社长，编导演出文艺节目，宣传群众，慰问部队。1940 年 7 月加入中国共产党，任中共雁北地委《新中国报》编辑，1941 年与王越毅结婚。当时，雁北地区处在敌后的敌后，斗争十分残酷，刘丽姗同另外四名女同志组成工作小组顽强坚持对敌斗争。1943 年 10 月，在反“扫荡”中，刘丽姗遭敌逮捕。刘丽姗大义凛然，高喊“打倒日本帝国主义！”“要让中国人当亡国奴万万不能！”“中国共产党万岁！”等口号。敌人无计可施，将刘丽姗枪杀，并对她进行焚烧。

宋劭文在《缅怀先烈 激励后生》一文中写道：

> 从他们的英勇献身的业绩中不难悟出，都具有崇高的理想：解放全中国，建立光辉灿烂的新中国；他们都具有坚定不移的信念：抗战一定能胜利，新中国一定能建成；他们都具有铁石般的决心和无穷的力量：头可断、血可流，不达目的誓不休！他们将作为后人的楷模，学习的榜样。

第十章　世说父母官

“告诉全世界的人吧，我们这里的火夫和县长肩膀一样平！”这是抗战时期盛行于晋察冀边区的一句口号。1942年，冀中抗日根据地举行了“冀中一日”的群众性征文活动，要求现实地反映：抗日军民肩负历史重任，富于牺牲精神，不尚虚荣而心怀祖国，远见卓识而脚踏实地；草履破衫，踏遍了万水千山，粗食俭行，为的是救国救民；崇尚奉献，鄙夷剥削，为劳苦大众和人类解放、为炎黄子孙光复旧业而肝脑涂地；面对敌人是铮铮铁汉，在人民内部是冷暖与共，一片赤子之心。征文活动旨在号召抗日军民同甘共苦，鼓舞斗争意志，增强必胜信心。

世上讲风范，人间重晚晴。干部的品目优劣全在于其胸怀境界的高下，声名毁誉取决于能否始终如一的言行一致。领导干部的道德操守，嘉言懿行，贵在政声人去后，民意闲谈中。

穷书记穷县长

县委书记焦守健（1912—1941），河北饶阳人。燕京大学肄业。1929年由共青团员转为中共党员。在革命斗争中，大学生焦守健从不计较个人得失，常常睡码头、喝稀粥、拉着人力车街巷走，以此掩护从事党的地下工作。1930年冬，焦守健奉命到天津担任省委交通员，他以一个车夫的身份作掩护，从事学生运动和工人运动。1931年，由于出现了叛徒，冀中的饶阳等6个县党组织受到严重破坏，许多同志惨遭杀害，有的被迫出走他乡，党组织基本处于瘫痪状态。党组织派遣焦守健到冀中农村重建党组织。在白色恐怖中，焦守健走乡串县，风餐露宿，奔走在任丘、大城、静海一带，使这些地方的党组织重新恢复，并逐步展开工作。他走到哪里，哪里的工作就能开展得非常活跃。

1937年，党组织派他回饶阳县担任县委书记，后又担任献（县）青（县）沧（县）交（河）中心县委书记。他始终保持了艰苦奋斗的本色，一件改做的旧衣服冬当棉、夏当单，穿了几个春秋。一次，焦守健乘船过滹沱河，船到中流，发现船夫撑篙吃水不深，人可以趟水过河，便后悔不该坐船，认为白白浪费了三个铜钱。为此，他在党组织生活会上做了自我批评。

县长梁学岸（1908—1941），山西平遥人。中学毕业，教员出身。1936年入党。1940年6月，任五寨县抗日民主政府县长兼游击大队队长。在艰苦的斗争中，他带头坚持每天不吃晚饭，要求每个干部每天为抗战节约二两粮。盛饭只有几只碗，他把碗让给同志们用，自己端着一片破瓦当碗用。1941年8月18日，五寨县政府驻地杨家坡遭日伪军包围，梁学岸在战斗中负伤，他把县政府大印和文件交给同志，自己掩护同志们突围。同志们要背着他撤退，他举枪指挥道："不要管我，这是命令！"并嘱咐："宁肯战死，绝不让鬼子活捉！"为不当俘虏，他用仅剩的一颗子弹自戕，壮烈牺牲。日军搜遍其身，仅得其私人图章一枚、旱烟袋一杆，惊叹"共产党的县长这么穷！"同年9月17日，晋绥边区《抗战日报》发表了《悼梁学岸同志》一文，向边区军民介绍了烈士事迹。

县委书记宋乐三（1918—1943），河南南乐人。1942年3月，担任濮阳县委书记。他身体矮短，初次和同志们见面，先自我介绍："我叫宋乐三，因为个子低，认识的同志都习惯叫我'短宋'，这是因为还有个宋言正，我的同乡、咱们的前任县委书记，他的个子高，同志们喜欢叫他'长宋'。往后同志们和我见面说话，不要叫'宋书记'，管我叫'宋乐三''宋同志''短宋同志''短宋'都行，我决不见怪。"大家一听，忍不住哈哈大笑起来，一下子打破了拘谨。在以后的工作中，大家习惯称宋乐三为“短宋”。宋乐三的确如他说的，在称呼上平易近人，待人接物很随和，但他在工作上却一丝不苟，考虑问题周密细致，工作有布置有检查，好的表扬，差的批评，从不马虎。1942 年 3 月，日军开始了第四次“治安强化运动”，濮阳一带的形势进一步恶化，党组织必须转入地下斗争。为了适应变化了的客观形势，宋乐三指示在八公桥建立地下中心联络站，同时他又根据八公桥是个较大集镇的特点，建议联络站要搞一个行业作掩护，设在公开的场合利于工作。宋乐三带头集资，其他人两毛三毛的一凑合，就在八公桥开了个小饭铺，这就是中心联络站。联络站负责接待、保护过往的同志，传送情报和公文信件，保持上下级联系。宋乐三书记每次到中心联络站工作只喝水不吃饭，为的是节约每一分钱、每一口粮，保证党的工作能正常开展。

县长赵选（1897—1943），山西榆次人，1937 年入党。投身抗战时，当小学教员的赵选对父亲和妻子、女儿说：“你们安心生活，我要去抗日。什么时候打走日本人，什么时候回来。”从此，家里人再也没有见过他。赵选先后担任过山西省寿阳县抗日民主政府县长、河北省永年县抗日民主政府县长。在他工作和战斗的地方，人们记得，每开群众大会，赵选总是搬上小凳提前到会场，先和乡亲们聊天，村里老少都喜欢他。赵选见到村子里的孩子们，总要蹲下来，摸摸孩子们的脸蛋儿。他有一匹大白马，但骑马的时候很少，总是让病号或体弱的同志骑着。每逢开饭，赵选和大家一样排队，端上一碗小米饭，和大家蹲在地上一起吃。他一身粗布棉衣，头箍一条白毛巾，肩上挂着两个篮子，一个篮子装三棵白菜，另一个篮子装一只公鸡，深入敌后调查了解情况，以走亲戚的名义出没于炮楼林立、碉群路网中与敌人机智周旋。1941 年 7 月，赵选在战斗中遭敌俘。日军知道他是共产党的县长后，赵选说：“该怎么着就怎么着，不要牵连老百姓。”先要求敌人释放老百姓回家。为了劝降他，敌人只好把两名老百姓放了。敌人把赵选先后押送到邯郸警备司令部、日军北平监狱进行刑讯，并诱劝他：“你这么大年纪了，当个穷县长干什么？如实说吧，免得皮肉受苦。”

赵选回答："何必废话。既然如此，还等什么？"1943年，受尽酷刑的赵选在狱中绝食而死。噩耗传来，永年县当地干部和群众沉浸在极大的悲痛中，为他举行了隆重的追悼会，冀南三地委将新成立的永（年）沙（河）县命名为"赵选县"。

董发琪（1924年生，山西沁水人。离休干部。2004年接受采访）：

没有咸盐。像我们这个村的盐店，人们把盐店库房的砖都刨起来，把砖放在锅里面煮，煮了以后沉淀一下就喝了。还有些地方是把碱土挖下来，沉淀以后喝，喝了拉肚子。那时候，秤是16两的，后来改成10两。吃树皮，吃野菜，吃杨树叶，吃糠，吃麸。那会儿可困难了。有一次区上开会，弄来点白面、榆皮面、玉米面，尽饱吃。区长一看这个饭就不高兴，说怎么吃这个？可是县长说这饭不错，吃得很香。县长是王代东，大家很怀念这个王代东。

刘彦彬（1926年生，山西垣曲人，离休干部，2004年接受采访）：

1941年后半年，那时候县委书记是王铭三。那时候过年，县委机关吃饭吃不上，干部到群众家里吃饭。哎呀，可困难哩，县委的人都下山，下山到敌占区开展工作，一个人能弄三十斤小米、五十斤小米，就等于消灭一个日本兵，就是这个任务。当时这个情况比较艰苦，人穿不上衣裳，吃不上饭，洗不上澡，浑身起的疥疮，头发没人理，都是那么长。

深谋远虑

李苏娥（全国著名劳动模范李顺达之女，2019年7月17日撰文）：

最早帮助父亲成立互助组的，是1940年1月至1943年7月期间担任平顺县抗日民主政府第一任县长的魏健同志和1940年1月至6月担任中共平顺县工委组织部部长的齐云同志。一次，魏健到了西沟，看到我父亲在羊圈里除粪，二话没说，挽起袖子和裤腿就跳进了羊圈，一起干起活来。魏健还最爱吃我奶奶做的南瓜红豆小米稠饭，干活饿了，能吃两大碗。齐云则利用晌午和晚上给大家讲党的路线、方针，教妇女们识字，闲时帮助我奶奶织布。据申纪兰回忆，常听我父亲提到齐云，说大家亲切地称她大齐，说大齐经常住在我家，称呼我奶奶为“干娘”。父亲也经常提到魏健，说魏健跟他很熟，成立互助组时，给了他很多帮助。据母亲回忆，1942 年春节前，魏健经常到西沟来，来了之后就组织李达才、路文全、王周则、宋金山、桑三则在我家最边上的窑洞里开会，有时能开到第二天凌晨，鸡都叫了。后来才知道，他们是商量成立互助组的事。

刘舒侠（1914 年生，山西临汾人，曾担任中共山西省委宣传部部长。1995 年 10 月 24 日撰文）：

约在 1940 年 2 月底或 3 月初，我同老岳（岳维藩）到达太岳区后，他被任命为沁县县长。老岳到沁县后，曾被诬陷通敌而受到极不公正的对待。在较长时间内，他背着“黑锅”，默默地、忠心耿耿地为党工作，从来没有听他发过一句牢骚。这种坚强的党性，忠心旷达、不以个人得失介怀的胸襟和忍辱负重的品格，确实是难能可贵的。老岳的性格很有特点，概括地说：其为人也，质朴无华，沉默寡言，却忠厚待人；他性格内向，不习惯于同多人聊天、取闹，而喜欢独自面壁凝思；主持会议，总是让大家畅所欲言，最后做结论时，好的主意大都会被他吸收；他谨言慎行，从不渲染吹嘘，十分成绩，只讲七分，他爱惜人才，不拘一格，务使各得其所；平素对干部要求十分严格，但工作上发生错误，总是替下面承担责任；从来不见他火冒三丈，但不满意时往往一言不发；待人接物，很有分寸，不厚于张三，不薄于李四。

从临汾失陷到 1939 年 12 月反共事变，阎锡山不仅同共产党、八路军分道扬镳，而且倒行逆施，越来越暴露出他的反动面目。他在利用我们，我们也在利用他，这是心照不宣的斗争。我们在老岳领导下，利用这个空隙，夜以日继工作，大约不到10个月，就把乡宁、吉县地区的事情基本上树起了框架。尤其值得大书一笔的是，老岳在山西形势即将逆转之际，深谋远虑，独立思考，做了两件别人不敢做的事情，表现出了他的革命胆识和相当大的魄力。第一件大事，是在乡宁某处的一个小山庄建立了一个小型修械厂，做手榴弹，利用旧弹壳装药安底火，制造“撅把子”。他拿来撅把子让我试射，我才知道他干了一件大事。今天回想起来，仍觉得老岳不同凡响。当时实际行使权力的区域连一个县都达不到，他却雄心勃勃地要办军工，一般人哪里有这样的远见。中心区随即发动儿童团收拣子弹壳，重新装药后供应各县自卫队使用。据以后所知，该山庄为洞儿沟。第二件大事，约在12月事变前3个月，阎锡山拖延以至停发牺盟的经费，我们吃饭都成了严重问题。我为此事很发愁，同老岳商量怎么办。老岳沉吟了半晌，果断地说：“有办法，我们自己印票子！”在与上级党组织失去联系的情况下，有问题无处请示汇报，完全是自己拿主意，一般人想也不敢想。后来，根据老岳的倡议，在襄陵县政府的支持下，老岳用汾城县政府名义印发了一批流通券（普通纸、石印），发给工作人员，在汾襄两县集市上靠行政权力流通，购买生活用品，打破了阎锡山困我于死地的毒计，保障了我们得以继续生存。老岳办的修械厂是绝对保密，鲜为人知；流通券的出台，更表现了他的智慧、勇敢和在关键时刻果断处理问题的才能。如果现在能找到一张，那可真是稀世珍品了。

高福昌（1917年生，山西临县人，离休干部，2004年接受采访）：

1945年4、5月间，我和区长刘万山一道去郝家塔行政村下乡。正好县里的老杨（县委书记杨毅）和他的警卫员也来了。村长把我们四人引到一个老乡家的大炕上住下。天慢慢黑了，但老乡家的灯盏里没油了，怎么办呀？一看他家做过饭的火还有，炭炉中还有焦炭，村长就把焦炭放入火中煽了煽，就可以把全窑照得通亮，家里也暖和起来。老杨就把上衣脱掉，领口提起来，在火上一抖，火中像炒芝麻一样，噼里啪啦地响开来了，在场的人都哈哈大笑。老杨问："你们笑什么？把你们的衣服脱下来，看一看，同我一样。"当时家里很热，大家真的把上衣脱下来，火上一抖，全是噼里啪啦地一样响。老杨说："你们再不笑了？"大家唉声叹气地说这都是日本鬼子带来的灾难。有的人说日本人快完蛋了，到那时就好啦，我们就可以回家享福去。老杨听了，笑着说："你们想得真好哇，应该再加上一句，三十亩地一头牛，老婆娃娃热炕头。"他的话把大家都逗乐了。老杨接着说："你们想得太天真了。把日本帝国主义打倒了，我看你们还回不去，还要继续革命。还有国民党、蒋介石、阎锡山，他们能叫你们回家享福吗？就是把蒋介石、阎锡山都打倒了，建立新民主主义新中国，我们还要为社会主义、共产主义继续奋斗！"老杨的这些话，说得大家连连点头。

简洁明快

李志敏（1907—1990），山西崞县人。1938 年担任介休县委书记时，主办军政民干部培训班，指导学员们主要学习"抗日游击战争""抗日民族统一战线""抗日救国十大纲领"等课程内容，他对学员们讲解了党的基本知识和革命的光明前景，教导学员们要有民族意识，坚定抗日救国的决心和必胜的信心，同时要提高阶级觉悟，树立共产主义信仰，明确奋斗目标。2006 年，参加过培训班学习的赵维祯回忆道：

在学习期间，我对李志敏同志说，我的名字维祯二字太复杂，写起来不方便，想改得简单一点。李志敏同志说，那好，就改成"赵一"吧！从此以后，我在介休工作期间一直叫赵一这个名字。当时，三区牺盟会只有三个人。一个叫侯四诚，也嫌笔画多，他说，那我就叫侯二吧！还有一个叫吴森，那时有不少人不认得这个淼字，人们就叫他吴三水，吴淼说，那我就叫吴三水吧！这就是当时人们所称道的三区的三条汉子：赵一、倴二、吴三水。

1937年，高首先是游击队里唯一的女战士，她在战地经过了两次入党仪式，第一次是平定县委书记毛铎介绍她入党，第二次是介休县委书记李志敏介绍她入党。

高首先（山西繁峙人，1920年生，2018年5月接受采访）：

李志敏和我说："你这个同志不错，我介绍你入党吧。"我说："我在平定时毛铎已介绍我入党了！"他问："举行仪式了吗？"我说："没有。"他说："一个人介绍不行，我再介绍你入党吧。"他就开始给我讲方志敏烈士与敌人英勇斗争（和牺牲）的事迹，告诉我《可爱的中国》就是方志敏同志写的。这一次的谈话对我教育极深，李志敏说："这就是入党仪式。"我庆幸自己选择了共产主义的信仰和走上了革命的道路，国家为我颁发了"抗日战争胜利70周年纪念章"，还发了5000元现金作为奖励。我由衷地感谢共产党，没有共产党就没有我的今天，我缅怀那些先我牺牲的同志和为了帮助我们取得胜利的老百姓，奖章是颁发给我的，但也凝聚了他们的鲜血和信念。我将5000元分别寄给他们的后人了。

威风凛凛

在艰苦的岁月里，为了鼓舞敌后抗战军民的斗志，展现不屈不挠的革命英雄主义精神，1942年12月16日，八路军一二九师政治部在晋冀豫三省毗邻的涉县王堡村，为刘伯承师长五十寿辰举行了热烈的庆祝会，号召抗日军民学习刘伯承师长的优良品质和崇高的革命精神，增强抗战必胜的信心。庆寿大会由邓小平政委主持，太行区成千上万的老百姓跋山涉水赶来祝寿。其盛况中的一幕，令当时在场的前方鲁艺实验剧团女团员戴宏终生难忘，戴宏之子蔡沙弟2018年撰文道：

突然远方扬起一片烟尘，这边会场上的军民一阵骚动——总部首长来了。不一会儿，只见二十余骑人马挟风带雨来至面前，为首一员女将英姿飒爽，皮带束腰，紧身衣裤，肩上斜挎着红绸抖动的驳壳枪。她翻身下马，走上台去与刘、邓等人握手……。

妈妈给我讲过多次刘伯承抗战期间在太行山做寿的故事，但每次讲述时，总也没忘记讲讲前面的这段“过门”。这位先到的女将，就是当年在太行山抗日根据地赫赫有名的女县长刘湘屏。

做为共产党八路军的女县长，相信刘湘屏当年决不会仅仅只给我妈妈这位小八路留下了如此深刻的印象。刘湘屏当年人精明强干、独挡一面自不待言说，仅是那每次出行的气势就值得用文字记载表述一番。她本人年轻俊逸，肩挎驳壳枪英气逼人——女将——县长——她的警卫员队伍约有一二十人，也都是年青棒小伙子，骑清一色的高头大马，挎清一色的红绸驳壳枪，出行时远观一片烟尘，近前来个个精明强干。

刘湘屏当年之所以这么排场，决非是个人讲求什么虚荣。而的确是当年严峻的抗日形势所迫。在当年太行山根椐地遭日寇多次“三光”政策的残酷“扫荡”后，军民信心士气受挫，万马齐喑，再加上许多地方土匪溃兵作乱，社会动荡不安。此时此刻百姓的面前荷枪跃马来了这么一位飒爽英姿、威风凛凛的女县长、父母官儿，那将会多么的令人眼前一亮，将会多么的提升信心与士气啊！

“那叫一个神气威风！”妈妈动情地说：“不过当年她也的确是一员八路军中的女干将啊！”忆及当年的刘湘屏，妈妈不禁感慨万端。

我妈妈当时没有和刘湘屏共事过，建国后也没有过交往，但历史走过了七十多年，这位女县长当年的英姿尚不能令她忘怀，可以想见，当年的这位女县长在太行山抗战时是何等的鼓舞人心士气啊！

刘湘屏（1920 — 2017），山西解县人。高中文化。1936年9月参加革命，

1937年4月加入中国共产党。抗日战争时期曾任高平县长、太行区五专署代专员、士敏县委书记兼县长等职。

当共产党不容易

赵咏梅（1930年1月27日生，山西永济任阳村人。太原金属织网厂退休工人。2015年12月26日，在家中回忆）：

今天是毛主席122岁生日，也是我爹107岁的生日，我妈活着也110岁了。想起七十多年前，日本警备队来家里抓人，把大人们都关到警备队往死里打，说是我爹在外头当了红红（共产党）的县长，要家里交出人来。他出外多少年了，是死是活，家里人一点儿音讯都不知道，到哪儿去找？家里人只知道他叫戊申子，从来没听说过有叫郑林的。日本人就是鬼，就搞清他换了假名了。日本说他当了县长，就是想吓唬你：越是红红的大官就越是日本人的死对头，非死不可了。多亏文学村里的贾子安帮了忙。贾子安在日本留过洋，他是我爹上学时的老师，原来是给二战区做事的，后来日本人抓他当了永济的县长，他在县里救了些人。大人们回来说，警备队可不是人活的地方，光虱一抓就是一把一把的。这辈子摊上我爹，家里人没少受罪。他上大学，是家里人省吃俭用供的；他住阎锡山的监狱，家里到处借钱，磕头捣蒜托人救他；日本人来了，他在外头不知死活，可还是连累家里人。解放后，他当了官，总怕家里人沾一点儿光，怕外人说闲话。家里人受欺负了，求他说句话，他总是先说自家人的不是。他说过，这辈子见到牺牲的人太多了，要家里人权当没有他这个人了。家里人说话行事从来不打他的旗号，也不对外人说认识他。咱们就是个老百姓，流自己的汗吃自己的饭，心安理得。“文化大革命”翻老底，外人才知道还有这层关系。“文化大革命”又把他关进监狱了，他六十多了，家里人都可怜他，老的小的一齐省下点儿白面和油，隔一个礼拜就炸些儿椒叶嘣嘣，给他送去。他一辈子大公无私，他是书法家，没收过一分钱。他给家里人写的就是“怕死不当共产党，要杀要砍我一人当”。我妈说过，人是苦虫，活一辈子不容易，当真共产党更不容易……

（注：郑林，原名赵戊申，抗战初期任中共晋绥边特委组织部部长。贾子安，后改名贾向辰，时任永济县伪县长，因在“两面政权”中有功，1954年被聘为山西省文史研究馆馆员）

杨作林（1923年5月生，山西山阴千井村人。抗日战争时期任区长、武工队长。南下解放四川后，曾任邛崃县县长、蒲江县县长等职。2019年5月9日，在成都家中回忆）：

14岁跟上动委会，满腔热血地工作了几个月，人家嫌我年龄小，非劝我回家再等等不可。有一天，认识了一个会看病的郎中，他有个弟弟叫戎存仁，是共产党右（玉）南县的县长。因为是抗日家属，日伪追缉，他就从老家平鲁莺房沟村迁到我们山阴千井村寄住，日常给人看看病。我想参军，就请他给戎县长写了一封信，内容很简短，就一句话：三弟，杨作林要当兵。我带上这封信就去找右南县政府。县政府是流动的，找到戎县长，我说了想参军。戎县长当时就安排我到县公安局工作了一段时间，后来，到绥远的托（克托）和（林格尔）清（河）县，在二区当区长、武工队长。区里就我和一个通讯员，任务就是发动群众，组织民兵，切断敌人的通信设施，切断敌人的交通线。我们没有枪支，就埋地雷，阻止敌人行动。跟着戎存仁在平鲁、右玉、山阴、左云、朔县和绥蒙大青山地区，走到哪儿就工作到哪儿。条件很艰苦，环境形势险恶。有一天晚上，我们几个人和房东一家挤在炕上睡觉，敌人就把手榴弹扔到一个同志怀里了。幸亏手榴弹只炸成两半，伤了人但没有死人。戎存仁是我的革命领路人，他出身贫寒，从小田间劳动，11岁才入学读书，高小毕业时在全县会考中名列第一，后因家庭困难又回乡务农。1936年11月，他参加了牺盟会，抗战初期就是右玉县县长，抗战一胜利，1946年2月任中共朔州市市长。南下四川，他又在彭山县当县长、沐川县当县委书记。他一辈子雷厉风行，大公无私，对同志满腔热忱。战争时期，他家是雁北抗日革命的“堡垒户”，与著名的归侨女英雄李林同志等结下了深厚的革命友情，满门忠义，他家先后有十几口人为革命牺牲了。解放后几十年，他家又成了南下战友的“招待所”！

他是1919年生人，走了十一年了，今年该纪念他100岁生日了。

谁有群众谁能胜利

刘增用（1928年生，山西沁源人，2004年接受采访）：

当时我们那个县委书记叫刘开基，37年入的党，41年任沁源县委书记，他就是“沁源围困战”指挥部的政委。这个人“围困敌人”的思想很正确。他想，日本人为什么要弄维持会？那主要是争夺群众。不管哪一方，群众为他服务，他就能站住脚，没有群众支持就站不住脚。这时候，刘开基就是坚持发动群众。从白狐窑到阎寨一共23个村子，完全搞成个没有人的世界——无人，光有鬼子，没有农民，搞了个“没有人民的世界”。把粮食埋藏了，把碾子、磨子推了，把水井填啦，不叫他吃水，人跑到深山里面，就是让日本人没有一点可利用的东西。我们城关人就有800户人家在无名山沟沟里。沁源人说：“如果维持，那我们就是汉奸了。维持，我们就被动，日本人找我们去，我们自然就陷进去了。”刘开基对群众说：“山是我们的山，煤是我们的煤，我们可以限制日本人的行动，他限制不了我们，我们要限制日本人的自由。”老百姓就考虑不维持了。他还说出历史来了，讲那年日本人大“扫荡”、大烧杀。活生生的例子摆到我们面前，日本人是凶犯，我们怎能维持？

生活怎么办？你不能叫冻死、饿死吧。薄一波把县里的粮食都弄过来，救济难民。沁源的抗日政府给离城远的老百姓借粮，给难民借房子住。难民不能叫冻死、饿死。第二年冬天种地开荒，搞生产自救，就这样到了第二年正月又没吃的了。你说怎么办？这时候我们城关一个郭支书说，日本来“扫荡”了，他准备了三袋面就藏了。日本人在城关住的，他晚夕一个人就背走了。县委书记刘开基知道了，说，他一个人就能把地下埋的粮食背出来，老百姓那时候地下埋的粮食很多么，只要有民兵掩护就能往出背，这不就把粮食的问题解决了。这样，整个二沁大道都抢开了，抢了 7400 担粮食，抢了 20 天。到了这年 5 月份，夏天到了，日本人还不走，怎么办？地不能荒了呀。这就发动群众回来抢种，部队民兵掩护。抢种前，我们的民兵和部队就来了个夜袭战。43 年的 4 月 19 号，这就是 12 个村的民兵连部队两千多人来了个偷袭。那时候日本人还是在城外住碉堡，有岗哨，我们把敌人的岗哨全拔掉了，把他的粮食、仓库、燃料全部放火烧了，我们把药品抢了，把医院也给他捣毁了。他不敢再住了，老百姓就赶紧回来抢种。部队站岗、放哨，半个月就把地种上了。

第二年春天种上小麦，到了夏天，我们就抢收小麦。日本人叫上人来抢收小麦，我们就没有让他抢成。我们老百姓就把他们割来的小麦抢跑了。日本人一般抢不上，急眼怎么办？日本人你用汽车送来，我们就派民兵搞地雷爆炸，把汽车给炸毁啦。上面拉的洋面、大米，我们老百姓就抢着吃了，日本人急眼供不上。还有段时间是修了个机场，飞机来运哩。飞机丢下，日本人出来拣的，我们的部队民兵一打，他拿不上，我们的人就抢跑了。这时候我们在山上开了三天集市，三六九、二五八赶集。沁源赶集的地方很多，大些的村子好多人去卖东西。一些小贩贩点棉花，贩点布，贩点咸盐、煤油，老百姓不是用火吗，贩些煤油供应老百姓。老百姓在集市上还有卖饭的、卖粮食的。这不是刘政委说了：“你看，我们要甚有甚！你看，日本人在城里面，他不是要甚没甚！这我们就达到了扩大我们的规模、缩小他们的目的。谁有群众谁能胜利。我一开始就说谁有群众谁能胜利，谁没群众谁就失败！”

走官的行动字典

赵县的老百姓给他们的县长陈翕儒起了一个外号——“走官”。因为从前的“县太爷”一天到晚坐在衙门里要钱、要粮，出门是要坐轿的，而且要有人鸣锣开道。可是，抗日民主政府的陈县长，一不骑马，二不坐轿，穿着和老百姓一样的衣服，整日价迈着两腿，从这个庄子走到那个庄子，如果不是认识他，谁也不知道他是县长。陈县长平素忙着替老百姓办事情，想活路，一遇到敌情，他就领着游击队打鬼子了。

陈翕儒在敌伪据点的丛中，建立起抗日民主的政权。开始的时候，因为干部缺乏，他一个人要做几个人的事情。他曾说过：“县长是我，科长是我，秘书也是我。”漫地里看水车的一间小屋子就是他办公的地方。他腰里经常揣着干粮，他嫌生火做饭既误工作时间，又暴露目标。气候已经改变，是炎热的夏天了，但他身上还穿着冬衣，因为敌人“扫荡”的频繁，上级发不下单衣，他又不愿让老百姓来负担他一份被服费。

争取根据地人民的大多数，他执行着这个方针，抗击了敌人的加强伪化。赵县的民主县议会在他的努力下，建立起来，包括了各个阶层人民的代表。他和中间人士搞得很好，曾经是怀疑过民主政府的人，在他坚持统一战线政策之下，也举双手来拥护民主政府的施政。

1943 年 2 月，陈翕儒县长在与敌作战中身负重伤，被俘后宁死不屈，遭敌杀害。1944 年 7 月 22 日，延安《解放日报》报道了陈翕儒英勇牺牲的经过：

> 敌人的疯狂“扫荡”，到了去年二月间，是相当厉害。他带着义勇军（他领导组织起来的地方武装）到高村去，化整为零的分驻在村里。本来谁也不会发觉这个埋伏。照例的赵县伪特务队到高村来巡逻。事情偏偏是那样的不凑巧，分驻在高村西头的义勇军带的枪，走了火，这一下让伪特务队知道了高村有埋伏，赶快爬去向大诰铺的敌人打报告。陈县长所率领的义勇军，来不及

转移，就给敌伪包围住了。敌众我寡，全凭藉着一个敢死万夫莫敌的奋勇,进行了且战且冲的突围战。差不多冲出高村半里多路，陈县长负了重伤倒下，还有几个战友也被击毙，躺在他的身边。战斗已经完结，伪赵县的敌伪还开出两辆汽车来增援。

敌伪在几具光荣殉国的尸首上打主意,一具一具的搬翻检验，陈县长没有断气的事情，被发觉了。好像获得至宝似的，当即把陈县长用汽车运到伪民众医院去医疗，开始了它的诱降工作。什么伪县长、伪队长这一伙人，接二连三的到民众医院，送礼物，递慰问，但是我们的陈同志，面对这些民族败类，一言不发，严厉的沉默,比说话更有力量,打得那些家伙一个个没趣而逃。接着，汉奸头子伪宪兵队长倪某某来了，陈同志没等他站住脚，劈头就给他怒雷般的斥责，使他来不及开口，就向后转。敌人并不以此诱降的失败而罢休，因为他们是何等渴望“争取”这个老百姓所拥爱的县长，来做他们加强伪化的招牌。然而，事情是不可能满足他们的兽欲，关键是在这种干部不是别的政党和军队的干部，而是共产党八路军的干部，这种干部的行动字典里，没有降敌的字样，有的是“至死不屈”的方向。因此，虽然伪赵县的敌人小队长，亲自来到民众医院，兼施着利诱威胁的压力，但是结果呢?“八路军的官，大大的坚决。”是敌人得到的全部感觉。残暴的敌人，最后的毒手终于下了，三十二年三月初某，偷偷地把英勇不屈的陈翕儒同志押到东门外枪杀了。

好干部不死

县长余志远（1917—1943 年），原名张汉卿，曾用名于志远。山东乐陵人。1938 年 9 月加入中国共产党。1943 年 4 月，乐陵县抗日民主政府被敌人包围在邢官庄。为了掩护同志们突围，余志远只身一人把敌人引到枣树林深处，在一座土屋里顽强抵抗。敌人得知土屋里被围的是县长余志远，遂扒开屋顶，举着手榴弹要他投降，余志远接连击毙 3 名敌人后，毅然举枪自戕。余志远牺牲后，人们在他牺牲的土房子的墙壁上，发现了他以血书写的诗句：

生前不能孝父母，死后鲜血为国流。

嘱我抗日众同志，踏我血迹报国仇。

余志远牺牲后，乐陵民间有了关于他的传说：余志远根本没有死，他从屋顶的窟窿飞走了，他是上天派来专杀鬼子的。余志远就藏在邢官庄的那片枣树林里，天一黑就出来了，带领着游击队员一宿一宿地操练……

此事一传十、十传百，越传越玄乎，传到县城日军司令部龟原次郎少佐的耳朵里。龟原次郎本来就迷信鬼神，派了几个汉奸去邢官庄枣树林里探听虚实。正是枣树开花的季节，枣树林里到处是飞来飞去的蜜蜂，汉奸们端着大枪走进去了，树林里隐约传来几声枪响，但汉奸们再也没有走出来。耕田的农民们进到枣林里去寻找，既没发现活汉奸，也没发现死汉奸，当然，也没看见余志远的踪迹。人们更信了传说：余县长就隐藏在枣树林里，他不是凡胎肉体，人们怎么能够随便看见呢?

龟原次郎惶恐不安，第二次又派了几十名鬼子汉奸，结果，第二拨儿鬼子汉奸进了枣树林后，也和蒸发了一样，活不见人死不见尸。龟原次郎找来大汉奸何树茂，问他怎么看待此事。何树茂惶恐无计，无法释疑，只好煞有介事地说：“我们中国有一句俗语，叫无风不起浪，这事既然能在坊间这样广为传播，定有它的道理。其实余志远死亡那天我在现场，余志远确实是中枪倒地了，但我注意到一个细节，他的身体死而不僵，面颊微红，双目圆睁，嘴角挂着一丝微笑，似乎随时都有站起来的可能。”接着，他讲起当年乐陵兴起过“义和团”“红灯照”，那些人不但习武练拳，还精通请神掬鬼术，设下神坛便可请来鬼神附体，然后个个变成刀枪不入的神勇之士，焚烧英国人的教堂，驱逐外国毒贩，要鬼子的小命就像玩儿似的。何树茂一番添枝加叶的描述，说得龟原次郎更是戴盆望天。

龟原次郎只好拉着何树茂带着鬼子小分队，出了北城门，向邢官庄进发。龟原次郎和何树茂做了简单的化妆，打扮成下乡收账的商人模样，走在前头。这时候，忽然大雾弥漫，眼前一片混沌。二人跌跌撞撞地往前走，终于走到土屋前，壮着胆喊了一声：“有人吗？”不料想，土房子里竟传出一声干咳，问“谁呀？”

何树茂慌忙趋前解释他们是城里同济堂药房收账的，因大雾迷失了方向特来问路。

房门“吱扭”一声开了，从屋里走出一位仙风道貌的老人。老人打量了一下他们，面无表情地说：“进来吧。”龟原次郎、何树茂进了屋，见到屋子中间只有一张长桌，桌上铺着黑布，黑布宽大一直垂到地上。桌子四周摆着一些板凳。老人坐在靠里面的凳子上，示意来者坐下。

何树茂问：“这里可是邢官庄？”

“废话！”老人硬生生地说：“祖祖辈辈的村庄，还会有错？”

何树茂环顾了一下空空如也的屋子，装作同情地说：“老人家，看来你的日子不是很好过啊。”

老人悻悻地说：“日子不好过，还不都是教日本鬼子闹的？这些吃人肉不吐骨头的恶魔烧杀抢掠，无恶不作，老百姓的日子就没一天消停过，上哪里好过去？”

老人一番话噎得何树茂说不出话来。龟原次郎又问：“老人家，你们这里一共打过几次仗？”

老人怒气不消：“仗打得可多啦！鬼子汉奸三天两头来闹事，但是他们能有几个活着回去的？”

龟原次郎一听脖颈子直冒凉气，战战兢兢地问：“他们都是被谁杀掉的呢？”

老人哈哈一笑说：“还能有谁，余县长领导的县大队！”

龟原次郎结结巴巴地问：“余、余志远不是死了吗？”

老人厉声喝道：“谁说余县长死了，他一直在这里住着呢。”说话间，老人伸手一把扯掉面前的桌布。原来桌布下蒙的是一口棺材，棺材的正前面写着三个大字：余志远。

龟原次郎、何树茂顿时吓得魂飞魄散，扭头就跑，可是房门在外锁上了，怎么也拉不开！扭头一看，也不见老人踪影了，二人大喊一声“有鬼”便昏死在棺材前……

余志远的战友曹戎晚年是这样评述的：

关于余县长没有死的说法，只是人们出于对英雄的怀念而在心里产生的美好愿望，希望英雄能够起死回生，继续抗击日军，保一方百姓平安。至于龟原次郎和何树茂在枣林中的遭遇，也是他们自己做贼心虚，心理使然而出现的幻觉而已。不过，你现在去邢官庄问起抗日英雄余县长的事，那里的人们还会告诉你：余县长没有死，他一直活在我们心中。

能工作就幸福

李玉明（1929年生，山西忻州人，1945年入党。2013年撰文）：

老鲁、鲁践、鲁政委——这是抗战时期忻州人叫得最响亮、最亲切的名字。我1944年参加革命工作的时候，鲁践早就是忻西（忻县西部）县委书记兼县游击队的政委了。我当省人大副主任时，有一次去兰州看望他，和他说，像你这样南征北战的老革命，如果不离开山西，肯定不会还是厅级干部。鲁践笑着说，历史不能假设，可以了，工作着就幸福。他的这些话，更加深了我对鲁践同志不为名利只求工作伟岸心境的认知。这就是一位老同志信仰崇高、党性坚强的表现，令人深为敬佩！我在从甘肃返晋途中，不幸在定西地区的公路上因一辆违规行驶的大卡车冲撞致车祸受伤，鲁践同志闻讯后即从兰州赶到医院看望、安慰我，我心中欣慰与不安交织，深受感动，铭记难忘。这就是多少年来的革命感情，也是一位老革命对晚辈的关怀。

董应南（1932年生，山西万荣人，曾任垣曲县委书记等职，2018年11月1日撰文）：

张云峰（原名董虎臣）1942年入党，是抗战中的万泉县委工作人员。那时候的党员是把脑袋掖在裤带上干革命的，说不定哪会儿就掉了。虎臣哥靠担葱挑蒜卖红薯作掩护闹革命。他穿一件补丁破衣，戴一顶烂了顶的破草帽，进村去洪洪亮亮喊一声“出笼的热红薯”，就和地下联络员接上头，在要秤杆掏钱的过程中，就把情报送出去了。别说是蒋阎狗子，就在小鬼子眼皮下也敢闹悬。那年稷王山地下党成立东青剧团，虎臣哥登台亮相当演员，变成剃头的杀日寇。他在稷山当县委书记，大夏天，太阳晒得地上能起皮，哪能想到这位“县太爷”带上县委几个领导干部，每人从汾河挑一担水，爬上四里陡的柳沟坡，送到二十里以外的西村抗旱。两桶水救不活几棵玉茭，可汗水湿透他的衣衫往下滴，把一个共产党干部的灵魂洗涮得干净透明。虎臣家嫂子常叨叨，嫌孩子爹不会当官，只会下苦，不惜肢体，作践身子。可也是，虎臣哥三百六十天心里装满工作，对身体从不爱惜，如脚踢粪土。六十多岁时就支不起身体，不能行路了。到了这个年月，这个景况，他自己并不觉悟，并不后悔，他和嫂子斗嘴时理直气壮地说：“八路军牺牲了多少人，我只残了两条腿，算是幸运！”虎臣哥坐在床上，每年每天重复着一项活动：从书报广播上听取中央的声音，让生命伴随着党的前进脚步延续下去。他是党的人，这一生心中只有党。

歌谣里的县长

歌咏言，诗言志，诗是生活的艺术提炼，感情的结晶书写。文章合为时而著，歌诗合为事而作，抗日根据地的文艺工作者和人民大众生死与共，根据地的文艺是革命现实主义的创作。战地诗歌是斗争生活的真实描述和反映，它们平实朴素地纪录和表达着抗日军民的爱憎，共产党县长与老百姓的鱼水深情洋溢而出。

豆选女县长

没有鼓，没有锣，选举会场好红火，
县长也由咱们选，乡亲们个个乐呵呵！
要问县长选哪个，模样装进心窝窝，

举兵打仗，问饥问寒，手上茧儿还数她多！
黄黄麦苗见她发青棵，高山流水见她要唱歌，
这样的人不选选哪个，她碗里黄豆乒乓落。

（注：作者戈焰，1940年夏写于河北唐县，作品收录在《冀中一日》里。诗中描述了抗日军民以黄豆粒为选票，民主选举出晋察冀边区第一位女县长陈舜玉的情形）

刘县长抬轿

锣鼓响当当，人声闹嚷嚷，
男女老少脚步忙，争看抬轿的刘县长。
轿里坐着参军的英雄汉，红绫披在肩膀上。
抬轿的刘县长活像一个庄户汉，
不慌也不忙，一步一步向前进。
老乡们称赞齐开言：
“如今年头大变迁！县长抬轿头回见。
早先咱们抬县长，今天县长抬着庄户汉。
参加主力真光荣！
年青小伙子，再也不能守家抹炕沿。”

（注：作者白刃，1944年春写于山东滨海抗日根据地。该诗描述了在“打鬼子保家园”的号召下，青年农民踊跃参军上前线，县长为参军青年抬轿进入欢送会场的情形，使群众倍感参军的光荣）

穿乌拉的在县政府

这里就是县政府
进来吧，兄弟们
不用担心穿乌拉的上不了这石台阶
先坐下喝一杯水
从县长划的火柴上点着烟

然后商议大事情

（注：作者严文井，1944 年写于陕甘宁边区，发表于《解放日报》。乌拉是一种草，这里指用乌拉编织的草鞋）

周县长住在石头家

周县长生了病，住在石头家，
他家粮食缺，营养实在差。
小石头听娘话，砸冰捞鱼虾，
小手冻得像胡萝卜，裤脚上结冰渣。
冰不怕，雪不怕，鱼虾捞回半篮子，
尾尾肥又大，小石头乐哈哈……
小石头抱捆柴，娘把铁锅刷，
三奶奶家借碗核桃油，点火炸鱼虾，
味儿香，营养佳。
端到县长前，还是那句话：
“看你生了病，俺心里像针扎！……”
周县长不肯吃，眼中闪泪花。
连声喊：“小石头，小石头！”
小石头呀——去捞鱼虾

（注：作者李学鳌，1945 年 2 月写于晋察冀边区苏家庄）

附录

主要人物简介

（屏书中有列传者外，按姓氏笔画为序，仅介绍至1945年抗战胜利时主要履历）

卫逢祺（1912—1995），男，山西闻喜人。中学毕业，教员出身。1934年参加反帝大同盟，1936年参加牺盟会，1937年5月加入中国共产党。抗日战争时期历任长子县县长、屯留县县长、夏县县长、闻喜县县长等。

马兴元（1917—2005），男，山西昔阳人。1937年10月参加革命，1939年1月加入中国共产党。抗日战争时期历任昔阳县委组织部部长、县委书记等职。

马志远（1902—1962），男，山西五台人。高中毕业，教员出身。中共党员。1933年参加革命，抗日战争时期历任崞县县长、晋察冀边区银行办事处主任、冀晋行署财政厅长等职。

马洪（1920—2007），男，山西定襄人。1936年加入牺盟会，1937年11月加入中国共产党。抗日战争时期历任平泉县县长、平泉县委书记等职。

文敏生（1915—1997），男，山西垣曲人。师范学校毕业，小学教员出身。1936年加入共青团，1937年5月加入中国共产党。抗日战争期间历任豫南人民抗日军独立团政治部主任、信（阳）桐（柏）确（山）边县委书记等职。

王平（1907—1998），男，湖北阳新人。1930年加入中国共产党。抗日战争时期历任阜平县县长、晋察冀边区第三军分区政委、冀晋军区政委兼冀晋区党委书记等职。

王平（1914—1941）原名王宗义，又名王默平。男，河南南阳人。1937年9月加入中国共产党。抗日战争时期历任晋绥第十一行政督察专员公署秘书主任、左（云）右（玉）凉（城）抗日民主政府县长、左云县县长等职。1941年6月21日牺牲。

王玉堂（1907—1998），笔名冈夫、宇堂。男，山西武乡人。1933年加入中国共产党。抗日战争时期历任武乡县委书记、太行区文联副主任等职。

王金才（1916—1942），男，山西崞县人。中共党员。1935年参加革命，1937年任崞县县委书记，1941年担任晋察冀边区二地委执委、山（阴）代（县）崞（县）分委会组织部长兼代县县委书记。1942年11月牺牲。

王庭栋（1923—2010），男，山西平定人。1938年4月加入中国共产党。抗日战争期间历任邢西县委宣传部长、武安县委书记、博爱县委书记、沁阳县委书记等职。

王铁（1915—2011），男，河北临城人。1938年2月加入中国共产党。抗日战争期间曾任临城县委书记兼县独立营政委等职。

仝云（1921—1991），男，山西安邑人。1936年12月参加牺盟会，1938年加入中国共产党。抗日战争时期曾担任汾（阳）平（遥）介（休）孝（义）县委书记等职。

冯泰镇（1920—2013），男，山西平定人。1937年加入中国共产党。抗日战争时期历任昔（阳）西县委代书记兼县大队政委等职。

史怀璧（1913—2001），男，山西沁县人。1933年加入中国共产党。抗日战争期间历任辽县县委书记、沁县抗日民主政府县长等职

任克定（1917—1941）又名任之恒。男，太原市人。中共党员。抗日战争时期曾任固阳县抗日民主政府县长等职。1941年牺牲。

刘开基（1912—1993）曾用名刘新春。男，山西沁源人。1936年冬参加牺盟会，1937年7月加入中国共产党。抗日战争时期曾任沁源县委书记兼县游击大队政委、沁源对敌围困斗争指挥部政委等职。

刘杰（1917—1984）原名王铠。男，山西忻县人。教员出身。1936年加入牺盟会，1937年12月加入中国共产党。抗日战争时期历任忻（县）西县委宣传部长、西崞县（今原平西部）县委书记等职。

刘贯一（1908—1991），男，直隶通州人（今北京通州区）。1925年加入共青团，1926年2月加入中国共产党。抗日战争期间历任中共夏邑县委书记兼县长等职。

刘梅（1911—2007），男，河南清丰人。大学肄业。1938年3月奔赴延安入抗大学习，同年加入中国共产党。抗日战争期间历任潞城县抗日民主政府县长、太行区行政干校校长等职。

刘湘屏（1920—2017），女。山西解州（今运城盐湖区）人。1931年参加红军，1937年4月入党。抗日战争时期曾任高平县长、士敏县委书记兼县长等职。

刘舒侠（1914—2000），男，山西临汾人。1937年加入中国共产党。抗日战争时期历任中共临汾中心县委宣传部部长、太岳中学校长、阳城县委书记等职。

刘裕民（1915—1970），男，山西阳曲人。中学毕业。1934年加入中国共产党。抗日战争时期曾任夏县抗日民主政府县长等职。

刘韵（1918—2014），原名刘瑞娥、刘绍峰。女，山西清徐人。1937年加入中国共产党。抗日战争时期曾任武安县委书记等职。

吕惠民（1911—1946），男，山西榆次人。1938年加入中国共产党。抗日战争期间曾任榆（次）太（谷）祁（县）县抗日民主政府县长等职。1946年牺牲。

戎存仁（1919—2008），男，山西平鲁人。1937年加入中国共产党。抗日战争时期历任右（玉）南县抗日民主政府县长、右玉县抗日民主政府县长等职。

朱卫华（1916—2005），男，山西五台人。1934年11月加入中国共产党。抗日战争时期曾任五台县委书记等职。

许科堂（1912—1947），男，山西大宁人。1938年加入中国共产党。抗日战争期间曾任大宁县县长。1947年遭敌杀害。

阮章竞（1914—2000），笔名洪荒。男，广东中山人。1938 年入党。曾任八路军总部太行山剧团团长等职，著作有《未熟的庄稼》《赤叶河》《圈套》《漳河水》等。

阴杰（1914—1940），男，山西夏县人。大学毕业。1934 年加入中国共产党。抗日战争期间曾三次担任太谷县委书记。1940 年牺牲。

齐寿良（1920—2013），男，山西定襄人。1937 年参加革命，1939 年 3 月加入中国共产党。抗日战争时期曾任忻定县城工部长兼武工队政委、定襄县委副书记等职。

员克宽（1909—1943），男，大学毕业。1932 年加入中国共产党。抗日战争时期曾任崞县县长、丰镇县县长等职。1943 年牺牲。

宋劭文（1910—1994），男，山西太原人。大学毕业。1933 年加入中国共产党。抗日战争时期历任山西第一区行政专员公署主任、五台县县长、晋察冀边区行政委员会主任等职。

张友清（1904—1942），男，陕西神木人，1925 年加入中国共产党。曾任中共北平市委书记、天津市委书记。抗日战争时期历任中共山西工委书记、省委书记，后调北方局任统战部部长、八路军前方总部秘书长。1942 年牺牲。

张天乙（1919—2003），男，山西平陆人。1936 年加入共青团，次年转入中国共产党。抗日战争时期历任冀氏县县长、阳城县县长等职。

张天珩（1916—1998），男，山西临汾人。1936 年加入中国共产党。抗日战争时期历任猗氏县县长、太岳军区第三分区政治主任等职。

张文昂（1908—1979），男，山西灵石人。1926 年加入中国共产党。抗日战争时期历任山西第六行政区督查专员、山西青年抗敌决死第二纵队政委、山西新军副总指挥等职。

张苏（1901—1988），男，河北蔚县人。1927 年加入中国共产党。抗日战争时期历任蔚县县长、阜平县县长、涞源县县长、冀察区行政公署主任等职。

张国声（1912—1997），男，山西翼城人。1932 年参加革命，次年加入中国共产党。抗日战争时期历任临县县委书记、晋绥三地委书记等职。

张学纯（1914—1984），男，陕西神木人。1936 年参加革命，1937 年加入中国共产党。1939 年任安泽县县长兼游击大队大队长等职。

张建民（1920—2013），男，河北临城人。1937 年 4 月加入中国共产党。抗日战争时期曾任临城县委书记等职。

张重民（1910—1947），曾用名张庸五、刘英等。男，山西榆次人。1934 年加入中国共产党。抗日战争时期历任神池县委书记、文（水）交（城）中心县委书记、清徐县委书记等职。

张隽轩（1903—1988），男，山西五台人。大学毕业。1927 年加入中国共产党。抗日战争历任离石县县长、山西省第四行政区督查专员等职。

李力安（1920—），原名赵子斌。山西五台人。高中肄业。1935 年加入中国共产党。抗日战争时期历任山西五台县委宣传部长、盂县县委副书记、盂平县委书记等职。

李文炯（1906—2000），男，山西离石人。1931 年加入中国共产党。1937 年担任牺盟会平遥分会特派员、中共平遥县委书记，后历任八路军晋西游击队支队政委、决死二纵队五团政委等职。

李尔俭（1918—1940）化名洛英。男，山西阳城人。中共党员。抗日战争时期任中共浮山县委书记。1940 年遭敌杀害。

李红光（1910—1935），男，朝鲜京畿道龙任郡人。1930 年加入中国共产党。曾任东北人民革命军第一军第一师师长兼政委等职。

李志敏（1907—1990），男，山西崞县人。1929 年加入中国共产党。1937 年任中共介休县委书记。1940 年调中央党校学习，后任八路军一二九师教育科科长、中央组织部干部科科长、太行区党委军事部长等职。

李修仁（1921—2016），男，山西和顺人。1937 年加入中国共产党。抗日战争时期曾任和（顺）西县委书记等职。

李勇争（1914—1941），男，山西寿阳人。抗战初期加入中国共产党，曾任中共盂县中心县委组织部部长、寿阳（路北）县委书记。1941 年 8 月被日军杀害。

李敏之（1911—）后改名林耶。男，吉林永吉人。中共党员。历任中共晋城牺盟中心区宣传部长，阳城县县长、晋豫边游击纵队司令等职。

李端甫（1903—1941），男，山西平陆人。1937 年加入中国共产党。抗日战争时期曾任垣曲县县长。1941 年牺牲。

杜任之（1905—1988），男，山西万荣人。1927 年加入中国共产党。1929 年到德国留学，1933 年回国策动抗日，先后在太原组织“中外语文学会”，创办《中外论坛》《文艺舞台》等杂志，组织成立“西北剧社”“太原新生剧院”开展抗日救亡运动，参与创建“牺牲救国同盟会”。抗战全面爆发后，出任太谷抗日民主政府县长兼周围五县政治指导员。

杨辛克（1917—2006），男，贵州松桃人。大学毕业。1936 年参加革命，1938 年加入中国共产党。抗日战争时期历任昔（阳）东县县长、和（顺）东县县长等职。

杨稚葳（1919—2015），女，河南新野人。1937 年 8 月加入中国共产党。历任平（定）西县委书记、平（定）昔（阳）西县委书记、临城县委书记、沙河县委书记、平（顺）南县委书记等职。

杨蕴玉（1919—），女，河南邓州人。1937 年 4 月加入中国共产党。抗日战争时期曾任中共辽县县委书记、太行区党委妇女工作委员会书记等职。

苏平（1920—1969），女，河南沈丘人。1936 年参加革命，1938 年加入中国共产党。抗日战争时期先后担任沁水县委宣传部长、屯留县委书记等职。

陈一华（1911—1939），男，四川宣汉人。1932 年参加红军并加入中国共产党。抗日战争时期历任一二〇师军法处副处长、平鲁县委书记、左右凉县委书记等职。1939 年牺牲。

周力（1921—2014）原名郝桂蔚。男，山西沁源人。1938 年参加入中国共产党。抗日战争时期曾担任灵石县委书记等职。

周璧（1919—1993），男，山西平定人。1936年加入中华民族解放先锋队，1937 年加入中国共产党。抗日战争时期曾担任昔（阳）东县委书记等职。

屈健（1914—2013），男，河南桐柏人。中共党员。抗日战争时期历任平鲁县牺盟会特派员、平鲁战动总会主任、平鲁县委书记等职。

岳维藩（1914—1985），男，山西五台人。1937 年 5 月加入中国共产党。

抗日战争期间历任汾城县县长、沁县县长、稷麓县县长等职。

房居平（1918—2009），男，山西大宁人。1938 年加入中国共产党。抗日战争时期历任大宁县委书记等职。

武人骙（1913—1998），男，山西汾阳人。抗日战争时期历任汾阳县县长等职。

武之成（1920—1940）又名武先列。男，山西洪洞人。中共党员。抗日战争时期曾任浮山县县长等职。1940 年牺牲。

武光大（1893—1939），男，山西太谷人。1927 年加入中国共产党。抗日战争时期历任太谷县县长、决死一纵队补充营营长、中共太谷县委书记等职。

武光汤（1908—1985），原名武兴周。男，山西武乡人。1936 年参加牺牲救国同盟会，1937 年 10 月加入中国共产党。抗日战争时期先后担任榆社县县长、武乡县县长等职。

罗贵波（1907—1995），男，江西南康人。1927 年 1 月加入中国共产党。1929 年 8 月任中共赣县县委书记、赣县游击队队长兼政委。抗日战争期间历任晋西北区党委副书记、八路军一二〇师民运部部长、晋西新军政委等职。

苗树森（1916—1986），男，河北霸县人。1938 年加入中国共产党。抗日战争时期历任右玉县抗日民主政府县长兼游击大队长、朔县中心县武委会主任等职。

郑林（1908—1987），原名赵戊申、赵汝森。男，山西永济人。1933 年参加革命，1934 年加入中国共产党。抗日战争时期历任中共晋绥边特委组织部长、中共晋西北中心地委书记、晋绥边区新民主主义实验学校校长等职。

侯维煜（1913—1979），男，山西交城人。大学毕业。1934 年加入中国共产党。太谷县委书记、中央党校教务处副主任等职。

宫韫书（1919—2013），男，山西神池人。1937 年 10 月加入中国共产党。抗日战争时期历任神池县委书记、中央社会部安塞石匣玉农场队长等职，1944 年被评为中央直属机关甲等劳动模范。

柳林（1917—2001），男，山东文登人。1936 年参加革命，1938 年加入中国共产党。抗日战争时期曾任中共平度县委书记等职。

胡一新（1908—1940），男，内蒙古丰镇人。1932 年加入中国共产党。抗日战争时期历任中共清水河县委书记、中共晋绥边特委宣传部部长、一二〇师独立六支队政治委员等职。在右玉与日伪军作战中负伤，1940 年 11 月 26 日在延安逝世。

胡晓琴（1918—2012），男，广东人。1937 年加入中国共产党。抗日战争时期历任南同蒲铁路工人自卫队教导员、阳城县委书记等职。

赵乃康（1917—1981）原名丁乃光，曾用名赵保福。男，山西运城人。1937 年 4 月加入中国共产党。抗日战争时期历任芮城县委书记兼芮城县县长、安阳县县长、温县县长等职。

赵力之（1915—2012），原名赵维祯，曾用名赵一。男，山西介休人。1938 年加入中国共产党。抗日战争时期历任介休县政府铁北办事处主任、介休县抗日政府公安局长、平遥县抗日民主政府县长兼游击大队队长等职。

赵军（1919—2003），男，山西五台人。1936 年参加革命，1939 年 1 月加入中国共产党。抗日战争时期曾任牺盟会特派员、平顺县政府秘书、潞城县县长等职。

赵明远（1919—1943），男，内蒙古凉城人。1937 年参加革命，1938 年加入中国共产党。抗日战争时期历任八路军一二〇师独立六支队连指导员、中共大怀左县委武装部长、左云县县长等职。1943 年 8 月牺牲。

赵林（1906—2003），男，江西吉安人。1927 年加入中国共产党。1936 年任中华民族解放先锋队太原总队总队长。抗日战争时期历任中共太原市委书记、中共晋西北临时省委书记、中共晋西北区党委书记等职。

赵迪之（1916—1997），女，河北清苑人。北平民国大学英语系毕业。1934 年加入中国共产党。抗日战争时期历任武乡县委书记、陵川县委书记、晋城县委书记等职。

赵鹏飞（1911—2009），男，山西五台人。1934 年加入中国共产党。抗日战争时期曾任五台县委书记、晋察冀二地委宣传部部长、二专署专员等职。

郝德青（1906—1993），原名郝宝泉，笔名杉杉。男，山西平遥人。1927 年加入中国共产党。抗日战争时期历任介休县委书记、汾西县委书记、《抗战日报》社社长等职。

席炳午（1913—2005），男，山西垣曲人。1935 年 9 月参加革命，1937 年 10 月加入中国共产党。抗日战争时期历任曲沃县委书记等职。

柴泽民（1916—2010），男，山西闻喜人。1934 年加入中国共产党。抗日战争时期曾任夏县中心县委书记等职务。

耿起昌（1915—1991），男，山西昔阳人。1938 年 5 月加入中国共产党。抗日战争时期历任昔阳县工人救国会常委兼武装部长、昔（阳）东县抗日救国联合会主席等职。

贾长明（1909—1993），男，山西汾西人。1936 年加入中国共产党。抗日战争时期曾任中共汾西县委书记等职。

贾庭修（1912—1945）曾用名杜光。女，山东青州人。1937 年加入中国共产党。抗日战争时期曾任中共南宫县委书记等职。

郭钦安（1915—1994），男，山西沁源人。1931 年加入中国共产党。抗日战争时期历任大宁县县长、太岳区党委组织部长等职。

陶健（1911—2000），男，河北赞皇人。1932 年加入中国共产党。抗日战争时期历任元氏县委书记、晋冀鲁豫边区政府公安总局干部科科长等职。

顾永田（1916—1940），男，江苏铜山人。1937 年初加入中国共产党。1938 年 4 月任文水县抗日民主政府县长、1940 年任晋西北第八专署专员。1940 年 2 月 21 日与日军作战牺牲。

高功叔（1910—1942）原名高展成。男，山西永济人。1937 年加入了中国共产党。抗日战争时期任中共介休县委书记。1942 年与敌激战中牺牲。

高沐鸿（1900—1980），男，山西武乡人。1936 年加入中国共产党。抗日战争时期历任榆社县县长、《黄河日报》总编辑、太行文联主席等职。

高钦（1913—1946），男，山西五寨人。大学毕业。1931 年 9 月加入中国共产党。抗日战争时期历任灵丘县县长、应县县长、阳高县县长、冀晋行署民政局局长等职。

常子章（1915—2008），男，山西绛县人。1938 年加入中国共产党。1942 年曾任绛县县委书记。

常芝青（1911—1985）男，山西交城人。1935 年参加党的外围组织互济会和抗日救国会，担任党团书记，同年加入中国共产党。抗日战争时期曾任交城县县长、《抗战日报》（后改为《晋绥日报》）总编辑等。

康瑞华（1908—1984），男，山西五台人。1935 年加入中国共产党。抗日战争时期历任崞县县长、定襄县县长、盂县县长等职。

梁树棠（1913—1948），男，山西交口人。1936 年参加牺盟会，1938 年加入中国共产党。抗日战争时期历任兴县县委书记、晋绥八地委组织部长等职。

萧华（1916—1985），男，江西兴国人。1928 年加入共青团，1930 年加入中国共产党。抗日战争时期历任八路军一一五师政治部副主任、抗日挺进纵队司令员兼政治委员、鲁西行政公署主任、山东军区政治部主任等职。

阎紫琴（1906—1942），男，山西翼城人。1923 年加入中国共产党。抗日战争时期曾任翼城县委书记等职。

程式兰（1918—1948）原名朱慧。女，辽宁兴城人。1937 年加入了中国共产党。抗日战争时期历任赞皇中心县委书记、元氏县委书记等职。

韩纯德（1913—2009），男，山西定襄人。1935 年加入共青团，1936 年加入中国共产党。抗日战争时期历任定襄县委书记等职。

韩洪宾（1916—2016），男，河北望都人。1937 年 4 月加入中国共产党。抗日战争时期曾任祁县县长等职。

韩常泰（1904—1943）原名韩昌泰。男，山西柳林人。1926 年加入中国共产党。抗日战争期间曾任离石县委代书记、离石县县长。1943 年牺牲。

鲁践（1915—2013），男，山西忻县人。1937 年加入中国共产党。抗日战争时期历任忻县县委书记兼县游击队等职。

廉平（1919—2012），男，山西五寨人。1938 年加入中国共产党。抗日战争时期曾先后在中央社会部工作，曾任五寨县委书记等职。

赖若愚（1910—1958），男，山西五台人。大学毕业。1929 年加入中国共产党。抗日战争时期历任晋城中心县委书记、太行区党委组织部长等职。

翟英（1918—1999），女，河北获鹿人。1937年加入中国共产党。抗日战争时期历任辽县（今左权县）县委书记等职。

谭秀章（—1941）化名周震。男，山西绛县人。1938年加入中国共产党。曾任安泽县委副书记。1941年牺牲。

潘振武（1907—1988），男，湖南常德人。1926年参加革命，1930年加入中国共产党。抗日战争时期历任八路军一一五师政治部统战部部长、曲阳县抗日民主政府县长等职。

霍士廉（1909—1996），男，山西忻县人。1936年1月加入中国共产党。抗日战争时期历任中共富县县委书记、陕甘宁边（特）区委员会秘书长、鲁中区党委书记等职。

霍泛（1915—2009），男，山西黎城人。大学毕业。抗日战争时期曾任黎城县委书记等职。

戴苏理（1919—2000），男，山西襄垣人。1937年8月加入中国共产党。抗日战争时期历任中共长子县委书记、壶关县委书记、陵川县委书记等职。

魏震五（1914—1980），又名魏健。男，吉林辽源人。大学肄业。1933年加入共青团，1937年转入中国共产党。抗日战争时期历任中共阳城县委民运部部长、平顺县抗日民主政府县长、太行二专署专员等职。

主要参考书目

（按文献书目首字笔画为序）

《1949：山西干部南下实录》，张铁锁 牛崇辉主编，刘玉太编著，山西人民出版社，2012 年 9 月版

《人民之战》，爱泼斯坦著，贾宗谊译，新华出版社，1991 年 2 月版

《三晋历史人物》（第 1—6 册），刘贯文、张海瀛、任茂棠、董剑云降大任等主编，书目文献出版社，1993 年第 1 版

《习近平关于“不忘初心、牢记使命”重要论述选编》，中共中央党史和文献研究院、中央“不忘初心、牢记使命”主题教育领导小组办公室编，党建读物出版社 中央文献出版社，2019 年 5 月版

《习近平论中国共产党历史》，中共中央党史研究室编印，2017 年 1 月

《习近平总书记重要讲话文章选编》，中共中央文献研究室编，中央文献出版社 党建读物出版社，2016 年 4 月版

《习近平谈治国理政》（第一卷、第二卷），外文出版社 2017 年 11 月版

《习近平新时代中国特色社会主义思想三十讲》，中共中央宣传部 学习出版社，2018 年 5 月版

《山西文史资料全编》，《山西文史资料》编辑部 1999 年编印

《山西抗日群英谱》，山西古籍出版社，1996 年 11 月第 1 版

《山西抗战口述史》，张成德 孙丽萍主编，山西人民出版社，2005 年 8 月版

《山西革命英烈》合订本（1986—1987），中共山西省委党史研究室、山西省民政厅编

《山西党史知识读本》，张保福 巨文辉主编，中国档案出版社，2001 年 6 月版

《山西牺牲救国同盟会历史资料选编》，山西省史志研究院编，山西人民出版社，1996 年 10 月版

《中共七大轶事》，李蓉著，人民出版社，2009 年 1 月版

《中共山西历史忆事》，山西省史志研究院编，山西古籍出版社，1999 年 10 月版

《中共中央文件选集》，中共中央党校出版社，1991 年版

《中共党史研究》（月刊），中共中央党史和文献研究院主管、主办

《中国共产党山西历史》，中共山西省委党史办公室著，中共党史出版社，2012 年 11 月版

《中国共产党山西历史纲要》，中共山西省委党史研究室编，中共党史出版社，1991 年版

《中国共产党山西省组织史资料》，中共山西省委组织部、中共山西省委党史研究室、山西省档案局编，山西人民出版社，1994 年 9 月版

《中国共产党中阳县历史纪事》，中阳县史志编纂委员会办公室编，2009 年 12 月印发

《中国共产党历史》，中共中央党史研究室著，中共党史出版社，2011 年 1 月版

《中国共产党左权县简史》，左权县党史研究室，山西人民出版社，1995 年 2 月版

《中国共产党武装斗争的先驱陈昭礼》，陈超子 陈明扬 陈铭编著，中国展望出版社，2014 年 4 月版

《中国共产党河北省组织史资料》，中共河北省委组织部、省委党史资

料征集编审委员会、河北省档案局编，河北人民出版社，1990 年版

《中国共产党的九十年》，中共中央党史研究室著，中共党史出版社、党建读物出版社，2016 年 6 月版

《中国共产党组织史资料》，中共中央组织部等编，中共党史出版社，2000 年版

《中国共产党组织史资料汇编——领导机构沿革和成员名录》，王健英编，红旗出版社，1983 年 4 月版

《中国共产党党内统计资料汇编》，中共中央组织部，党建读物出版社，2011 年 6 月版

《中国共产党党史》，中共中央党史研究室编，中共党史出版社，2002 年版

《中国现代史资料选编》（4），主编魏宏运，副主编郭彬蔚、金普森，黑龙江人民出版社，1981 年 6 月版

《中国的双星》，[美] 卡尔逊著，祁国明 汪杉译，新华出版社，1987 年 9 月版

《中国解放区文学书系》，重庆出版社，1992 年 3 月版

《丰碑》，编委会主任李君如，郭德宏 冯成略主编，中央文献出版社 人民日报出版社，2001 年 10 月版

《公仆刘开基》，主编刘晋英，中央文献出版社，2011 年 8 月版

《历史的回顾》，徐向前著，解放军出版社，1988 年 10 月版

《太行山上五青松》，李玉明著，三晋文化研究会编印，2017 年 5 月版

《太行革命根据地史稿》，太行革命根据地史总编委员会编著，山西人民出版社，1987 年版

《太岳革命根据地的党的建设》，中共山西省委党史办公室编，山西人民出版社，1994 年 11 月版

《忆七大——七大代表亲历记》，黄修荣等主编，中共中央党史研究室第一研究部编，黑龙江教育出版社，2000 年版

《无尽的思念—赵雨亭同志诞辰 100 周年》，毕怀恕主编，2017 年 1

月编印

《日本侵晋纪实》，张全盛 魏卞梅编著，山西人民出版社，1992 年 12 月版

《毛泽东文集》，人民出版社，1993 年版

《毛泽东传》，中共中央文献研究室

《毛泽东军事文集》，军事科学出版社、中央文献出版社，1993 年版

《毛泽东在七大的报告和讲话集》，中共中央文献研究室编，中央文献出版社，1995 年版

《毛泽东年谱（1893—1949）》（修订本），中共中央文献研究室编，逄先知主编，中央文献出版社，2013 年 12 月版

《毛泽东选集》，人民出版社，1991 年版

《毛泽东著作专题摘编》，中共中央文献研究室编，中央文献出版社，2003 年 11 月版

《王平回忆录》，解放军出版社，1992 年版

《王任重文集》，中央文献出版社出版，2017 年 1 月版

《王谦——一个省委书记的风雨征程》，张国祥主编，中共党史出版社，2009 年版

《邓小平文选》，人民出版社，1993 年版

《邓小平年谱（1904—1974）》，杨胜群 闫建琪主编，中共中央文献研究室编，中央文献出版社，2009 年版

《他们从太行走来》，向里南等整理，2006 年 9 月印发

《叶剑英年谱》，中国人民解放军军事科学院编，中央文献出版社，2007 年 1 月版

《圣殿》，张向持著，线装书局出版，2015 年 5 月版

《旧制度与大革命》，[法] 托克维尔著，冯棠译，商务印书馆，2012 年 12 月版

《永和革命风云录》，苏文龙主编，山西省内部图书准印证（2009）L 字第 096 号

《光彩永驻—纪念贾俊同志》，山西人民出版社，1992 年 11 月版

《兴县革命史》，樊润德 张艳奇 牛崇辉执笔，山西人民出版社，1985年2月版

《刘少奇年谱》，中共中央文献研究室编，中央文献出版社，1998年2月版

《刘建勋纪念文集》，刘立强编，中共党史出版社出版，2010年12月版

《刘建勋陈舜英画传》，刘立强主编，中国展望出版社，2015年8月版

《华北治安战》（上、下），日本防卫厅战史室编 天津人民出版社，1982年6月版

《回忆与思考》，范铭著，北京市建筑设计研究院，2002年4月印发

《岁月留痕》，董应南著，香港天马图书有限公司，2001年10月版

《朱德年谱》，中共中央文献研究室编，中央文献出版社，2006年版

《江西苏区妇女运动史料选编》，江西人民出版社，1982年版

《红军东征在永和》，苏文龙主编，中共党史出版社，2009年11月版

《红军东征——影响中国革命进程的战略行动》，中共山西省石楼县委宣传部编，中共党史出版社，1997年版

《纪念红军长征胜利80周年—隐蔽战线专题研讨会》，吴持生主编，中国展望出版社，2016年10月版

《血铸河山——山西抗日英烈传》，山西省政协文史和学习委员会编，三晋出版社，2015年1月版

《观复集》，李玉明著，2015年8月编印

《论牺盟会和决死队》，薄一波著，中共中央党校出版社出版，1990年4月版

《齐云在太行》，中共山西省委党史办公室编，中央文献出版社，2014年版

《齐家抗战》，戴玉刚著，黄山书社，2015年8月版

《吴德峰》，中共湖北省委党史研究室编，中共党史出版社，2007年2月版

《宋任穷回忆录》，宋任穷著，解放军出版社，2007年8月版

《怀念李雪峰》,《李雪峰纪念文集》编辑组编，2006年印发

《怀念—献给父亲王谦》，王燕秋等编，2008年印发

《我的父亲邓小平：战争年代》，邓榕著，中国文献出版社，2004年8月版

《抗日战争时期山西大事记》，山西省地方志编纂委员会办公室编，1984年印发

《抗战在山西》，陈跃钢主编，山西老年杂志，2015年8月版

《李力安新时期党建论稿》，中央文献出版社，2002年11月版

《李友九回忆录》，李友九著，2004年10月编印

《李尔重笔记摘抄》，中国展望出版社，2016年3月版

《李雪峰回忆录》，中共党史出版社，1998年9月版

《杨尚昆回忆录》，中央文献出版社，2009年1月版

《陈赓日记》，解放军出版社，2003年1月

《周恩来年谱》(1898—1949)(修订本)，中共中央文献研究室编，中央文献出版社，1998年2月版

《定襄文史》，定襄县政协2017年编印

《往事回眸——牧云山往事纵横》，牧宿建著，2013年8月编印

《往事散忆》，高首先著，山西人民出版社，2018年4月版

《诗壮国魂——中国抗日战争诗钞》，主编袁行霈、执行主编赵仁珪，中国青年出版社，2015年7月版

《郑林风范》，周文、杨瑞武主编，山西人民出版社，2000年8月版

《临县党史丛书》，临县史志办公室编，2005年10月印发

《将帅诗词选》，魏巍主编辽宁人民出版社，1987年7月版

《战地总动员——民族革命战争战地总动员委员会斗争史实》(根据一九三九年十月油印版重印)，山西人民出版社，1986年5月版

《星火燎原未刊稿》丛书，解放军出版社，2007年8月版

《突破封锁访延安》，爱泼斯坦著，张扬译，人民日报出版社，1995年4月版

《胡晓琴回忆文集》，中共党史出版社，2012年12月版

《胡晓琴纪念文集》，李玉明主编，2012年12月编印
《贺庆积回忆录》，白山出版社，1994年版
《赵力之自述》，中共党史出版社，2005年7月版
《赵军回忆录》，赵鸿燕整理，2002年4月印发
《赵雨亭革命生涯》，樊吉厚 李茂盛等主编，中央文献出版社，2006年9月版
《赵鹏飞回忆录》，赵鹏飞著，1996年4月印发
《退想斋日记》，刘大鹏遗著，乔志强标注，山西人民出版社，1990年8月版
《郡县之治》，黄道功等编著，党建读物出版社，2016年6月版
《革命回忆录》，罗贵波著，中国档案出版社，1997年4月版
《革命根据地法律文献整理现状与文献特点分析》，陈始发，原载《中共党史研究》2018年第4期
《党史文汇》（月刊），中共山西省委党史办公室主办
《党的历史知识简明读本》，中共中央党史研究室科研管理局、中共中央组织部组织一局编，中共党史出版社、党建读物出版社，2011年6月版
《党的文献》（双月刊），中共中央文献研究室、中央档案馆主办
《党章党规学习辅导》（2017年最新版），人民出版社
《原国民党将领抗日战争亲历记》丛书，中国人民政治协商会议全国委员会文史资料研究委员会编，中国文史出版社，1986年5月版
《徐向前元帅》，张麟 马长志主编，解放军文艺出版社，2007年1月第2版
《晋绥抗战——原国民党将领抗日战争亲历记》，中国人民政治协商会议全国委员会文史资料研究委员会编，中国文史出版社，2013年1月版
《晋绥革命根据地史》，山西省史志研究院 中共内蒙古自治区委党史研究室著，山西古籍出版社，1999年8月版
《晋察冀诗抄》，中国青年出版社，1984年10月版
《牺盟会和决死队》，人民出版社，1986年版
《耿起昌生平画传》，中国展望出版社，2017年3月版

《郭钦安纪念文集》，山西人民出版社，1995 年 5 月版

《陶鲁笳文集》（上、下），中共党史出版社，2013 年 8 月版

《断壁残题》，李修仁著，山西省内部图书准印证（2000）第 32 号

《欲为花丛——璩鸿琪灯下拾零》，晋城市内部资料准印证（2008）字第 10 号

《清淡人生——张林池陈舜玉纪念集》，李向东 张希玲编，2011 年印发

《烽火太行半边天》，师德清主编，中央文献出版社，2005 年 8 月版

《著名抗日英烈和英雄群体》，民政部优抚安置局编，中国社会出版社出版，2015 年 11 月版

《阎幕琐记》，李蓼源编著，团结出版社，2010 年 11 月版

《阎锡山统治山西史实》，山西省政协文史资料研究委员会编著，山西人民出版社，1981 年 3 月版

《随想录》，王谦著，三晋文化研究会，2012 年印发

《彭真年谱》，《彭真传》编写组编，中央文献出版社，2002 年 9 月版

《缅怀与回忆——纪念王谦同志百年诞辰》，王燕秋编，2017 年印发

《缅怀集》，李玉明著，2012 年 7 月编印

《境界比职务高——怀念父亲岳维藩》，岳恒编著，中国文化出版社，2015 年 5 月版

《碧血丹心》，石映刚主编，山西春秋电子音像出版社，2015 年 1 月版

《樊金堂传略》，路明编，2003 年印发

《魏巍文集》，广东教育出版社，1999 年版

后 记

历史常常像一支万花筒，其中必有一群能折射光芒的人物，方能呈现出时代的缤纷绚丽。抗战中的县委书记和县长就是这样一群人。

作为抗战建国的一线指挥员，他们的出身是那样的迥异，他们的成长是那样的不同，他们的故事是那样的传奇，他们的个性是那样的鲜明，或挺立于高山平原，或活跃于江河湖海，工作战斗在各种艰难险阻中，然而，他们个个都是撑持一方天地的群众领袖和民族英雄。是什么能让他们在战地父母官的岗位上成为熠熠闪光的晶莹体，组合折射出时代的星光灿烂，气象万千？这是需要我们认知的。

个性中包含着共性，偶然性中存在着必然性。正如化学分析一样，同素异形体的结构、物理性质不同，却拥有同一个单质元素；同分异构体的结构、化学性质不同，却具有相同的分子式；同位素的中子数不同，但其质子数、原子序数相同。我们以现实规定的原子量为基准，从历史的结晶中，是能够认知其共有的元素，排序出周期表，解析出反应式的。

从这一点出发，穿越时光隧道，激活历史记忆，我们撫拾集束原始材料，还原当时现场，为人物进行解剖；我们借助历史的棱镜，辨析本色，为人物排列光谱；我们通过历史的核磁共振，测定有机物的生成及配比，为人物技术成像。以时代发展为纵轴，以素质本领为横轴，对应聚焦，解读历史，目的就在于：认知和掌握干部队伍结构及其思想递变规律，以有效地启迪现实中的人们提纯新的物质，合成新的能量，铸造新的辉煌。

总之，通过序列解读战地父母官奉为圭臬的训条，我们将历史不再仅仅看作是一支万花筒，而是把它当成一面镜子，时时让我们正衣冠、知兴替、明得失，甚至当成一柄特殊的内窥镜，能对我们自身进行同位素闪烁扫描，以求得到诊疗。

愿以此书为试纸，如荷。

2019 年 7 月

图书在版编目（CIP）数据

烽火炼初心：抗日根据地的县委书记和县长 / 齐荣晋著.
-- 太原：三晋出版社，2019.10
ISBN 978-7-5457-1994-9

Ⅰ. ①烽… Ⅱ. ①齐… Ⅲ. ①抗日战争—民族英雄—生平事迹—中国 Ⅳ. ①K827=6

中国版本图书馆CIP数据核字(2019)第255241号

烽火炼初心：抗日根据地的县委书记和县长

著　　者：齐荣晋
责任编辑：王　甜
责任印制：李佳音
封面设计：杨宇光

出 版 者：山西出版传媒集团·三晋出版社（山西古籍出版社）
地　　址：太原市建设南路21号
邮　　编：030012
电　　话：0351-4922268（发行中心）
0351-4956036（总编室）
0351-4922203（印制部）
网　　址：http://www.sjcbs.cn

经 销 者：新华书店
承 印 者：山西基因包装印刷科技股份有限公司

开　　本：720mm × 1020mm　1/16
印　　张：24.25
字　　数：360千字
版　　次：2019年10月 第1版
印　　次：2019年10月 第1次印刷
书　　号：ISBN 978-7-5457-1994-9
定　　价：69.00元

ISBN 978-7-5457-1994-9
9 787545 719949 >